BIBLIOTECA DE FILOSOFÍA DEL DERECHO

Lex

GEORG WILHELM FRIEDRICH HEGEL

PRINCIPIOS DE LA FILOSOFÍA DEL DERECHO

O DERECHO NATURAL Y CIENCIA POLÍTICA

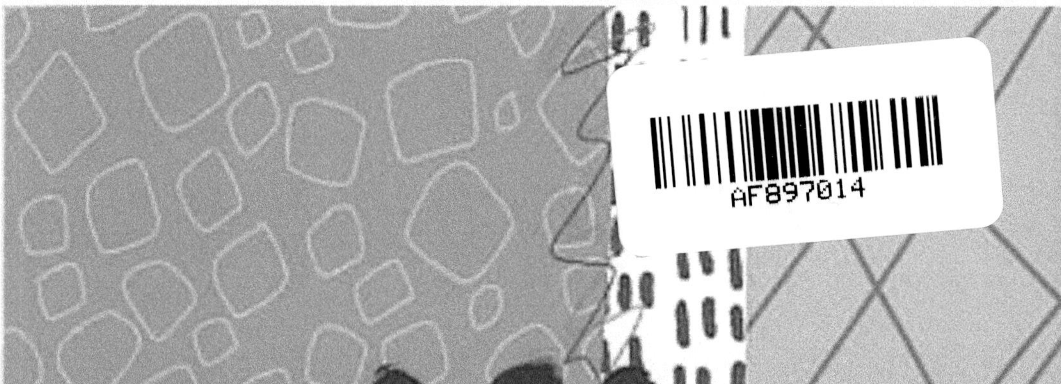

AF897014

Ediciones Olejnik

Biblioteca de Filosofía del Derecho

Carlos Alarcón Cabrera
(Director)

Carlos Antonio Agurto Gonzáles
Sonia Lidia Quequejana Mamani
Benigno Choque Cuenca
(Coordinadores Generales)

GEORG W. F. HEGEL
Profesor de la Universidad de Berlín

PRINCIPIOS DE LA FILOSOFÍA DEL DERECHO

EDICIÓN AL CUIDADO DE
CARLOS ANTONIO AGURTO GONZÁLES
SONIA LIDIA QUEQUEJANA MAMANI
BENIGNO CHOQUE CUENCA

Ediciones Olejnik

PRINCIPIOS DE LA FILOSOFÍA DEL DERECHO

© GEORG W. F. HEGEL

© Ediciones Olejnik
Huérfanos 611, Santiago-Chile
E-mail: contacto@edicionesolejnik.com
Web site: http://www.edicionesolejnik.com

Traducción de JUAN LUIS VERMAL

Primera edición en Ediciones Olejnik: 2022

ISBN: 978-956-407-147-3

Diseño de Carátula: Ena Zuñiga
Diagramación: Janett Ruiz Rebaza

Reservados todos los derechos. Ni la totalidad ni parte de este libro puede reproducirse o transmitirse por ningún procedimiento electrónico ni mecánico, incluyendo fotocopia, grabación magnética o cualquier almacenamiento de información y sistema de recuperación, sin permiso expreso del editor.

Impreso en Argentina 2022 Printed in Argentina

ÍNDICE

NOTA DEL TRADUCTOR

La Filosofía del derecho *corresponde al último período de la vida de Hegel, el de su estadía en Berlín y la triunfal difusión de su filosofía por toda Alemania, La problemática política, y más precisamente lo que se refiere a la filosofía del derecho, ha sido sin embargo una de sus primeras y más persistentes preocupaciones. Aparece ya en sus escritos iniciales*[1] *y es posteriormente un tema muy frecuente de sus clases. Apenas llegado a Berlín, dicta –en el semestre del invierno de 1818/19– un curso sobre "Derecho natural y ciencia política". El tema se repetiría después en tres ocasiones (en los semestres del invierno de 1821/22, 1822/23 y 1824/25), siguiendo ya entonces el texto de la obra que presentamos, editada en 1821 para acompañar a las lecciones. Después de 1825 no volvió a tratar esta materia –probablemente por sus peligrosas implicaciones políticas– hasta 1831, año en que murió después de dar unas pocas clases.*

La Filosofía del derecho *ocupa dentro del sistema un lugar específico: corresponde exactamente al "espíritu objetivo", segundo momento de la filosofía del espíritu, al que antecede el "espíritu absoluto" y que desemboca a su vez en el "espíritu absoluto". De acuerdo con ese ordenamiento, esta obra es una versión mucho más desarrollada de los §§ 483 al 552 de* la Enciclopedia de las ciencias filosóficas.

El texto utilizado para esta traducción es el preparado por J. Hoffmeister (F. Meiner, Hamburgo, 1955, reimpreso en 1967), que se basa en el original editado por Hegel en 1821 y acoge las correcciones y depuraciones de las ediciones posteriores, realizadas por Gans (Berlín, 1833, t. 8 de la primera edición de las Obras completas *de Hegel, publicada por sus discípulos), Bolland (Leiden, 1902) y Lasson (3.ª ed., Leipzig, 1930).*

Al texto de Hoffmeister le he adjuntado nuevamente los "agregados" (Zusätze) *que figuraban en la edición de Gans*[2] *y que aquél quitara por juzgarlos poco fieles a Hegel. Estos "agregados" fueron añadidos por Gans,* discípulo *de Hegel, quien declara haberlos tomado fundamentalmente de cuadernos de apuntes de clase de otros dos discípulos –Hotho y Von Griesheim– y en menor medida de notas marginales del propio Hegel. La afirmación de*

---

1 Cf. G. W. F. Hegel, *Politische Schriften* (Escritos políticos), editados por J. Habermas, Suhrkamp Verlag, Francfort, 1968, y especialmente el *System der Sittlichkeit* (Sistema de la eticidad), ed. Lasson, F. Meiner, Hamburgo, reimpresión de 1967.

2 Reimpreso en la edición facsimilar de la de 1833 publicada por H. Glöckner, Stuttgart, 1927 (4.ª ed., 1964), t. 7.

Gans de que "todo lo que allí figura proviene de Hegel" puede quizá ponerse en discusión, pero la eliminación de los Zusätze *no solo quitaría a la obra referencias que en muchos casos hacen más claros su sentido y su contexto, sino que además desfiguraría la obra que se difundió en esta edición de Gans (reeditada en 1840 y 1854) y que sobre la base de ella tuvo una considerable repercusión (La* Crítica a la filosofía del estado de Hegel *de K. Marx, por ejemplo, contiene numerosas referencias a los agregados que resultarían sin ellas incomprensibles). Todo esto me persuadió a traducir los "agregados", con esta advertencia de que no provienen del texto original de Hegel. El lector tendrá que tomar a su cargo la cuestión de la fidelidad a su pensamiento.*

En cuanto a la traducción misma, las dificultades de Hegel son conocidas, y las disculpas también, por lo que prefiero evitarlas y remitir directamente al resultado. Solo quiero señalar que he tratado de mantener al máximo el rigor del lenguaje hegeliano, aun a costa de cierta dureza idiomática. En algunos pocos casos, en que las soluciones resultaban necesariamente ambiguas respecto del original, agregué notas aclaratorias. Para la traducción y explicación de palabras y expresiones latinas —especialmente Jurídicas— conté con la amistosa colaboración de Ezequiel de Olaso, a quien pertenecen las notas que se señalan con la letra "O". Debo agradecerle también sugerencias de orden general.

J. L. V.

PREFACIO

El motivo inmediato para la publicación de este compendio es la necesidad de dar a mis oyentes una guía para las lecciones que doy, en cumplimiento de mi cargo, sobre la *filosofía del derecho*. Este manual es un desarrollo ulterior y sobre todo más sistemático de los mismos conceptos fundamentales que sobre esta parte de la filosofía estaban ya incluidos en la *Enciclopedia de las ciencias filosóficas* (Heidelberg, 1817), que también destiné a mis lecciones.

Pero, a su vez, el hecho de que este compendio aparezca impreso, y con ello ante el gran público, ha sido muchas veces el motivo para desarrollar observaciones que en un primer momento solo tenían como objeto indicar con menciones sucintas las representaciones[3] cercanas y lejanas, las consecuencias y otras cosas semejantes que recibirían luego en las lecciones su explicación adecuada, con el fin de aclarar así en algunos casos el contenido más abstracto del texto y considerar de modo más amplio las concepciones próximas corrientes en nuestra época. Surgió así una serie de observaciones más extensa que la requerida normalmente por el fin y el estilo de un compendio. Un auténtico compendio tiene sin embargo por objeto el ámbito considerado cerrado de una ciencia, y lo que lo caracteriza —a excepción quizá de algún ocasional agregado— es la reunión y ordenación de los momentos esenciales de un contenido hace tiempo conocido y admitido, del mismo modo que hace tiempo que sus reglas y procedimientos formales están ya constituidos. No se espera que un compendio filosófico tenga este carácter, seguramente porque se cree que lo que produce la filosofía es una obra tan trasnochada como el tejido de Penélope, que cada día debe ser recomenzado.

Pero este compendio se diferencia por cierto de los usuales; en primer lugar por el método que lo guía. Se dará aquí, sin embargo, por supuesto que el modo filosófico de progresar de una materia a otra, el modo de la demostración científica y en general todo lo que se refiere al conocimiento especulativo se distinguen esencialmente de cualquier otro modo de conocimiento. La comprensión de la necesidad

3 El término "*Vorstellung*" suele usarse en el lenguaje corriente en el sentido de "pensamiento" o "concepto"; lo traduzco, sin embargo, en casi todos los casos por su versión más literal, "representación", para marcar la esencial oposición que hace Hegel entre "*vorstellen*" y "*denken*" (pensar), entre pensamiento meramente representativo y pensar filosófico o especulativo.

de esta diferencia es lo único que permitirá arrancar a la filosofía de la ignominiosa decadencia en que se ha hundido en nuestro tiempo. Se ha reconocido, o más que reconocido simplemente sentido, la insuficiencia para la ciencia especulativa de las formas y reglas de la antigua lógica, del definir, dividir y silogizar que contienen las reglas del pensar del entendimiento. Se las ha abandonado entonces como meras cadenas, para hablar arbitrariamente desde el corazón, la fantasía o una intuición accidental; pero puesto que también aquí debe haber reflexión y relaciones entre pensamientos, se recae inconscientemente en el despreciado método de la deducción y del razonamiento vulgares.

He desarrollado detalladamente en mi *Ciencia de la lógica* la naturaleza del saber especulativo, por lo que en este compendio solo se agregará ocasionalmente alguna aclaración sobre el procedimiento y el método. Ante el carácter concreto y en sí tan diverso del objeto, se ha descuidado el poner de relieve y demostrar en cada caso la concatenación lógica. Esto hubiera podido resultar superfluo dado que se supone el conocimiento del método científico, y por otra parte resultará evidente que tanto el todo como la formación de las partes descansan sobre el espíritu lógico. Quisiera que se entendiese y juzgase este tratado teniendo en cuenta especialmente este aspecto, pues de lo que se trata aquí es de *la ciencia,* y en ella, la *forma* está esencialmente ligada al contenido.

Se puede oír de aquellos que parecen ocuparse con lo más profundo que la forma es algo exterior e indiferente a la cosa misma y es esta lo único que importa. Se puede decir además que la tarea del escritor, especialmente del filósofo, es la de descubrir *verdades,* decir *verdades* y difundir *verdades* y conceptos ciertos. Pero si se considera cómo se suele llevar a cabo efectivamente esta misión, se verá, por una parte, que se trata siempre de la misma cuestión, dada vuelta y llevada de aquí para allá. Esta ocupación puede llegar a tener su mérito para despertar y educar el ánimo, aunque se la puede considerar más bien como una trabajosa superfluidad. "Tienen a Moisés y a los profetas: óiganlos."[4] Se presentan sobre todo múltiples ocasiones para asombrarse del tono y de la pretensión que allí aparecen, como si lo único que le faltara al mundo fueran estos fervorosos divulgadores de verdades, y como si aderezando viejos disparates se obtuvieran nuevas verdades nunca oídas, a las que habría que prestar atención justamente "en nuestro tiempo". Por otra parte, se verá que lo que tales verdades por un lado conceden, ellas mismas, tomadas desde otro lado, lo desalojan y expulsan. Lo que en esta acumulación de verdades no es ni viejo ni nuevo sino permanente ¿cómo podría ser rescatado por medio de estas consideraciones fluctuantes y carentes de forma?; ¿de qué otra manera podría distinguirse y probarse si no por intermedio de la *ciencia?*

De todos modos, la *verdad* sobre el *derecho,* la *eticidad,*[5] el *estado* es *tan antigua* como su *conocimiento y exposición en las leyes públicas, la moral pública y la religión.* El

4 Lucas, 16, 29.

5 Adopto el término "eticidad" para traducir "*Sittlichkeit*", y diferenciarlo así de "moralidad" (*Moralität*). Si bien etimológicamente equivalentes —uno formado a partir

espíritu pensante no se contenta sin embargo con poseer la verdad de este modo inmediato, exige además *concebirla* y alcanzar para el contenido, ya en sí mismo racional, una forma también racional. De este modo el contenido aparecerá justificado ante el pensamiento libre, que no puede atenerse a *algo dado,* sea este apoyado por la exterior autoridad positiva del estado o del acuerdo entre los hombres, sea por la autoridad del sentimiento interno y del corazón y por el testimonio de aprobación inmediata del espíritu. El pensamiento libre debe, por el contrario, partir de sí mismo y justamente por ello exige saberse unido en lo más íntimo con la verdad.

El comportamiento simple del alma ingenua consiste en atenerse, con un convencimiento confiado, a la verdad públicamente reconocida, y edificar a partir de esos sólidos cimientos un modo de actuar y una posición firme en la vida. Contra este comportamiento simple se suele alegar la supuesta dificultad de distinguir y encontrar lo universalmente reconocido y válido entre las infinitas *opiniones distintas.* Se puede tomar con facilidad esta confusión por una correcta y verdadera preocupación por la cosa misma. De hecho, sin embargo, a quienes hacen alarde de ella el árbol les impide ver el bosque, y la única confusión y dificultad que hay es la que ellos mismos han organizado. Esta confusión y dificultad es, por el contrario, la muestra de que quieren algo distinto de lo universalmente válido y reconocido, de la sustancia del derecho y de lo ético. Porque si eso les preocupara verdaderamente, y no la *vanidad* de distinguirse y tener una opinión *particular,* se atendrían al derecho sustancial, es decir, a los mandamientos de la eticidad y del estado, y dirigirían su vida de acuerdo con ellos. Otra dificultad proviene de que el hombre *piensa* y busca en el pensamiento su libertad y el fundamento de la eticidad. Este derecho, tan alto y tan divino, se transforma sin embargo en injusticia cuando el pensamiento solo se considera tal y solo se sabe libre en la medida en que se aleja de lo *universalmente reconocido y válido* y sabe inventarse algo *particular.*

La representación según la cual la libertad del pensamiento y del espíritu se demuestra exclusivamente con el alejamiento e incluso la hostilidad a lo reconocido públicamente ha logrado su mayor arraigo en nuestro tiempo *en relación con el estado.* De acuerdo con esta representación, una filosofía acerca del estado parecería tener extrañamente como tarea esencial producir e inventar *también* una *teoría,* por supuesto nueva y particular. Si se observa esta representación y los movimientos que provoca, habría que creer que nunca han existido en el mundo ni un estado ni una constitución, y que tampoco los hay actualmente, sino que hay que comenzar *ahora* desde el principio —y este *ahora* continúa indefinidamente—, y que el mundo ético ha esperado hasta este momento para ser pensado, investigado y fundamentado. Respecto de la *naturaleza,* se concede que la filosofía debe conocerla *tal como es,* que la piedra filosofal está oculta *en algún lugar cualquiera,* pero siempre *en la naturaleza*

---

de la palabra latina "mores" y el otro de la germánica "Sitten" (costumbres)—, Hegel los diferencia explícitamente (cf. Agregado al § 33). La moralidad se refiere al aspecto subjetivo, en la acepción más corriente de lo "moral"; la eticidad, en cambio, abarca el orden ético objetivo, que incluye, por ejemplo, la totalidad de las relaciones sociales (necesidad, trabajo), la organización política, etcétera.

misma, que es *en sí misma racional;* el saber debe por lo tanto investigar y aprehender conceptualmente esa razón *real* presente en ella, que es su esencia y su ley inmanente, es decir, no las configuraciones y contingencias que se muestran en la superficie, sino su armonía eterna. El *mundo ético,* el estado, la razón tal como se realiza en el elemento de la autoconciencia no gozarían en cambio de la fortuna de que sea la razón misma la que en realidad se eleve en este elemento a la fuerza y al poder, se afirme en él y permanezca en su interior. El universo espiritual estaría, por el contrario, abandonado a la contingencia y a la arbitrariedad, *abandonado de Dios,* con lo que para este ateísmo del mundo ético lo *verdadero* se encuentra *fuera* de él, pero como al mismo tiempo debe ser *también* razón, permanece solo como un problema. En esto radican la justificación e incluso la obligación de que todo pensamiento siga su camino sin *buscar* la piedra filosofal, pues el filosofar de nuestro tiempo se ahorra la búsqueda y todos están seguros de tener, sin ningún esfuerzo, la piedra en su poder. Pero por cierto ocurre que quienes viven en esta realidad del estado y encuentran en ella satisfacción para su saber y su querer —y estos son muchos, más de lo que se cree y se sabe, pues *en el fondo* son *todos*—, por lo menos quienes *conscientemente* tienen su satisfacción en el estado, se ríen de estas aseveraciones y las toman por un juego vacío, entre alegre y serio, entre divertido y peligroso. Este inquieto agitarse de la reflexión y la vanidad, así como la acogida que recibe, no pasaría de ser una cuestión aislada, que se desarrollaría dentro de sus propios límites, si con ella no se llevara a la *filosofía* en general a un descrédito y desprecio general. Lo peor de este desprecio es que, como ya se dijo, todo el mundo está convencido de que sabe de filosofía y está en condiciones de juzgarla. Respecto de ningún otro arte o ciencia se manifiesta un desprecio tal que se crea que se puede disponer de él inmediatamente.

En realidad, han surgido en la filosofía moderna teorías tan pretensiosas acerca del estado, que se justifica que cualquiera que desee tomar parte en el asunto se sienta convencido de que puede hacerlo por su propia cuenta y con ello demostrarse que se halla en posesión de la filosofía. Por otra parte, esta autodenominada filosofía ha afirmado expresamente que *lo verdadero mismo no puede ser conocido,* sino que es aquello que cada uno deja *surgir de su corazón, de su sentimiento y de su entusiasmo* respecto de los objetos éticos, principalmente del estado, el gobierno y la constitución. ¿Qué es lo que no se ha dicho sobre esto para agradar a la juventud? Y la juventud se lo ha dejado decir complacida. La sentencia bíblica "A los suyos se lo dará Dios en el sueño" ha sido aplicada a la ciencia, por lo que todo durmiente se cuenta entre los *suyos* y los conceptos que recibe en el sueño deben ser la verdad.

Uno de los jefes de esta superficialidad que se da el nombre de filosofía, Fríes,[6] [7] no se ha avergonzado de decir, en un discurso sobre el estado y la constitu-

---

6 Ya he mostrado en otra parte la superficialidad de su ciencia. Véase *Ciencia de la lógica* (Nuremberg, 1812), Introducción, pág. XVII. (Traducción española de A. y R. Mondolfo, Solar-Hachette, Buenos Aires, 2.ª ed., 1968, pág. 49. N. d. T.)

7 Jakob Friedrich Fries (1773-1843), antecesor de Hegel en Heidelberg, que con el discurso citado —pronunciado en la Sociedad de Estudiantes recientemente creada— provocó una gran convulsión que finalizó con su expulsión de la Universidad.

ción del estado pronunciado en un acto público tristemente célebre: "En el pueblo en el que reine un auténtico espíritu común todos los asuntos de interés público recibirán *su vida desde abajo, del pueblo;* a las obras de educación y servicio del pueblo se consagrarán sociedades *vivientes,* inseparablemente ligadas *por la cadena sagrada de la amistad"*, etcétera.

El propósito central de esta superficialidad es basar la ciencia, no ya en el desarrollo del pensamiento y del concepto, sino en la percepción inmediata y la imaginación contingente. Se disuelve así en la confusión del "corazón, la amistad y el entusiasmo" la rica articulación de lo en sí mismo ético, el estado, y la arquitectónica de su racionalidad, que hace surgir de la armonía de sus partes la fortaleza del todo por medio de la diferenciación determinada de los ámbitos de la vida pública y su justificación, y por medio de la estrictez de la medida que mantiene todo pilar, todo arco, todo contrafuerte. De acuerdo con esta representación, el mundo ético debería ser abandonado —aunque de hecho no lo *es*— a la contingencia subjetiva de la opinión y del arbitrio, tal como la hace Epicuro con el mundo en general. Con el fácil remedio de hacer descansar sobre el *sentimiento* lo que es un trabajo más que milenario de la razón y de su entendimiento, se ahorra en verdad todo el esfuerzo del conocimiento y la comprensión racional que acompañan al concepto pensante. El *Mefistófeles* de Goethe —una buena autoridad— dice sobre esto más o menos lo siguiente, tal como ya lo he citado en otra ocasión:[8]

> "Si desprecias el entendimiento y la ciencia,
> los más altos dones del hombre,
> te habrás entregado al diablo
> y deberás perecer".

Por supuesto, esta posición adoptará además la forma de la *piedad,* ¡pues de qué recurso no echaría mano para justificarse! Con la devoción y la Biblia creen tener la máxima justificación para despreciar el orden ético y la objetividad de las leyes. Pues la piedad reduce, en efecto, a una simple intuición del sentimiento lo que en el mundo se presenta como un mundo orgánico de verdades diferenciadas. Pero si es verdadera piedad, abandonará la forma de esta región apenas salga de su interior y penetre en la claridad del despliegue y del reino revelado de la idea. De aquel interior servicio divino conservará la adoración por una verdad y una ley existentes en sí y por sí, elevadas por encima de la forma subjetiva del sentimiento.

Se puede notar la particular forma de mala conciencia que se manifiesta en la elocuencia con que se pavonea esta superficialidad: cuanto *menos espiritual* es, más habla del *espíritu,* cuanto más muerto e insípido es su discurso, más usa las palabras *vida y vivificar,* cuanto mayor egoísmo y vacía altanería muestra, más que nunca

---

8 En la *Fenomenología del espíritu,* trad. esp. de W. Roces, FCE, México, 1966, pág. 214. La cita que va a continuación es una versión ligeramente modificada de los versos 1851-52 y 1866-67 del *Fausto* de Goethe, 1..ª parte.

tendrá en la boca la palabra *pueblo.* Pero el signo característico que lleva en la frente es el odio a la ley. Que el derecho y la eticidad y el mundo real del derecho y de lo ético sean captados en pensamientos, y por medio de ellos se den la forma de la racionalidad, es decir, de la universalidad y la determinación, en una palabra, *la ley,* es lo que con razón considera su mayor enemigo este sentimiento que se reserva lo arbitrario, esta conciencia que hace consistir el derecho en la convicción subjetiva. Sentirá que la forma del derecho como un *deber,* como una *ley,* es una *letra muerta y fría,* una *cadena;* no se reconocerá en ella, no será libre, porque la ley es la razón de la cosa y no permite al sentimiento abrigarse en su particularidad. La *ley* es por ello, como se señalará más adelante en este libro, el *Shiboleth*[9] con el que se distinguen los falsos hermanos y amigos del llamado pueblo.

Dado que esta tergiversación arbitraria se ha apoderado del nombre *de filosofía y* ha llegado a convencer a un gran público de que semejante actividad es filosofía, casi ha llegado a ser un deshonor hablar de modo filosófico de la naturaleza del estado. No hay pues que disgustarse si los juristas muestran impaciencia apenas oyen hablar de una ciencia filosófica del estado. Menos aún debe causar admiración que los gobiernos hayan dirigido finalmente su atención a este filosofar, pues la filosofía no se ejerce entre nosotros como entre los griegos, como un arte privado, sino que tiene una existencia que afecta lo público, especialmente o incluso exclusivamente al servicio del estado. Cuando los gobiernos han demostrado su confianza a los eruditos dedicados a esta materia y les han delegado por entero la responsabilidad del desarrollo y del contenido de la filosofía —aunque en algunos casos, si se quiere, esto no haya sido tanto consecuencia de la confianza como de la indiferencia respecto de la ciencia misma, y se hayan mantenido las cátedras solo por tradición (como se ha hecho, según tengo noticia, en Francia con la cátedra de metafísica)—, esos gobiernos han sido con frecuencia mal recompensados, o si en cambio se quiere ver en ello la obra de la indiferencia, habría que considerar como su penitencia el resultado en que ha desembocado: la decadencia de todo conocimiento fundamental. En un primer momento esta superficialidad parecería ser perfectamente compatible por lo menos con el orden exterior y la tranquilidad, ya que no llega a afectar ni en realidad a tener la menor idea de la sustancia de las cosas. No habría, pues, al menos desde un punto de vista policial, nada en contra de ella, si el estado no contuviera en sí la necesidad de un conocimiento y de una cultura más profundos y no exigiera de la ciencia su satisfacción. Este modo de pensar respecto de lo ético, del derecho y del deber lleva, sin embargo, por su propia naturaleza a aquellos principios que en esta esfera constituyen la bajeza misma, a los principios de los *sofistas,* que conocemos con claridad por Platón —de acuerdo con los cuales el derecho es trasladado a *los fines y opiniones subjetivos,* al *sentimiento subjetivo* y a la *convicción particular*—, princi-

9 "*Shiboleth*" (espiga) es la palabra hebrea cuya pronunciación sirvió al juez Jephté para distinguir a los enemigos Efrateos que negaban su origen (Jueces, 12, 5 y 6). Posteriormente se usó en un sentido más general para denominar cualquier signo distintivo, especialmente entre distintas facciones.

pios que tienen como consecuencia la destrucción tanto de la eticidad interior y de la conciencia jurídica, del amor y del derecho entre las personas privadas, como del orden público y de las leyes del estado. La significación que estos fenómenos han de tener para los gobiernos no debe ser desestimada a causa de las pretensiones de aquellos que se apoyan en la misma confianza que les ha sido concedida, o en la autoridad de un cargo, para exigir del estado que, incluso en su propio perjuicio, deje hacer y deje pasar lo que corrompe la fuente sustancial de los hechos, los principios universales. La expresión "a quien Dios da un cargo también le da el entendimiento necesario" es una vieja broma que en nuestro tiempo ya nadie tomará en serio.

Dada la importancia del modo como se realice la tarea filosófica, que las circunstancias han hecho que fuera nuevamente apreciada por los gobiernos, no se puede negar la necesidad de apoyo y protección que desde muchos lados distintos parece tener la filosofía. En efecto, en muchas producciones de la ciencia positiva, así como en textos de edificación religiosa y en otras literaturas indeterminadas, se observa no solo el ya comentado desprecio por la filosofía, que se expresa en que quienes inmediatamente demuestran estar retrasados en el desarrollo del pensamiento y para los cuales la filosofía es algo totalmente extraño la consideran sin embargo como algo acabado, sino incluso que se dirigen expresamente contra la filosofía y declaran que su contenido —el *conocimiento conceptual de Dios* y de la naturaleza física y espiritual, el *conocimiento de la verdad*— es una presunción insensata y pecaminosa. Allí se ve cómo una y otra vez, interminablemente, la *razón* es acusada, rebajada y condenada, o por lo menos se deja traslucir cuán incómodas resultan para una gran parte de la actividad que debería ser científica las inevitables pretensiones del concepto. Ante semejantes fenómenos se podría casi admitir que *en este aspecto* la tradición ya no es respetable ni suficiente para asegurar *tolerancia* y existencia pública al estudio de la filosofía.[10]

Las arrogantes declaraciones contra la filosofía tan corrientes en nuestro tiempo ofrecen el extraño espectáculo de tener, por un lado, su justificación en la superficialidad a que ha sido degradada esta ciencia, y basarse, sin embargo, por otro lado, en el mismo elemento contra el cual se vuelven con tanta ingratitud. Pues esta autodenominada filosofía, al calificar el conocimiento de la verdad como un inten-

---

10 Consideraciones semejantes me surgieron ante una carta de J. v. Müller *(Obras,* parte VIII, pág. 56) donde entre otras cosas dice lo siguiente del estado de Roma en el año 1803, cuando esta ciudad estaba bajo dominación francesa: "Preguntado por la situación de los establecimientos públicos de enseñanza, un profesor contestó: 'On les tolère comme les bordels'."

Se oye incluso recomendar la llamada *doctrina de la razón,* o sea la *lógica,* con el convencimiento de que por ser una ciencia seca y estéril, pronto se la abandonará, o, en caso de ocuparse de ella, solo se obtendrán fórmulas carentes de contenido, que por lo tanto no darán ni quitarán nada; de este modo, la recomendación se hace con la convicción de que en ningún caso puede resultar perjudicial, así como tampoco ser útil para nada.

to insensato, ha *nivelado* todo pensamiento y todo objeto, del mismo modo que el despotismo de los emperadores de *Roma igualó* la nobleza y los esclavos, la virtud y el vicio, el honor y el deshonor, el conocimiento y la ignorancia. De esta manera el concepto de lo verdadero o la ley de lo ético no son más que opiniones y convicciones subjetivas, y los principios más criminales son colocados, en cuanto *convicciones,* en el mismo plano que aquellas leyes. Cualquier objeto particular e insignificante y cualquier materia sin importancia adquieren así la misma dignidad que lo que constituye el interés de todo hombre pensante y los vínculos del mundo ético.

Por ello debe considerarse afortunado para la ciencia —aunque en realidad es, como se ha señalado, la *necesidad de la cosa*— que esta filosofía, que podría haberse desarrollado como una doctrina académica, se haya puesto en estrecho contacto con la realidad, en la que los principios del derecho y del deber son una cosa seria y que vive a la luz de su conciencia, cayendo de esta manera en una abierta ruptura. Es justamente en esta posición *de la filosofía frente a la realidad* donde surgen los equívocos. Me remito en esto a lo que ya he señalado, que la filosofía, por ser la *investigación de lo racional,* consiste en *la captación de lo presente y de lo real,* y no en la posición de un *más allá* que sabe Dios dónde estará, aunque en realidad bien puede decirse dónde radica: en el error de un razonamiento vacío y unilateral. En el curso de este tratado he señalado que incluso la república *platónica,* que proverbialmente se considera como un *ideal vacío,* no hace en esencia más que captar la naturaleza de la eticidad griega. Con la conciencia de un principio más profundo que irrumpía en esa eticidad y que inmediatamente solo podía aparecer como un anhelo aún no satisfecho y por lo tanto solo como corrupción, Platón debió buscar a partir del anhelo mismo una ayuda contra él; esta ayuda tenía que provenir de lo alto, por lo cual solo pudo buscarla en una forma particular *exterior* a aquella eticidad; de este modo creyó dominar la corrupción, pero en realidad hirió profundamente su impulso más hondo, la libre personalidad infinita. Con ello se ha revelado sin embargo Platón como un gran espíritu, pues el principio alrededor del cual gira lo decisivo de su idea es justamente el eje alrededor del cual se movía entonces la inminente revolución del mundo.

Lo que es racional es real,
y lo que es real es racional.

En esta convicción se sustenta toda conciencia ingenua, y también la filosofía, que parte de ella con la consideración tanto del universo *espiritual* como *natural.* Si la reflexión, el sentimiento, o cualquier otra forma que adopte la conciencia subjetiva consideran el *presente* como algo *vano,* van más allá y saben más que él, entonces se encuentran en el vacío, y, puesto que solo tienen realidad en el presente, son ellos mismos vanidad. Si, inversamente, se considera que la *idea* es solo una idea, una representación atribuible a una opinión, la filosofía le opone el conocimiento de que lo único efectivamente real es la idea. De ello depende que se reconozca en la apariencia de lo temporal y pasajero la sustancia que es inmanente y lo eterno que es presente. Pues lo racional, que es sinónimo de la idea, al llegar a su realidad entra también en la existencia exterior, se despliega en un reino infinito de formas, fenómenos y configuraciones, y recubre su núcleo con una corteza multicolor en la que habita inmediatamente la conciencia, pero que el concepto atraviesa para encontrar el pulso interior y sentirlo también palpitar en las configuraciones exteriores. Estas relaciones infinitamente variadas que se construyen en la exterioridad gracias al aparecer en ella de la esencia, este infinito material y su regulación no son sin embargo objeto de la filosofía. Se inmiscuiría en cosas que no le conciernen y haría mejor en no dar buenos consejos sobre estos asuntos. Platón podría haber evitado recomendar a las nodrizas que no permanecieran nunca quietas sino que mecieran siempre a los niños en sus brazos; y Fichte perfeccionar la policía de pasaportes hasta el extremo de establecer que en el pasaporte de los sospechosos no solo deberían constar las señas sino también tendría que dibujarse su retrato. En semejantes aplicaciones no hay que ver ya ninguna huella de la filosofía, que puede, por lo tanto, abandonar esta sabiduría extrema y mostrarse más liberal respecto de esta infinita cantidad de objetos. De este modo podrá mantenerse alejada la ciencia del odio que la vanidad de saberlo todo profesa por una serie de circunstancias e instituciones, odio en el que se complace especialmente la mezquindad porque es el único medio que posee para llegar a un sentimiento de sí.

Este tratado, pues, en tanto contiene la ciencia del estado, no debe ser otra cosa que el intento de *concebir* y exponer el *estado como algo en sí mismo racional.* En su carácter de escrito filosófico, nada más alejado de él que la pretensión de construir un *estado tal como debe ser.* La enseñanza que puede radicar en él no consiste en enseñar al estado cómo debe ser, sino en enseñar cómo él, el universo ético, debe ser conocido.

Ἰδοὺ Ῥόδος, ἰδοὶ ὑ καὶ τὸ πήδημα
Hic Rhodus, *hic* saltus.[11]

La tarea de la filosofía es concebir *lo que es,* pues *lo que es* la razón. En lo que respecta al individuo, cada uno es, por otra parte, *hijo de su tiempo;* del mismo modo, la filosofía es *su tiempo aprehendido en pensamientos.* Es igualmente insensato creer que una filosofía puede ir más allá de su tiempo presente como que un individuo puede saltar por encima de su tiempo, más allá de Rodas. Pero si su teoría va en realidad más allá y se construye un mundo tal *como debe ser,* este existirá por cierto, pero solo en su opinar, elemento dúctil en el que se puede plasmar cualquier cosa.

Alterándola un poco, aquella expresión diría:

Aquí está la rosa, baila *aquí.*

Lo que está entre la razón como espíritu autoconsciente y la razón como realidad presente, lo que separa aquella razón de esta y no encuentra en ella su satisfacción, es el obstáculo de algo abstracto que no se ha liberado para llegar al concepto. Reconocer la razón como la rosa en la cruz del presente y con ello gozar de este, esta visión racional es la *reconciliación* con la realidad que concede la filosofía a aquellos

11 De la fábula de Esopo.

que alguna vez han sentido la exigencia de *concebir* y al mismo tiempo conservar en lo sustancial la libertad subjetiva, y de no abandonarla en lo particular y contingente, sino llevarla a lo que es en sí y por sí.

Esto es también lo que constituye el sentido concreto de lo que antes se designó de un modo más abstracto como *unidad de la forma y del contenido,* pues *la forma,* en su significado más concreto, es la razón en cuanto conocimiento conceptual, y el *contenido,* la razón en cuanto esencia sustancial tanto de lo ético como de la realidad natural; la unidad consciente de ambas es la idea filosófica.

Es una gran obstinación, obstinación que hace honor al hombre, no querer reconocer nada en los sentimientos que no haya sido justificado por el pensamiento. Esta obstinación es lo característico de la modernidad y, por otra parte, el principio propio del protestantismo. Lo que Lutero inició como creencia en el sentimiento y en el testimonio del espíritu es lo mismo que posteriormente el espíritu más maduro se ha esforzado por captar en el *concepto,* y para liberarse así en el presente y por lo mismo encontrarse en él. Según una expresión que se ha vuelto famosa, una filosofía a medias aparta de Dios —y es esta medianía la que hace del conocimiento un *acercamiento* a la verdad—, pero la verdadera filosofía conduce en cambio a Dios, y lo mismo ocurre con el estado. Así como la razón no se contenta con el acercamiento —que no es ni frío ni caliente y por tanto debe ser vomitado—[12], tampoco se contenta con la fría desesperación que admite que en el tiempo todo anda mal o a lo sumo mediocremente, pero que afirma que no puede haber nada mejor, por lo que hay que mantenerse en paz con la realidad; es una paz más cálida la que proporciona el conocimiento.

Para agregar algo más sobre la pretensión de *enseñar* cómo debe ser el mundo, señalemos, por otra parte, que la filosofía llega siempre tarde. En cuanto *pensamiento* del mundo, aparece en el tiempo solo después que la realidad ha consumado su proceso de formación y se halla ya lista y terminada. Lo que enseña el concepto lo muestra con la misma necesidad la historia: solo en la madurez de la realidad aparece lo ideal frente a lo real, y erige a este mismo mundo, aprehendido en su sustancia, en la figura de un reino intelectual. Cuando la filosofía pinta con sus tonos grises ya ha envejecido una figura de la vida que sus penumbras no pueden rejuvenecer, sino solo conocer; el búho de Minerva recién alza su vuelo en el ocaso.

Pero ya es tiempo de terminar este prefacio que, como tal, solo puede hablar de una manera exterior y subjetiva del punto de vista del escrito al que precede. Si se debe hablar filosóficamente de un contenido, lo único que corresponde es un tratamiento científico objetivo, por lo cual toda réplica que no sea un tratado científico de la cosa misma valdrá para el autor solo como un comentario subjetivo y una afirmación arbitraria, y le será por lo tanto indiferente.

Berlín, 25 de junio de 1820.

---

12 *Apocalipsis,* 3, 16.

INTRODUCCIÓN

§ 1. La *ciencia filosófica del derecho* tiene por objeto la *Idea del Derecho,* es decir, el concepto del derecho y su realización.

Obs. La filosofía trata con ideas, y no con lo que suele llamar *meros conceptos.* Ella muestra, por el contrario, la unilateralidad y falta de verdad de estos últimos, así como que el *concepto* (no lo que con frecuencia recibe este nombre y no es más que una determinación abstracta del entendimiento) es lo único que posee *realidad,* precisamente porque se la da a sí mismo. Todo lo que no es esta realidad puesta por el concepto mismo es *existencia* pasajera, contingencia exterior, opinión, apariencia inesencial, falsedad, engaño, etcétera. *La configuración* que se da el concepto en su realización es, para el conocimiento del *concepto* mismo, el momento esencial de la idea, que difiere de su *forma* de ser solo como *concepto.*

Agregado. El concepto y su existencia son dos lados separados y unidos, como cuerpo y alma. El cuerpo es la misma vida que el alma y sin embargo se los puede nombrar como si estuvieran uno separado del otro. Un alma sin cuerpo no sería algo viviente, y viceversa. Del mismo modo, la existencia del concepto es su cuerpo, que, lo mismo que este, obedece al alma que lo produjo. El germen tiene ya en sí el árbol y contiene toda su fuerza, aunque todavía no es él mismo. El árbol corresponde completamente a la simple imagen del germen. Si el cuerpo no corresponde al alma es una desdicha. La unidad de la existencia y el concepto, del cuerpo y el alma, es la idea. Ella no solo es armonía sino perfecta compenetración. Nada vive que no sea de alguna manera la idea. La idea del derecho es la libertad, y para aprehenderla verdaderamente se la debe conocer en su concepto y en la existencia que adopta su concepto.

§ 2. La ciencia del derecho es *una parte de la filosofía.* Debe por lo tanto desarrollar, a partir del concepto, *la Idea como* aquello que constituye la razón de un objeto o, lo que es lo mismo, observar el propio desarrollo inmanente de la cosa misma. Por ser una parte, tiene un *punto de partida* determinado, que es el *resultado* y la verdad de lo que *precede,* de lo cual es la llamada *demostración.* El concepto del derecho queda, pues, en cuanto a su devenir, fuera de la ciencia del derecho; su deducción está aquí supuesta, y el concepto mismo debe aceptarse como *dado.*

Obs. Según el método formal, no filosófico, de las ciencias, lo primero que se busca y reclama para tener por lo menos la forma exterior de lo científico es la *definición*. Por otra parte, esto no puede servir de mucho a la ciencia positiva del derecho que se ocupa principalmente de indicar *qué* es de derecho, es decir, cuáles son las determinaciones legales particulares. Es a causa de esto que se dijo a modo de advertencia: *omnis definitio in jure civili periculosa*. Y de hecho, cuanto más inconexas y contradictorias sean las determinaciones de un derecho, menos posibles serán en él las definiciones, dado que deberían contener preferentemente determinaciones generales que mostrarían de modo inmediato y en toda su desnudez lo contradictorio, en este caso lo injusto. Así, por ejemplo, para el derecho romano no sería posible ninguna definición del *hombre*, pues no se podría subsumir en ella al esclavo, cuya condición es, por el contrario, ofensiva para aquel concepto. Del mismo modo, en muchos casos resultaría peligrosa la definición de la propiedad y del propietario. La deducción de la definición se hace a veces a partir de la etimología, pero el método que más se utiliza consiste en abstraer de los casos particulares, con lo cual se coloca como fundamento el sentimiento y la representación de los hombres. La corrección de la definición se mide entonces por la adecuación con las representaciones existentes. Con este método se deja de lado lo único científicamente esencial: en cuanto al contenido, la *necesidad de la cosa* en y por sí misma, y en cuanto a la forma, la naturaleza del concepto. En el conocimiento filosófico, la *necesidad* de un concepto es lo principal, y el camino que se presenta como el *resultado* de un devenir constituye su demostración y deducción. Si el *contenido es por sí* necesario, el segundo paso consistirá entonces en buscar qué le corresponde en la representación y el lenguaje. El modo en que este concepto es por sí en su *verdad* y el modo en que está en la representación no solo pueden sino que también deben ser distintos, en cuanto a su forma y su configuración. No obstante, si la representación no es también falsa en cuanto a su contenido, se puede perfectamente mostrar cómo el concepto está contenido y presente en ella de un modo esencial; en otras palabras, la representación puede ser elevada a la forma del concepto. Pero no puede ser de ninguna manera medida y criterio del concepto por sí mismo necesario y verdadero, sino que, por el contrario, debe tomar de este su verdad, y rectificarse y conocerse a partir de él.

Pero si este modo de conocimiento, con su formalismo de definiciones, silogismos y demostraciones, ha más o menos desaparecido, ha sido sin embargo reemplazado por otro procedimiento aun peor, que consiste en captar y afirmar inmediatamente cualquier idea, y con ello también la idea del derecho y sus determinaciones ulteriores, como *hechos de la conciencia*, y en hacer del sentimiento natural o exaltado, del *corazón* y del *entusiasmo*, una fuente del derecho. Si este método es el más cómodo, también es el más antifilosófico (para no mencionar aquí otros aspectos que no se refieren meramente al conocimiento, sino inmediatamente a la práctica). Mientras que el primer método, aun siendo formal, exige por lo menos la *forma* del concepto en la definición y la *forma* de un conocimiento *necesario* en la demostración, la afectación de la conciencia inmediata y el sentimiento eleva la subjetividad, la contingencia y la arbitrariedad del saber a la categoría de principios. Está aquí supuesta la naturaleza del procedimiento científico de la filosofía, cuyo desarrollo tiene lugar en la lógica filosófica.

Agregado. La filosofía forma un círculo. Tiene uno primero, inmediato, puesto que debe comenzar: un elemento no demostrado, que no es resultado. Pero aquello con que la filosofía comienza es inmediatamente relativo, ya que puede aparecer en otro punto final como resultado. Es una sucesión que no pende del aire, de un comienzo inmediato, sino que gira sobre sí misma.

§ 3. El derecho es *positivo* a) por su *forma,* de acuerdo con la cual es válido en un estado; esta autoridad legal constituye el comienzo de su conocimiento: la *ciencia positiva del derecho.* b) Según su contenido recibe este derecho un elemento positivo: α) del particular *carácter nacional* de un pueblo, del estadio de su desarrollo *histórico* y del conjunto de las condiciones que pertenecen a la *necesidad natural;* β) de la necesidad de que un sistema de derecho legal deba contener la *aplicación* del concepto universal a la naturaleza particular de los objetos y casos, que se da *exteriormente* (esta aplicación no corresponde ya al pensamiento especulativo, sino que es una subsunción del entendimiento); γ) de las determinaciones *últimas* que son necesarias en la realidad para llegar a la *decisión.*

Obs. Cuando al derecho positivo y las leyes se opone el sentimiento del corazón, las inclinaciones y el arbitrio, no será la filosofía quien reconozca tales autoridades. Que la fuerza y la tiranía puedan ser un elemento del derecho positivo es para él contingente y no pertenece a su naturaleza. Más adelante (§§ 211-214) se señalará el momento en que el derecho debe convertirse en positivo. Se introducen ahora las determinaciones que recién entonces serán producidas solo para señalar los límites del derecho filosófico y, de este modo, descartar la eventual representación o incluso exigencia de que de su desarrollo sistemático debiera surgir un código positivo como el que necesita cualquier estado real. Sería un gran equívoco suponer que porque el derecho natural o el derecho filosófico son diferentes del positivo, deben ser opuestos o antagónicos. Por el contrario, aquél mantiene con este la misma relación que las instituciones con las Pandectas.

Respecto del elemento histórico en el derecho positivo, mencionado al comienzo del parágrafo, Montesquieu ha sostenido la verdadera perspectiva histórica, el auténtico punto de vista filosófico, al expresar que la legislación en general y sus determinaciones particulares no deben considerarse en forma aislada y abstracta, sino como momentos dependientes de *una* totalidad, en conexión con todas las restantes determinaciones que constituyen el carácter de una nación y de una época; en ese contexto alcanzan su verdadera significación y con ella su justificación.

La consideración del surgimiento y desarrollo de las determinaciones del derecho tal *como aparecen en el tiempo,* esta preocupación *puramente histórica,* así como el conocimiento de sus consecuencias lógicas, que nace de la comparación con relaciones jurídicas preexistentes, tienen, dentro de su propia esfera, su mérito y su dignidad. No constituyen sin embargo una consideración filosófica, dado que el desarrollo según razones históricas no se confunde con el desarrollo según el concepto, y la explicación y la justificación históricas no pueden ser ampliadas hasta alcanzar el significado de una justificación válida *en y por sí.* Esta diferencia, que es muy importante y debe ser mantenida, es al mismo tiempo obvia: una determinación jurídica puede ser perfectamente *fundada y consecuente* respecto de las *circunstancias* y de las instituciones jurídicas *existentes,* y ser, sin embargo, en sí y por sí injusta e irracional. Tal es el caso de numerosas determinaciones del derecho privado romano que se desprenden de manera totalmente consecuente de instituciones tales como la patria potestad y el derecho conyugal romanos. Pero aunque las determinaciones jurídicas fueran justas y racionales, es algo totalmente distinto probarlo —lo cual solo puede ocurrir de un modo verdadero por medio del concepto— que exponer lo histórico de su surgimiento y las circunstancias, casos, necesidades y acontecimientos que han llevado a establecerlas. Semejante mostrar y conocer (pragmático) a partir de las causas históricas próximas o remotas se denomina con frecuencia *explicar, o,* mejor aún, *concebir,* creyendo que con esta mostración de lo histórico se ha alcanzado todo o, más bien, lo esencial, lo único que importa para *concebir* la ley o la institución jurídica. Pero con esto, en realidad, ni siquiera se ha mencionado lo verdaderamente esencial: el concepto de la cosa.

Se suele hablar también de *conceptos Jurídicos* romanos o germánicos, de conceptos jurídicos, tal como están determinados en este o aquel código, cuando, en estos casos, no se trata para nada de conceptos sino solo de *determinaciones Jurídicas* generales, proposiciones del entendimiento, principios, leyes, etcétera.

Con el descuido de esta diferencia, se falsifica la perspectiva y se transforma la pregunta por una verdadera justificación en una justificación de acuerdo con las circunstancias, en la coherencia entre consecuencias y supuestos, procedimientos que por sí no sirven para alcanzar aquel propósito; en general, se cae en el error de poner lo relativo en el lugar de lo absoluto, la apariencia exterior en el lugar de la naturaleza de la cosa. La justificación histórica, cuando confunde la génesis a partir del concepto con la génesis exterior, realiza inconscientemente lo contrario de lo que se propone. Cuando el surgimiento de una institución se muestra, en ciertas circunstancias, como perfectamente adecuado y necesario, cumpliéndose así las exigencias del punto de vista histórico, si eso pretende valer como una justificación universal de la cosa misma, se sigue más bien lo contrario: puesto que tales condiciones ya no existen, la institución ha perdido su sentido y su derecho. Cuando, por ejemplo, se hace valer para el mantenimiento de los conventos su utilidad para el cultivo y la colonización de zonas desérticas y para la conservación de la cultura por medio de la enseñanza y la copia de libros, y se invocan estos méritos como fundamento para su conservación, se sigue de ello, por el contrario, que, en circunstancias totalmente diferentes, han devenido, por lo menos en la medida de esos cambios, superfluos e inadecuados. Dado que la significación histórica, la mostración y comprensión histórica de la génesis, y la visión filosófica de esa génesis y del concepto de la cosa corresponden a diferentes esferas, pueden mantener entre sí una posición indiferente. Sin embargo, dado que, incluso en el campo científico, no mantienen siempre esta tranquila posición, citaré algo referente a su pugna, tal como aparece en el *Manual de historia del derecho romano,* de Hugo, de donde se podrán extraer más conclusiones acerca de este falso procedimiento opositivo. Hugo expresa (5.ª edición, § 53) que "Cicerón elogia las Doce Tablas con una mirada *de desdén* a los filósofos", "el filósofo Favorino, sin embargo, las trata como desde entonces más de un gran filósofo habría de tratar el derecho positivo". Hugo rechaza en el mismo lugar de modo definitivo semejante tratamiento, "porque Favorino ha *comprendido* las doce Tablas tan poco como estos filósofos el derecho positivo".

Respecto de la crítica que le hace a Favorino el jurisconsulto Sexto Cecilio en las *Noches áticas* de Aulo Gelio (XX, 1), en ella se expresa el principio verdadero y permanente de la justificación de lo que por su contenido es puramente positivo. "No ignoras —le dice muy bien Cecilio a Favorino— que la *pertinencia* de las leyes y los remedios que ofrecen *cambian y fluctúan* debido a las costumbres de cada *época,* a las *formas* de estado y al interés de los beneficios *inmediatos,* según el *ímpetu* de los vicios que deben curar. *No consisten,* pues, en *un estado,* sino que, como el aspecto del *cielo* y del *mar, varían con las vicisitudes de las cosas y de la fortuna.* ¿Hay algo más saludable que la ley propuesta por Stolon?, etc. ¿Hay algo más útil que el plebiscito de Vocon?, etc. ¿Debe considerarse que hay algo tan necesario como la ley Licinia?, etc. *Sin embargo,* todas han sido *olvidadas* y *sepultadas por* la opulencia de la ciudad."[13]

Estas leyes son positivas en la medida en que tienen su significado y su conveniencia en las *circunstancias,* por lo cual solo tienen un valor histórico y son de naturaleza transitoria. La sabiduría con que los legisladores y gobiernos han actuado respecto de las condiciones dadas y las circunstancias de su tiempo, es una cuestión independiente y pertenece a la apreciación de la historia, la cual la reconocerá con mayor profundidad en la medida en que dicha apreciación sea sostenida por una perspectiva filosófica.

En cuanto a las otras justificaciones de las Doce Tablas contra Favorino, quiero sin embargo dar un ejemplo en el que Cecilio cae en el perpetuo engaño del método del entendimiento y su modo de razonar: *dar una buena razón para una cosa mala* y opinar que con ello queda justificada. Se trata de la monstruosa ley que daba al acreedor, una vez vencido el plazo, el derecho de matar o vender como esclavo al

---

13 "Non ignoras legum *opportunitates* et medelas pro temporum moribus et pro rerum publicarum *generibus,* ac pro utilitatum *praesentium* rationibus, proque *vitiorum,* qulbus medendum est, *fervoribus, mutasi* ac *flecti, neque statu consistere,* quin, ut facies coeli et maris, ita *rerum* atque *fortunae tempestatibus varientur.* Quid salubrius visum est rogatione illa Stolonis etc., quid utilius plebiscito Voconio etc., quid tam necessarium existimatum est, quam lex Licinia etc.? Omnia *tamen* haec *obliterata* et operta sunt civitatis opulentia etc." Los subrayados son de Hegel. La ley agraria de Licinio Stolon, de 377 a. C., prohibía que un ciudadano tomara más de 500 yugadas (unas 125 hectáreas) de tierra de las posesiones del estado y pusiera allí más de 100 reses grandes. El plebiscito de Vocon, de 169 a. C., prohibía la institución de mujeres como herederas, pero les permitía recibir legados siempre que no excedieran de la mitad del monto total de la herencia. La ley Licinia fue una ley suntuaria de 100 a. C. que reprimía el lujo y establecía normas para los banquetes con ocasión de las bodas. [O].

deudor, e incluso, si los acreedores eran varios, de *cortarlo en partes y repartírselas, sin que pudiera dar origen a una cuestión Judicial el hecho de que alguno de ellos hubiera cortado demasiado o muy poco* (cláusula que hubiera sido beneficiosa para el Shylock de Shakespeare en *el Mercader de Venecia,* que la hubiera aceptado agradecido). Cecilio aduce la *buena razón* de que la fidelidad y la fe resultan aseguradas por esta ley y que, justamente por su monstruosidad, no ha debido nunca ser aplicada. A su carencia de pensamiento no solo se le escapa que por medio de esta determinación resulta aniquilado el objetivo de asegurar la fidelidad y la fe, sino también que él mismo da inmediatamente después un ejemplo de la ineficacia de una ley sobre el falso testimonio a causa de lo desmedido de la pena.

Pero no se debe dejar de lado lo que Hugo quiere decir cuando afirma que Favorino no ha *entendido* la ley. Cualquier escolar la entendería y el citado Shylock comprendería aun mejor la cláusula tan conveniente para él. Al decir *entender* debía Hugo mentar esa forma del entendimiento que se satisface con una ley semejante si se le da una *buena razón.*

Cualquier filósofo podría reconocerse culpable sin vergüenza de otra acusación que le hace Cecilio a Favorino por no haber entendido que cuando la ley expresa que se debe proporcionar un *Jumentum* y "no una arcera"[14] a un enfermo para que pueda presentarse a prestar testimonio ante un tribunal, con la expresión *jumentum* se debe referir no solo a un caballo sino también a un carro o un coche. Cecilio podría encontrar en estas determinaciones legales una nueva prueba de la excelencia y justeza de las antiguas leyes, ya que para la comparecencia de un testigo enfermo no solo diferenciaban entre un caballo y un coche, sino entre dos coches, uno cubierto y tapizado —como dice Cecilio— y otro menos confortable. Habría, por lo tanto, que elegir entre el rigor de aquella ley y la insignificancia de determinaciones semejantes. Expresar la insignificancia de cosas tales y, sobre todo, de los doctos comentarios de que son objeto sería, sin embargo, una falta contra esta y toda otra clase de erudición.

En el citado manual, Hugo llega a hablar de *racionalidad* respecto del derecho romano. Lo que más me ha chocado en esto es lo siguiente. En primer lugar, al tratar el *período que va desde* el nacimiento del estado hasta las Doce Tablas (§§ 38 y 39), dice que "(En Roma) había muchas necesidades y se estaba obligado a trabajar, para lo cual se usaban como *auxiliares* animales de tiro y de carga, tal *como ocurre entre nosotros;* que el terreno era una sucesión de colinas y de valles y la ciudad estaba en una colina", etcétera. Estas indicaciones pretenden quizá tener el sentido de las de Montesquieu, pero difícilmente se encontrará en ellas su espíritu. Más adelante, en el § 40, afirma que "la situación *jurídica* estaba aún muy lejos de satisfacer las *más altas* exigencias de la *razón*" (lo cual es totalmente correcto, pues el derecho familiar

14 "Jumentum" denota toda bestia de carga y "arcera", carro. El único lugar en que se usa la expresión "jumentum" para denominar a un carro es en las Doce Tablas y eso es lo que provoca la confusión a que alude Cecilio. [O].

romano, la esclavitud, etcétera, no satisfacen ni siquiera muy mínimas exigencias de la razón). Posteriormente, se olvida Hugo de señalar si en otro período, y en cuál de ellos, *habría alcanzado el derecho romano* las *exigencias de la razón.*

Sin embargo, en el § 289 dice, acerca de los juristas clásicos en el período de la *más alta perfección del derecho romano como ciencia,* que "ya hace tiempo se ha señalado que los juristas clásicos se habían educado en la filosofía", pero "pocos saben (después de las muchas ediciones del manual de Hugo son más quienes lo saben) que no hay ningún otro grupo de escritores que merezca, tanto como los juristas romanos, ser colocado junto a los matemáticos por la consecuente deducción a partir de principios, y junto con el moderno fundador de la metafísica por su sorprendente originalidad en el desarrollo de los conceptos. La prueba de esto lo da el que en ninguna otra parte se pueden encontrar tantas *tricotomías* como en los juristas clásicos y en Kant". La consecuencia, tan alabada por Leibniz, es, por supuesto, una propiedad esencial de la ciencia del derecho, tal como también lo es de las matemáticas y de cualquier otra ciencia razonable, pero esta consecuencia del entendimiento no tiene aún nada que ver con la satisfacción de las exigencias de la razón y con la ciencia filosófica. Por otra parte, es más bien la *inconsecuencia* de los juristas y pretores romanos lo que hay que apreciar como su mayor virtud. Es ella la que les permitía desembarazarse de instituciones injustas y monstruosas. Para ello se veían obligados a imaginar *callide*[15] distinciones verbales vacías (como llamar *Bonorum possessio* lo que en realidad era una herencia)[16] y hasta necios subterfugios (y una necedad es al mismo tiempo una inconsecuencia) para salvar la letra de las tablas, tal como ocurre con la *fictio,* ὑπόχρισις, D, de que una *filia* es un *filius* (Heinecio, *Antiq. Rom.,* lib. I, tít. II, § 24). Por otra parte, resulta gracioso ver que se compara a los juristas clásicos con Kant por algunas divisiones *tricotómicas* – sobre todo con los ejemplos que da en la misma observación 5.ª – y que se llame a eso desarrollo de los conceptos.

§ 4. El terreno del derecho es lo *espiritual;* su lugar más preciso y su punto de partida es la *voluntad,* que es libre, de modo tal que la libertad constituye su sustancia y determinación, y el sistema del derecho es el reino de la libertad realizada, el mundo del espíritu que se produce a sí mismo como una segunda naturaleza.

Obs. Respecto de la libertad de la voluntad se puede recordar cuál era anteriormente el modo de proceder del conocer. Se suponía la *representación* de la voluntad y a partir de ella se trataba de extraer y establecer una definición. A partir de diferentes sensaciones y fenómenos de la conciencia común, tales como el arrepentimiento, la culpa y otros similares, que solo pueden *explicarse* si la voluntad es *libre,*

15 Diestramente.

16 Según el sistema de las Doce Tablas la calidad de agnado (es decir, de pariente por vía paterna) era la única base del derecho hereditario. El derecho pretoriano fue reconociendo los derechos de los parientes simplemente unidos por vínculos de sangre. A estas sucesiones se las llamó "posesiones de los bienes" *(bonorum possessiones).* [O].

se llevaba a cabo la llamada demostración de la libertad de la voluntad, siguiendo los procedimientos de la vieja psicología empírica.

Pero es aun más cómodo atenerse directamente a que la libertad está *dada* como un *hecho* de la conciencia y afirmar que se debe creer en ella. La deducción de la libertad de la voluntad y de la naturaleza de ambas solo puede tener lugar, como ya se ha señalado (§ 2), en conexión con el todo. En mi *Enciclopedia de las ciencias filosóficas* (Heidelberg, 1817) he expuesto dos rasgos principales de las siguientes premisas, que espero algún día poder completar: el *espíritu* es ante todo *inteligencia* y las determinaciones de su desarrollo —desde el *sentimiento,* a través de la *representación,* hasta el pensamiento— constituyen el camino para producirse *como voluntad,* la cual, en cuanto espíritu práctico, es la verdad próxima de la inteligencia. Me resulta tanto más necesario cumplir mi deseo de contribuir a un conocimiento mejor fundamentado de la naturaleza del espíritu, cuanto que, como se señala en aquella obra (§367 Obs.),[17] no es fácil encontrar una ciencia filosófica en un estado tan lamentable y descuidado como la *doctrina del espíritu* que usualmente se llama psicología.

En este y los siguientes parágrafos de la introducción se presentan los diferentes momentos del concepto de voluntad, que son un resultado de aquellas premisas. Respecto de ellos se puede invocar en ayuda de la representación a la autoconciencia de cada uno. Por lo pronto, todos encontrarán en sí la posibilidad de abstraerse de todo lo que es, así como de determinarse a sí mismos, y darse a sí todo contenido por su propio intermedio. Del mismo modo, cada uno hallará en su autoconciencia ejemplos de las ulteriores determinaciones.

Agregado. La libertad de la voluntad se puede explicar mejor con una referencia a la naturaleza física. La libertad es una determinación fundamental de la voluntad del mismo modo que el peso lo es de los cuerpos. Cuando se dice que la materia tiene peso, se podría creer que este predicado es contingente, pero no es así, porque nada carece de peso en la materia; ella es, por el contrario, el peso mismo. El peso constituye el cuerpo y es el cuerpo. Lo mismo ocurre con la libertad y la voluntad, pues lo libre es la voluntad. Voluntad sin libertad es una palabra vacía, y a su vez la libertad solo es real como voluntad, como sujeto. Respectó de la conexión entre la voluntad y el pensamiento, hay que observar lo siguiente. El espíritu es el pensamiento y el hombre se diferencia del animal por medio del pensamiento. Pero no hay que representarse que el hombre por una parte piensa y por la otra quiere, que en un bolsillo tiene el pensamiento y en el otro el querer, porque sería esta una representación vacía. La diferencia entre pensamiento y voluntad es la que existe

17 Las citas corresponden a la primera edición de la *Enciclopedia* (1817), que luego fue ampliada hasta alcanzar su versión definitiva en la tercera edición de 1830. Se señalará por lo tanto la correspondencia de parágrafos con esta última. En este caso, al § 367 de la edición de 1817 corresponde el § 414 de la de 1830, en la que sin embargo la observación aparece algo reducida.

entre el comportamiento teórico y el práctico, pero ellos no son dos facultades, sino que la voluntad es un modo particular del pensamiento: el pensamiento en cuanto se traduce en la existencia, en cuanto impulso de darse la existencia. Esta diferencia entre el pensamiento y la voluntad puede expresarse de la siguiente manera. Cuando pienso un objeto, lo llevo al pensamiento y le quito lo sensible, lo convierto en algo que es esencial e inmediatamente mío. En efecto, recién en el pensamiento estoy conmigo mismo, solo el concebir es la penetración del objeto, que ya no está más frente a mí, y al que le he quitado lo propio, lo que tenía por sí contra mí. Del mismo modo como Adán le dijo a Eva "eres carne de mi carne y hueso de mis huesos", así dice el espíritu "es espíritu de mi espíritu" y lo extraño ha desaparecido. Toda representación es una universalización y esta le pertenece al pensamiento. Hacer algo universal quiere decir pensarlo. El yo es el pensamiento y por lo mismo lo universal. Cuando digo Yo abandono toda particularidad: el carácter, las condiciones naturales, los conocimientos, la edad. Yo es completamente vacío, puntual, simple, pero activo en esa simplicidad. La colorida pintura del mundo está frente a mí; yo me enfrento a ella y con este comportamiento elimino la oposición: convierto aquel contenido en algo mío. El yo está en su hogar en el mundo cuando lo conoce, más aún, cuando lo ha concebido. Hasta aquí respecto del conocimiento teórico. El comportamiento práctico comienza, por el contrario, con el pensamiento, con el propio yo, y aparece en primer lugar como contrapuesto porque establece inmediatamente una separación. Al ser práctico, activo, me determino, y determinarme quiere decir precisamente poner una diferencia. Pero las diferencias que pongo son a su vez mías, las determinaciones me pertenecen, lo mismo que los fines a los que soy impulsado. Aunque deje salir estas determinaciones y diferencias, es decir, las ponga en el llamado mundo exterior, siguen siendo sin embargo mías: son lo que yo he hecho, construido, llevan la huella de mi espíritu. Esta es pues la diferencia entre el comportamiento teórico y práctico; hay que indicar ahora cuál es su relación. Lo teórico está esencialmente incluido en lo práctico. Esto se dirige contra la representación de que ambos están separados, pues no se puede tener voluntad sin inteligencia. Inversamente, la voluntad contiene en sí lo teórico; la voluntad se determina y esta determinación es en primer lugar algo interno: lo que quiero me lo represento, es objeto para mí. El animal actúa por instinto, es impulsado por algo interior y en ese sentido es también práctico, pero no tiene sin embargo voluntad porque no se representa lo que apetece. Pero tampoco es posible comportarse teóricamente o pensar sin voluntad, porque cuando pensamos somos activos. El contenido de lo pensado recibe por cierto la forma de algo existente, pero este existente es un mediado, puesto por nuestra actividad. Esta diferencia es por lo tanto inseparable, y en toda actividad, tanto del pensamiento como del querer, se encuentran ambos momentos.

§ 5. La voluntad contiene α) el elemento de la *pura indeterminación* o de la pura reflexión del yo en sí mismo, en el cual es disuelta toda limitación, todo contenido determinado y dado, inmediatamente presente, tenga como origen la naturaleza, las necesidades, los deseos, los instintos, o cualquier otra instancia. En otras palabras, contiene la infinitud ilimitada de la *absoluta abstracción* o universalidad,[18] el *pensamiento* puro de sí mismo.

Obs. Aquellos que consideran al pensamiento como una *facultad* singular y particular separada de la voluntad —a su vez también una *facultad* singular— y sostienen además que el pensar es desventajoso para la voluntad, especialmente para la buena voluntad, muestran con ello desde un principio que desconocen totalmente la naturaleza de la voluntad (advertencia que deberá ser hecha aún con bastante frecuencia sobre este tema).

Cuando la voluntad se determina de acuerdo con este aspecto de ella que se acaba de determinar —esta *posibilidad absoluta de abstraerme* de toda determinación en la que me encuentre o que yo haya puesto en mí, la huida ante todo contenido como ante una limitación—, o cuando la representación lo toma por sí como la libertad, se está entonces ante la libertad negativa o libertad del entendimiento.

Es la libertad del vacío. Elevada a una figura real y transformada en pasión, se manifiesta, mientras aún se mantiene en su forma meramente teórica, en el fanatismo religioso de la pura contemplación hindú; vuelta hacia la realidad, se manifiesta en el fanatismo que, tanto en lo religioso como en lo político, se traduce en la destrucción de todo orden social existente y en la expulsión de todo individuo sospechoso de pretender un orden, así como en la aniquilación de todo orden que quiera resurgir. Solo destruyendo algo tiene esta voluntad negativa el sentimiento de su existencia. Cree querer una situación positiva, por ejemplo, la igualdad universal o una vida religiosa universal, pero de hecho no quiere su realidad positiva, pues esta acarrea inmediatamente un orden, una particularización, tanto de las instituciones como de los individuos, particularización y determinación objetiva cuya aniquilación necesita esta libertad negativa para llegar a su autoconciencia. De este modo, lo que ella cree querer solo puede ser por sí una representación abstracta y su realización, la furia de la destrucción.

Agregado. En este elemento de la voluntad radica que yo pueda desprenderme de todo, abandonar todo fin, abstraerme de todo. Únicamente el hombre puede dejar todo, incluso su vida: puede suicidarse. El animal no puede hacerlo, es siempre negativo y se mantiene en una determinación extraña para él, a la que solo se acostumbra. El hombre es el puro pensamiento de sí mismo y solo en cuanto pensante es la fuerza de darse universalidad, es decir de borrar toda particularidad, toda determinación. Esta libertad negativa o libertad del entendimiento es unilateral, pero en su unilateralidad contiene sin embargo una determinación esencial. Por eso

---

18 Los tres términos lógicos fundamentales, "*Allgemeinheit*", "*Besonderheit*" y "*Einzelheit*", se traducen, el primero por "universalidad" o "generalidad", el segundo por "particularidad" y el tercero por "individualidad" o "singularidad". Ante la imposibilidad de mantener una versión única para dos de ellos, se advierte que los respectivos pares de palabras españolas remiten siempre al mismo vocablo alemán.

no se la debe desdeñar, pero la carencia del entendimiento consiste en que toma una determinación unilateral y la considera como la única y más elevada. Históricamente aparece con frecuencia esta forma de la libertad. Entre los hindúes, por ejemplo, se considera que lo más elevado es permanecer en el saber de la simple identidad consigo mismo, mantenerse en el espacio vacío de la interioridad como la luz incolora en la intuición pura, y renunciar a toda actividad de la vida, a todo fin, a toda representación. De este modo el hombre llega a Brahman; ya no hay ninguna diferencia entre el hombre finito y Brahman, toda diferencia ha desaparecido en esa universalidad. De un modo más concreto aparece esta forma en el fanatismo activo de la vida política y religiosa. A ella corresponde por ejemplo el período del terror de la Revolución Francesa, en el que se debía eliminar toda diferencia basada en el talento o la autoridad. Esa época se estremecía y temblaba ante toda particularidad, no podía soportarla, porque el fanatismo quiere algo abstracto y no estructurado. Cuando surgen diferencias, le opone su indeterminación y las elimina. Por eso el pueblo destruyó en la Revolución las instituciones que él mismo había instaurado, porque para la autoconciencia abstracta toda institución es contraria a la igualdad.

§ 6. β) El yo es igualmente el tránsito de la indeterminación indiferenciada a la *diferenciación,* al *determinar* y poner una determinación en la forma de un contenido y un objeto. Este contenido puede tanto ser dado por la naturaleza como producido a partir del concepto del espíritu. Por medio de este ponerse a sí mismo como un *determinado,* entra el *yo* en la *existencia;* es el momento absoluto de la *finitud o particularización* del yo.

Obs. Este segundo momento de la *determinación* es, al igual que el primero, *negatividad y eliminación:* es la eliminación de la primera negatividad abstracta.

Así como lo particular está incluido en lo universal, del mismo modo este segundo momento está ya incluido en el primero y es solo un *poner* lo que el primero ya *es en sí.* El primer momento, como primero por sí, no es la verdadera infinitud o universalidad *concreta,* es decir, el concepto, sino solo algo *determinado,* unilateral. Justamente por ser la abstracción de toda determinación, no es él mismo sin determinación; el ser abstracto y unilateral constituye su determinación, su carencia y su finitud.

La diferenciación y determinación de los dos momentos citados se encuentran en la filosofía de Fichte, como también en la de Kant, etcétera. Solo que —para permanecer dentro de la exposición de Fichte— el *yo,* en cuanto ilimitado (en la primera proposición de la *Doctrina de la ciencia),* está tomado como algo meramente *positivo* (de ese modo es la universalidad e identidad del entendimiento), con lo que ese yo abstracto debe ser *por sí lo verdadero,* y la *limitación,* lo *negativo,* aparecerá como un *agregado* ulterior (en la segunda proposición), como límite exterior dado o como actividad propia del yo.

El paso siguiente que debía dar la filosofía especulativa era aprehender la *negatividad* inmanente en lo universal o idéntico y en el yo. No pueden vislumbrar esta necesidad quienes ni siquiera captan, como Fichte, el *dualismo* de *infinitud* y *finitud* en la inmanencia y abstracción.

Agregado. Este segundo momento aparece como el contrapuesto. Debe ser aprehendido de un modo universal: pertenece a la libertad pero no constituye la totalidad de la libertad. El yo pasa aquí de la indeterminación indiferenciada a la diferenciación, a poner una determinación en la forma de un contenido y un objeto. No solamente quiero sino que quiero *algo.* Una voluntad que, como la expuesta en el parágrafo anterior, solo quiere lo universal abstracto, no quiere nada y no es por lo tanto una voluntad. Lo particular que quiere la voluntad es una limitación pues, para ser tal, la voluntad debe en general limitarse. El hecho de que la voluntad quiere *algo* constituye el límite, la negación. La particularización es, pues, lo que corrientemente se llama finitud. Por lo común la reflexión considera que el primer momento, lo indeterminado, es lo absoluto y lo más elevado, mientras que lo limitado es una mera negación de aquella indeterminación. Pero esta indeterminación es ella misma una negación frente a lo determinado, frente a lo finito: el yo es esa soledad y absoluta negación. La voluntad indeterminada es por consiguiente tan unilateral como la que meramente permanece en la determinación.

§ 7. γ) La voluntad es la unidad de estos dos momentos, la *particularidad* reflejada *en sí* misma y por ello reconducida a la *universalidad:* la *individualidad.* Ella es la *autodeterminación* del yo de ponerse en lo uno como lo negativo de sí mismo, es decir, de ponerse como *determinado,* limitado, y al mismo tiempo permanecer consigo, o sea, en su *identidad consigo* y universalidad, y, en la determinación, unirse solo consigo misma.

El yo se determina en cuanto es la relación de la negatividad consigo misma; como tal *relación consigo,* él es al mismo tiempo indiferente frente a la determinación, la conoce como suya e *ideal,* como una mera *posibilidad* a la que no está sujeto, sino que permanece en ella porque él mismo se pone en esa posibilidad.

Esta es la libertad de la voluntad, que constituye su concepto y su sustancialidad, su peso, tal como el peso constituye la sustancialidad del cuerpo.

Obs. Toda autoconciencia se sabe como universal —como la posibilidad de abstraer todo lo determinado—, y al mismo tiempo como particular, con un fin, un contenido y un objeto determinados. Pero estos dos momentos son solo abstracciones; lo concreto y verdadero (y todo lo verdadero es concreto) es la universalidad, a la que se opone lo particular, que sin embargo, por medio de su reflexión en sí, concuerda con lo universal.

Esta unidad es la individualidad, pero no en su inmediatez como uno, como se presenta en la representación, sino según su concepto *(Enciclopedia de las ciencias filosóficas,* §§ 112-114),[19] o, mejor dicho, esta individualidad no es otra cosa que

19 3.ª ed., §§ 162 a 165.

el concepto mismo. Los dos primeros momentos —que la voluntad puede abstraer todo y que es *también* determinada (por sí misma o por el otro)— son fáciles de aceptar y comprender, porque son momentos del entendimiento, por sí no verdaderos. Al tercero, en cambio, al verdadero y especulativo (y todo lo verdadero, en la medida en que es concebido, solo puede ser pensado de modo especulativo), no dará su consentimiento el entendimiento, que siempre llama al concepto lo inconcebible. La demostración y el análisis más detallado de este punto íntimo de la especulación, de la infinitud como negatividad que se relaciona consigo misma, de esta fuente última de toda actividad, vida y conciencia, pertenece a la *lógica,* en su carácter de filosofía puramente especulativa. Aquí solo puede señalarse que, si bien cuando se dice "la *voluntad* es universal", "*la voluntad* se determina", se expresa la voluntad como *sujeto* presupuesto o *sustrato,* ella no es, sin embargo, algo concluido y universal antes de su determinación y de la superación e idealidad de esa determinación, sino que solo es voluntad como esa actividad que se media en sí misma y como retorno a sí.

Agregado. Lo que propiamente llamamos voluntad contiene en su interior los dos momentos precedentes. En un primer momento el yo es, en cuanto tal, pura actividad, la universalidad que permanece consigo misma; pero esta universalidad se determina y al hacerlo no queda consigo, sino que se pone como otro y deja de ser universal. Lo tercero es ahora que en su limitación, en ese otro, está consigo misma, que al determinarse permanezca sin embargo consigo y no deje de mantenerse en lo universal. Este es el concepto concreto de la libertad, mientras que los dos momentos precedentes se han manifestado enteramente abstractos y unilaterales. Esta libertad la tenemos ya en la forma del sentimiento, por ejemplo, en la amistad y en el amor. En estos casos el hombre no está unilateralmente dentro de sí, sino que se limita gustoso en relación con otro, pero en esta limitación se sabe como sí mismo. En la determinación el hombre no debe sentirse determinado, sino que solo al considerar el otro como otro se tiene el sentimiento de sí mismo. La libertad no radica, por lo tanto, en la indeterminación ni en la determinación, ella es ambas. La voluntad que se limita únicamente a un esto es la voluntad del obstinado, que cree no ser libre si no tiene esa voluntad. Pero la voluntad no está atada a algo limitado sino que debe ir más allá, pues la naturaleza de la voluntad no es esa unilateralidad y esa dependencia, sino que la libertad es querer algo determinado y en esa determinación permanecer consigo y retornar nuevamente a lo universal.

§ 8. La determinación ulterior de la *particularización* (β § 6) constituye la diferencia de las formas de la voluntad: a) si la determinación es la contraposición formal *de lo subjetivo y* lo *objetivo* como existencia exterior inmediata, la voluntad se determina como voluntad formal, como autoconciencia que *encuentra* un mundo exterior y que, en tanto individualidad que en la determinación retorna a sí, es el proceso de *trasladar a la objetividad* el fin *subjetivo* por la mediación de la actividad y de un medio. En el espíritu tal como es en sí y por sí, en el cual la determinación es directamente *suya* y verdadera (*Enciclopedia,* § 363),[20] la relación de la conciencia constituye solo *el lado del fenómeno* de la voluntad, que aquí no será considerado por sí.

Agregado. La consideración de la determinación de la voluntad pertenece al entendimiento y no es en principio especulativa. La voluntad está determinada no solo en el contenido sino también en la forma. La determinación según la forma es el fin y la realización del fin: el fin es en primer lugar algo interior, *subjetivo,* pero debe devenir también *objetivo,* desprenderse de la carencia de la mera subjetividad. Se podría aquí preguntar por qué el fin tiene esta carencia. Si aquello que tiene una carencia no está al mismo tiempo por encima de ella, para él la carencia no es tal. Para nosotros el animal es imperfecto, para él no. El fin, en la medida en que es solo nuestro, es para nosotros una carencia, porque libertad y voluntad son para nosotros unidad de lo subjetivo y lo objetivo. El fin debe por lo tanto ponerse como objetivo, con lo que no pasa a otra determinación unilateral, sino a su propia realización.

§ 9. b) En tanto las determinaciones de la voluntad son *propias* de la voluntad, su particularización reflejada en sí constituye el *contenido.* Este contenido en cuanto contenido de la voluntad es para ella *fin,* de acuerdo con la forma indicada en a): por una parte, fin interno y subjetivo para el querer que representa; por otra, fin realizado, ejecutado por la mediación de la actividad que traslada lo subjetivo a la objetividad.

§ 10. Este contenido o determinación diferenciada de la voluntad es en primer lugar *inmediato.* De este modo la voluntad es solo *libre en sí* o *para nosotros,* lo que equivale a decir que es la voluntad *en su concepto.* Solo será por sí lo que es *en sí* cuando se tome a sí misma como objeto.

Obs. De acuerdo con esta determinación, la finitud consiste en que algo tenga *en sí* o según su concepto una existencia o una apariencia diferente de su ser *por sí.* Así, por ejemplo, la abstracta exterioridad recíproca de la naturaleza es *en sí* el espacio, pero *por sí* el tiempo. Sobre esto hay que hacer dos observaciones. En primer lugar, puesto que lo único verdadero es la idea, cuando se aprehende un objeto o una determinación solo como es en sí, o según su concepto, no se lo tiene aún en su verdad. En segundo lugar, el objeto también existe tal como es *en sí o* como concepto, y esta existencia es una figura propia del objeto (como en el caso del espacio); esta división entre el ser en sí y el ser por sí, presente en lo finito, constituye al mismo tiempo su mera *existencia o fenómeno* (como se verá en el ejemplo de la voluntad natural y luego del derecho formal, etcétera). El entendimiento permanece en el mero *ser en sí* y de acuerdo con él llama a la libertad una "facultad", lo cual es justo en la medida en que en esta concepción la libertad no pasa de ser una posibilidad.[21] Pero el entendimiento considera que esta determinación es absoluta y eterna, y toma la

20 3.ª ed., §§ 440.

21 Las palabras alemanas *Vermögen* (facultad) y *Möglichkeit* (posibilidad) tienen una raíz común que aclara el parentesco que Hegel les atribuye. Aquello que es meramente

relación con lo que ella quiere, con su realidad, como si fuera una aplicación a una materia dada, que no perteneciera ella misma a la esencia de la libertad. De esta manera, solo trata con lo abstracto y no con la idea y verdad de la libertad.

Agregado. La voluntad que lo es solo según el concepto es en sí libre, pero al mismo tiempo no lo es. Solo sería verdaderamente libre como verdadero contenido determinado, con lo que sería libre por sí; si tiene la libertad como objeto es la libertad. Lo que es solo según su concepto, lo que es meramente en sí, es solamente inmediato, natural. Esto es también conocido para la representación. El niño es hombre en sí, tiene razón *solo en sí,* es solo posibilidad de la razón y la libertad, y es libre solo según el concepto. Lo que es de esta manera solo en sí no es en su realidad efectiva. El hombre, que es *en sí* racional, debe abrirse paso por la producción de sí mismo, saliendo de sí y cultivándose al mismo tiempo interiormente, para devenir también racional por sí.

§ 11. La voluntad libre solo *en sí* es la voluntad *natural* o *inmediata.* Las determinaciones de la diferencia que el concepto que se determina a sí mismo pone en la voluntad aparecen en la voluntad inmediata como un contenido *inmediatamente* presente; son los *instintos, deseos* e *inclinaciones,* mediante los cuales la voluntad se encuentra determinada por la naturaleza. Este contenido y sus determinaciones desarrolladas provienen en realidad de la racionalidad de la voluntad y son, por lo tanto, en sí racionales, pero en esta forma de la inmediatez no alcanzan aún la forma de la racionalidad. Este contenido es, sin duda, *para mí* lo *mío,* pero esta forma y aquel contenido son todavía diferentes, por lo que la voluntad es por su naturaleza voluntad *finita.*

Obs. La psicología empírica enumera y describe estos instintos e inclinaciones y las necesidades que se fundan en ellos, tal como los encuentra o cree encontrarlos en la experiencia, y trata de clasificar este material dado del modo usual. Más adelante se verá qué es lo *objetivo* de este instinto, cómo aparece en su verdad sin la forma de la irracionalidad por la que es instinto, y cómo está configurado en su existencia.

Agregado. Instintos, deseos e inclinaciones también tiene el animal, pero no tiene voluntad y debe obedecer al instinto si nada exterior se lo impide. El hombre, en cambio, en cuanto totalmente indeterminado, está por encima de los instintos y los puede determinar y poner como suyos. El instinto está en la naturaleza, pero que yo lo ponga en este yo depende de mi voluntad, que no puede por lo tanto alegar que está en la naturaleza.

§ 12. El sistema de este contenido, tal como *se encuentra* en la voluntad inmediata, no es más que una multitud y variedad de instintos, cada uno de los cuales es

---

una facultad, es solo la *posibilidad* de realización y no su realización efectiva. En el § 22 se define a *Vermögen* como *potentia.*

absolutamente mío al lado de los otros y, al mismo tiempo, algo universal e indeterminado que tiene diversos objetos y modos de satisfacción. Puesto que la voluntad se da en esta doble indeterminación, la forma de la *individualidad* (§7) deviene decisión, y solo como voluntad que decide es voluntad real.

Obs. En lugar de *decidir* algo, es decir, superar la indeterminación en la que tanto un contenido como otro son solo posibles, nuestro lenguaje tiene también la expresión *"resolverse"*,[22] que expresa que la propia indeterminación de la voluntad, como algo neutral pero infinitamente fecundado, germen de toda existencia, contiene en sí misma las determinaciones y los fines y los produce a partir de sí.

§ 13. Por intermedio de la decisión la voluntad se pone como voluntad de un determinado individuo, como voluntad que se determina frente a otro. Además de su *finitud* como conciencia (§ 8), la voluntad inmediata es *formal* a causa de la diferencia entre su forma y su contenido (§ 11); solo llega a la *decisión abstracta,* es decir, a aquella en la cual el contenido aún no es el contenido y la obra de su libertad.

Obs. Para la inteligencia, en cuanto *pensante,* el objeto y el contenido son siempre algo universal, y ella misma se comporta como actividad universal. En la voluntad lo universal tiene asimismo el significado esencial de lo mío, en cuanto *individualidad,* que, en la voluntad inmediata, es decir, formal, se mantiene aún como individualidad abstracta, que todavía no ha alcanzado la plenitud con su libre universalidad. En la voluntad comienza por lo tanto la *finitud propia* de la inteligencia, y solo porque la voluntad se eleva nuevamente al pensamiento y da a sus fines la universalidad inmanente, elimina la diferencia entre forma y contenido y se convierte en voluntad objetiva, infinita. Por eso entienden poco de la naturaleza del pensar y del querer quienes opinan que el hombre es infinito en la voluntad y limitado en el pensar (o que la razón misma es limitada). En la medida en que pensar y querer estén aún separados, lo verdadero es más bien lo contrario, y la razón pensante es, como voluntad, el decidirse a la *finitud.*

Agregado. Una voluntad que no decide nada no es una voluntad real. La persona carente de carácter no llega nunca a la decisión. La razón de la irresolución puede también radicar en una delicadeza del ánimo que no quiere renunciar a la totalidad a la que aspira y sabe que al determinarse se compromete con la finitud, se pone un límite y abandona lo infinito. Un ánimo tal está muerto, aunque quiera ser bello. El que quiere algo grande, dice Goethe, debe saber limitarse. Solo por medio de la decisión entra el hombre en la realidad, por muy amargo que esto pueda parecerle, pues la desidia no quiere salir del estado indistinto en el que conserva una posibilidad universal. Pero la posibilidad no es aún la realidad. La voluntad que está segura de sí no se pierde por lo tanto en lo determinado.

---

22 Hegel contrapone al verbo transitivo *"beschliessen"* (decidir algo) el reflexivo *"sich entschliessen"* (decidirse, resolverse).

§ 14. La voluntad finita, en cuanto *yo infinito* que solo en cuanto a su forma se refleja en sí y está consigo mismo, *se halla por encima* del contenido, de los diferentes instintos y de su realización y satisfacción. Pero al mismo tiempo, por ser solo formalmente infinita, permanece *ligada* a este contenido —en cuanto es una determinación de su naturaleza y de su realidad exterior— aunque siempre de manera indeterminada, es decir, no a este o aquel contenido particular (§§ 6 y 11). Este contenido es, por lo tanto, para la reflexión del yo sobre sí, solo un posible, que puede ser o no mío, mientras que el yo, por su parte, es la *posibilidad* de determinarse por uno u otro de estos contenidos, es decir, de *elegir* entre estas determinaciones que, desde esta perspectiva, son para él exteriores.

§ 15. De acuerdo con esta determinación, la libertad de la voluntad es *arbitrio,* en el cual están incluidas tanto la libre reflexión que abstrae de todo como la dependencia del contenido y materia dados, interior o exteriormente. En razón de que este contenido, necesario *en sí* como fin, es determinado al mismo tiempo como posible frente a aquella reflexión, el arbitrio es la forma en que la *contingencia* se presenta en cuanto voluntad.

Obs. La representación más corriente que se tiene de la libertad es el arbitrio, término medio de la reflexión entre la voluntad meramente determinada por los instintos naturales y la voluntad libre en y por sí. Cuando se oye decir que la libertad consiste en *poder hacer lo que se quiere,* solo se puede tomar esa representación como una carencia total en la cultura del pensamiento, en la cual no se tiene aún la menor idea de lo que son la voluntad libre en y por sí, el derecho, la eticidad, etcétera. La reflexión, la unidad y universalidad *formal* de la autoconciencia, es la certeza *abstracta* que tiene la voluntad de su libertad, pero no es aún la *verdad* de esta última, porque todavía no se tiene a sí misma como objeto y fin; el lado subjetivo es todavía distinto del objetivo. El contenido de esta autodeterminación sigue siendo, por lo tanto, finito. El arbitrio no es la voluntad en su verdad, sino, por el contrario, la voluntad como *contradicción.*

La polémica llevada a cabo en la época de la metafísica *wolffiana* acerca de si la voluntad es realmente libre o si el saber de su libertad es solo un engaño estaba enteramente referida al arbitrio. El *determinismo* ha opuesto con razón a la certeza de esta autodeterminación abstracta el *contenido,* que, por ser *algo dado,* no está incluido en aquella certeza y le viene por lo tanto de *fuera.* Aunque este exterior sea el instinto, la representación, o, en general, la conciencia, llenada del modo que sea, esto ocurre siempre de manera que el contenido no es lo propio de la actividad que se determina a sí misma como tal. Si el arbitrio pretende ser la libertad, puede ser llamado directamente un engaño, ya que solo el elemento formal de la autodeterminación libre le es inmanente, mientras que el otro elemento es para él algo dado. En toda filosofía de la reflexión (como la de Kant y la de Fríes, que es la versión totalmente superficial de aquélla) la libertad no es otra cosa que esta autoactividad formal.

Agregado. Puesto que tengo la posibilidad de determinarme de tal manera o tal otra, es decir, puesto que puedo elegir, tengo arbitrio, lo que comúnmente se llama libertad. La elección que puedo hacer se basa en la universalidad de la voluntad según la cual puedo convertir en mío esto o aquello. Lo mío así determinado no me es adecuado por ser un contenido particular; está por lo tanto separado de mí y posee solo la posibilidad de ser mío, del mismo modo en que yo tengo la posibilidad de unirme con él. La elección se basa por consiguiente en la indeterminación del yo y la determinación de un contenido. La voluntad no es pues libre a causa de este contenido, aunque formalmente tenga en sí el lado de la infinitud. Ninguno de los contenidos le corresponde, en ninguno se tiene verdaderamente a sí misma. En el arbitrio el contenido no está determinado por la naturaleza de mi voluntad, sino por la *contingencia.* Dependo por lo tanto de ese contenido y esta es la contradicción que reside en el arbitrio. El hombre común se cree libre cuando se le permite actuar arbitrariamente, pero en el arbitrio radica precisamente su falta de libertad. Cuando quiero lo racional no actúo como individuo particular, sino según el concepto de lo ético; en una acción ética no me hago valer yo mismo, sino la cosa. Cuando el hombre hace algo mal deja aparecer en general su particularidad. Lo racional es la ruta por la que todos transitan y nadie se distingue. Cuando un gran artista consuma una obra, se puede decir: *así* tiene que ser. Esto expresa que la particularidad del artista ha desaparecido completamente, que en la obra no aparece ningún procedimiento afectado. Fidias no tiene ninguna afectación; la figura misma vive y se destaca por sí sola. Cuanto peor es el artista más se le ve a él, a su particularidad y a su arbitrio. Si en la consideración se permanece en el arbitrio, según el cual el hombre puede querer esto o lo otro, se tiene en verdad su libertad, pero si se persevera en afirmar que el contenido es dado, el hombre resultará determinado por ello y en este aspecto no será ya libre.

§ 16. La voluntad puede siempre abandonar (§ 5) lo elegido en la decisión (§ 14). Pero, con esta posibilidad de sobrepasar de la misma manera todo otro contenido que ponga en su lugar y continuar así hasta el *infinito,* no supera la voluntad la finitud, porque todos esos contenidos son diferentes de la forma, y por ello finitos. Por otra parte, lo opuesto de la determinación —la indecisión o abstracción— no es más que el otro momento igualmente unilateral.

§ 17. La contradicción que es el arbitrio se manifiesta en la *dialéctica* de los instintos e inclinaciones: se perturban recíprocamente, la satisfacción de uno de ellos exige la subordinación y el sacrificio de la satisfacción de otro, etcétera; dado además que el instinto solo contiene la simple dirección de su determinación, es decir, que no tiene en sí mismo la medida, la determinación de subordinar y sacrificar solo puede ser la decisión contingente del arbitrio, aunque para ello se valga del entendimiento, que calcule qué instinto proporciona la mayor satisfacción, o se base en cualquier otro punto de vista.

Agregado. Los instintos e inclinaciones son en primer lugar el contenido de la voluntad, y solo la reflexión está por encima de ellos. Pero los instintos se impulsan entre sí, se molestan recíprocamente, todos quieren satisfacerse. Si elijo uno de ellos y postergo todos los demás, me encuentro en una limitación destructora, pues de esa manera he abandonado mi universalidad, que es un sistema de todos los instintos. Tampoco se soluciona con la mera subordinación de los instintos a la que llega generalmente el entendimiento, porque no existe aquí ninguna medida para ese ordenamiento, lo que hace que esta exigencia desemboque por lo común en aburridas expresiones generales.

§ 18. Respecto del juicio de los instintos, la dialéctica se manifiesta de la siguiente manera: en cuanto *inmanentes,* y por lo tanto *positivas,* las determinaciones de la voluntad inmediata son *buenas;* en este sentido se dice que *el hombre es por naturaleza bueno.* Pero en la medida en que son *determinaciones naturales,* y por lo tanto lo *negativo* y opuestas a la libertad y al concepto del espíritu, se las debe *eliminar;* en este segundo sentido se dice que *el hombre es por naturaleza malo.* Lo que decide a favor de cualquiera de estos dos puntos de vista es igualmente el arbitrio subjetivo.

Agregado. La doctrina cristiana de que el hombre es por naturaleza malo es más elevada que la que lo considera bueno; se la debe comprender, por tanto, en su interpretación filosófica. En cuanto espíritu el hombre es una criatura libre, que no debe dejarse determinar por impulsos naturales. El hombre, por lo tanto, en su condición inmediata e inculta, se encuentra en una situación en la que no debe estar y de la que debe liberarse. Este significado tiene la doctrina del pecado original, sin la cual el cristianismo no sería la religión de la libertad.

§ 19. En la exigencia de *purificación de los instintos* está presente la representación universal de que se los debe liberar de la *forma* de la inmediata determinación natural y de lo subjetivo y contingente del *contenido,* para retrotraerlos a su esencia sustancial. Lo verdadero de esta indeterminada exigencia es que los instintos deben aparecer como el sistema racional de las determinaciones de la voluntad; aprehenderlos de esta manera, a partir del concepto, es el contenido de la ciencia del derecho.

Obs. El contenido de esta ciencia puede exponerse para cada uno de sus momentos particulares, por ejemplo, el derecho, la propiedad, la moralidad, la familia, el estado, etcétera, como si el hombre tuviera por naturaleza el *instinto* del derecho y *también* el instinto de la propiedad y la moralidad, y *también* el instinto sexual y de la sociabilidad, y así sucesivamente. Si en vez de esta forma de la psicología empírica se quiere una presentación más elegante y un aspecto filosófico, esto podrá obtenerse con toda facilidad recurriendo a una concepción que, como ya hemos notado, ha valido en la época moderna, y vale aún hoy, como filosofía, y que expresa que el hombre encuentra en sí mismo, como un *hecho de su conciencia,* que quiere el derecho, la propiedad, el estado, etcétera. El mismo contenido que aquí se presenta bajo la figura de los instintos aparecerá más adelante en la forma de *deberes.*

§ 20. La reflexión referida a los instintos, en la medida en que se los representa, los calcula y compara entre sí, con sus medios y consecuencias, y con una totalidad de satisfacción —la felicidad— da a esta materia una *universalidad* formal y la purifica de esta manera exterior de su crudeza y barbarie. Esta producción de la universalidad del pensamiento es el valor absoluto de la *cultura* (cf. § 187).

Agregado. En la felicidad el pensamiento dispone ya de poder sobre la fuerza natural de los instintos, pues no se contenta con lo momentáneo, sino que requiere una totalidad de dicha. Se relaciona en ese sentido con la cultura, pues esta es precisamente lo que da validez a lo universal. En el ideal de la felicidad hay sin embargo dos momentos: el primero es un universal que está por encima de toda particularidad; pero puesto que el contenido de este universal es solo goce general, aparece aquí nuevamente lo individual y particular, por lo tanto algo finito, y se debe volver al instinto. Dado que el contenido de la felicidad reside en la subjetividad y el sentimiento de cada uno, este fin universal es, por otra parte, particular, y no hay todavía en él una verdadera unidad del contenido y la forma.

§ 21. Pero la verdad de esta universalidad formal, que es por sí indeterminada y encuentra su determinación en aquella materia, es *la universalidad que se determina a sí misma, la voluntad, la libertad.* En cuanto la voluntad tiene como contenido, objeto y fin a la universalidad, a sí misma en su carácter de forma infinita, no es solo voluntad libre *en sí* sino también *por sí,* es verdadera idea.

Obs. La autoconciencia de la voluntad como deseo o instinto es sensible y, al igual que lo sensible en general, señala la exterioridad y con ello el ser fuera de sí de la autoconciencia. La voluntad *reflexiva* tiene los dos momentos, el sensible y el de la universalidad pensante. La voluntad *existente en y por sí* tiene como objeto a la voluntad misma como tal, es decir, a sí misma en su pura universalidad. Esta última tiene el significado de que en ella están superadas la *inmediatez* de la naturalidad y la *particularidad* con que asimismo se recubre la naturalidad cuando es producida por la reflexión. Esta superación y elevación a la universalidad es justamente lo que se llama actividad del *pensamiento.* La autoconciencia, que eleva y purifica su objeto, contenido y fin hasta esta universalidad, lo hace como *pensamiento que se realiza* en la voluntad. Este es el punto en el que se ilumina que la voluntad solo es voluntad libre, verdadera, en cuanto inteligencia *pensante.* El esclavo no conoce su esencia, su infinitud, la libertad; no se sabe como esencia, por lo tanto no se sabe, es decir, no se *piensa.* Esta autoconciencia que se capta como esencia por medio del pensamiento y con ello se desprende de lo contingente y no verdadero constituye el principio del derecho, de la moralidad y de toda eticidad. Quienes hablan filosóficamente del derecho, la moral y la eticidad y quieren eliminar de ellos el pensamiento, para remitir al sentimiento, al corazón y al entusiasmo, expresan el profundo desprestigio en que han caído el pensamiento y la ciencia; incluso la ciencia misma, hundida en la desesperación y en el mayor abatimiento, eleva la barbarie y la carencia de pensamiento a la categoría de principios y, si por ella fuera, quitaría al hombre toda verdad, valor y dignidad.

Agregado. Verdad quiere decir en filosofía que el concepto corresponde a la realidad. Un cuerpo, por ejemplo, es la realidad; el alma, el concepto. Ahora bien, el alma y el cuerpo deben ser adecuados entre sí; por eso un hombre muerto es aún una existencia, pero ya no verdadera, una existencia sin concepto; por eso se descompone el cuerpo muerto. Del mismo modo, la voluntad verdadera consiste en que aquello que se quiere, su contenido, sea idéntico a ella, es decir, que la libertad quiera la libertad.

§ 22. La voluntad existente en y por sí es *verdaderamente infinita,* porque su objeto es ella misma, o sea que no es un *otro* ni un *límite,* sino que en él ella ha retornado a sí. No es por lo tanto mera posibilidad, disposición, *facultad (potencia),* sino lo *efectivamente infinito (infinitum actu),* porque la existencia del concepto, su exterioridad objetiva, es lo intrínseco mismo.

Obs. Por eso cuando se habla de la voluntad libre como tal, sin determinar que se trata de la voluntad libre en y para sí, de lo que se está hablando —a pesar de lo que se crea y del contenido explícito— es simplemente de una disposición para la libertad o de la voluntad natural y finita (§ 11) y no, por lo tanto, de la voluntad libre.

Al aprehender lo infinito solo como algo negativo y por lo tanto como un *más allá,* el entendimiento cree honrar más a lo infinito porque lo aleja de sí y se separa de él como un extraño. En la voluntad libre lo verdaderamente infinito tiene realidad y presencia; ella es esta idea en sí misma presente.

Agregado. Se ha representado con razón la infinitud con la figura de un círculo, pues la línea recta va siempre más allá y señala la mala infinitud, meramente negativa, que, al contrario de la verdadera infinitud, no tiene un retorno sobre sí. La voluntad libre es verdaderamente infinita porque no es una mera posibilidad o disposición, sino que su existencia exterior es su interioridad, es ella misma.

§ 23. Solo en esta libertad está la voluntad *consigo misma,* porque no se relaciona con nada que no sea ella misma, con lo cual desaparece toda relación de *dependencia* con algo *otro.* Ella es *verdadera o,* más bien, la *verdad* misma, porque su determinarse consiste en ser en su existencia, es decir, como opuesta a sí, lo que es su concepto, o porque el concepto puro tiene como su fin y realidad la intuición de sí misma.

§ 24. La voluntad es *universal* porque en ella está superada toda limitación y toda individualidad particular. En efecto, esta radica únicamente en la diferencia entre el concepto y su objeto o contenido, o, de otra manera, en la diferencia entre su ser por sí subjetivo y su ser en sí, entre su individualidad que excluye y decide y su universalidad.

Obs. Las diferentes determinaciones de la *universalidad* aparecen en la lógica (véase *Enciclopedia de las ciencias filosóficas,* §§ 118-126).[23] Ante esta expresión, lo primero que se le ocurre a la representación es la universalidad abstracta y exterior.

---

23 3.ª ed., §§ 169 a 178.

Pero con la universalidad existente en y por sí, tal como se la ha determinado aquí, no hay que pensar en la universalidad de la reflexión (la *comunidad* o *totalidad),* ni en la universalidad *abstracta* que está en otro lado, fuera de lo individual, y que es en realidad la identidad abstracta del entendimiento (§ 6, *Obs.).* Es la universalidad *concreta,* existente por sí, la que constituye la sustancia, el género inmanente o la idea inmanente de la autoconciencia. Es el concepto de la voluntad libre como lo universal que *trasciende* su objeto, *recorre sus determinaciones* y es en ellas idéntico consigo mismo.

Lo universal existente en y por sí es lo que generalmente se denomina *racional,* que solo puede ser aprehendido de este modo especulativo.

§ 25. Respecto de la voluntad, se llama *subjetivo* el lado de la autoconciencia, de la individualidad (§7), *a diferencia* de su concepto existente en sí. Su subjetividad significa por lo tanto: α) la *forma* pura, la *unidad absoluta* de la autoconciencia consigo misma, en la cual ella, en cuanto yo = yo, es un interno y *abstracto* reposar sobre sí; es la *certeza* pura de sí misma, diferente de la verdad; β) la *particularidad* de la voluntad en el sentido del arbitrio y el contenido contingente de cualquier fin; γ) en general la forma unilateral (§8), puesto que lo querido, cualquiera sea su contenido, no es en un primer momento más que un contenido que pertenece a la autoconciencia y un fin no llevado a cabo.

§ 26. La voluntad es: α) *simplemente voluntad objetiva,* en cuanto se tiene a sí misma como su determinación y es así verdadera y acorde con el concepto; β) pero la voluntad *objetiva sin la forma infinita* de la autoconciencia es la voluntad hundida en su objeto o en su situación, cualquiera sea su contenido (la voluntad infantil o rutinaria, la voluntad del esclavo o la superstición); γ) la *objetividad* es, por fin, la forma unilateral opuesta a la determinación subjetiva de la voluntad, es decir, la inmediatez de la existencia, como existencia exterior; en este sentido la voluntad solo deviene *objetiva* con la realización de su fin.

Obs. Estas determinaciones lógicas de subjetividad y objetividad son presentadas aquí con el particular propósito de señalar explícitamente —ya que en adelante serán utilizadas con frecuencia— que, al igual que otras diferencias y determinaciones contrapuestas de la reflexión, pasan a su opuesto en virtud de su finitud y de su naturaleza, por tanto dialéctica. En otros casos, el significado de los términos enfrentados permanece firme para la representación y el entendimiento, pues su identidad es aún algo *interno.* En la voluntad, por el contrario, estas contraposiciones, que son determinaciones abstractas y deberían ser al mismo tiempo determinaciones *de la voluntad,* que solo puede ser conocida *como lo concreto,* conducen por sí mismas a su identidad y a la confusión de su significado, confusión con la que se encuentra inconscientemente el entendimiento. Por ser la libertad *existente en sí misma,* la voluntad es la propia subjetividad, y esta es su concepto y su objetividad. En la contraposición con la objetividad la subjetividad es finitud, pero en dicha contradicción la voluntad no permanece consigo misma y se enmaraña en el objeto, por lo que su finitud consiste igualmente en no ser subjetiva. Por eso lo que quiera decir en adelante lo subjetivo u objetivo de la voluntad debe ser iluminado en cada caso a partir de la conexión que por su posición guarda con la totalidad.

Agregado. Corrientemente se cree que lo subjetivo y lo objetivo se mantienen *firmes* uno frente a otro. Pero no es así; cada uno pasa al otro, porque no son determinaciones abstractas, como positivo y negativo, sino que tienen ya un significado concreto. Si consideramos en primer lugar la expresión subjetivo, esta puede querer decir un fin que pertenece a un sujeto determinado. En ese sentido una mala obra de arte, que no se consuma, es meramente subjetiva. Pero también se puede extender esta expresión al contenido de la voluntad, y en ese caso tiene aproximadamente el mismo significado que lo arbitrario: el contenido subjetivo es aquel que pertenece meramente al sujeto. Así, por ejemplo, las malas acciones son meramente subjetivas. Pero también se puede llamar subjetivo al puro yo vacío que se tiene solo a sí como objeto y posee la fuerza de abstraer todo otro contenido. La subjetividad tiene, por lo tanto, por una parte, un significado totalmente particular, y por otra un significado fundamental, ya que todo lo que debo reconocer tiene para ello que devenir mío, que alcanzar validez en mí. Esta es la infinita codicia de la subjetividad, concentrar y consumir todo en la simple fuente del puro yo. También lo objetivo puede ser aprehendido de diversas maneras. Podemos entender con esa expresión todo aquello a que damos la forma de objeto, ya sean existencias reales o meros pensamientos lo que ponemos frente a nosotros. Pero con ella también se señala la inmediatez de la existencia, en la que se debe realizar el fin. Aunque el fin sea totalmente particular y subjetivo, lo llamamos sin embargo objetivo, si aparece. Pero la voluntad objetiva es también aquella en la que hay verdad. En ese sentido, la voluntad de Dios y la voluntad ética son objetivas. Finalmente, también puede llamarse objetiva la voluntad que está completamente hundida en su objeto, tal como la voluntad infantil, que en la confianza carece de libertad subjetiva, o la del esclavo, que no se sabe aún como libre y es por eso una voluntad desprovista de voluntad. En ese sentido es objetiva la voluntad que es dirigida y manejada por una autoridad extraña y que aún no ha consumado el infinito retorno sobre sí.

§ 27. La absoluta determinación o, si se quiere, el absoluto impulso del espíritu libre (§ 21), de tener su libertad como objeto (que sea objetiva tanto en el sentido de que ella sea el sistema racional de sí misma como en el de que sea la realidad inmediata, § 26), de ser por sí, en cuanto idea, lo que la voluntad es en sí. El concepto abstracto de la idea de la voluntad es precisamente que la *voluntad libre quiere la voluntad libre.*

§ 28. La actividad de la voluntad consistente en superar la contradicción entre subjetividad y objetividad, trasladar sus fines de aquella a esta determinación y al mismo tiempo permanecer en la objetividad *consigo misma* es, fuera del modo formal de la conciencia (§ 8), en el que la objetividad solo está como realidad inmediata, el *desarrollo esencial* del contenido sustancial de la idea (§ 21). En este desarrollo el concepto determina a la idea, en un comienzo *ella misma abstracta,* como la totalidad de su sistema, que, en cuanto es lo sustancial, independiente de la contraposición entre un fin meramente subjetivo y su realización, es *lo mismo* en las dos formas.

§ 29. El que una existencia sea *existencia* de la *voluntad libre* constituye el *derecho,* que es, por lo tanto, la libertad en cuanto idea.

Obs. La determinación kantiana (Kant, *Doctrina del derecho,* Introducción), admitida generalmente, cuyo momento central es "la *limitación* de mi libertad o *arbitrio* de modo tal que pueda coexistir con el arbitrio de todos de acuerdo con una ley universal", contiene solo una determinación *negativa,* la de la limitación. Por otra parte, lo que tiene de positivo la ley racional universal (o por lo menos así llamada), o sea, la concordancia del arbitrio de uno con el arbitrio de otro, desemboca en la conocida identidad formal y en el principio de no contradicción, La definición citada contiene la opinión, muy difundida desde Rousseau, según la cual el fundamento esencial y primero no es la voluntad en cuanto racional y existente en y por sí, sino en cuanto voluntad del individuo según su propio arbitrio; o sea que no es el espíritu en cuanto espíritu *verdadero,* sino en cuanto individuo *particular.* Una vez aceptado este principio, lo racional solo puede aparecer como una limitación para esa libertad, es decir, no como racional inmanente, sino solo como universalidad abstracta, exterior. Este punto de vista carece pues de todo pensamiento especulativo y ha sido condenado por el concepto filosófico por cuanto ha producido en las mentes y en la realidad acontecimientos cuyo horror solo tiene paralelo en la trivialidad de los pensamientos en los que se fundaban.

§ 30. El derecho es algo *sagrado* solo porque es la existencia del concepto absoluto, de la libertad autoconsciente. Pero *formalismo* del derecho (y posteriormente del deber) surge de la diferencia en el desarrollo del concepto de libertad. Frente al derecho más formal, es decir, *más abstracto* y por lo tanto más limitado, la esfera —o el estadio— del espíritu tiene un derecho más elevado, porque en ella el espíritu ha llevado a su determinación y convertido en realidad los momentos ulteriores incluidos en su idea, que resultan así *más concretos,* en sí mismos más ricos, y más verdaderamente universales.

Obs. Cada estadio del desarrollo de la idea de libertad tiene su propio derecho, pues es la existencia de la libertad en una de sus determinaciones peculiares. Cuando se habla de la oposición entre la moralidad o la eticidad y el derecho, se entiende por este último solo la personalidad formal y abstracta. La moralidad, la eticidad, el interés del estado constituyen cada uno un derecho peculiar, porque cada una de esas figuras es una determinación y existencia de la *libertad.* Solo pueden entrar en *conflicto* en la medida en que, por ser derechos, están todos colocados en un mismo plano. Si el punto de vista moral del espíritu no fuera también un derecho, la libertad en una de sus formas, no podría de ninguna manera entrar en conflicto con el derecho de la personalidad o con cualquier otro. En efecto, aquel derecho contiene en sí el concepto de libertad, la determinación más alta del espíritu, frente a la cual lo demás es insustancial. Pero él conflicto contiene también el otro momento, según el cual ella es limitada y por lo tanto cada uno de los momentos está subordinado al otro; solo el derecho del espíritu del mundo es lo ilimitadamente absoluto.

§ 31. Se supone conocido a partir de la lógica el método según el cual en la ciencia el concepto se desarrolla desde sí mismo y progresa y produce sus determinaciones de un modo inmanente. El desarrollo no se produce, pues, por la afirmación de que *hay* distintas relaciones y por la *aplicación* de lo universal a una materia tomada de otra parte.

Obs. Llamo *dialéctica* al principio motor del concepto, que disuelve pero también produce las particularidades de lo universal. No se trata pues de la dialéctica en el sentido negativo, que aparece frecuentemente en Platón, que disuelve, confunde y lleva de aquí para allá los objetos o proposiciones dados a la conciencia inmediata o al sentimiento, y solo se preocupa de deducir su contrario. Siguiendo este procedimiento, se podrá considerar que el resultado último es llegar a lo opuesto de una representación dada; a su contradicción si se actúa de un modo decidido —como en el antiguo escepticismo—, o a un *acercamiento* a la verdad, medianía típicamente moderna, si se lo hace con mayor debilidad. La más elevada dialéctica del concepto consiste en no considerar la determinación meramente como límite y opuesto, sino en producir a partir de ella el contenido *positivo* y el resultado, único procedimiento mediante el cual la dialéctica es *desarrollo* y progreso inmanente. No es por lo tanto la acción *exterior* de un pensar subjetivo, sino el *alma propia* del contenido lo que hace crecer orgánicamente sus ramas y sus frutos. El pensamiento, en cuanto subjetivo, contempla este desarrollo de la idea como la actividad propia de su razón, sin agregar nada por su parte. Considerar algo racionalmente no quiere decir acercar la razón al objeto desde fuera y elaborarlo por medio de ella, sino que el objeto es por sí mismo racional; aquí está el espíritu en su libertad, la más alta cumbre de la razón autoconsciente que se da realidad y se produce como mundo existente. La tarea de la ciencia es llevar a la conciencia este trabajo propio de la razón de la cosa.

§ 32. Las *determinaciones* en el desarrollo del concepto son, por una parte, ellas mismas conceptos, y por otra, dado que el concepto es esencialmente como idea, tienen la forma de la existencia; la serie de conceptos resultante es por lo tanto al mismo tiempo una serie de *configuraciones;* de esta manera se las debe considerar en la ciencia.

Obs. En sentido especulativo, el *modo de existencia* de un concepto y su *determinación* son uno y lo mismo. Hay que señalar sin embargo que los momentos que tienen como resultado una forma ulteriormente determinada lo preceden como determinaciones del concepto en el desarrollo científico de la idea, pero no como configuraciones en el desarrollo temporal. Así, la idea tal como se determina en la familia supone ciertas determinaciones conceptuales cuyo resultado se mostrará más adelante. Pero que estos supuestos internos existan también por sí como *configuraciones* —derecho de propiedad, contrato, moralidad, etcétera— constituye la otra cara del desarrollo, que solo alcanza esta forma propia de la existencia de sus momentos en la civilización más alta y acabada.

Agregado. Dado que en el comienzo es solo el concepto abstracto, la idea debe determinarse en sí misma ulteriormente. Pero este concepto abstracto del comienzo no es abandonado nunca, sino que deviene cada vez más rico, por lo que la última determinación es la más rica de todas. Las determinaciones que anteriormente eran solo en sí llegan de este modo a su libre independencia, pero de manera tal que el concepto sigue siendo el alma que reúne todo y que solo por un procedimiento interno alcanza su propia diferencia. No se puede decir, por lo tanto, que el concepto pasa a algo nuevo, pues la última determinación coincide otra vez con la primera. Aunque parece que el concepto se disgrega en su existencia, esto es solo una apariencia, que se devela en el propio desarrollo en cuanto todas las particularidades retornan finalmente al concepto de lo universal. En las ciencias empíricas se analiza usualmente lo que se encuentra en la representación y cuando se ha llevado lo individual a lo común se llama a esto último concepto. No procedemos así nosotros, porque queremos observar cómo el concepto se determina a sí mismo y nos fuerza a no agregar nada que proceda de nuestra opinión o de nuestro pensamiento. Lo que obtenemos de este modo es una serie de pensamientos y una serie de configuraciones existentes, respecto de las cuales se puede agregar que el orden de su aparición real en el tiempo es en parte diferente del orden del concepto. No se puede decir, por ejemplo, que la propiedad haya existido antes que la familia, y sin embargo se la tratará antes que ella. Se podría plantear aquí entonces la pregunta de por qué no comenzamos con lo más elevado, es decir, con lo verdadero concreto. La razón está en que queremos ver lo verdadero en la forma de un resultado, lo que requiere esencialmente concebir en primer lugar el concepto abstracto mismo. Lo que es real, la configuración del concepto, es, por lo tanto, para nosotros, recién lo que se sigue, lo ulterior, aunque en la realidad sea lo primero. Nuestro progresar consiste en que las formas abstractas se revelan sin consistencia por sí, como no verdaderas.

DIVISIÓN

§ 33. De acuerdo con los estadios del desarrollo de la idea de la voluntad en y por sí, la voluntad es:

A. *Inmediata; su concepto* es por lo tanto abstracto: la *personalidad, y* su *existencia,* es una cosa inmediata y exterior; es la esfera del *derecho formal* o *abstracto;*

B. la voluntad que se refleja *en sí misma* a partir de su existencia exterior y se determina como *individualidad* subjetiva frente a lo *universal* (por un lado como algo interior, el *bien,* por otro como algo exterior, un *mundo existente,* y ambos lados de la idea solo *mediados uno por el otro);* la idea en su división o existencia *particular, el derecho de la voluntad subjetiva* en relación con el derecho del *mundo* y el *derecho* de la idea *existente* solo *en sí;* la *esfera de la moralidad;*

C. la *unidad* y *verdad* de estos dos momentos abstractos; la idea pensada del bien, realizada en la *voluntad reflejada* en sí misma y en el *mundo exterior,* de manera tal que la libertad, en cuanto sustancia, existe como *realidad y necesidad* y al mismo tiempo como voluntad *subjetiva;* la *idea* en su existencia universal en y por sí; la *eticidad.*

La sustancia ética es a su vez:

a. *espíritu natural: familia;*

b. en su *división* y *apariencia fenoménica:* la *sociedad civil;*

c. el *estado,* como la libertad que en la libre autonomía de la voluntad particular es al mismo tiempo universal y objetiva; este espíritu real y orgánico de α) un pueblo, β) por medio de la relación de los espíritus de los pueblos particulares, γ) se revela y deviene efectivamente real en la historia universal como espíritu del mundo, cuyo *derecho* es el *más elevado.*

Se supone, a partir de la lógica especulativa, que una cosa o un contenido que es puesto solo según su *concepto,* o tal como es *en sí,* tiene el aspecto de la *inmediatez* o del *ser.* En cambio, el concepto que es por sí en la *forma del concepto* ya no es un inmediato. Del mismo modo, también se presupone el principio que determina esta división. Esta puede ser considerada también como una indicación previa de tipo *histórico,* ya que los diversos estadios deben producirse como momentos del desarrollo de la idea a partir de la naturaleza del contenido mismo. Una división filosófica no es una clasificación exterior de una materia existente de acuerdo con uno o varios principios aceptados, sino el diferenciarse inmanente del concepto mismo.

Moralidad y eticidad, que corrientemente valen como sinónimos, están tomadas aquí en un sentido esencialmente diferente entre sí. Por otra parte, incluso la representación parece distinguirlas. El lenguaje kantiano usa con preferencia la expresión *moralidad,* y en realidad los principios prácticos de su filosofía se limitan completamente a ese concepto y hacen imposible el punto de vista de la *eticidad,* a la que incluso atacan y aniquilan expresamente. Aunque moralidad y eticidad sean sinónimos según su etimología, esto no impide usar las dos palabras diferentes para conceptos diferentes.

Agregado. Cuando hablamos de derecho no aludimos meramente al derecho civil, a lo que generalmente se entiende por derecho, sino también a la moralidad, la eticidad y la historia mundial, que también pertenecen a nuestro asunto porque el concepto, actuando conforme a la verdad, reúne estos pensamientos. Para no seguir siendo abstracta la voluntad libre debe darse, en primer lugar, una existencia, y el primer material sensible de esta existencia son las cosas exteriores. Este primer modo de la libertad es lo que conocemos como *propiedad,* es la esfera del derecho formal y abstracto, a la que también pertenecen la propiedad en su figura mediada, como *contrato,* y el derecho en cuanto lesionado, como *delito* y *pena.* Esta mera inmediatez de la existencia no es sin embargo adecuada a la libertad, y la negación de esta determinación es la esfera de la *moralidad.* Ya no soy solamente libre en esta cosa inmediata, sino que también lo soy en la inmediatez eliminada, es decir, en mí mismo, en lo subjetivo. En esta esfera todo depende de mi conocimiento y mi propósito, de mi finalidad, mientras que la exterioridad es puesta como indiferente. El bien, que es aquí el fin universal, no debe permanecer meramente en mi interior, sino que debe realizarse. La voluntad subjetiva exige que su interior, es decir, su finalidad, reciba existencia exterior, que el bien llegue a su consumación en la existencia exterior. La moralidad y el momento anterior del derecho formal son abstracciones cuya verdad es recién la *eticidad.* Esta es la unidad de la voluntad en su concepto y la voluntad del individuo, es decir, del sujeto. Su primera existencia es nuevamente algo natural, que aparece en la forma del amor y el sentimiento: *la familia.* En ella el individuo ha eliminado su esquiva personalidad y se encuentra con su conciencia en una totalidad, Pero en los estudios siguientes se observa la pérdida de la auténtica eticidad y de la unidad sustancial: la familia se desintegra y sus miembros se comportan entre sí en forma independiente al estar unidos solo por el lazo de la recíproca necesidad. Este estadio de la *sociedad civil* ha sido frecuentemente tomado por el estado mismo. Pero el *estado* es recién el tercero; es la eticidad misma y el espíritu, en el que tiene lugar la unión de la independencia de la individualidad y la sustancialidad universal. El derecho está, por lo tanto, en un nivel superior al de los otros estadios; es la libertad en su configuración más concreta, que solo se subordina a la suprema verdad absoluta del espíritu del mundo.

PRIMERA PARTE

El derecho abstracto

§ 34. En su concepto *abstracto,* la voluntad libre en y por sí está en la determinación de la *inmediatez.* De acuerdo con ella es la realidad efectiva que se comporta de modo negativo frente a lo real y que se refiere a sí misma de manera solo abstracta, es la voluntad *en sí misma individual* de un *sujeto.* Según el momento de la particularidad de la voluntad, tiene un contenido ulterior constituido por fines determinados y, en cuanto este contenido es exclusivamente individual, lo tiene al mismo tiempo ante ella como un mundo exterior, inmediatamente dado.

§ 35. La *universalidad* de esta voluntad libre por sí es formal, es la *simple* relación consigo en su individualidad, relación autoconsciente, pero carente de contenido. De este modo el sujeto es *persona.* En el concepto de *personalidad* se expresa que yo, en cuanto *este,* soy finito y perfectamente determinado en todos los aspectos (tanto en lo que respecta al arbitrio interior, instintos y deseos, como en lo que hace a la existencia exterior inmediata), y, a pesar de ello, libre en relación conmigo mismo que, de esta manera, me sé en la finitud como *infinito, universal* y *libre.*

Obs. La personalidad comienza cuando el sujeto tiene conciencia de sí no meramente como algo concreto, determinado de alguna manera, sino como yo abstracto, en el cual toda limitación y validez concreta es negada y carece de valor. En la personalidad está, por lo tanto, el saber *de sí* como *objeto,* pero como objeto que ha sido elevado por el pensamiento a la simple infinitud y es por ello puramente idéntico consigo mismo. Los individuos y los pueblos no tienen aún personalidad si no han llegado a este pensamiento puro y a este saber de sí. El espíritu existente en y por sí se distingue del espíritu fenoménico en que, en la misma determinación en que este es solo *autoconciencia* —es decir conciencia *de sí,* pero solo según la voluntad natural y sus contraposiciones aún exteriores (*Fenomenología del espíritu,* Bambergy Würzburg, 1807, pág. 101, y *Enciclopedia de las ciencias filosóficas,* § 344[24])—, el espíritu, como yo abstracto y en realidad libre, se tiene como objeto y fin, y es así *persona.*

Agregado. La voluntad existente por sí o abstracta es la persona. Lo más elevado del hombre es ser persona, a pesar de lo cual la mera abstracción de la persona

24 *Fenomenología,* ed. cit., págs. 107 y sigs. *Enciclopedia,* 3.ª ed., § 424.

es algo despreciable. La persona se diferencia esencialmente del sujeto; el sujeto es solo la posibilidad de la personalidad, ya que todo viviente es un sujeto. La persona es por lo tanto el sujeto para el cual es esta subjetividad; en ella soy absolutamente para mí: es la individualidad de la libertad en el puro ser por sí. En cuanto persona me sé en mí mismo libre y puedo abstraerme de todo, ya que como libre personalidad nada permanece ante mí y, sin embargo, en cuanto este, soy algo totalmente determinado, con cierta edad, cierta altura, en este lugar, etcétera. La persona es, por lo tanto, al mismo tiempo lo elevado y lo más bajo; en ella radica la unidad de lo infinito y lo sencillamente finito, del límite determinado y lo absolutamente ilimitado. La grandeza de la persona consiste en poder resistir esta contradicción que no tiene ni podría soportar en sí nada natural.

§ 36. 1) La personalidad contiene la capacidad jurídica y constituye el concepto y el fundamento —él también abstracto— del derecho abstracto y por ello *formal.* El precepto del derecho es, por lo tanto: *sé una persona y respeta a los demás como persona.*

§ 37. 2) La *particularidad* de la voluntad, si bien es un momento de la totalidad de la conciencia de la voluntad (§ 34), no está todavía contenida en la personalidad abstracta como tal. Por lo tanto existe, pero como algo diferente de la personalidad, de la determinación de la libertad, como deseo, necesidad, instinto, voluntad arbitraria, etcétera. En el derecho formal no se consideran, pues, los intereses particulares —mi interés o mi provecho— ni tampoco la causa particular que haya determinado mi voluntad, mi conocimiento o mi finalidad.

Agregado. Dado que en la persona lo particular no existe aún como libertad, todo lo que pertenece a la particularidad es aquí *indiferente.* Si alguien no tiene más intereses que su derecho formal, estos se convertirán seguramente en una mera terquedad, tal como sucede a menudo con las personas más limitadas. En efecto, el hombre menos cultivado es el que con mayor frecuencia se mantiene rígido en sus derechos, mientras que el más elevado ve que la cosa tiene además otros aspectos. El derecho abstracto es por lo tanto solo una mera posibilidad y por ello algo formal frente a la totalidad de la situación. Esto hace que la determinación jurídica otorgue un derecho, pero que no sea absolutamente necesario que yo lo siga, porque es solo un aspecto de la situación total. La posibilidad es el ser que tiene también el significado de no ser.

§ 38. Respecto de la acción *concreta* y de la situación moral y ética, el derecho abstracto es solo una *posibilidad* frente a un contenido ulterior, por lo cual la determinación jurídica es solo un *permiso* o una *autorización.* A causa de su misma abstracción, la necesidad de este derecho se limita a algo negativo: no *lesionar* la personalidad y lo que de ella se sigue. Solo hay por lo tanto *prohibiciones Jurídicas,* y la forma positiva de los preceptos jurídicos, según su contenido, tiene como fundamento, en última instancia, la prohibición.

§ 39. 3) La individualidad *inmediata* de la persona que decide se relaciona con una naturaleza dada a la que se opone la personalidad de la voluntad como algo *subjetivo.* Pero por ser la voluntad en sí misma infinita y universal, la limitación de ser solo subjetiva es contradictoria y *nula.* Ella es la actividad de superar este límite y darse realidad, o, lo que es lo mismo, de poner aquella existencia como suya.

§ 40. El derecho es en primer lugar la existencia inmediata que se da la libertad de un modo también inmediato, según los siguientes momentos:

a) *Posesión,* que es *propiedad.* La libertad es aquí *propiamente* la libertad de la voluntad abstracta, o, por eso, la libertad de una persona *individual* que se relaciona solo consigo misma.

b) La persona, diferenciándose de sí, se relaciona con otra persona, y cada uno de ellos tiene existencia para el otro solo como propietario. Su identidad *en sí* recibe existencia por medio del traspaso de la propiedad de uno al otro por voluntad común y con conservación de sus derechos, es decir, en el *contrato.*

c) La voluntad, en cuanto en su relación consigo misma (a), no se diferencia de otra persona (b) sino solo en sí misma, difiere y se opone como voluntad *particular* a su *existencia en y por sí* y es *injusticia* y *delito.*

Obs. La división del derecho en derecho *personal, real* y de *procedimientos* tiene, lo mismo que otras clasificaciones similares, el objetivo de dar un orden exterior a la multiplicidad de la materia inorgánica dada. En esta división se comete sobre todo el error de mezclar de manera indiscriminada derechos que tienen sus supuestos en relaciones sustanciales, como la familia y el estado, y derechos que se refieren a la mera personalidad abstracta. En esta confusión cae la división kantiana —por otra parte muy en boga— de derechos *reales, personales y personales reales.* Nos llevaría demasiado lejos mostrar el carácter equívoco y aconceptual de la división entre derecho real y personal que está en la base del derecho romano (el derecho de procedimientos corresponde a la administración del derecho y no entra en este ordenamiento). Resulta aquí sin embargo suficientemente claro que solo la *personalidad* da derecho a las *cosas* y que por lo tanto el derecho personal es esencialmente *derecho real (cosa* se toma aquí en el sentido universal de lo que es en general exterior a la libertad, entre lo que se cuenta también mi cuerpo, mi vida). Este derecho real es el derecho de la *personalidad como tal.* En lo que se refiere al llamado *derecho personal* del derecho romano, el hombre es una persona solo si se lo considera con un cierto *status* (Heinecio, *Elem. Jur. Civ.*, § LXXV); en él incluso la personalidad misma, opuesta a la esclavitud, es pues solo un *estado,* una *condición.* El contenido del llamado derecho personal romano se refiere no solo al derecho sobre los *esclavos* —en el que están más o menos incluidos también los niños— y a la situación de *privación de derechos (capitis diminutio),* sino también a las *relaciones familiares.* Kant incluye a estas últimas en su totalidad entre los derechos *personales de modo real.*

El derecho personal romano no es por consiguiente el derecho de la persona como tal, sino a lo sumo de la persona *particular.* Más adelante se mostrará que el fundamento sustancial de las relaciones familiares es, por el contrario, el abandono de la personalidad. Por ahora solo se puede indicar lo absurdo de tratar el derecho de la persona *particular determinada* antes del derecho general de la personalidad.

Los *derechos personales* son para Kant los que surgen de un contrato por el que doy o efectúo algo, el *Jus ad rem* del derecho romano que surge de una *obligatio*. Por cierto solo una persona puede efectuar algo según un contrato y solo una persona puede adquirir el derecho a una prestación tal, pero semejante derecho no puede por ello ser llamado personal. *Todo* tipo de derecho corresponde solo a una persona, y objetivamente un derecho que nace de un contrato no es un derecho sobre una persona, sino sobre algo para ella exterior o que ella puede enajenar; es siempre derecho sobre una cosa.

I
LA PROPIEDAD

§ 41. La persona, para existir como idea, tiene que darse *para su libertad una esfera exterior.* Puesto que la persona es la voluntad infinita existente en y por sí en su primera determinación aún totalmente abstracta, lo diferente de ella, que puede constituir la esfera de su libertad, se determina al mismo tiempo como lo *inmediatamente distinto y separable.*

Agregado. Lo racional de la propiedad no radica en que sea la satisfacción de necesidades, sino en que supera la simple subjetividad de la personalidad. Recién en la propiedad existe la persona como razón. Aunque la primera realidad de mi libertad en una cosa exterior es por ello mismo una mala realidad, la personalidad abstracta no puede tener en su inmediatez una existencia que no tenga precisamente la determinación de la inmediatez.

§ 42. Lo inmediatamente distinto del espíritu libre es para él y en sí lo *exterior* en general: una *cosa,* algo carente de libertad, de personalidad, de derecho.

Obs. La *cosa,* como lo objetivo, tiene dos significados contrapuestos. Por un lado, cuando se dice *"esta es la cosa"*, "depende de la cosa y no de la persona", tiene el significado de lo *sustancial;* pero, por otro lado, la cosa opuesta a la persona (no al sujeto particular) es *lo opuesto de lo sustancial,* lo que según su determinación es solo exterior. Lo que es exterior para el espíritu libre —que debe ser claramente diferenciado de la mera conciencia— lo es en y por sí; por ello la determinación conceptual de la *naturaleza* es ser *en ella misma exterior.*

Agregado. Puesto que la cosa se separa de la subjetividad, es ella misma exterior y no solo para el sujeto. Espacio y tiempo son exteriores de este modo. Yo, en cuanto sensible, soy exterior, espacial y temporal. En cuanto tenga intuiciones sensibles tengo intuición de algo que es en sí mismo exterior. El animal puede intuir, pero su alma no tiene como objeto el alma, sí misma, sino algo exterior.

§ 43. La persona, en cuanto concepto *inmediato y* por ello esencialmente individuo, tiene una existencia *natural, por* un lado en sí misma y por otro como aquello con lo que se relaciona como mundo exterior. Respecto de la persona, que se encuentra ella misma en su primera inmediatez, solo se habla de las cosas tal como son inmediatamente, y no como pueden llegar a ser por la mediación de la voluntad.

Obs. Aptitudes espirituales, ciencias, artes, lo religioso mismo (prédicas, misas, oraciones, bendiciones de las cosas sagradas), invenciones, etcétera, devienen objetos de contrato y son equiparadas en la compra, la venta y las operaciones similares a lo que normalmente se reconoce como *cosas.* Se podría preguntar si el artista, el sabio, etcétera, están en posesión jurídica de su arte, su ciencia, su capacidad de predicar o decir misa, es decir, si tales objetos son *cosas.* Se dudaría seguramente en calificar así tales aptitudes, conocimientos y facultades; puesto que, por una parte, se negocia y se toma posesión de ellos como si fueran cosas, y por otra parte son algo interior y espiritual, el entendimiento puede caer en el dilema de cuál es su calificación jurídica, ya que solo se le ocurre la oposición según la cual o es una cosa o no es una cosa (lo mismo que *o* es infinita *o* es finita). Conocimientos, ciencias, talentos, etcétera, pertenecen sin duda al espíritu libre y no son algo exterior, sino interior a él, pero al mismo tiempo el espíritu puede darles por medio de la exteriorización una existencia exterior y *enajenarlos* (v. más adelante), con lo cual se los pone bajo la determinación de cosas. No son por lo tanto en primer lugar algo inmediato, sino que lo devienen por la mediación del espíritu que rebaja lo que le es interior a la inmediatez y a la exterioridad.

Según la injusta e inmoral determinación del derecho romano, los niños eran cosas para el padre, que estaba así en posesión jurídica de sus hijos y mantenía sin embargo con ellos una relación ética en el amor (que seguramente debería de estar muy debilitado por aquella injusticia). Aquí tiene lugar, pues, una reunión, aunque totalmente injusta, de ambas determinaciones, cosa y no cosa.

En el derecho abstracto, que solo tiene como objeto la persona como tal —y con ello lo particular que pertenece a la existencia y a la esfera de su libertad— en la medida en que es algo separable e inmediatamente distinto de ella (ya constituya esto su determinación esencial o lo reciba solo por mediación de la voluntad subjetiva), las aptitudes espirituales, ciencias, etcétera, entran en consideración solo respecto de su posesión jurídica. La posesión del cuerpo y del espíritu que se adquiere por medio de la cultura, el estudio, el hábito, etcétera, y que configura una *propiedad interior* del espíritu, no ha de ser tratada aquí. Del *tránsito* de esa propiedad espiritual a la exterioridad, en la que se la comprende bajo la determinación de propiedad jurídica, se hablará recién a propósito de la *enajenación.*

§ 44. La persona tiene el derecho de poner su voluntad en toda cosa, que de esta manera es *mía* y recibe a mi voluntad como su fin sustancial (que ella en sí misma no tiene), como su determinación y su alma. Es el *derecho de apropiación* del hombre sobre toda cosa.

Obs. La llamada filosofía que atribuye a las cosas individuales inmediatas, a lo impersonal, realidad en el sentido de independencia y verdadera interioridad y ser por sí, lo mismo que la que afirma que el espíritu no puede conocer y saber la verdad, lo que la cosa es *en sí,* son refutadas inmediatamente por el comportamiento de la voluntad libre frente a estas cosas. Si para la conciencia, el intuir y el representar, las llamadas *cosas exteriores* tienen apariencia de independencia, la voluntad libre —el idealismo— es por el contrario la verdad de esa realidad.

Agregado. Todas las cosas pueden devenir propiedad del hombre porque este es voluntad libre y como tal en y por sí, mientras que lo que está frente a él no posee esta propiedad. Todos tienen el derecho de llevar su voluntad a la cosa o la cosa a la voluntad, es decir, en otras palabras, eliminar la cosa y convertirla en algo suyo, pues la cosa, en cuanto exterioridad, no tiene un fin propio, no es la infinita relación consigo misma, sino que es ella misma exterior. Lo viviente (el animal) es también exterior de este modo, y, en ese sentido, una cosa. Solo la voluntad es lo infinito, *absoluto* frente a todo otro, mientras que lo otro es por su lado solo *relativo.* Por eso apropiarse quiere decir fundamentalmente manifestar ante las cosas la grandeza de mi voluntad y mostrar que estas no son en y por sí, no tienen un fin propio. Esta manifestación acontece cuando doy a la cosa un fin diferente del que tiene inmediatamente: en cuanto es mi propiedad le doy a lo viviente otra alma que la que tenía, le doy mi alma. La voluntad libre es por ello el idealismo, que no considera en y por sí a las cosas tal como son; el realismo las torna en cambio como absolutas, aunque se encuentren en la forma de la finitud. Incluso el animal no sostiene ya este realismo al consumir las cosas y demostrar así que no son absolutamente independientes.

§ 45. El que yo tenga algo bajo mi poder exterior constituye la *posesión.* Su aspecto particular, dado por el hecho de que convierto algo en mío llevado por las necesidades naturales, los instintos o el arbitrio, constituye el interés particular de la posesión. Pero, por otro lado, el aspecto según el cual yo como voluntad libre soy objetivo y por lo tanto recién entonces efectivamente voluntad constituye lo que en la posesión es verdadero y justo, la determinación de la *propiedad.*

Obs. Respecto de la necesidad, la propiedad aparece como un medio siempre que se coloque a aquélla en primer lugar. Pero la verdadera posición es que, desde el punto de vista de la libertad, la libertad es su primera *existencia,* un fin esencial por sí.

§ 46. Puesto que en la propiedad mi voluntad deviene objetiva, en cuanto voluntad personal y por lo tanto del individuo, aquélla adquiere el carácter de *propiedad privada.* La propiedad común, que según su naturaleza puede ser poseída individualmente, tiene la determinación de una comunidad *en sí disoluble* en la que el abandono de mi parte depende solo de mi arbitrio.

Obs. El uso de objetos *elementales* no es apto por su naturaleza para ser particularizado en la forma de posesión privada. Las *leyes agrarias* romanas contienen una lucha entre la comunidad y la propiedad privada de los bienes raíces. El último debió prevalecer por ser el momento más racional, aunque a expensas del otro derecho. La propiedad *familiar fideicomisaria* contiene un elemento que se opone al derecho de la personalidad y por lo tanto a la propiedad privada. Pero las determinaciones que afectan a la propiedad privada pueden tener que subordinarse a esferas más elevadas del derecho, como, por ejemplo, la causa pública o el estado; tal es el caso en la propiedad de la llamada persona moral, o en la propiedad de mano muerta. Estas excepciones no pueden sin embargo basarse en la casualidad, el arbitrio o la utilidad privados, sino solo en el organismo racional del estado.

La idea del estado *platónico* contiene una injusticia contra la persona, al considerarla por un principio general incapaz para la propiedad privada. La representación de una *hermandad* humana religiosa o amistosa, o incluso forzada, con *comunidad de los bienes* y eliminación del principio de la propiedad privada puede imponerse con facilidad a la opinión que desconoce la naturaleza de la libertad del espíritu y del derecho, y no la capta en sus momentos determinados. En lo que se refiere al aspecto moral y religioso, Epicuro disuadió a sus amigos que querían constituir una asociación con comunidad de bienes, precisamente por la razón de que ello demostraba una desconfianza, y quienes desconfían entre sí no son amigos (Diógenes Laercio, *Vidas,* I, X, VI).

Agregado. En la propiedad mi voluntad es personal, pero la persona es un *esto;* la propiedad será por lo tanto lo personal de esta voluntad. Puesto que por medio de la propiedad le doy existencia a mi voluntad, la propiedad debe tener la determinación de que algo sea mío. Esta es la importante doctrina de la necesidad de la propiedad privada. Si bien admite excepciones por parte del estado, este es el único que puede hacerlas, aunque con frecuencia, especialmente en nuestro tiempo, ha restaurado la propiedad privada. Así muchos estados han clausurado, con derecho, monasterios, pues una entidad común no tiene el mismo derecho de propiedad que la persona.

§ 47. Como persona soy yo mismo un *individuo inmediato.* En su ulterior determinación esto quiere decir en primer lugar que *soy viviente* en este *cuerpo orgánico* que es mi existencia exterior indivisa, *universal* según su contenido, y posibilidad real de toda existencia posteriormente determinada. Pero al mismo tiempo, en cuanto persona, tengo *mi vida y mi cuerpo* —lo mismo que otras cosas— *solo en la medida en que es mi voluntad.*

Obs. Que yo, no en cuanto soy un existente por sí, sino en cuanto existo como concepto inmediato, soy *viviente* y *tengo* un cuerpo orgánico, se basa en el concepto de la vida y el espíritu como alma, momentos tomados de la filosofía de la naturaleza *(Enciclopedia de las ciencias filosóficas,* §§ 259 y sigs.; c. §§ 161, 164 y 298[25]) y de la antropología (id. § 318[26]).

Tengo estos miembros, e incluso la vida, *porque yo* quiero; el animal no puede mutilarse ni matarse, sí en cambio el hombre.

---

25 3.ª ed., §§ 336 y sigs.; cf. §§ 213, 216, 376.

26 3.ª ed., §§ 396 y sigs.

Agregado. Por cierto que los animales también se poseen: su alma está en posesión de su cuerpo; pero no tienen ningún derecho sobre su vida porque no la quieren.

§ 48. El cuerpo no es adecuado al espíritu por ser una existencia inmediata; para que sea su órgano dócil y su medio animado, es necesario que este lo *tome en posesión* (§ 57). Pero *para los otros* soy esencialmente libre en mi cuerpo tal como lo poseo inmediatamente.

Obs. Solo porque soy viviente como libre en un cuerpo, no se debe abusar de esta existencia viviente hasta hacerla una bestia de carga. Mientras vivo mi alma (el concepto y, de modo más elevado, la libertad) y mi cuerpo no están separados, este es la existencia de la libertad y yo siento en él. Es por lo tanto solo el entendimiento sofístico y carente de idea el que puede hacer la diferenciación de que no se afecta ni ataca la *cosa en sí,* el alma, cuando se maltrata el *cuerpo* o se somete la *existencia* de la persona al poder de otro. Yo puedo retrotraerme a partir de mi existencia y convertirla en algo exterior, alejar de mí las sensaciones particulares y ser libre en las cadenas, pero esta es *mi* voluntad, *para los otros* soy en mi cuerpo; solo soy *libre para los otros* si soy libre en la *existencia,* lo cual es una proposición idéntica (véase *Ciencia de la lógica,* I, pág. 49 y sigs.[27]). La violencia ejercida por otros *sobre mi cuerpo* es violencia ejercida *sobre mí.*

Puesto que siento, el contacto y la violencia contra mi cuerpo me afectan inmediatamente de un modo *real* y *presente.* Esto es lo que distingue la injuria personal de la violación de mi propiedad exterior, en la cual mi voluntad no está en esa presencia y realidad inmediatas.

§ 49. En relación con las cosas exteriores, lo *racional* es que poseo propiedad; su aspecto *particular* comprende en cambio los fines subjetivos, las necesidades, el arbitrio, el talento, las circunstancias exteriores, etcétera (§ 45), de los cuales únicamente depende la posesión como tal. Este aspecto particular, sin embargo, no ha sido puesto aún en esta esfera de la personalidad abstracta como idéntico con la libertad. *Qué* y *cuánto* poseo es por lo tanto contingente para el derecho.

Obs. En la personalidad las *diversas* personas —si es que se puede hablar de diversas cuando aún no tiene lugar esa diferenciación— son iguales. Esta es sin embargo una vacía proposición tautológica, pues la persona, por ser lo abstracto, es justamente lo aún no particularizado y puesto en una diferencia determinada.

La *igualdad* es la identidad abstracta del entendimiento en la que cae el pensar reflexivo, y con él la mediocridad del espíritu en general, cuando se plantea la rela-

---

27 La cita de Hegel corresponde a la primera edición. Este pasaje fue reelaborado y más desarrollado en la segunda edición (1830), que es la usual y de la que fue tomada la traducción española citada. Con esa salvedad, correspondería a las págs. 104 y sigs. de esta última.

ción de la unidad y una diferencia. La igualdad sería en ese sentido solo igualdad de la persona abstracta como tal, *fuera de la cual* cae precisamente todo lo que concierne a la posesión, que constituye más bien el *terreno de la desigualdad.*

La exigencia que se hace a veces de *igualdad* en la repartición de la tierra o de cualquier otra riqueza existente constituye un juicio del entendimiento tanto más vacío y superficial cuanto que en esa particularidad no solo interviene la contingencia exterior de la naturaleza, sino también todo el campo de la naturaleza espiritual en su particularización y diferenciación infinitas y en su razón desarrollada orgánicamente. A propósito de una repartición desigual de la posesión y de la fortuna no se puede hablar de una *injusticia de la naturaleza,* porque la naturaleza no es libre y por lo tanto ni justa ni injusta. Que todos los hombres deben tener un ingreso suficiente para sus necesidades es un juicio moral y, expresado con esta indeterminación, bien intencionado; pero, como todo lo solamente bien intencionado, no llega a ser un deseo existente objetivamente. Por otra parte, el ingreso es algo diferente de la *posesión* y pertenece a otra esfera, la de la sociedad civil.

Agregado. La igualdad que se pretendiera introducir en la repartición de los bienes sería en poco tiempo nuevamente destruida, porque la riqueza depende de la diligencia de cada uno. Pero lo que no es factible no debe ser realizado. Pues los hombres son efectivamente iguales, pero solo en cuanto personas, es decir, respecto de la fuente de su posesión. De acuerdo con ello, todo hombre debería tener propiedad. Si se quiere hablar de igualdad, ésa es la igualdad que debe considerarse. Pero la determinación de la particularidad, la cuestión de cuánto poseo, cae fuera de ella. Es falsa la afirmación de que la justicia exigiría que las propiedades de todos sean iguales, pues lo único que exige es que todos tengan propiedad. La particularidad es, por el contrario, lo que da su lugar a la desigualdad, y la igualdad sería aquí injusta. Es cierto que comúnmente los hombres desean los bienes de otros; pero esto es precisamente lo injusto, pues el derecho es lo que permanece indiferente frente a la particularidad.

§ 50. Es una determinación superflua, que se comprende inmediatamente, la que establece que una cosa pertenece al primero en el tiempo que accidentalmente se haya apropiado de ella, porque un segundo no puede apoderarse de algo que ya es propiedad de otro.

Agregado. Las anteriores determinaciones están principalmente referidas a la proposición de que la personalidad debe tener existencia en la propiedad. De lo dicho se desprende que el primero que toma posesión es también el propietario. El primero no es propietario de derecho por ser el primero, sino porque es voluntad libre, ya que solo es primero porque después de él aparece otro.

§ 51. La representación y la voluntad *interiores* de que algo debe ser *mío* no son suficientes para la propiedad en cuanto *existencia* de la personalidad, sino que ella exige también la *toma de posesión.* La *existencia* que de esta manera adquiere la voluntad contiene en sí la posibilidad de que resulte reconocible para los demás. Que la cosa de la que puedo tomar posesión *no tenga dueño* es (como en el § 50) una condición negativa que se comprende de suyo o que, mejor dicho, se refiere a la relación anticipada con otros.

Agregado. El hecho de que una persona dirija su voluntad a una cosa es solo el concepto de la propiedad y lo ulterior es precisamente su realización. El acto interior de mi voluntad, que dice que algo es mío, debe ser además reconocible para los otros. Si hago mía una cosa, le doy ese predicado, que debe aparecer en ella en forma exterior y no permanecer meramente en mi voluntad interior. Entre niños suele invocarse el deseo anterior contra la toma de posesión de algo por parte de otro; en el caso de adultos este deseo no es suficiente, pues se debe alejar la forma de la subjetividad y penetrar en la objetividad.

§ 52. La toma de posesión hace que la *materia* de la cosa sea de mi propiedad, ya que la materia no es propia para sí.

Obs. La materia me ofrece resistencia (y es solo eso, ofrecerme resistencia), es decir, me muestra su abstracto ser por sí solo en cuanto soy espíritu abstracto, *sensible* (la representación sensible toma, por el contrario, erróneamente el ser sensible del espíritu por lo concreto y lo racional por lo abstracto), pero, con referencia a la voluntad y la propiedad, este ser por sí de la materia carece de verdad. La toma de posesión, en cuanto *acción exterior* por la que se realiza el derecho universal de apropiación de las cosas naturales, tiene como condiciones la fuerza física, la astucia, la habilidad y en general las mediaciones por las que se apropia algo corporalmente. Dada la diferenciación cualitativa de las cosas naturales, su dominación y toma de posesión tienen un sentido infinitamente variado y una contingencia y limitación igualmente infinitas. Por otra parte, el género y lo elemental como tal no son *objetos de la individualidad personal;* para devenir tales y poder ser poseídos deben primero individualizarse (una bocanada de aire, un sorbo de agua). No hay que considerar a la imposibilidad física como la razón última de la imposibilidad de apropiarse de lo elemental o de un género exterior como tal. Ella radica en que la persona, en cuanto voluntad, se determina como individualidad y es al mismo tiempo, en cuanto persona, individualidad inmediata, y como tal se refiere a lo exterior en forma de individualidades (§13, *Obs.*, § 43).

La dominación y la apropiación exterior serán, por lo tanto, también de un modo infinito, más o menos indeterminadas e imperfectas. La materia tiene sin embargo siempre una forma esencial y solo por su intermedio es algo. Cuanto más me apropie de esta forma, más estaré en posesión *real* de la cosa. El consumo de alimentos es una penetración y una alteración de la naturaleza cualitativa por la que son lo que son antes del consumo. El aprendizaje de habilidades de mi cuerpo orgánico, así como la educación de mi espíritu, son al mismo tiempo una toma de posesión y una penetración más o menos perfecta. El espíritu es lo que me puedo apropiar de un modo más perfecto. Pero esta *realidad de la toma de posesión* es diferente de la propiedad como tal, que se consuma por medio de la voluntad libre. Frente a ella la cosa no reserva para sí algo propio, aunque en la posesión, por ser una relación exterior, permanezca aún una exterioridad. El pensamiento debe superar la vacía abstracción de una materia sin propiedades que en la propiedad quedaría fuera de mí y pertenecería a la cosa.

Agregado. Fichte ha planteado la cuestión de si la materia es mía cuando yo la formo. Según él, si hago una copa de oro, cualquier otro sería muy dueño de tomar el oro, si con ello no lesionara mi trabajo.

Esta separación, fácilmente realizable en la representación, es en la realidad una sutileza vacía, pues cuando tomo posesión de un campo y lo trabajo, no solo los surcos son de mi propiedad, sino también la tierra que les corresponde. *Yo quiero* tomar posesión de esa materia, de esa totalidad; no queda por lo tanto sin dueño, no se pertenece a sí misma. Pues si la materia permanece aún fuera de la forma que le he dado al objeto, la forma es entonces un signo de que la cosa debe ser mía; no queda por lo tanto fuera de mi voluntad, fuera de lo que he querido. No hay por consiguiente nada allí que pudiera ser tomado en posesión por otro.

§ 53. La propiedad tiene sus determinaciones más precisas en la relación de la voluntad con la cosa. Esta relación es α) *toma de posesión* inmediata, en la medida en que la voluntad tiene su existencia en la cosa como *algo positivo;* β) en tanto la cosa es algo negativo frente a la voluntad, esta tiene su existencia en aquélla como algo que debe negar, como *uso;* γ) la reflexión de la voluntad en sí misma a partir de la cosa es la *enajenación.* Estos tres momentos constituyen el *Juicio positivo, negativo e infinito de la voluntad* sobre la cosa.

A. *Toma de posesión*

§ 54. La toma de posesión es por un lado la *apropiación corporal* inmediata, por otro la *elaboración* y por último la simple *designación.*

Agregado. Estos modos de la toma de posesión contienen el progreso de la determinación de la individualidad a la de la universalidad. La apropiación corporal solo puede tener lugar con cosas individuales, mientras que la designación es la toma de posesión mediante la representación. En este caso mi comportamiento es representativo y opino que la cosa es mía en su totalidad y no solo en la parte que puedo apropiarme corporalmente.

§ 55. α) La *apropiación corporal* es desde el punto de vista sensible el modo más perfecto, pues en esta posesión estoy inmediatamente presente y mi voluntad resulta por lo tanto reconocible. Es sin embargo un modo solo subjetivo, temporario, de alcance limitado y sumamente restringido por la naturaleza cualitativa del objeto. Su alcance se extiende un poco por otras mediaciones y por la conexión que puedo establecer —o que puede establecerse casualmente— entre algo y otras cosas que me pertenecen.

Obs. Las fuerzas mecánicas, las armas, los instrumentos amplían el alcance de mi poder. También se dan conexiones tales como la de un mar o un río que bañe mi suelo, un terreno limítrofe apto para la caza, el pastoreo u otros usos, la existencia de depósitos minerales o tesoros en o bajo mi propiedad, o conexiones que solo resultan accidentalmente a lo largo del tiempo (como parte de las llamadas accesiones naturales, los aluviones y similares, y también los restos de naufragios). Las *foetura*[28] constituyen también una accesión a mi riqueza, pero, en cuanto relación orgánica, no son un agregado exterior a otra cosa poseída por mí y tienen por lo tanto un carácter totalmente diferente de las demás accesiones. Todos estos agregados son por una parte *posibilidades* exclusivas de posesión o de uso por parte de un propietario ante otros; por otro lado, pueden ser considerados como un *accidente no independiente de la cosa* a la que se agregan. En cualquier caso se trata de uniones *exteriores* cuyo vínculo no es el concepto ni lo viviente. Dependen, por lo tanto, del entendimiento el examen y la ponderación de las razones en favor y en contra y el establecimiento de una legislación positiva según el carácter más o menos esencial de las relaciones.

Agregado. La toma de posesión es de naturaleza totalmente individual: solo me apropio de lo que toco con mi cuerpo. Pero, en segundo lugar, las cosas exteriores tienen una extensión mayor que la que yo puedo asir. Cuando poseo algo, entran también en relación otras cosas. Ejerzo la posesión con la mano, pero su alcance puede ser ampliado. La mano es ese gran órgano que no tiene ningún animal y que hace que lo que tomo con ella pueda ser a su vez un medio para asir otra cosa. Si poseo algo, el entendimiento pasa por alto que no solo es mío lo poseído inmediatamente, sino también lo que está en conexión con ello. El derecho positivo debe establecer las disposiciones definitivas, pues del concepto no se puede deducir nada más.

§ 56. β) Por medio de la *elaboración* la determinación de que algo es mío recibe una exterioridad *existente por sí* y deja de estar limitada a mi presente en *este* espacio y en *este* tiempo y al presente de mi saber y mi querer.

Obs. La elaboración es la toma de posesión más adecuada a la idea porque reúne en sí lo objetivo y lo subjetivo, siendo, por otra parte, infinitamente diversa por la naturaleza cualitativa del objeto y por la diversidad de los fines subjetivos. También entra aquí la elaboración de lo orgánico, en la cual lo que hago no permanece como algo exterior, sino que es asimilado: trabajo de la tierra, cultivo de plantas, domesticación, alimentación y cuidado de animales, a lo que se agregan las instalaciones que permiten la utilización de fuerzas elementales y materias primas, la organización de la acción de una materia sobre otra, etcétera.

---

28 En el derecho romano hay adquisición por accesión cuando alguna cosa accesoria está unida o incorporada a una cosa principal. El propietario de la cosa principal es propietario del conjunto. *Foetura* significa crías, fetos. [O].

Agregado. Esta elaboración puede adquirir empíricamente las configuraciones más variadas. La tierra que cultivo resulta de ese modo elaborada. Respecto de lo inorgánico, la elaboración no es siempre directa. Si construyo, por ejemplo, un molino de viento, no elaboro el viento, pero sí hago una forma para utilizar que no me puede ser quitada por el hecho de que no he elaborado el viento mismo. También se puede considerar como un modo de elaboración el cuidado de animales salvajes, pues es una conducta dirigida a la conservación del objeto, aunque, por supuesto, su domesticación sería una elaboración más directa, que saldría más de mí.

§ 57. Según su existencia *inmediata,* el hombre es en sí mismo algo natural, exterior a su concepto. Solo por medio del cultivo de su propio cuerpo y espíritu, esencialmente cuando su *autoconciencia se aprehende como libre,* se toma él en posesión y deviene propiedad de sí mismo y frente a los otros. Este tomar en posesión es, a la inversa, el poner en la *realidad* lo que él es según su concepto (como una *posibilidad,* facultad, disposición). De esta manera la posesión es puesta al mismo tiempo como lo suyo y como objeto separado de la simple autoconciencia, que deviene así susceptible de adquirir la *forma de la cosa* (cf. *Obs.* al § 43).

Obs. La afirmada justificación de la *esclavitud* (en todas sus fundamentaciones: la fuerza física, la prisión de guerra, la salvación y conservación de la vida, el mantenimiento, la educación, los beneficios, el propio consentimiento, etcétera), lo mismo que la justificación de una *dominación* como mero derecho de señorío y todas las perspectivas *históricas* sobre el derecho de la esclavitud y el señorío, se basan en el punto de vista que toma al hombre como *ser natural,* según una existencia que no es adecuada a su concepto (en lo cual entra también el arbitrio). La afirmación de la absoluta injusticia de la esclavitud se atiene, por el contrario, al *concepto* del hombre como espíritu, como *en sí libre,* y es unilateral al considerar que el hombre es por *naturaleza libre* o, lo que es lo mismo, al no tomar a la idea como lo verdadero, sino al concepto en cuanto tal en su inmediatez. Esta *antinomia,* como toda antinomia, tiene su origen en el pensamiento formal, que afirma y mantiene separados los dos momentos de una idea, cada uno por sí, con lo cual no son adecuados a ella y carecen de verdad. El espíritu libre consiste precisamente en no ser mero concepto o solo *en sí,* sino en superar este formalismo de sí mismo y con él la existencia natural inmediata, y darse la existencia solo como suya y libre. El lado de la antinomia que afirma el concepto de libertad tiene por ello la ventaja de contener el punto *de partida* absoluto para la verdad, pero solo el punto de partida, mientras que el otro lado, que permanece en la existencia carente de concepto, no contiene de ninguna manera el punto de vista de la racionalidad y del derecho. El punto de vista de la voluntad libre, con el que comienzan el derecho y la ciencia del derecho, está más allá de la falsa posición que considera al hombre como un ser natural y solo como concepto existente en sí, con lo que se vuelve apto para la esclavitud. Esta antigua apariencia no verdadera corresponde al espíritu que solo ha llegado al estadio de su conciencia. La dialéctica del concepto y de la conciencia todavía solo inmediata de la libertad provoca la *lucha del* reconocimiento y la relación del *señorío* y la *servidumbre*

(v. *Fenomenología del espíritu,* págs. 115 y sigs., *y Enciclopedia de las ciencias filosóficas,* §§ 352 y sigs.).[29] Pero únicamente con el conocimiento de que la idea de la libertad es solo verdadera como *estado* se asegura que el espíritu objetivo, el contenido del derecho, no sea nuevamente reducido a su concepto subjetivo, y que, por lo tanto, no se vuelva a aprehender como un mero *deber* que el hombre no está determinado en y por sí a la esclavitud.

Agregado. Si se mantiene el lado según el cual el hombre es en y por sí libre, se condena la esclavitud. Pero que alguien sea esclavo radica en su propia voluntad, así como radica en la voluntad de un pueblo el que sea subyugado. No hay, por lo tanto, solo injusticia de parte del que esclaviza o subyuga, sino también del esclavizado o subyugado. La esclavitud tiene lugar en el pasaje de la naturalidad del hombre a su verdadera condición ética, en un mundo en el que algo injusto es todavía justo. Aquí lo injusto tiene validez y se encuentra necesariamente en su lugar.

§ 58. γ) La toma de posesión que no es por sí real, sino que solo *representa* mi voluntad, es un signo sobre la cosa cuyo significado es que he depositado mi voluntad en ella. La extensión de su objeto y el significado de esta toma de posesión son muy indeterminados.

Agregado. La toma de posesión por la designación es la más perfecta de todas, porque también los demás tipos tienen en mayor o menor grado el influjo del *signo.* Cuando me apodero de una cosa o la elaboro, el último significado es también un signo, un signo para los otros, que los excluye y les señala que he depositado mi voluntad sobre esa cosa. El concepto de signo es precisamente que la cosa no vale por lo que es sino por el significado que se le atribuye. La escarapela, por ejemplo, significa el ser ciudadano de un estado, aunque los colores, que representan a la nación y no a sí mismos, no tienen ninguna conexión con ella, Al proporcionar un signo y poder adquirir algo con él, el hombre señala precisamente su dominio sobre las cosas.

B. *El uso de la cosa*

§ 59. Con la toma de posesión la cosa recibe el predicado de ser mía y la voluntad tiene una relación positiva con ella. En esta identidad la cosa está puesta al mismo tiempo como algo *negativo y* mi voluntad es en esta determinación particular: necesidad, gusto, etcétera. Pero mi necesidad, como particularidad de *una* voluntad, es lo positivo que se satisface, y la cosa, en cuanto lo en sí negativo, es solo *para la necesidad y* la *sirve.* El uso es esta realización de mis necesidades por medio del cambio, aniquilación y consumo de la cosa, que de esta manera manifiesta su naturaleza carente de sí y cumple su determinación.

---

29 *Fenomenología,* ed. cit., pág. 117. *Enciclopedia,* 3.ª ed., §§ 430 y sigs.

Obs. Es esta determinación de que el uso constituye el aspecto real y la efectividad de la propiedad lo que tiene presente la representación cuando considera a una propiedad de la que no se hace ningún uso como muerta y sin dueño, y aduce, como razón para apoderarse de ella de modo ilegal, que no ha sido usada por el propietario. Pero la voluntad del propietario por la cual una cosa es suya es el primer fundamento sustancial, del cual la determinación posterior del uso es solo su fenómeno y modo particular que se subordina a aquel fundamento universal.

Agregado. Si con el signo tomo posesión de la cosa de un modo universal, en el uso hay una condición aun más general, porque la cosa no es reconocida en su particularidad sino negada por mí. La cosa está rebajada a un medio para la satisfacción de mis necesidades. Cuando la cosa y yo coincidimos, para ser idénticos uno de los dos debe perder su cualidad. Pero yo soy viviente, el que quiere, el verdaderamente afirmativo; la cosa, por el contrario, es lo natural. Esta debe por lo tanto desaparecer y yo conservarme, lo que es en general el privilegio y la razón de lo orgánico.

§ 60. La *utilización* de una cosa en una apropiación inmediata es una toma de posesión *individual*. Pero esta utilización puede fundamentarse en una necesidad permanente y ser una utilización repetida de un producto que se renueva —o limitarse al mantenimiento de esta renovación—; estas y otras circunstancias convierten la apropiación inmediata en un *signo* que tiene el significado de una toma de posesión universal, con lo cual también de una toma de posesión de la base elemental u orgánica y de las demás condiciones de tal producto.

§ 61. Puesto que la sustancia de la cosa que constituye mi propiedad es por sí su exterioridad, es decir, su no sustancialidad —no es frente a mí un fin en sí misma (§ 42)—, y el uso que hago de ella es la realización de esta exterioridad, *la totalidad del uso es la cosa en toda su extensión.* De tal manera, si el uso me corresponde, soy el propietario de la cosa, no quedando nada de la extensión total de su uso que pueda ser propiedad de otro.

Agregado. La relación del uso con la propiedad es la misma que la de la sustancia con lo accidental, lo interior con lo exterior, la fuerza con su exteriorización. Esta última es solo en la medida en que se exterioriza, el campo es campo solo en tanto produce renta. Quien tiene, pues, el uso de un campo es el propietario de la totalidad y es una vacía abstracción reconocer otra propiedad en el objeto mismo.

§ 62. Solo un *uso parcial o temporal,* lo mismo que una posesión *parcial o temporal* (en cuanto *posibilidad* parcial o temporal de usar la cosa) se *diferencia* de la *propiedad* de la cosa misma. Si el uso fuera mío en toda su extensión y la propiedad abstracta perteneciera a otro, la cosa estaría, en cuanto mía, totalmente penetrada por mi voluntad (§ anterior y § 52), y sería al mismo tiempo algo impenetrable para mí: la voluntad —en realidad vacía— de otro. En cuanto voluntad positiva, yo sería objetivo en la cosa, y al mismo tiempo no objetivo; la relación sería una absoluta contradicción. La propiedad es por lo tanto esencialmente propiedad *libre* y *plena*.

Obs. La diferenciación entre el derecho al *uso en toda su extensión* y la *propiedad abstracta* pertenece al entendimiento vacío, para el cual lo verdadero no es la idea —aquí como unidad de la propiedad o en general de la voluntad personal y su *realidad*—, sino ambos momentos mantenidos en su separación. Esta diferenciación es, por lo tanto, como relación real, una vacía relación de dominación que podría ser llamada locura de la personalidad (si no se reservara el término locura para el caso en que la mera representación del sujeto y su realidad se encuentran en contradicción inmediata), porque lo *mío* en *un* objeto debe ser sin mediación mi voluntad individual exclusiva y la voluntad individual exclusiva de otro.

En las *Institutos,* libr. II, tít. IV, se dice: "Usufructus est jus *alienis* rebus utendi, fruendi salva rerum *substantia*".[30] Más adelante agrega: "Ne tamen in universum *inutiles* essent proprietates, *semper* abscedente usufructu: *placuit* certis modis extingui usufructum et ad proprietatem reverti".[31] "Placuit", como si dependiera de la decisión o el capricho de alguien dar un sentido a esa determinación. Una *proprietas semper abscedente usufructu* no solo sería *inutilis,* sino que ya no sería *proprietas.*

Otras diferenciaciones de la propiedad misma, tales como las de *in res mancipi* y *nec mancipi,* el *dominium Quiritarium* y *Bonitarium*[32] y otras semejantes, no serán tratadas aquí porque no se refieren a ninguna determinación conceptual de la propiedad y son meras exquisiteces históricas de ese derecho.

Respecto de las instituciones del *dominium directum* y el *dominium utile,* el contrato de *enfiteusis* y las demás instituciones feudales, con sus tributos hereditarios, censos, servicios personales, etcétera, contienen la diferenciación anterior cuando tales cargas son irredimibles, pero, por otra parte, no la contienen, en la medida precisamente en que al *dominium utile* están ligadas cargas que hacen del *dominium directum* al mismo tiempo un *dominium utile.* Si estas instituciones contuvieran solo aquella diferenciación en su estricta abstracción, no habría dos señores *(domini)* sino un *propietario* frente a un vacío señor. Pero a causa de las cargas, son *dos propietarios* los que entran en relación, aunque no en una relación de propiedad común. Esta relación marca el tránsito del *dominium directum* al *utile,* tránsito que ya ha comenzado cuando en el *dominium directum* se computa la renta y se la considera lo *esencial,*

30 "Usufructo es el derecho de utilizar una cosa *ajena* y sacarle sus frutos sin afectar su *sustancia.*"

31 "Para que las propiedades no fueran en general *inútiles* a causa de una separación *cada vez mayor* del usufructo, *se convino* en que en determinadas circunstancias se extinguiera el usufructo y se volviera a la propiedad".

32 La mancipación es una transferencia de la propiedad que se llevaba a cabo en una ceremonia solemne; las cosas adquiridas mediante la mancipación se llamaban "res mancipi". Respecto de la distinción entre la propiedad quiritaria y bonitaria, la primera es la propiedad según el derecho civil, la segunda según el derecho pretoriano. [O].

con lo que lo incalculable del dominio sobre una propiedad, que se tomaba como lo *noble,* es subordinado al *utile,* que es aquí lo racional.

Hace ya un millar y medio de años que la *libertad de la persona* ha comenzado a florecer gracias al cristianismo y ha devenido un principio universal para una parte, por lo demás pequeña, del género humano. Pero la *libertad de la propiedad* se podría decir que es reconocida como principio solo desde ayer y en pocas partes. La historia universal da así un ejemplo del tiempo que necesita el espíritu para progresar en su autoconciencia, en oposición a la impaciencia del opinar.

§ 63. En el uso la cosa es individual, determinada cualitativa y cuantitativamente y en relación con una necesidad específica. Pero esta utilidad específica, al estar determinada *cuantitativamente,* resulta *comparable* con otras cosas de la misma utilidad; del mismo modo, la necesidad específica a la que sirve es, al mismo tiempo, *necesidad en general,* y comparable por lo tanto en su particularidad con otras necesidades. Por lo tanto, también las cosas son comparables con las útiles para otras necesidades. Esta *universalidad* suya, cuya determinación simple surge de la particularidad de la cosa de manera tal que al mismo tiempo hace abstracción de su cualidad específica, es el *valor* de la cosa, en el que se determina su verdadera sustancialidad y es objeto de la conciencia. En tanto pleno propietario de la cosa, también lo soy de su *valor,* así como también de su uso.

Obs. El feudatario se diferencia en su propiedad en que es solo propietario del uso y no del *valor* de la cosa.

Agregado. Lo cualitativo desaparece aquí en la forma de lo cuantitativo. La necesidad es el título bajo el que se presentan las cosas más variadas, y lo que les otorga esa comunidad es que pueden ser medidas. El desarrollo del pensamiento va, pues, aquí de la cualidad específica de la cosa a la indiferencia de esta determinación, es decir, a la cantidad. Algo similar sucede en las matemáticas. Si defino el círculo, la elipse y la parábola, se verá que son específicamente distintos. A pesar de ello, la diferencia de estas distintas curvas se determina en forma meramente cuantitativa: solo depende de una diferencia cuantitativa referida al coeficiente, es decir, a la magnitud meramente empírica. En la propiedad la determinación cuantitativa que surge de la cualitativa es el *valor.* Lo cualitativo da aquí el cuanto para la cantidad, y como tal se conserva al mismo tiempo que es eliminado. Si se considera el concepto de valor, se verá la cosa misma solo como un signo y no regirá por sí misma, sino por lo que vale. Una letra de cambio, por ejemplo, no representa su naturaleza de papel, sino que es un signo de otro universal, del valor. El valor de una cosa puede ser muy diverso en relación con las necesidades, pero si se quiere expresar no lo específico sino lo abstracto del valor se tendrá entonces el *dinero.* El dinero representa todas las cosas, pero en la medida en que no expone la necesidad misma, sino que es solo un signo de ella, es a su vez gobernado por el valor específico que expresa de un modo solo abstracto. Se puede ser propietario de una cosa sin serlo al mismo tiempo de su valor. Una familia que no puede vender o hipotecar sus bienes no es dueña de su valor. Dado, sin embargo, que esta forma de propiedad no es adecuada al concepto de propiedad, estas limitaciones (feudo, fideicomiso) en su mayoría están desapareciendo.

§ 64. La forma dada a la posesión y el signo son ellos mismos circunstancias exteriores sin la presencia subjetiva de la voluntad, que es lo único que le da su significado y valor. Esta presencia, que es el uso, la utilización o cualquier otra exteriorización de la voluntad, se produce en *el tiempo,* respecto del cual la *objetividad* está dada por la *continuación* de esa exteriorización. Sin ella, la cosa, abandonada por la realidad de la voluntad y la posesión, deviene sin dueño; de esta manera pierdo o adquiero una propiedad por *prescripción.*

Obs. La prescripción no ha sido, por lo tanto, introducida en el derecho por una consideración exterior, contraria al derecho estricto, que trataría simplemente de terminar con las disputas y confusiones que pudieran afectar la seguridad de la propiedad por viejas reivindicaciones. La prescripción se funda, por el contrario, en la *realidad* de la propiedad, en la necesidad de que la voluntad de tener algo se exteriorice.

Los *monumentos públicos* son de propiedad nacional o, en realidad, como en general las obras de arte, constituyen fines vivientes e independientes en virtud del alma del recuerdo y el honor que los habita interiormente. Si esta alma los abandona devienen en este aspecto sin dueño para la nación y se convierten en una propiedad privada accidental, tal como ocurre, por ejemplo, con las obras de arte griegas y egipcias en Turquía.

El *derecho de propiedad privada* de la familia de un *escritor* sobre su producción prescribe por razones similares; devienen sin dueño en el sentido (opuesto al del caso de los monumentos públicos) en que se transforman en propiedad general, manteniéndose como propiedad privada accidental respecto de la utilización particular de la cosa.

Un campo desnudo dedicado eternamente a no ser usado contiene un arbitrio vacío que no se hace presente, y si se lo lesiona no se lesiona nada efectivamente real, por lo que su respeto tampoco puede ser garantizado.

Agregado. La prescripción se basa en la suposición de que he dejado de considerar la cosa como mía. Pues para que algo siga siendo mío se requiere la continuación de mi voluntad, que se manifiesta en el uso y la conservación.

En la Reforma la pérdida del valor de los monumentos públicos se manifestó con frecuencia respecto de los monasterios. El espíritu de la antigua confesión, es decir, de los monasterios, había desaparecido, lo cual autorizaba a tomarlos en propiedad.

C. *Enajenación de la propiedad*

§ 65. Puedo *enajenar* mi propiedad, ya que es mía solo en cuanto deposito en ella mi voluntad, y dejarla sin dueño *(derelinquo) o* entregarla en posesión a la voluntad de otro, pero lo puedo hacer solo en la medida en que la cosa por su propia naturaleza es algo *exterior.*

Agregado. Si la prescripción es una enajenación sin una voluntad directamente declarada, la verdadera enajenación es una declaración de la voluntad de que no quiero considerar más la cosa como mía. Todo esto puede aprehenderse de manera tal que la enajenación sea una verdadera toma de posesión. La toma de posesión inmediata es el primer momento de la propiedad. Por medio del uso se adquiere también la propiedad, y el tercer momento es la unidad de los dos, toma de posesión por medio de la enajenación.

§ 66. Son *inenajenables* aquellos bienes, o más bien aquellas determinaciones sustanciales (el derecho sobre las cuales tampoco puede prescribir), que constituyen mi propia persona y la esencia universal de mi autoconciencia, tales como mi personalidad en general, la universal libertad de mi voluntad, la eticidad, la religión.

Obs. Lo que es el espíritu según su concepto o en sí también debe serlo en la existencia y por sí (debe ser, por lo tanto, persona con capacidad para tener propiedad, con un mundo ético y una religión). Esta idea es su concepto mismo (como *causa sui,* es decir, como causa libre, es aquello "cujus natura non potest concipi nisi existens".[33] Spinoza, *Ética* I, def. 1). Precisamente en este concepto de ser lo que es solo por sí mismo y como *infinito retorno a sí* a partir de la inmediatez natural de su existencia radica la posibilidad de la oposición entre lo que él es solo *en sí* y no también *por sí* (§ 57), al igual que, inversamente, entre lo que él es solo *por sí* y por *en sí* (en la voluntad el mal). En esto radica a su vez la *posibilidad de enajenación de la personalidad* y su ser sustancial, suceda esta enajenación de un modo inconsciente o expreso. La esclavitud, la servidumbre, la incapacidad de poseer propiedad, la falta de libertad de la misma, etcétera, son ejemplos de enajenación de la personalidad. Una enajenación de la racionalidad inteligente, la moralidad, la eticidad, la religión, ocurre en la superstición, en la autoridad y el pleno poder concedido a otro para que decida qué actos debo cometer (cuando uno se compromete expresamente al robo, al crimen o a la posibilidad del delito) y prescriba y determine qué es para mí una obligación de conciencia, qué es la verdad religiosa, etcétera. El derecho de esta inenajenabilidad es imprescriptible, porque el acto por el que tomo posesión de mi personalidad y esencia sustancial y me convierto en responsable y capaz de derecho, en sujeto moral y religioso, quita precisamente a esas determinaciones la exterioridad, que es lo único que las hace factibles de ser posesión de otro. Con esta superación de la exterioridad desaparece la determinación temporal y todas las razones que pudieran provenir de mi consentimiento o aquiescencia previos. Este retorno mío en mí mismo, por el que me hago existente como idea, como persona jurídica y moral, elimina la relación anterior y la injusticia que yo y el otro habíamos cometido contra mi concepto y razón al tratar y dejar tratar como algo exterior a la

33 "(es aquello) cuya naturaleza solo puede concebirse como existente".

infinita existencia de la autoconciencia. Este retorno en mí descubre la contradicción de haber dado en posesión a otros mi capacidad de derecho, eticidad y religiosidad, que yo mismo no poseía y que, tan pronto como las poseo, existen esencialmente solo como mías y no como algo exterior.

Agregado. Radica en la naturaleza de la cosa que el esclavo tiene el derecho absoluto de hacerse libre, y que si alguien ha comprometido su eticidad con el robo y el crimen, este compromiso es nulo y a cualquiera le compete la facultad de anular ese contrato. Lo mismo sucede con el compromiso de la religiosidad ante un confesor, pues una interioridad tal debe arreglarla el hombre solo consigo mismo. Una religiosidad en la que una parte esté depositada en manos de otro no es religiosidad, pues el espíritu es solo uno y debe habitar en mí: la reunión del ser en sí y el ser por sí debe pertenecerme.

§ 67. De mis *habilidades particulares, corporales* o *espirituales,* de mis posibilidades de actividad puedo *enajenar* a otro producciones individuales y un uso de ellas *limitado en el tiempo,* porque con esta limitación se mantienen en una relación exterior con mi *totalidad* y *universalidad.* Con la enajenación de *todo* mi tiempo concreto de trabajo y de la totalidad de mi producción, convertiría en propiedad de otro lo sustancial mismo, mi actividad y realidad *universal,* mi personalidad.

Obs. Es la misma relación que la presentada en el § 61 entre la sustancia de la *cosa* y su *utilización.* Así como esta solo se diferencia de aquélla en la medida en que está limitada, así también el uso de mis fuerzas se diferencia de ellas mismas, y por lo tanto de mí, solo en cuanto se lo limita cuantitativamente. La *totalidad* de las exteriorizaciones de una fuerza es la fuerza misma, la totalidad de los accidentes la sustancia, la totalidad de las particularidades lo universal.

Agregado. La diferencia expuesta es la que existe entre un esclavo y el peón actual o el jornalero asalariado. El esclavo ateniense tenía quizá quehaceres más livianos y un trabajo más espiritual que normalmente nuestros criados, pero era sin embargo un esclavo porque toda la extensión de su actividad estaba enajenada a su señor.

§ 68. Lo propio de la producción espiritual puede, por medio de la exteriorización, convertirse inmediatamente en la exterioridad de una cosa, que es entonces susceptible de ser producida también por otros. De este modo, con su adquisición el nuevo propietario no solo puede adueñarse de los pensamientos expuestos o los descubrimientos técnicos —posibilidad que en ciertos casos (en las obras literarias) constituye la única determinación y el valor de la adquisición—, sino que entra además en posesión del *modo universal* de exteriorizarse y producir una multiplicidad de cosas similares.

Obs. En las obras de arte la forma en que los pensamientos son plasmados plásticamente como cosas es en tal grado lo propio del individuo que la produce que incluso una imitación es esencialmente el producto de la habilidad espiritual y técnica de quien la hace. La forma que hace de una obra literaria una cosa exterior es de *tipo mecánico,* lo mismo que en el caso de la invención de un dispositivo técnico (en el primero, porque los pensamientos están expuestos en una serie de *signos* individuales y abstractos, y no en una configuración concreta; en el segundo, porque tiene un contenido mecánico); el modo de producir estas cosas como cosas es por lo tanto rutinario. Entre los extremos de la obra de arte y la producción mecánica hay, por otra parte, términos intermedios que tienen más o menos de una o la otra.

§ 69. El adquirente de un producto semejante posee el pleno uso y el valor de ese ejemplar *individual,* y es por lo tanto propietario libre y total de él en cuanto individualidad. El autor del escrito o el inventor del dispositivo técnico siguen siendo, sin embargo, propietarios del modo *universal* de reproducción de tales productos y cosas, pues este no es enajenado sino conservado como exteriorización propia.

Obs. Lo sustancial del derecho del escritor y el inventor no debe buscarse, en primer lugar, en que al enajenar el ejemplar individual pongan arbitrariamente como *condición* que permanezca como propiedad del inventor y no devenga propiedad de otros la posibilidad que ellos ahora poseen de producir a su vez tales productos en forma de cosas. En primer lugar hay que preguntarse si una separación tal entre la propiedad de la cosa y la posibilidad que se me da, junto con ella, de producirla a mi vez, es admisible por el concepto y no elimina la propiedad libre y plena (§ 62); es decir, si depende del arbitrio del productor espiritual conservar esta posibilidad, enajenarla como un valor, o no depositar en ella ningún valor y abandonarla junto con la cosa individual. Esta posibilidad tiene la peculiaridad de constituir en la cosa el aspecto por el cual esta no es solamente posesión sino también *patrimonio*[34] (v. más adelante § 170 y sigs.). Esta radica en el modo particular del uso exterior que se hace de la cosa, que es diferente y separable del uso a que se la destina inmediatamente (y no es, como se dice, una *accessio naturalis* como la *foetura).* Puesto que la diferencia recae sobre lo que por su propia naturaleza es divisible, sobre el uso exterior, la retención de una parte del uso al enajenar la otra no equivale a un dominio sin *utile.*

La primera manera, aunque meramente negativa, de proteger las ciencias y las artes, consiste en asegurar contra el *robo* a quienes trabajan en ellas y proporcionarles la protección de su propiedad, del mismo modo como la primera manera de proteger el comercio y la industria consistió en darles seguridad contra el saqueo en las rutas.

Por otra parte, dado que el producto espiritual tiene la característica de ser aprehendido por otros individuos y apropiado por su representación, memoria, pensamiento, etcétera, la exteriorización, por medio de la cual convierten a su vez

34 Aquí *"Vermögen"* (patrimonio) aparece en su sentido de riqueza individual (disponibilidad), que Hegel relaciona siempre con el concepto de posibilidad *(Möglichkeit).* V. nota 16.

lo *aprendido* (pues aprender no solo quiere decir aprender las palabras de memoria; los pensamientos de otros solo pueden ser captados por el pensamiento, y esta reflexión es también un aprender) en una *cosa enajenable,* tiene siempre una forma peculiar que hace que puedan considerar la riqueza que surge de esa manera como su propiedad y reclamar por lo tanto para sí el derecho sobre esa producción. La difusión de las ciencias en general y la docencia en particular consiste, por su propio carácter y por obligación (especialmente en las ciencias positivas, las doctrinas de una iglesia, la jurisprudencia, etcétera), en la *repetición* de pensamientos establecidos, ya expresados y tomados exteriormente, lo cual también ocurre en los escritos que tienen como finalidad la difusión y divulgación de las ciencias. Ahora bien, en qué medida la *forma* que se origina en esta repetición transforma el tesoro científico existente, y en particular los pensamientos de quienes aún tienen la propiedad externa de sus productos espirituales, y los convierte en una propiedad espiritual especial de individuo que los reproduce, dándole así el derecho de hacerlos su propiedad exterior; en qué medida una repetición tal en una obra literaria deviene un plagio, no puede determinarse con exactitud y establecerse por lo tanto legal y jurídicamente. El plagio debería ser, por lo tanto, una cuestión de *honor* y ser refrenado por este. Por eso las leyes contra las reimpresiones clandestinas cumplen con su finalidad de asegurar jurídicamente la propiedad del escritor y del editor con un alcance determinado, pero muy limitado. La facilidad con que se puede cambiar algo en la forma o inventar pequeñas modificaciones en una ciencia o en una extensa teoría que es obra de otro, e incluso la imposibilidad de atenerse a las palabras del autor en la exposición de su producción conducen, más allá de los fines particulares que hacen necesaria la repetición, a una infinita multiplicidad de variaciones que imprimen en mayor o menor medida a la propiedad de otro el sello superficial de lo *propio.* Así lo muestran los cientos y cientos de compendios, resúmenes y colecciones, libros de aritmética, geometría, escritos edificantes, etcétera; así todo lo que aparece en periódicos, almanaques y diccionarios de conversación puede ser repetido con el mismo u otro título y afirmar sin embargo que se trata de algo propio. De esta manera la ganancia que su obra o invención prometían al escritor o al empresario innovador resulta aniquilada, anulada la de unos por otros o todos arruinados. En cuanto al *efecto del honor* contra el plagio, es sorprendente que ya no se oiga la expresión *plagio* o *robo intelectual,* quizá porque el honor ha ejercido su efecto y eliminado el plagio, o porque este ha dejado de estar contra el honor y ha desaparecido el sentimiento correspondiente, o porque una pequeña ocurrencia o un cambio en la forma exterior son tan altamente apreciados como originalidad y producción autopensante que ya no se tolera el pensamiento de un plagio.

§ 70. La totalidad que abarca toda la actividad exterior, la vida, no es algo exterior para la personalidad *singular* e *inmediata.* La enajenación o el sacrificio de la vida es, por el contrario, lo opuesto de la existencia de *esta* personalidad. No tengo por lo tanto ningún *derecho* a enajenarla, y solo lo tiene una idea ética, en la medida en que en ella desaparece *esta inmediata* personalidad individual y constituye su *efectiva* fuerza. Del mismo modo que la vida es como tal *inmediata,* la muerte en su *inmediata* negatividad, por lo cual debe ser recibida del exterior, como una cosa natural, o de una mano extraña al servicio de la idea.

Agregado. La persona individual es en realidad algo subordinado que debe consagrarse a la totalidad ética. Si el estado, por lo tanto, exige la vida, el individuo debe entregarla; pero ¿puede este quitársela a sí mismo? En primer lugar se puede considerar el suicidio como un acto de valor, pero como una mala forma de arrojo. En segundo lugar, se lo puede considerar como una desdicha, pues lo que conduce a él es el desequilibrio moral. Pero la pregunta fundamental es: ¿tengo derecho a hacerlo? La respuesta es que yo, en cuanto este individuo, no soy dueño de mi vida, pues lo que abarca la totalidad de la actividad, la vida, no es algo exterior a esta personalidad inmediata. Es por lo tanto una contradicción decir que la persona tiene derecho sobre su vida, pues querría decir que la persona tiene derecho sobre sí, lo cual es falso porque ella no está por encima de sí misma y no puede por lo tanto servirse de norma. Cuando Hércules se entrega a las llamas o Bruto se lanza sobre su espada, su comportamiento es el comportamiento del héroe contra su personalidad; pero si se trata del simple derecho de matarse, este debe ser negado incluso a los héroes.

Tránsito de la propiedad al contrato

§ 71. La existencia, en cuanto ser determinado, es esencialmente ser para otro (v. *Obs.* al § 48). La propiedad, según el lado por el que es una existencia como cosa exterior, es, para otras exterioridades, y en conexión con ellas, necesidad y contingencia. Pero en cuanto existencia de la *voluntad* es, en su ser para otro, *para la voluntad* de otra persona. Esta relación de la voluntad con la voluntad es el campo propio y verdadero en el que la libertad tiene *existencia.* Esta mediación por la que se tiene una propiedad no solo a través de una cosa y mi voluntad subjetiva, sino al mismo tiempo mediante otra voluntad y por lo tanto en una voluntad común, constituye la esfera del *contrato.*

Obs. Es tan necesario racionalmente que los hombres entren en relaciones contractuales —donar, permutar, comerciar— como que posean propiedad (§ 45, *Obs.).* Para su conciencia, lo que los lleva al contrato es la necesidad, la benevolencia, la utilidad, etcétera, pero en sí es la razón, es decir, la idea de la existencia real (o sea existente en la voluntad) de la libre personalidad.

El contrato supone que los que participan en él *se reconocen* como personas y propietarios; puesto que es una relación del espíritu objetivo, el momento del reconocimiento ya está supuesto y contenido en él (Cf. §§ 35 y 57 *Obs.).*

Agregado. En el contrato tengo la propiedad por voluntad común. Es en realidad el interés de la razón que la voluntad subjetiva devenga universal y se eleve a su realización. Se permanece pues en el contrato en la determinación de *esta* voluntad, pero ahora en comunidad con otra voluntad. La voluntad general aparece, por el contrario, aquí solo en la forma y figura de la comunidad.

II
EL CONTRATO

§ 72. La propiedad, de la cual el lado de la existencia o la *exterioridad* ya no es solo una cosa, sino que contiene en sí el momento de una voluntad (por lo tanto distinta), se establece por medio del *contrato.* Este es el proceso en el que se expone y media la contradicción de que yo, existente por mí, *soy y permanezco* propietario con exclusión de la voluntad ajena en la medida en que, junto con la idéntica voluntad del otro, *dejo* de ser propietario.

§ 73. No solo *puedo* enajenar una propiedad como una cosa exterior (§65), sino que por su concepto *debo* hacerlo para que mi *voluntad,* en cuanto *existente,* sea objetiva. Pero según este momento mi voluntad es, en cuanto enajenada, al mismo tiempo *otra* voluntad. Por lo tanto, aquello en lo que la necesidad del concepto es real es la *unidad* de diferentes voluntades, en la que estas abandonan su diferencia y lo que les es propio. Pero en esta identidad de su voluntad está también contenido (en este estadio) que cada una *no es* idéntica con la otra, y es y sigue siendo por sí voluntad propia.

§ 74. Esta relación es, por lo tanto, la mediación de una voluntad idéntica en la absoluta diferenciación de propietarios que existen por sí. En ella cada uno, con su voluntad y la del otro, *deja de ser* propietario, lo *sigue siendo* y lo *deviene.* Es pues la mediación entre la voluntad de abandonar una propiedad individual y la voluntad de recibirla (o sea, de recibir la propiedad de otro), mediación que se realiza en un idéntico respecto, de modo tal que un querer solo toma la decisión si está presente el otro querer.

§ 75. Puesto que las dos partes contratantes se comportan entre sí como personas *inmediatamente* independientes, α) el contrato tiene su origen en el *arbitrio;* β) la voluntad idéntica que con el contrato entra en la existencia es solo *puesta por las partes,* es por lo tanto voluntad común y no en y por sí universal; γ) el objeto del contrato es una cosa *exterior individual,* pues solo una cosa tal está sometida al mero arbitrio de enajenarla.

Obs. No se puede, pues, subsumir el *matrimonio* bajo el concepto de contrato, como vergonzosamente —hay que decirlo— lo ha hecho *Kant (Principios metafísicos de la doctrina del derecho,* pág. 106 y sigs.).[35] Del mismo modo, tampoco radica la naturaleza del estado en una relación contractual, se lo considere como un contrato de todos con todos o de todos con el príncipe o el gobierno. La intromisión de estas relaciones y en general de las relaciones de la propiedad privada en las cuestiones del estado ha provocado las mayores confusiones en el derecho público y en la realidad. Así como en épocas pasadas los derechos y deberes del estado fueron considerados como propiedad privada de individuos particulares y reivindicados frente al derecho del principio y el estado, así en una época más reciente se consideró que los derechos del príncipe y del estado eran objeto de contrato y estaban fundados en él, que eran una mera comunidad de voluntades surgida del arbitrio de quienes están unidos en un estado. Ambos puntos de vista son muy diferentes, pero tienen en común que trasladan la determinación de la propiedad privada a una esfera totalmente diferente y de una naturaleza más elevada. (Véase más adelante: Eticidad y estado.)

Agregado. En la época moderna se ha hecho muy común considerar al estado como un contrato de todos con todos. Según se dice, todos realizarían un contrato con el príncipe, y este a su vez con los súbditos. Este punto de vista proviene de que se piensa de modo superficial en solo una unidad de diferentes voluntades. En el contrato hay, en cambio, dos voluntades idénticas que son dos personas y quieren seguir siendo propietarias. El contrato parte pues del arbitrio de la persona y el matrimonio tiene con él en común este punto de partida. En el caso del estado es totalmente diferente pues no radica en el arbitrio de los individuos separarse del estado, ya que son sus ciudadanos ya desde un punto de vista natural. La determinación racional del hombre es vivir en un estado, y si no existe aún, la razón exige que se lo funde. Un estado debe dar su autorización para que alguien entre en él o lo abandone; no depende del arbitrio de los individuos, y el estado no se basa por lo tanto en el contrato, que supone el arbitrio. Es falso, pues, cuando se dice que un estado se funda sobre el arbitrio de todos; por el contrario, estar en el estado es absolutamente necesario para todos. El gran progreso del estado en la época moderna consiste en que es en y por sí mismo fin, y sus integrantes no deben conducirse en relación con él de acuerdo con estipulaciones privadas, como ocurría en la Edad Media.

§ 76. El contrato es formal si los dos consentimientos por los que surge la voluntad común —el momento negativo de la enajenación de una cosa y el positivo de su aceptación— están repartidos entre los dos contratantes; es el *contrato de donación.* Se lo puede llamar en cambio *real* si cada una de las dos voluntades contratantes es la totalidad de estos momentos mediatizantes y por lo tanto al mismo tiempo deviene y permanece propietaria; es el *contrato de permuta.*

Agregado. En el contrato hay dos consentimientos sobre dos cosas: yo quiero adquirir y desprenderme de una propiedad. El contrato real es aquel en el que cada

35 *Metaphysik der Sitten* (Metafísica de las costumbres), I, §§ 24-27.

cual cumple con la totalidad: adquiere y se desprende de una propiedad, y al desprenderse sigue siendo propietario. El contrato formal es aquel en el que solo uno adquiere o se desprende de una propiedad.

§ 77. Dado que en el contrato real cada uno de los contratantes conserva la *misma* propiedad con la que entró en la operación y de la cual se desprendió, este factor que permanece *idéntico* se diferencia, en cuanto propiedad existente *en sí* en el contrato, de las cosas exteriores que en la permuta cambian de propietario. Ese factor es el *valor,* en el que los objetos del contrato son entre sí *iguales* a pesar de todas las diferencias cualitativas exteriores de las cosas; es su *universalidad* (§ 63).

Obs. La determinación de que una *laesio enormis* elimina la obligación contraída en el contrato tiene por lo tanto su fuente en el concepto mismo de contrato, más precisamente en el momento según el cual el contrayente al enajenar su propiedad *sigue siendo propietario,* e incluso teniendo la misma propiedad desde el punto de vista cuantitativo. La lesión es no solo enorme (se la llama así cuando supera la *mitad* del valor),[36] sino *infinita* si un contrato o estipulación exigiera la enajenación de un bien *inenajenable* (§ 66).

Por otra parte, una *estipulación* se distingue del contrato, en primer lugar, según su contenido, porque significa una parte singular o un momento de la totalidad del contrato y, en segundo lugar, porque es su ordenamiento *formal.* Más adelante se hablará de este aspecto. Según el primero, la estipulación contiene solo la determinación formal del contrato: el consentimiento de uno de proporcionar algo y el consentimiento de otro de aceptarlo. Por eso se lo cuenta entre los llamados contratos *unilaterales.* La diferenciación de los contratos en unilaterales y bilaterales, así como otras divisiones del mismo en el derecho romano, son combinaciones superficiales, hechas de acuerdo con un criterio individual y a menudo exterior, como, por ejemplo, la naturaleza de su formalidad. Por otra parte, se mezclan en ellas determinaciones que corresponden a la naturaleza del contrato mismo y otras que se refieren solo a la administración de la justicia *(actiones)* y a los efectos jurídicos de las leyes positivas, que provienen con frecuencia de circunstancias totalmente exteriores y lesionan el concepto del derecho.

§ 78. La diferencia entre propiedad y posesión, entre el aspecto sustancial y el aspecto exterior (§45), se transforma en el contrato en la diferencia entre la voluntad común, en cuanto *acuerdo,* y la realización del mismo en la *ejecución.* Aquel acuerdo es por sí, a diferencia de la ejecución, algo representado. De acuerdo con el modo peculiar de *existencia* de las *representaciones en signos (Enciclopedia de las ciencias filosóficas,* § 379 y sig.),[37] se le debe dar por lo tanto una *existencia* particular

36 Sí el precio oficial de una cosa *(iustum pretium)* no era respetado en una transacción y esta se realizaba por un precio inferior a la mitad de su precio oficial, se producía la *laesio enormis.* [O].

37 3.ª ed., § 458.

en la expresión de la *estipulación* por medio de *gestos* y otros actos simbólicos, y en especial mediante aclaraciones determinadas del *lenguaje*, que es el elemento más digno para las representaciones espirituales.

Obs. De acuerdo con esta determinación, la estipulación es por cierto la forma mediante la cual obtiene su existencia el contenido que había sido concluido en el contrato solamente en lo que se refería a la *representación*. Pero *esta* es solo forma y no tiene el sentido de que con ella el contenido sea solo algo subjetivo, que se quiere o desea de tal manera o tal otra, sino que el contenido es la conclusión llevada a cabo por la voluntad.

Agregado. Así como en la doctrina de la propiedad teníamos la diferencia entre propiedad y posesión, entre lo sustancial y lo meramente exterior, en el contrato tenemos la diferencia entre la voluntad común como acuerdo y la voluntad particular como ejecución. En la naturaleza del contrato radica que tanto la voluntad común como la voluntad particular se exterioricen, porque aquí la voluntad se comporta frente a la voluntad. En los pueblos civilizados el acuerdo que se manifiesta en un signo y la ejecución están separados, mientras que en los más primitivos se mantienen juntos. En los bosques de Ceilán hay un pueblo comerciante que deja su propiedad y espera tranquilamente hasta que llega el otro y deposita a su vez la suya; en este caso la muda declaración de la voluntad no se diferencia de la ejecución.

§ 79. La estipulación contiene el lado de la voluntad y, por lo tanto, lo sustancial de lo jurídico en el contrato. Frente a ella, en cambio, la posesión aún existente, cuando todavía no se ha cumplido el contrato, es por sí solo lo exterior, que recibe su determinación exclusivamente desde aquel otro lado. Por la estipulación he abandonado una propiedad y mi particular arbitrio sobre ella, con lo cual ha devenido *ya propiedad de otro;* estoy pues por ella ligado inmediatamente de un modo jurídico a la *ejecución*.

Obs. La diferencia entre una mera promesa y un contrato radica en que en aquella lo que quiero donar, hacer o ejecutar está expresado como algo futuro y es aún una determinación *subjetiva* de mi voluntad, que, por lo tanto, todavía puedo cambiar. La estipulación del contrato es, por el contrario, ella misma la *existencia* de la decisión de mi voluntad por la cual enajeno mi cosa, que *en ese momento* deja de ser propiedad mía y reconozco como propiedad de otro. La diferenciación romana entre *pactum* y *contractus* es inadecuada. Fichte ha afirmado[38] que la obligación de respetar el contrato *comienza* para mí solo *con el comienzo* de la ejecución del otro, porque antes de ella estoy en la incertidumbre acerca de si el otro ha tomado *en serio* su declaración; previamente la obligación sería pues solo *moral* y no jurídica. Pero

---

38 *Beiträge zur Berichtigung der Urteile über die französische Revolution* (Contribuciones destinadas a corregir los juicios sobre la Revolución Francesa), Zúrich, 1793. En *Obras completas*, VI, págs. 111 y sigs.

la expresión de la estipulación no es una expresión cualquiera sino que contiene la *voluntad común,* en la que quedan superados el arbitrio de la *disposición personal* y su alteración. No se trata, por lo tanto, de la posibilidad de que el otro *interiormente* haya tenido otra disposición o la tenga en el futuro, sino de si tiene derecho a ello. Aunque el otro comience la ejecución, me quedaría siempre el arbitrio de la injusticia. Este punto de vista muestra su nulidad también en el hecho de que con él lo jurídico del contrato sería llevado a la mala infinitud, al proceso al infinito, a la infinita divisibilidad del tiempo, de la materia de la acción, etcétera. La *existencia* que tiene la voluntad en la formalidad de los gestos o en el lenguaje por sí determinado es ya, en cuanto existencia intelectual, su existencia perfecta, de la cual la ejecución es solo su consecuencia carente de independencia.

No tiene nada que ver con esto que en el derecho positivo existan los llamados *contratos reales* que, a diferencia de los llamados *contratos consensuales,* solo son considerados plenamente válidos si se agrega al consentimiento la ejecución real *(res, traditio rei).* Estos contratos tienen lugar en los casos particulares en que solo con la prestación del otro estoy en condición de cumplir mi parte, y mi obligación se relaciona directamente con la cosa, que debo tener en la mano para poder cumplirla, tal como ocurre con los contratos de préstamo y depósito (y puede ocurrir también con otros). Estas circunstancias no tienen nada que ver con la naturaleza de la relación entre estipulación y ejecución, sino que se refieren solo al modo de la ejecución. Por otra parte, queda siempre el arbitrio de estipular en un contrato que la obligación de ejecución de una de las partes no reside en el contrato mismo, sino que depende de la ejecución de la otra parte.

§ 80. La *división* de los contratos y un estudio adecuado de sus tipos fundado en aquélla no deben partir de circunstancias exteriores, sino de diferencias que radican en la naturaleza misma del contrato. Estas diferencias son las que se establecen entre el contrato formal y el contrato real, entre la propiedad y la posesión y el uso, entre el valor y la cosa específica, De acuerdo con ellas resultan los siguientes tipos (esta división coincide en general con la que hace Kant en los *Principios metafísicos de la doctrina del derecho,* págs. 120 y sigs.;[39] por otra parte, desde hace tiempo sería de esperar que la rutinaria división de los contratos en reales y consensuales, implícitos y explícitos, etcétera, sea abandonada en favor de la clasificación racional):

A. *Contrato de donación*

1) De una cosa o *donación* propiamente dicha.

2) *Préstamo* de una cosa, en el sentido de donación de una *parte* de ella o de su *goce* y uso limitados. El prestamista sigue siendo propietario de la cosa *(mutuum* y *commodatum* sin intereses). La cosa es *específica, o* aun siendo tal, es considerada como universal o vale (bajo la forma de dinero) como universal por sí.

---

39 *Metaphysik der Sitien,* I, § 31.

3) *Donación* de una *prestación de servicio,* como, por ejemplo, el mero cuidado de una propiedad *(depositum), o* la donación de una cosa con la condición particular de que el otro será propietario recién en el *momento de la muerte* del donante, es decir, por otra parte, en el momento en que este ya no es más propietario. Esta disposición *testamentaria* no radica en el concepto de contrato, sino que supone la sociedad civil y una legislación positiva.

B. *Contrato de cambio*

1) Cambio como tal:

α) de una *cosa,* es decir, de una cosa *específica* por otra del mismo tipo.

β) *Compra o venta (emtio vendido).* Cambio de una cosa *específica* por otra determinada como universal, es decir, como *valor,* sin las demás determinaciones específicas para el uso; o sea, cambio de una cosa específica por *dinero.*

2) *Locación (locatio conductio).* Enajenación del uso *temporario* de una propiedad por un *alquiler.* Se subdivide en locación de:

α) una *cosa específica,* o locación propiamente dicha, y

β) una *cosa universal,* en la que el prestamista sigue siendo propietario solo de la cosa universal o, lo que es lo mismo, de su *valor;* es el *préstamo (mutuum,* y también *commodatum* con un interés). Las ulteriores cualidades empíricas de la cosa, que sean capitales, utensilios o cosas, *res fungibilis* o *non fungibilis,* aportan (como en el caso del préstamo como donación, n.° 2) otras determinaciones particulares, que no son sin embargo importantes.

3) *Contrato de salario (locatio operae).* Enajenación de mi *producir o prestar servicio,* en la medida en que son enajenables, es decir, por un tiempo determinado o con alguna otra limitación (véase § 67).

Semejante a este son el *mandato* y otros contratos en los que la prestación se basa en el carácter y la confianza o en el talento superior. En estos casos la prestación es *inconmensurable* con un valor exterior (que aquí no se llama salario sino *honorario).*

C. *Perfeccionamiento de un contrato (cautio) por medio de una prenda*

En los contratos en que enajeno la utilización de una cosa, no estoy en posesión de ella, pero sigo siendo su propietario (como en la locación). Más aún, en los contratos de cambio, compra y donación, puedo volverme propietario sin todavía tener la posesión. Esta separación ocurre en general en toda prestación cuando no tiene lugar de modo inmediato y sin demoras. La *prenda* hace que yo siga teniendo o entre en efectiva *posesión del valor* de lo que ya era mi propiedad o ha devenido tal, sin estar en posesión de la cosa *específica* que entrego o me debe ser dada. La prenda es una cosa específica que es propiedad mía solo por el *valor* de la propiedad cedida en posesión o que se me debe, que en cuanto a sus cualidades específicas y valor excedente sigue siendo propiedad del prendador. La prenda no constituye, por lo tanto, un contrato, sino solo una estipulación (§77), el momento que perfecciona el contrato respecto de la posesión de la propiedad. La *hipoteca* y la *fianza* son formas particulares de esta estipulación.

Agregado. Respecto del contrato se estableció la diferencia de que por medio del acuerdo (estipulación) la propiedad es en realidad mía, pero no tengo aún la posesión, que recién alcanzo con la ejecución. Ya que desde el primer momento soy propietario de la cosa, la finalidad de la prenda es que entre al mismo tiempo en posesión del valor de la propiedad, con lo cual la ejecución resulta asegurada en el acuerdo. Un tipo particular de prenda es la fianza, en la que alguien arriesga su palabra, su crédito, por mi ejecución. En este caso se realiza por medio de una persona lo que en la prenda ocurre por medio de una cosa.

§ 81. En la relación entre sí de personas inmediatas, su voluntad, *en sí idéntica* y puesta como común por ellas en el contrato, es, sin embargo, al mismo tiempo una voluntad *particular.* Lo es porque se trata de personas *inmediatas,* en las que es contingente que su voluntad particular *coincida* con la voluntad *existente en sí,* que tiene su existencia exclusivamente por intermedio de aquélla. En cuanto *por sí* particular, es diferente de la voluntad universal y, al caer en lo arbitrario y contingente del opinar y del querer, se enfrenta con lo que es *en sí* justo, dando así lugar a la *injusticia.*

Obs. El tránsito a la injusticia es producido por la elevada necesidad lógica de que los momentos del concepto —en este caso el derecho *en sí o* la voluntad en cuanto *universal,* y el derecho en su *existencia,* que es precisamente la *particularidad* de la voluntad— sean puestos como *por sí distintos,* lo que corresponde a la *realidad abstracta* del concepto. Esta particularidad de la voluntad es, por sí, arbitrariedad y contingencia, que en el contrato han sido abandonadas en lo que respecta al arbitrio sobre una cosa individual, pero no en cuanto arbitrariedad y contingencia de la voluntad misma.

Agregado. En el contrato teníamos la relación entre dos voluntades como una relación de comunidad. Esta voluntad idéntica es solo relativamente universal, relativamente voluntad universal puesta, por lo que aún está en oposición con la voluntad particular. En el contrato, en el acuerdo, está el derecho de reclamar la ejecución, pero esta depende nuevamente de la voluntad particular que, en cuanto tal, puede actuar en contra del derecho existente en sí. De esta manera aparece aquí la negación, qué antes estaba en la voluntad existente en sí; esta negación es precisamente la *injusticia.* El proceso consiste en purificar a la voluntad de su inmediatez y extraer así de su comunidad la particularidad que se declara contra ella. En el contrato los participantes aún conservan su voluntad particular; el contrato no ha, por lo tanto, abandonado todavía el estadio del arbitrio y por ello está entregado a la injusticia.

III
LA INJUSTICIA

§ 82. En el contrato el derecho *en sí* está como algo *puesto,* su universalidad interna como una *comunidad* del arbitrio y de la voluntad particular. Este *aparecer* del derecho, en que él y su existencia esencial coinciden con la voluntad particular de un modo inmediato y contingente, se transforma en la *injusticia* en *apariencia,* en contraposición del derecho en sí y de la voluntad particular que deviene un *derecho* particular. La verdad de esta apariencia es que ella es nula y que el derecho se restaura por la negación de esta negación suya. En este proceso de mediarse, de volver a sí desde su negación, se determina como *efectivamente real y válido,* mientras que anteriormente era solo *en sí* e *inmediato.*

Agregado. El derecho en sí, la voluntad universal, en cuanto esencialmente determinado por el derecho particular, está en relación con algo inesencial. Es la relación de la esencia con su aparecer. Si por un lado esta es adecuada a la esencia, por otro lado no lo es, pues el aparecer (el fenómeno) es el estadio de la contingencia, la esencia en relación con lo inesencial. En la injusticia, empero, el aparecer se convierte en apariencia. Apariencia es la existencia que no es adecuada a la esencia, el vacío separar y ser puesto de la esencia por el que en ambos extremos la diferencia aparece como diversidad. La apariencia es por lo tanto lo no verdadero, que desaparece cuando quiere ser por sí, y en este desaparecer se ha mostrado la esencia como esencia, es decir, como poder de la apariencia. La esencia ha negado su negación y resulta así confirmada. La injusticia es una apariencia de este tipo y por medio de su desaparecer recibe el derecho la determinación de algo firme y válido. Lo que llamábamos esencia es el derecho en sí, frente al cual la voluntad se elimina como lo no verdadero. Previamente tenía solo un ser inmediato, ahora, en cambio, al volver a sí desde su negación, es *efectivamente real.* Pues la realidad efectiva es lo que efectúa y se conserva en su ser otro, mientras que lo inmediato es aún susceptible de negación.

§ 83. El derecho, en cuanto *particular* y por lo tanto múltiple frente a su simplicidad y universalidad existente *en sí,* tiene la forma de una *apariencia.* En primer lugar es esta apariencia *en sí* o inmediatamente, en segundo lugar es puesto como apariencia por el *sujeto* y por último es puesto *directamente como nulo. A* estos tres momentos corresponden la *injusticia civil o de buena fe,* el *fraude* y el *delito.*

Agregado. La injusticia es por lo tanto la apariencia de la esencia que se pone como independiente. Si la apariencia es solo en sí y no también por sí, es decir si tomo lo injusto por justo, la injusticia es de buena fe. La apariencia es aquí para el derecho, no para mí. La segunda injusticia es el fraude. En este caso la injusticia no es una apariencia para el derecho en sí, sino que yo muestro a los otros una apariencia. Al cometer un fraude, el derecho es para mí una apariencia. En el primer caso la injusticia era una apariencia para el derecho, en el segundo el derecho es una apariencia para mí mismo, pues yo soy lo injusto. La tercera injusticia es finalmente el delito. Este es injusticia en sí y para mí: yo quiero lo injusto y no utilizo la apariencia del derecho. El otro, sobre el que recae el delito, no considerará como justo lo injusto en y por sí. La diferencia entre el delito y el fraude radica en que en este hay aún en la forma de actuar un reconocimiento del derecho que en cambio no existe en el delito.

A. *Injusticia de buena fe*

§ 84. La toma de posesión (§ 54) y el contrato, por sí y según sus tipos particulares —en primer lugar las diversas exteriorizaciones y consecuencias de mi voluntad—, son, respecto del reconocimiento de otros, *fundamentos jurídicos,* porque la voluntad es lo en sí mismo universal. En la multiplicidad y exterioridad con que estos fundamentos se mantienen unos respecto de otros radica que respecto de una y la misma cosa puedan corresponder a diversas personas, cada una de las cuales considera la cosa de su propiedad basándose en su fundamento jurídico particular. De esta manera surgen los *conflictos jurídicos.*

§ 85. Este conflicto, en el que se reivindica la cosa *por* un *fundamento Jurídico,* y que constituye la esfera de los *procesos civiles,* contiene el *reconocimiento* del derecho como lo universal y decisivo, de manera tal que la cosa debe pertenecer a quien tenga derecho a ella. El conflicto se refiere solo a la *subsunción* de la cosa bajo la propiedad de uno u otro; es pues un juicio *simplemente negativo* donde el predicado de lo mío solo niega lo particular.

§ 86. El reconocimiento del derecho está ligado en las partes a las opiniones y los intereses particulares opuestos. Contra esta apariencia se manifiesta *en su propio interior* (§ anterior) el derecho *en sí* como representación y exigencia. Pero en principio es solo un *deber ser,* porque la voluntad no se ha liberado aún de la inmediatez del interés y no tiene todavía como fin, en cuanto particular, la voluntad universal. Esta no se ha determinado aún como la reconocida realidad efectiva ante la que las partes deberían resignar sus opiniones e intereses particulares.

Agregado. Lo que es en sí justo tiene un fundamento determinado, y también mi injusticia —que yo tomo por lo contrario— la defiendo con algún fundamento. Corresponde a la naturaleza de lo finito y particular dejar lugar a la contingencia: es necesario pues que haya conflictos ya que estamos en el estadio de lo finito. Esta primera injusticia niega solo la voluntad particular y respeta en cambio el derecho universal. Es por lo tanto la injusticia menos grave. Si digo que una rosa no es roja, reconozco sin embargo que tiene color y no niego, por lo tanto, el género, sino solo lo particular, el rojo. Del mismo modo se reconoce en este caso el derecho; toda persona lo quiere y debe tener solo lo que por derecho le corresponda; la injusticia solo consiste en que confunde lo que quiere con el derecho.

B. *Fraude*

§ 87. El derecho *en sí* en su diferencia con el derecho particular y existente está determinado como una *exigencia y* por lo tanto como lo esencial; pero al mismo tiempo es *solo* una exigencia, o sea, según este aspecto, algo meramente subjetivo y por ello inesencial y solo aparente. De este modo lo universal, que había sido rebajado en el contrato a una comunidad exterior de la voluntad, es llevado por la voluntad particular a una voluntad solo aparente. Esto constituye el *fraude.*

Agregado. En este segundo estadio de la injusticia se respeta la voluntad particular pero no el derecho universal. En el fraude no se lesiona la voluntad particular porque se le hace creer al perjudicado que la acción es Justa. El derecho exigido es puesto, por lo tanto, como algo subjetivo y meramente aparente, lo cual constituye el fraude.

§ 88. En el contrato adquiero una propiedad en virtud de las cualidades particulares de la cosa y, al mismo tiempo, por su universalidad interna, que reside en el *valor* y en el ser *propiedad* de otro. Por el arbitrio del otro se me puede presentar una falsa apariencia, de tal manera que el contrato sea correcto en cuanto libre consentimiento bilateral sobre el intercambio de esta cosa, según su individualidad *inmediata,* pero falte en él el lado de la universalidad existente *en sí.* (El juicio infinito según su expresión positiva o significación idéntica. Véase *Enciclopedia de las ciencias filosóficas,* § 121.)[40]

§ 89. Que frente a esta aceptación de la cosa meramente en cuanto *esta* y frente a la voluntad arbitraria que meramente opina, lo objetivo o universal sea reconocible como *valor* y válido como derecho, ante el cual se elimina el arbitrio subjetivo, no es aquí en principio más que una exigencia.

Agregado. En el caso de la injusticia civil o de buena fe no hay ninguna pena, pues no se ha querido nada contra el derecho. Sí las hay en cambio para el fraude, porque el lesionado es el derecho.

C. *Violencia y delito*

§ 90. Puesto que la propiedad se deposita en una *cosa exterior,* la voluntad, en cuanto reflejada en ella, es al mismo tiempo capturada por la cosa y sometida a la

---

40 3.ª ed., § 173.

necesidad. Por ello puede en general padecer una *fuerza* o por medio de ella serle impuesto un sacrificio o una acción como condición de alguna posesión o existencia positiva. En otras palabras, se le puede ejercer *violencia.*

Agregado. La auténtica injusticia es el delito, en el cual no se respeta el derecho ni en sí ni como se me aparece a mí, con lo que se lesionan ambos lados, el objetivo y el subjetivo.

§ 91. En cuanto viviente, el hombre puede por cierto ser *sojuzgado,* es decir, puestos sus aspectos físicos y exteriores bajo la fuerza de otro. La voluntad libre, en cambio, no puede ser en y por sí *violentada* (§5), sino solo en cuanto ella misma *no retorna a sí de la exterioridad* en que se mantiene o de su representación (§7). Solo se puede obligar a algo a quien quiere ser *obligado.*

§ 92. Puesto que la voluntad es idea y efectivamente libre solo en la medida en que tiene existencia, y la existencia en que se ha colocado es el ser de la libertad, la fuerza y la violencia se destruyen en su concepto inmediatamente a sí mismas, en cuanto exteriorización de una voluntad que elimina la exteriorización o existencia de una voluntad. Por ello, la fuerza y la violencia, tomadas abstractamente, son injustas.

§ 93. La exposición real de que la violencia se destruye en su propio concepto es que la *violencia se elimina con la violencia.* En cuanto *segunda* violencia, que es eliminación de una primera, es por lo tanto justa, no solo en ciertas condiciones sino necesariamente.

Obs. La violación de un contrato por no cumplimiento de lo estipulado o la lesión de los deberes jurídicos de la familia o del estado por una acción o una omisión son una primera violencia, o por lo menos una fuerza en la medida en que retengo o sustraigo una propiedad que es de otro o lo privo de una prestación que le debo.

La violencia pedagógica, o la que se ejerce contra el salvajismo o la barbarie, aparece como si fuera una primera violencia que no sigue a otra previa. Pero la voluntad natural es *en sí* fuerza contra la idea de la libertad existente en sí, que tiene que hacerse valer y ser protegida frente a aquella voluntad no cultivada. O bien ya está puesta una existencia ética en la familia o en el estado, contra la cual aquella naturalidad es un acto de violencia, o bien existe solo una situación natural, una situación de violencia, frente a la que la idea funda un *derecho de héroes.*

Agregado. En el estado ya no puede haber héroes: estos aparecen solo en una situación de falta de cultura. Su finalidad es justa, necesaria y apropiada al estado, y ellos la llevan a cabo como cosa propia. Los héroes que fundaron estados e introdujeron el matrimonio y la agricultura no lo hicieron, por cierto, como un derecho reconocido y sus acciones aparecen todavía como su voluntad particular, Pero, por expresar el elevado derecho de la idea contra la naturalidad, es esta violencia de los héroes justa, pues por las buenas poco es lo que se puede alcanzar ante la fuerza de la naturaleza.

§ 94. El derecho abstracto es *derecho forzoso* porque la injusticia contra él es una fuerza contra la *existencia* de mi libertad en una *cosa exterior.* La conservación de esta existencia frente a la fuerza es, por lo tanto, también una acción exterior y una fuerza que elimina la primera.

Obs. Definir pues el derecho abstracto o estricto desde un principio como el derecho al cual se estaría obligado equivale a aprehenderlo a partir de una consecuencia a la que recién se llega haciendo el rodeo que pasa por la injusticia.

Agregado. En este punto hay que tener especialmente en cuenta la diferencia entre lo jurídico y lo moral. En lo moral, es decir, en la reflexión sobre mí, hay también una duplicidad, pues lo bueno es para mí fin y debo determinarme de acuerdo con esa idea. La existencia de lo bueno es mi decisión y yo la realizo en mí, pero esta existencia es totalmente interna y no puede tener lugar, por lo tanto, ninguna violencia. Las leyes del estado no pueden, pues, pretender extenderse al carácter de cada uno, pues en lo moral soy para mí mismo y la fuerza no tiene ningún sentido.

§ 95. La primera violencia ejercida como fuerza por el individuo libre, que lesiona la existencia de la libertad en su sentido *concreto,* el derecho en cuanto derecho, es el *delito.* Es un juicio *negativo* infinito en su sentido completo (véase *Lógica,* II, B, pág. 99[41]), mediante el cual no solo se niega lo particular, la subsunción de una cosa bajo mi voluntad (§85), sino también lo universal, lo infinito en el predicado de lo mío. Es decir que se niega no solo la *capacidad Jurídica,* sin la mediación de mi opinión (como en el fraude, § 88), sino precisamente en contra de ella. Esto constituye la esfera del *derecho penal.*

Obs. El derecho cuya lesión es el delito ha adoptado hasta este momento las configuraciones determinadas que hemos estudiado, y el delito tiene por ello su significado más preciso en relación con esas determinaciones. Pero lo sustancial en esas formas es lo universal, que permanece en su posterior desarrollo y configuración, con lo cual su lesión sigue siendo, según su concepto, un delito. Por ello las determinaciones que se consideran en el próximo parágrafo afectan también al contenido particular que se determine ulteriormente, por ejemplo, en el perjurio, los delitos de estado, la falsificación de moneda y letras de cambio, etcétera.

§ 96. Puesto que lo único que puede ser lesionado es la voluntad *existente.* Pero la voluntad, al penetrar en la existencia, ha entrado en la esfera de la extensión cuantitativa y de las determinaciones cualitativas, y se diversifica de acuerdo con ellas, por lo que surge una diferencia correlativa en el lado objetivo del delito, según que aquella existencia y sus determinaciones sean lesionadas en la totalidad de su

41 *Ciencia de la lógica,* ed. cit., pág. 566.

extensión —y por lo tanto en la infinitud igual a su concepto (como por ejemplo en el asesinato, la esclavitud, la persecución religiosa, etcétera)— o solo parcialmente o en alguna determinación cualitativa.

Obs. La opinión estoica, para la cual hay solo *una* virtud y *un* vicio, la legislación draconiana, que castiga con la muerte todo delito, y la primitivez del honor formal, que en toda lesión pone la personalidad infinita, tienen en común que permanecen en el pensamiento abstracto de la voluntad libre y de la personalidad, y no la toman en la existencia concreta y determinada que debe tener como idea.

La diferencia entre *robo* y *hurto* se basa en el factor cualitativo de que en el primero soy también lesionado en cuanto conciencia presente, por lo tanto en cuanto *esta subjetiva* infinitud, y se ejerce contra mí una violencia personal.

Muchas determinaciones cualitativas, tales como la *peligrosidad para la seguridad pública,* tienen su fundamento en las relaciones que se determinan ulteriormente, pero con frecuencia se las aprehende solo a partir de consecuencias y no del concepto de la cosa. Por otra parte, el delito más peligroso por su característica inmediata es precisamente la lesión más peligrosa según la extensión o la cualidad.

La cualidad *moral* subjetiva se refiere a la diferencia más elevada acerca de la medida en que un acontecimiento o un hecho constituyen una acción, y concierne a la naturaleza subjetiva misma. De ella se hablará más adelante.

Agregado. Cómo se debe castigar cada delito no puede indicarse por medio de pensamientos sino que requiere determinaciones positivas. Con el progreso de la cultura la opinión sobre el delito se hace más suave y hoy no se castiga de manera tan dura como se lo hacía hace cien años. Lo que cambia no son los delitos o las penas, sino su relación.

§ 97. La lesión del derecho en cuanto derecho tiene por cierto una existencia positiva, exterior, pero esta existencia es *en sí misma nula.* La *manifestación* de esta nulidad suya es la aniquilación de la lesión, que también entra en la existencia. Esta es la realidad efectiva del derecho, su necesidad que se media consigo misma por la eliminación de su lesión.

Agregado. Con un delito se altera algo, y en esta alteración la cosa existe, pero esta existencia es lo contrario de ella misma y por lo tanto en sí misma nula. Lo nulo es haber eliminado el derecho en cuanto derecho. El derecho, en cuanto absoluto, no puede eliminarse, por lo cual la exteriorización del delito es en sí nula, y esa nulidad es la esencia del actuar delictivo. Pero lo que es nulo debe manifestarse como tal, es decir, ponerse a su vez como lesionable. El hecho delictivo no es un primero, positivo, al que seguiría la pena como su negación, sino que es un negativo, por lo que el castigo es solo una negación. El derecho efectivo es pues la eliminación de esta lesión; precisamente en ello muestra su validez y se acredita como una existencia necesariamente mediada.

§ 98. La lesión, en cuanto afecta solo la existencia exterior o la posesión, es un *perjuicio*, un *daño* sobre algún aspecto de la propiedad o de la riqueza. La eliminación de la lesión como daño es la indemnización civil del reemplazo, en la medida en que este pueda tener lugar.

Obs. En este aspecto de la indemnización, si el daño ha consistido en una destrucción y es irreemplazable, el lugar de la característica cualitativa específica del daño lo debe ocupar la característica *universal*, el *valor*.

§ 99. La lesión que afecta en cambio la voluntad existente en sí (y por consiguiente tanto la del que la efectúa como la del que la padece y la de todos los demás) no tiene ninguna *existencia positiva* en dicha voluntad ni en su mero producto. La voluntad existente en sí (el derecho, la ley en sí) es lo que *por sí* no puede existir exteriormente y es por lo tanto ilesionable. La lesión es, pues, para la voluntad particular del lesionado y de los demás, solo algo negativo. Su única *existencia positiva* es como *voluntad particular del delincuente*. La lesión de esta en cuanto voluntad existente es, por lo tanto, la eliminación del delito —*que de otro modo sería válido*— y la restauración del derecho.

Obs. La teoría de la pena es una de las materias peor tratadas en la moderna ciencia positiva del derecho, porque en ella el entendimiento no es suficiente, sino que depende esencialmente del concepto. Si se consideran el delito y su eliminación, a la que por otra parte se determina como pena, simplemente como un *perjuicio*, aparecerá por cierto como algo irracional querer un perjuicio meramente porque *ya existía un perjuicio anterior* (Klein, *Tratado de derecho penal* § 9 y sig.[42]). En las diversas teorías sobre la pena —de la prevención, intimidación, amenaza, corrección, etcétera— este carácter superficial del *perjuicio* es supuesto como elemento primordial, y lo que, por el contrario, debe resultar se determina de manera igualmente superficial como un *bien*. De lo que se trata no es, sin embargo, de un perjuicio ni de este o aquel bien, sino, de un modo determinado, de lo *injusto* y lo *Justo*. Con aquel punto de vista superficial se deja de lado la consideración objetiva de la *Justicia*, que es lo primero y sustancial en el tratamiento del delito. De este modo se convierte en esencial el punto de vista moral, el lado subjetivo del delito, mezclado con triviales representaciones psicológicas sobre la fuerza y atracción de los estímulos sensibles en contra de la razón, sobre la violencia psicológica y su influencia en la representación (como si esta no fuera rebajada por la libertad a algo meramente contingente). Las diversas consideraciones acerca de la pena como fenómeno y de su relación con la conciencia particular, que se refieren a las consecuencias sobre la representación (intimidar, corregir, etcétera), tienen en su lugar, es decir, en lo que atañe meramente a la *modalidad* de la pena, una importancia esencial, pero suponen la fundamentación de que la pena sea en y por sí *justa*. En esta discusión lo único que importa es

---

42 Ernst Ferdinand Klein (1743-1810), *Grundsätze des gemeinen deutschen peinlichen Rechts* (Principios del derecho penal ordinario alemán), Halle, 1795.

que el delito debe ser eliminado no como la producción de un perjuicio, sino como lesión del derecho en cuanto derecho. A partir de allí se debe averiguar cuál es la existencia que tiene el delito y que debe ser eliminada. Esta existencia es el verdadero perjuicio que hay que hacer desaparecer, y determinar dónde se encuentra es el punto esencial. Mientras los conceptos sobre esta cuestión no se conozcan de un modo determinado, seguirá reinando la confusión en la consideración de la pena.

Agregado. La teoría de la pena de Feuerbach[43] funda la pena en la amenaza y opina que si a pesar de ella ocurre un delito, la amenaza debe cumplirse porque el delincuente ya la conocía previamente. Pero ¿qué sucede con el carácter jurídico de la amenaza? Esta teoría no supone que el hombre es libre y quiere obligar por la representación de un perjuicio. El derecho y la justicia deben sin embargo tener su lugar en la libertad y la voluntad y no en la falta de libertad a la que se dirige la amenaza. Con esta fundamentación de la pena se actúa como cuando se le muestra un palo a un perro, y el hombre, por su honor y su libertad, no debe ser tratado como un perro. La amenaza, que puede sublevar al hombre y llevarlo a mostrar su libertad contra ella, deja completamente de lado la justicia. La violencia psicológica solo puede referirse a la diferencia cualitativa y cuantitativa del delito, pero no a su naturaleza misma; los códigos que hayan surgido de esta doctrina carecen por lo tanto del fundamento propio.

§ 100. La lesión que afecta al delincuente no es solo justa *en sí;* por ser justa es al mismo tiempo su voluntad existente *en sí,* una existencia de su libertad, su derecho. Es por lo tanto un *derecho para el delincuente* mismo, es decir, puesto en su voluntad *existente,* en su acción. En efecto, en esta acción, en cuanto acción de un ser *racional,* está implícito que es algo universal, que por su intermedio se formula una ley que el delincuente ha reconocido en ella por sí y bajo la cual puede por lo tanto ser subsumido como bajo *su* derecho.

Obs. Como se sabe, Beccaria[44] ha negado al estado el derecho a la pena de muerte por la razón de que no se podría presumir que en el contrato social estuviera incluido el consentimiento de los individuos para dejarse matar, sino que se tendría que suponer más bien lo contrario. Pero el estado no es en absoluto un contrato (véase § 75), ni su esencia sustancial es de un modo incondicionado la *protección y* la *seguridad* de la vida y de la propiedad de los individuos singulares. El mismo es por el contrario lo más elevado, que reivindica para sí aquella vida y propiedad y exige su sacrificio. Por otra parte, no se trata solo del *concepto* de delito, de lo racional del mismo *en y por sí,* que el estado debe hacer valer *con* o *sin* el consentimiento de los individuos, sino que, además, en la acción misma del delincuente está la racionali-

---

43 Paul Johann Anselm von Feuerbach (1775-1833), *Revision der Grundsätze und Grundbegriffe des positiven peinlichen Rechts* (Revisión de los principios y conceptos fundamentales del derecho penal positivo), Giessen, 1801.

44 Cesare Beccaria (1738-1794), *Dei delitti e delle pene,* Livorno, 1764.

dad formal, el *querer del individuo.* Al considerar que la pena contiene su propio derecho, se *honra* al delincuente como un ser racional. No se le concederá este honor si el concepto y la medida de la pena no se toman del hecho mismo, si se lo considera como un animal dañino que hay que hacer inofensivo, o si se toma como finalidad de la pena la intimidación o la corrección. Por otra parte, respecto del modo de existencia de la justicia, la forma que ella tiene en el estado, es decir, la *pena,* no es la única forma, ni el estado es la suposición que condiciona la justicia en sí.

Agregado. Lo que Beccaria pide, que el hombre tiene que dar su consentimiento para el castigo, es totalmente correcto, pero el delincuente lo otorga ya por su hecho. Es por lo tanto la naturaleza del delito, así como la propia voluntad del delincuente, que la lesión que parte de él sea eliminada. A pesar de ello, la preocupación de Beccaria por eliminar la pena de muerte ha tenido efectos ventajosos. Aunque su total derogación no ha podido nunca convencer ni a José II ni a los franceses, se ha comenzado sin embargo a examinar qué delitos merecen la pena de muerte y cuáles no. La pena de muerte ha devenido por esa causa menos frecuente, lo cual corresponde a la más alta pena.

§ 101. La eliminación del delito es una *compensación* en la medida en que, según su concepto, es lesión de una lesión y, según su existencia, el delito tiene una extensión cuantitativa y cualitativa determinada, por lo cual también la tiene que tener su negación en cuanto existencia. Esta identidad basada en el concepto no es empero una *igualdad* en las características específicas de la lesión, sino en sus características existentes *en sí,* es decir, según su *valor.*

Obs. En la ciencia ordinaria, la definición de una determinación, en este caso la pena, se toma de la *representación general* de la experiencia psicológica de la conciencia. Esta mostraría que el sentimiento universal de los pueblos e individuos respecto del delito es y ha sido que *merece* una pena y que *el delincuente debe sufrir lo mismo que ha hecho.* Hay que tener en cuenta que estas ciencias que tienen la fuente de sus determinaciones en la representación general admiten por otra parte proposiciones que se contradicen con los llamados *hechos* universales de la conciencia.

Esta determinación de *igualdad* introduce una seria dificultad en la representación de la compensación, pero la justicia de las disposiciones penales según su constitución cualitativa y cuantitativa es, por otra parte, posterior a lo sustancial de la cosa misma. Aunque para estas determinaciones ulteriores hubiera que buscar otros principios que para la universalidad de la pena, esta permanecería sin embargo tal cual es. Solo el concepto mismo puede contener el principio fundamental también para lo particular. Pero esta determinación del concepto es precisamente la conexión de necesidad por la cual el delito, en cuanto voluntad en sí nula, contiene en sí mismo su aniquilación, que aparece como pena. La identidad interna es lo que para el entendimiento se refleja en la *igualdad* en la existencia exterior. La constitución cualitativa y cuantitativa del delito cae entonces en la esfera de la exterioridad, en la que no es posible ninguna determinación absoluta (cf. § 49). En el *campo* de la finitud es solo una exigencia que el entendimiento tiene que limitar cada vez más, lo cual es de la mayor importancia, pero continúa al infinito y solo permite una *aproximación* perenne.

Si no solo no se tiene en cuenta esta naturaleza de la finitud sino que además se permanece por completo en la abstracta *igualdad específica,* surgen dificultades insuperables para determinar las penas (especialmente cuando la psicología agrega la magnitud de los motivos sensibles con el consiguiente *aumento proporcional de la fuerza* de la mala voluntad o, si se quiere, *disminución proporcional de la fuerza* de la libertad de la voluntad), y además es muy fácil presentar la compensación de la pena como una absurdez (como hurto por hurto, robo por robo, ojo por ojo, diente por diente, con lo que se puede representar al delincuente tuerto y desdentado). Pero con todo esto no tiene nada que ver el concepto, sino que la única culpable es la *igualdad* específica que se ha introducido. El *valor,* en cuanto *igualdad interna* de las cosas, totalmente diversas en su existencia específica, es una determinación que se presenta, como ya lo había hecho con los contratos (véase más arriba), en las acciones civiles contra el delito (§ 95). Por medio de ella la representación se eleva de la constitución *inmediata* de la cosa a lo universal. En el caso del delito, en el cual la determinación fundamental es lo *infinito* del hecho, desaparece con mayor razón lo específico meramente exterior, y la igualdad es la regla básica solo para lo *esencial,* para lo que en general se merece el delincuente, pero no para la forma exterior específica de la pena. Solamente según este último aspecto el robo, el hurto, la multa y la pena de prisión son simplemente diferentes; en cuanto a su valor, en cambio, en cuanto a su característica general de ser lesiones, son *comparables.* Es entonces, como ya se ha señalado, tarea del entendimiento buscar el acercamiento a la igualdad de su valor. Si no se aprehende la conexión existente en sí entre el delito y su aniquilación y por consiguiente el pensamiento del valor y la comparabilidad de ambos según el valor, se puede llegar a ver (Klein, *Principios de derecho penal,* § 9) en una auténtica pena solo una unión *arbitraria* de un perjuicio con una acción no permitida.

Agregado. La compensación es la conexión interna de dos determinaciones que aparecen como distintas y que tienen también una existencia exterior diferente. La represalia que se toma contra el delincuente tiene el aspecto de una determinación extraña, que no le pertenece, pero la pena solo es, como lo hemos visto, una manifestación del delito, es decir, la otra mitad que la primera supone necesariamente. En un primer momento la compensación tiene en su contra que aparece como algo inmoral, como venganza, y puede valer de esta manera como algo personal. Pero lo que ejecuta la compensación no es lo personal sino el concepto mismo. *A mí me pertenece la venganza,* dice Dios en la Biblia, y cuando en la palabra compensación se quiere ver una ocurrencia particular de la voluntad subjetiva, se debe afirmar en cambio que su significado es el de una inversión contra sí de la figura misma del delito. Las Euménides duermen, pero el delito las despierta, y es así el propio hecho el que impone su consecuencia. Aunque para la compensación no es posible atenerse a la igualdad específica, el caso es diferente para el asesinato, al que corresponde necesariamente la pena de muerte. En efecto, puesto que la vida constituye la extensión total de la existencia, la pena no puede consistir en un valor, pues no hay ningún valor equivalente, sino solo en la privación de la vida.

§ 102. La eliminación del delito es en esta esfera de la inmediatez del derecho en primer lugar *venganza.* Esta es justa según su *contenido* en la medida en que es una compensación, pero según la *forma* es la acción de una voluntad *subjetiva,* que puede colocar *su infinitud* en cualquier lesión que ocurra. Su justicia es por lo tanto contingente, al mismo tiempo que la voluntad es *para los otros* solo una voluntad *particular.* La venganza, por ser la acción positiva de una voluntad particular, se convierte en una *nueva lesión:* con esta contradicción cae en el progreso al infinito y es heredada ilimitadamente de generación en generación.

Obs. Cuando se persiguen y castigan los delitos no como *crimina publica* sino como *crimina privata* (como entre los judíos y los romanos el robo y el hurto, entre los ingleses en algunos casos, etcétera), la pena tiene todavía en sí una parte de venganza. El ejercicio de la venganza por parte de los héroes, caballeros aventureros, etcétera, se diferencia de la venganza privada. Aquélla pertenece al nacimiento de los estados.

Agregado. Cuando en la sociedad no hay jueces ni leyes, la pena tiene siempre la forma de la venganza, que es deficiente en la medida en que es la acción de una voluntad subjetiva y no es adecuada por lo tanto al contenido. Las personas que constituyen un tribunal son, por cierto, también personas, pero su voluntad es la de la universalidad de la ley, y no quieren agregar nada a la pena que no se encuentre en la naturaleza de la cosa. A quien sufre la injusticia, por el contrario, esta no se le aparece en su limitación cuantitativa y cualitativa, sino simplemente como injusticia; en la compensación puede, por lo tanto, abusar de sus fuerzas, lo que conduciría a su vez a una nueva injusticia. En los pueblos incultos la venganza es imperecedera, tal como ocurre con los árabes, en los cuales solo puede ser sofocada por una fuerza superior o por la imposibilidad de su ejercicio. En varios códigos actuales hay aún un resto de venganza al abandonar al individuo la decisión de llevar o no una infracción ante la justicia.

§ 103. La exigencia de resolver esta contradicción que se presenta en la manera de eliminar la injusticia (lo mismo que las contradicciones de los otros modos de injusticia, § § 86, 89) es la exigencia de una justicia liberada de los intereses y de las formas subjetivas, así como de la contingencia del poder; es, pues, la exigencia de una *Justicia no vengativa sino punitiva.* Se tiene aquí, en primer lugar, la existencia de una voluntad que, en cuanto voluntad *subjetiva* particular, quiere lo universal como tal. Este concepto de la *moralidad* no es, sin embargo, solo una exigencia, sino que ha surgido en este movimiento mismo.

Tránsito del derecho a la moralidad

§ 104. El delito y la justicia de la venganza representan el estadio del desarrollo de la voluntad en que, habiendo desembocado en la diferenciación entre lo *universal en sí* y lo *individual* que existe *por sí* en contra de aquél, la voluntad *existente en sí* ha retornado a sí por medio de la eliminación de esa oposición y se ha vuelto ella misma *por sí* y *efectivamente real.* De este modo el derecho *es* y *tiene validez* por su necesidad como lo *efectivamente real,* asegurado contra la voluntad individual *existente meramente por sí.* Esta configuración es al mismo tiempo el progreso de la determinación conceptual interna de la voluntad. Según su concepto, su realización es en sí misma la eliminación del ser en sí y de la forma de la inmediatez en la que en un primer momento se encuentra (§ 21) y que tiene su configuración en el derecho abstracto. De este modo se pone en primer lugar en la oposición de la voluntad universal *en sí* y de la voluntad individual que existe *por sí,* para luego, por la eliminación de esta oposición, por la negación de la negación, determinarse, en cuanto negación que se refiere a sí misma, como voluntad *en su existencia,* de manera de ser no solo voluntad libre en sí, sino *por sí misma.* En el derecho abstracto la voluntad solo existía *como personalidad,* de ahora en adelante la tiene como su *objeto* propio. La subjetividad de la libertad, que es de esta manera por sí infinita, constituye el principio del *punto de vista moral.*

Obs. Si observamos más detenidamente los momentos por los cuales el concepto de libertad progresa desde la determinación, en primer término abstracta, hasta la determinación que se refiere a sí misma, o sea hasta la *autodeterminación de la subjetividad,* se comprobará que esta determinación es en la propiedad lo mío abstracto y por lo tanto en una cosa exterior, en el contrato es lo mío solo común, mediado por la voluntad, y en la injusticia la voluntad de la esfera del derecho, su abstracto ser en sí o inmediatez en cuanto *contingencia* puesta por la voluntad individual, ella misma *contingente.* En el punto de vista moral la contingencia resulta superada, de manera tal que ella misma, en cuanto reflejada *en sí misma* e *idéntica consigo,* es la contingencia infinita que existe en el interior de la voluntad, su *subjetividad.*

Agregado. La verdad exige que el concepto exista y que esta existencia le corresponda. En el derecho la voluntad tiene su existencia en algo exterior; lo ulterior es, empero, que la tenga en sí misma, en algo interior: tiene que ser por sí misma subjetividad y enfrentarse a sí misma. Este comportarse en relación con sí misma es lo *afirmativo* que, sin embargo, solo puede conquistar por la eliminación de su inmediatez. La inmediatez eliminada en el delito conduce así, por medio de la pena, es decir, de la nulidad de esa nulidad, a la afirmación, a la *moralidad.*

SEGUNDA PARTE

La moralidad

§ 105. El punto de vista moral es el punto de vista de la voluntad en cuanto *por sí* (§ anterior) es *infinita* y no *meramente en sí*. Esta reflexión sobre sí de la voluntad y su identidad existente por sí frente al ser en sí y la inmediatez, y frente a las determinaciones que se desarrollan en ese ámbito, determinan a la *persona* como *sujeto*.

§ 106. Dado que la subjetividad es ahora la determinación del concepto, pero se diferencia de él como tal, de la voluntad existente en sí, es decir, dado que la voluntad del sujeto en cuanto voluntad del individuo existente por sí al mismo tiempo *es* (todavía tiene en sí la inmediatez), la subjetividad constituye la *existencia* del concepto. Se ha determinado así un plano más elevado para la libertad; el lado de la *existencia* de la idea, su momento real, es ahora la *subjetividad* de la voluntad. Solo en la voluntad, en cuanto subjetiva, pueden ser efectivamente reales la libertad y la voluntad existente en sí.

Obs. La segunda esfera, la moralidad, expone por lo tanto en el conjunto el lado real del concepto de libertad. El proceso de esta esfera consiste en superar la voluntad que en un primer momento solo existe por sí y solo *en sí* es idéntica con la voluntad existente *en sí o* voluntad universal; al eliminar esta diferencia en la que se ha hundido pone a la voluntad por sí como *idéntica* con la voluntad existente en sí. Este movimiento es el cultivo del nuevo terreno que ha alcanzado la libertad: la subjetividad. Por medio de esta elaboración, la subjetividad, que en un primer momento es *abstracta* y diferente del concepto, se iguala con él, y la idea alcanza su realización verdadera al determinarse la voluntad subjetiva al mismo tiempo como objetiva y por lo tanto verdaderamente concreta.

Agregado. En el derecho estricto no importa qué principios me guían o cuál es mi finalidad. La pregunta por la autodeterminación de la voluntad, sus móviles y sus propósitos interviene en el campo moral. Si se quiere juzgar al hombre respecto de su autodeterminación, hay que tener en cuenta que en este aspecto es libre, cualesquiera sean las condiciones exteriores. No se puede invadir esta convicción del hombre: no se le puede ejercer ninguna violencia, y eso hace que la voluntad moral sea inaccesible. El valor del hombre se aprecia por su acción interior; el punto de vista moral es por lo tanto la libertad existente por sí.

§ 107. La autodeterminación de la voluntad es al mismo tiempo un momento de su concepto, y la subjetividad no constituye solamente el lado de su existencia, sino que es su determinación propia (§ 104). La voluntad libre por sí determinada como voluntad subjetiva es, en primer lugar, concepto, que, para ser *idea,* necesita una *existencia.* La figura del derecho moral es, por lo tanto, el *derecho* de la voluntad subjetiva. Según este derecho, la voluntad es y reconoce solo lo que es suyo, es decir, aquello en lo que ella existe como algo subjetivo.

Obs. El proceso del punto de vista moral (véase la observación al parágrafo anterior) adopta, según este aspecto, la figura del desarrollo del derecho de la voluntad subjetiva (o del modo de su existencia). Este desarrollo consiste en que aquello que la voluntad reconoce como suyo en el objeto se determine ulteriormente como su concepto verdadero, como lo objetivo en el sentido de su universalidad.

Agregado. En su conjunto, la determinación de la subjetividad de la voluntad es a su vez una totalidad que, en cuanto subjetividad, debe tener también objetividad. Recién en el sujeto puede realizarse la libertad, pues es el verdadero material para esa realización. Esta existencia de la voluntad, que llamábamos subjetividad, es sin embargo diferente de la voluntad existente en y por sí. La voluntad tiene que liberarse de esta nueva unilateralidad de la mera subjetividad para devenir voluntad existente en y por sí. Lo que entra en cuestión en la moralidad es el interés propio del hombre, y su elevado valor consiste en que se sabe a sí mismo absoluto y se determina. Al hombre inculto todo le es impuesto por el poder de la fuerza o por determinaciones naturales; el niño no tiene voluntad moral, sino que es determinado por sus padres; en cambio el hombre culto, el hombre que deviene interior, quiere estar él mismo en todo lo que hace.

§ 108. La voluntad subjetiva, en cuanto inmediatamente por sí y diferente de la voluntad existente en sí (§ 106 *Obs.),* es por lo tanto abstracta, limitada y formal. Pero la subjetividad no solo es formal, sino que, en cuanto infinito autodeterminarse de la voluntad, constituye *lo formal* de la voluntad. Dado que en este primer surgimiento en la voluntad individual el autodeterminarse no está aún puesto como idéntico con el concepto de la voluntad, el punto de vista moral es el punto de vista de la relación y del deber ser o de la *exigencia.* Y puesto que la diferencia de la subjetividad contiene asimismo la determinación de oponerse a la objetividad en cuanto existencia exterior, tiene aquí también su lugar el punto de vista de la *conciencia* (§ 8) y en general el punto de vista de la diferencia, la *finitud* y la *aparición fenoménica* de la voluntad.

Obs. Así como lo justo, el derecho, no es simplemente lo que se opone a lo injusto, tampoco lo moral se determina directamente como lo opuesto a lo inmoral, sino que es el ámbito general, que abarca tanto lo moral como lo inmoral, lo que se basa en la subjetividad de la voluntad.

Agregado. El autodeterminarse debe pensarse en la moralidad como la pura intranquilidad, la actividad que aún no puede llegar a ninguna concreción. Recién en la eticidad la voluntad es idéntica con el concepto de la voluntad y tiene a este como su único contenido. En el ámbito de lo moral la voluntad se refiere aún a lo que es en sí; es por lo tanto el punto de vista de la diferencia, y su proceso consiste en la identificación de la voluntad subjetiva con el concepto de la voluntad. El deber ser, que aún tiene su lugar en la moralidad, es cumplido recién en la eticidad. El otro con que está en relación la voluntad subjetiva tiene un doble carácter: es, por un lado, lo sustancial del concepto y por otro lo existente exteriormente. Aunque lo puesto en la voluntad subjetiva fuera el bien, no estaría por ello todavía realizado.

§ 109. Este elemento formal, de acuerdo con su determinación general, contiene en primer lugar la contraposición entre la subjetividad y la objetividad, y la actividad que se refiere a esta contraposición (§8). Los momentos de esta última son los siguientes: la *existencia* y la determinación son en un principio idénticas en el concepto (cf. § 104), y la voluntad, en cuanto subjetiva, es entonces ella misma ese concepto; en segundo lugar, ambos se diferencian *por sí, y* por último se ponen como idénticos. En la voluntad que se determina en sí misma la determinación existe, α) en primer lugar, en cuanto puesta *en sí por* ella misma; es su particularización en sí misma, un *contenido* que ella se da. Esta es la *primera* negación, cuyo límite formal consiste en ser solo algo *puesto,* subjetivo. Por ser *infinita reflexión* sobre sí, este límite es para ella misma y la voluntad es, entonces, β) el querer eliminar esa barrera; es la *actividad* que traslada ese contenido desde la subjetividad a la objetividad, a una existencia *inmediata,* γ) La identidad simple de la voluntad consigo misma en esta contraposición es el *contenido* que en ambas permanece igual, indiferente a esta diferencia de la forma: el *fin.*

§ 110. En el punto de vista moral, en el que la libertad, la identidad de la voluntad consigo, es para la voluntad (§ 105), esta identidad del contenido recibe la siguiente determinación peculiar:

a) El contenido se determina para mí como lo mío, de manera tal que en su identidad sigue *conteniendo para mí* mi subjetividad, no solo en cuanto es mi fin *interior,* sino también si recibe una *objetividad exterior.*

Agregado. El contenido de la voluntad subjetiva o moral posee una determinación peculiar: aunque alcance la forma de la objetividad, debe conservar siempre mi subjetividad; el hecho solo tiene validez en la medida en que está determinado interiormente por mí, en que era mi propósito, mi finalidad. En la exteriorización no reconozco como mío más que lo que ya estaba en la voluntad subjetiva; exijo ver en ella nuevamente mi conciencia subjetiva.

§ 111. b) El contenido, si bien incluye un elemento particular (tomado de cualquier otra parte), tiene, en cuanto contenido de la voluntad *reflejada sobre sí* en su determinación, es decir, en cuanto voluntad universal e idéntica consigo misma, α) la determinación de ser adecuado a la voluntad existente *en sí, o* sea, de tener la *objetividad del concepto;* β) pero dado que la voluntad subjetiva es, en cuanto existente por sí, al mismo tiempo formal (§ 108), lo anterior es solo una *exigencia* y contiene por lo tanto también la posibilidad de no ser adecuado al concepto.

§ 112. c) Puesto que en la realización de mi fin conservo mi subjetividad (§ 110), en su objetivación supero al mismo tiempo esta subjetividad inmediata, esta subjetividad individual mía. Pero la subjetividad exterior, que es idéntica a mí, es la *voluntad* de los demás (§ 73). El terreno de la *existencia* de la voluntad es ahora la *subjetividad* (§ 106), pero la voluntad de los demás es al mismo tiempo la existencia distinta de mí que doy a mi voluntad. La realización de mi fin tiene por lo tanto en su interior esta identidad de mi voluntad y la voluntad de los otros, tiene una relación positiva con la voluntad de los demás.

Obs. La *objetividad* del fin realizado contiene por lo tanto en sí los tres significados siguientes, o mejor dicho, los reúne en la forma de tres momentos: α) existencia *exterior* inmediata (§ 109); β) adecuación al *concepto* (§ 112) y γ) subjetividad *universal.* Por su parte, la subjetividad, que se *conserva* en esta objetividad, consiste en que α) el fin objetivo es *mío,* de manera tal que yo, en cuanto *este,* me conservo en él, mientras que sus momentos β) y γ) coinciden con los respectivos momentos β) y γ) de la objetividad.

El hecho de que estas determinaciones que se diferencian de esta manera en el punto de vista moral solo se unan en la *contradicción* constituye la *apariencia fenoménica y la finitud* de esta esfera (§ 108). El desarrollo de este punto de vista es el desarrollo de esta contradicción y de su solución, que dentro de esta esfera solo puede ser, sin embargo, *relativa.*

Agregado. Respecto del derecho formal se dijo que solo contenía prohibiciones, que la acción estrictamente jurídica tenía por lo tanto únicamente una determinación negativa respecto de la voluntad de los demás. En lo moral, por el contrario, la determinación de mi voluntad respecto de los demás es positiva, es decir que la voluntad subjetiva tiene en lo que realiza a la voluntad existente en sí como algo interno. Se presenta aquí una producción o una alteración de la existencia que está en relación con la voluntad de los demás. El concepto de la moralidad es el interno relacionarse consigo de la voluntad. Pero aquí no hay solo una voluntad, sino que su objetivación tiene al mismo tiempo la determinación de que en ella se elimina la voluntad individual, por lo cual, al desaparecer la determinación de la unilateralidad, resultan puestas dos voluntades y una relación positiva de una a la otra. En el derecho no importa si la voluntad de los demás quiere algo en relación con mi voluntad, que se da su existencia en la propiedad. En lo moral se trata, por el contrario, también del bienestar de los otros; esta relación positiva solo puede aparecer en este lugar.

§ 113. La exteriorización de la voluntad como voluntad *subjetiva o moral* es la *acción.* La acción contiene las determinaciones señaladas de: α) ser sabida como mía en su exterioridad, β) tener una relación esencial al concepto en la forma de un deber ser y γ) estar referida a la voluntad de los demás.

Obs. La *acción* solo tiene lugar cuando la voluntad moral se exterioriza. En el derecho formal la voluntad se da una existencia en una *cosa inmediata;* es por lo tanto ella misma inmediata y no tiene por sí, en un primer momento, ninguna relación *expresa* con el concepto, que, al no haberse enfrentado todavía con la voluntad subjetiva, no se ha diferenciado de ella ni establecido una relación *positiva* con la voluntad de los demás; el precepto jurídico es, de acuerdo con su determinación fundamental, solo prohibición (§ 8). En el ámbito del contrato y de la injusticia ya comienza en realidad a establecerse una relación con la voluntad de los demás, pero la *concordancia* que tiene lugar en ellos se funda en el arbitrio. Por otra parte, la relación *esencial* con la voluntad ajena es allí, en cuanto jurídica, solo negativa: conservar mi propiedad (según el valor) y dejar a los otros lo suyo. Por el contrario, solo ahora entra en consideración el aspecto del delito que surge de la *voluntad subjetiva,* así como los modos que su existencia toma en ella.

La acción judicial *(actio),* al no serme imputable por su contenido, que está determinado por prescripciones, contiene solo algunos momentos de la auténtica acción moral y, en realidad, de un modo *exterior.* La auténtica acción moral es, por lo tanto, diferente de la acción judicial.

§ 114. El derecho de la voluntad moral contiene los tres aspectos siguientes:

a) El derecho *abstracto o formal* da la acción de que, tal como ha sido realizada en la existencia *inmediata,* su contenido sea algo mío, o sea que la acción responda a un *propósito* de la voluntad subjetiva.

b) Lo *particular* de la acción es su contenido *interior:* α) el modo en que se determina para mí su carácter universal constituye el valor de la acción y aquello por lo cual tiene validez para mí: mi *propósito;* β) su contenido, en cuanto *mi* fin *particular* de mi existencia particular subjetiva, es el *bienestar.*

c) Este contenido, en cuanto *interno,* elevado al mismo tiempo a su *universalidad,* a la *objetividad* existente en y por sí, es el fin absoluto de la voluntad, el *bien,* al que en la esfera de la reflexión se opone la universalidad *subjetiva* por una parte bajo la forma del *mal,* y por otra de la *conciencia moral.*[45]

Agregado. Toda acción, para ser moral, debe en primer lugar concordar con mi propósito, pues el derecho de la voluntad moral consiste en que solo se reconoce en su existencia lo que interiormente existía como propósito. El propósito se refiere únicamente al elemento formal, según el cual la voluntad exterior debe estar también en mí como algo interior. En el segundo momento se pregunta, en cambio, por la intención de la acción, es decir, por el valor relativo de la acción en referen-

---

45 Traduzco por "conciencia moral" el término alemán *Gewissen,* que hay que distinguir de "conciencia" en sentido estricto. Su significado se aproxima al de las expresiones españolas "buena (o mala) conciencia", "problemas de conciencia", etc. Cf. p. ej., *Fenomenología del espíritu,* ed. cit., págs. 368 y sigs.

cia a mí. El tercer momento, finalmente, no se refiere ya solo al valor relativo, sino al valor absoluto de la acción, al *bien.* La primera ruptura de la acción es la que se produce entre el propósito y lo existente; la segunda entre lo que está presente exteriormente como voluntad universal y la particular determinación interior que yo le doy; lo tercero, finalmente, es que la intención sea también el contenido universal. El bien es la intención elevada al concepto de la voluntad.

I
EL PROPÓSITO Y LA RESPONSABILIDAD[46]

§ 115. La *finitud* de la voluntad subjetiva en la inmediatez de la acción consiste en que para su actuar tiene un objeto exterior *presupuesto* acompañado de una multiplicidad de circunstancias. El hecho[47] provoca un cambio en esta existencia previa y la voluntad es responsable de él en la medida en que la existencia alterada lleva en sí el abstracto predicado de lo *mío.*

Obs. Un suceso, una situación que se produce, es una realidad exterior *concreta,* que encierra, por lo tanto, en sí una cantidad de circunstancias imposible de determinar. Todo momento particular que se muestra como *condición, fundamento* o *causa* de tales circunstancias, y contribuye así con lo suyo, puede ser considerado como el *responsable* de la situación, o como teniendo por lo menos responsabilidad en ella. Ante un suceso rico (por ejemplo, la Revolución Francesa) el entendimiento formal se ve por lo tanto obligado a elegir, entre una innumerable cantidad de circunstancias, a cuál de ellas declarar responsable de la situación.

Agregado. Solo cabe responsabilidad sobre lo que estaba en mi propósito, que es lo que se tiene especialmente en cuenta en el caso del delito. Pero en la responsabilidad rige aún el juicio enteramente exterior de si he hecho algo o no, y el que sea responsable no implica todavía que la cosa me pueda ser imputada.

§ 116. No es por cierto un hecho propiamente mío que cosas de las que soy propietario y que, en cuanto externas, se encuentran en múltiples relaciones (tal como puede suceder incluso conmigo mismo en cuanto cuerpo mecánico o ser viviente) ocasionen perjuicios a los demás. Estos daños corren, sin embargo, *más o*

---

46 En alemán: *Schuld,* más estrictamente "culpa", pero que, además del sentido moral que tiene el término español, posee un significado más amplio de "responsabilidad". Véase su uso unos renglones más abajo, que no tiene el sentido de culpabilidad moral: "La voluntad es responsable de él (hat Schuld daran). Ambas acepciones están sin embargo estrechamente ligadas (cf. *Fenomenología del espíritu,* ed. cit., págs. 273 y sigs.).

47 Traduzco *Tat* por hecho y *Handlung* por "acción", tratando de reflejar el carácter más indeterminado del primer término y el más activo y consciente del segundo. Cf. § 118.

menos a mi cargo, ya que esas cosas son mías y de acuerdo con su naturaleza están sometidas en mayor o menor medida a mi dominio, vigilancia, etcétera.

§ 117. La voluntad que actúa y que dirige sus fines hacia una existencia previamente dada tiene una *representación de las circunstancias* en que aquélla se encuentra. Pero puesto que por esta presuposición la voluntad es *finita,* el fenómeno que se muestra en el objeto es para ella *contingente,* y puede contener algo distinto de su representación. El derecho de la voluntad consiste en que en un hecho suyo solo se reconozca como su *acción* propia y solo tenga responsabilidad sobre aquello que ella sabía en su fin acerca del objeto presupuesto, es decir, lo que estaba en *su propósito.* El hecho solo puede ser *imputado como falta de la voluntad:* este es el *derecho del saber.*

Agregado. La voluntad tiene ante sí una existencia sobre la que actúa. Pero para que esto sea posible debe tener una representación de la misma, y solo soy verdaderamente responsable en la medida en que la existencia dada se halla en mi saber. Por tener esta presuposición, la voluntad es finita o, más bien, tiene esta presuposición por ser finita. En la medida en que pienso y quiero racionalmente, no estoy ya en este punto de vista de la finitud, pues el objeto sobre el que actúo no es un otro frente a mí; la finitud, por el contrario, tiene en sí el límite rígido. Estoy frente a un otro que es solo contingente, solo exteriormente necesario, que puede coincidir conmigo o ser distinto. Pero soy únicamente yo quien está en referencia a mi libertad, y el acto es responsabilidad de mi voluntad en la medida en que sé acerca de él. No se puede acusar de parricidio a Edipo por haber matado a su padre sin saberlo, aunque en las antiguas legislaciones no se daba tanto valor como hoy al aspecto subjetivo de la responsabilidad. Por ello surgió en la antigüedad el asilo, para que los que huían de la venganza fueran recibidos y protegidos.

§ 118. La acción, al trasladarse a una existencia exterior, que de acuerdo con sus diversas conexiones se desarrolla en todos sus aspectos de un modo exteriormente necesario, tiene múltiples *consecuencias.* Estas consecuencias son propias de la acción (le pertenecen) en la medida en que conforman una *figura* que tiene como *alma* el *fin* de la acción. Pero al mismo tiempo, en cuanto fin puesto en la *exterioridad,* está abandonada a fuerzas exteriores que pueden unirla con algo totalmente diferente de lo que ella es por sí y llevarla a extrañas y lejanas consecuencias. Es asimismo un derecho de la voluntad hacerse responsable solo de lo primero porque es lo único que estaba en su *propósito.*

Obs. La distinción entre consecuencias *necesarias* y *contingentes* contiene una indeterminación, porque la necesidad interna aparece en lo finito como necesidad externa, como relación entre sí de cosas singulares que, independientes e indiferentes unas respecto de otras, coinciden exteriormente. El principio que enseña a despreciar las consecuencias de las acciones pertenece al entendimiento abstracto, lo mismo que el que incita a juzgarlas a partir de las consecuencias y a hacer de ellas la medida de lo justo y de lo bueno. Las consecuencias, en cuanto propia configuración *inmanente* de la acción, manifiestan su naturaleza y no son otra cosa que ella misma; la acción no puede por lo tanto negarlas o despreciarlas. Pero, inversamente, también aparecen en ellas elementos exteriores que se agregan de un modo contingente y no pertenecen a la naturaleza de la acción misma.

El desarrollo de la contradicción contenida en la *necesidad* de lo *finito* es, en la existencia, precisamente el transformarse de la necesidad en contingencia y viceversa. Según este aspecto, actuar quiere decir *entregarse a esta ley.* A ello se debe que redunde en favor del delincuente que su acción tenga pocas malas consecuencias, así como que una buena acción tenga que conformarse con ninguna o con pocas consecuencias; por el contrario, en el caso de un delito que ha tenido plenas consecuencias, estas serán imputadas al autor del hecho.

La autoconciencia *heroica* (tal como aparece en las tragedias antiguas, Edipo, etcétera) no se ha elevado aún de su simplicidad a la reflexión de la diferencia entre *hecho* y *acción,* entre el suceso exterior y el propósito y conocimiento de las circunstancias, así como tampoco se atiene a la dispersión de las consecuencias, sino que asume la responsabilidad por el alcance total del hecho.

Agregado. En el hecho de que solo reconozco lo que pertenecía a mi representación radica el tránsito a la intención. Solo lo que yo sabía acerca de las circunstancias me puede ser imputado. Pero hay consecuencias necesarias que se ligan a toda acción, aunque lo que yo haya producido sea solo algo singular e inmediato, y constituyen por lo tanto lo que hay de universal en ella. No puedo, por cierto, prever ciertas consecuencias que podrían evitarse, pero debo conocer la naturaleza universal del hecho singular. La cosa no es aquí lo singular sino la totalidad, que no se refiere a lo determinado de la acción particular, sino a su naturaleza universal. El tránsito del propósito a la intención consiste en que no solo debo saber mi acción singular, sino lo universal que está unido a ella. Lo universal que aparece de esta manera es lo querido por mí, mi *intención.*

II

LA INTENCIÓN Y EL BIENESTAR

§ 119. La existencia exterior de la acción es una conexión múltiple que puede considerarse infinitamente dividida en *singularidades,* y la acción *afectará* entonces en primer lugar solo una *de esas singularidades.* Pero la verdad de lo singular es lo *universal,* y la determinación de la acción no es por sí un contenido aislado en una singularidad exterior, sino un contenido *universal* que contiene en su interior una conexión múltiple. El propósito, en cuanto parte de un ser *pensante,* contiene no solo la singularidad, sino esencialmente este lado universal: la *intención.*

Obs. La palabra *Absicht* (intención) contiene etimológicamente el sentido de *abstracción:* por una parte posee la forma de la *universalidad* y por otra mienta la extracción de un lado *particular* de la cosa concreta. El esfuerzo por justificar una acción por su intención consiste en aislar en ella un aspecto singular que es afirmado como su esencia subjetiva. El juicio sobre una acción como hecho exterior, antes de determinar su carácter justo o injusto, le otorga un predicado *universal,* al afirmar que es un incendio, homicidio, etcétera.

La determinación *singularizada* de la realidad exterior muestra aquello que es su *naturaleza* como una *conexión* exterior. La realidad es afectada en un primer momento en un solo punto singular (tal como el incendio solo toca inmediatamente un pequeño punto de madera, lo cual proporciona una mera proposición, pero no un juicio), pero la naturaleza universal de ese punto contiene su extensión. En lo viviente lo singular no existe como parte, sino como órgano en el que está presente lo universal como tal, por lo cual el asesinato no lesiona una porción de carne, algo singular, sino la vida misma. Corresponde, por una parte, al carácter de la reflexión subjetiva, que desconoce la naturaleza lógica de lo singular y de lo universal, este aventurarse en singularidades dispersas; por otra parte, la naturaleza del hecho finito mismo contiene ya esta particularización de lo contingente. El establecimiento del *dolus indirectus* tiene su fundamento en estas consideraciones.

Agregado. En una acción se pueden aducir siempre más o menos circunstancias: en un incendio deliberado el fuego puede no llegar a declararse o extenderse más allá de lo que su autor había previsto. A pesar de ello no se puede hablar en este caso de buena o mala suerte, porque al actuar el hombre se entrega a la exterioridad.

Un viejo refrán dice con justicia que la piedra que ha salido de la mano pertenece ya al diablo. Al actuar me expongo a la mala suerte: esta tiene, por lo tanto, un derecho sobre mí y es la existencia de mi propio querer.

§ 120. El *derecho de la intención* es que la cualidad universal de la acción sea no solo en sí, sino además *sabida* por el agente, y por lo tanto puesta en su voluntad subjetiva. Inversamente, el derecho de la *objetividad* de la acción, como puede ser llamado, es que se la afirme como sabida y querida por el sujeto en cuanto este es un ser *pensante.*

Obs. Este derecho al discernimiento lleva consigo la total o limitada responsabilidad de las acciones de los niños, idiotas, locos, etcétera. Del mismo modo como las acciones implican en su existencia exterior la contingencia de las consecuencias, así también la existencia *subjetiva* encierra una indeterminación referida al poderío y a la fuerza de la autoconciencia y del juicio. Esta indeterminación solo puede tener lugar respecto de la locura, la idiotez y afecciones similares o respecto de la niñez, pues solo circunstancias tan claras eliminan el carácter del pensamiento y de la libertad de la voluntad, y autorizan a no conceder al agente la honra de ser un ser pensante y una voluntad.

§ 121. La cualidad universal de la acción es el *contenido* múltiple de la acción retrotraído a la *forma simple* de la universalidad. Pero el sujeto, en cuanto reflejado sobre sí, es un *particular* frente a la particularidad objetiva; tiene, por lo tanto, en su fin su propio contenido particular, que es el alma determinante de la acción. El hecho de que en la acción esté contenido y realizado este momento de la *particularidad* del agente constituye la *libertad subjetiva* en su determinación más concreta, el *derecho* del *sujeto* de encontrar su *satisfacción en la acción.*

Agregado. Yo para mí, reflejado en mí, soy un particular frente a la exterioridad de mi acción. Mi *fin* constituye su contenido determinante. El homicidio o el incendio, por ejemplo, en cuanto universales, no son todavía el contenido positivo mío, como sujeto. Si alguien comete un delito tal, se le pregunta por qué lo ha realizado. No se lo hace por el homicidio mismo, sino que en él hay un fin particular positivo. Incluso si dijéramos que se ha cometido homicidio por placer de matar, el placer sería el contenido positivo del sujeto en cuanto tal, y el hecho sería la satisfacción de ese querer. El *móvil* de un hecho es pues más precisamente lo que se denomina factor *moral,* que tiene el doble sentido de ser universal en el propósito y particular en la intención. En la época moderna se cree preguntar por los móviles cuando se pregunta simplemente si tal hombre es honrado, si cumple con su obligación. Se quiere en la actualidad apelar al corazón y se supone así una ruptura entre lo objetivo de la acción y lo interior, lo subjetivo de los móviles. Ante esto, hay que considerar la determinación del sujeto: quiere algo que está fundado en él; quiere satisfacer su placer y sus pasiones. Pero el bien y lo justo constituyen también un contenido, no ya meramente natural, sino puesto por mi racionalidad: mi libertad convertida en contenido de mi voluntad es una determinación pura de mi propia libertad. El más elevado punto de vista moral es, por lo tanto, el que en la acción encuentra su satisfacción, y no permanece en la ruptura entre la autoconciencia del hombre y la objetividad del hecho. Esta comprensión tiene, sin embargo, sus épocas, tanto en la historia universal como en la historia de cada individuo.

§ 122. Por esta particularidad la acción tiene un *valor* subjetivo, un *interés* para mí. Ante este fin, que según su *contenido es la intención,* lo inmediato de la acción en sus demás contenidos se rebaja a la categoría de medio. En la medida en que ese fin es finito, puede ser a su vez rebajado a medio para otra intención, y así sucesivamente al infinito.

§ 123. Para el contenido de este fin se dispone aquí solamente de: α) la actividad formal misma, es decir, del hecho de que el sujeto esté presente con su *actividad* en todo lo que considera como un fin o quiere promover como tal, pues los hombres quieren ser activos en beneficio de aquello que les interesa como suyo. β) La libertad de la subjetividad aún abstracta y formal solo tiene un contenido más determinado en su *existencia subjetiva natural,* en sus necesidades, inclinaciones, pasiones, opiniones, ocurrencias, etcétera. La satisfacción de este contenido es el *bienestar* o la felicidad, en general y en sus determinaciones particulares, todo lo cual constituye los fines de la finitud.

Obs. Este es el punto de vista de la *relación* (§ 108), en el que el sujeto se determina por su diferenciación y vale por lo tanto como un *particular;* es el lugar en el que aparece el contenido de la voluntad natural (§ 11). Pero aquí no aparece en su inmediatez sino que este contenido, en cuanto perteneciente a la voluntad reflejada sobre sí, ha sido elevado a un fin *universal,* el del *bienestar* o la *felicidad (Enciclopedia,* § 395 y sigs.).[48] Es el punto de vista del pensamiento que aún no aprehende a la voluntad en su libertad, sino que *reflexiona* sobre su contenido como sobre algo natural y dado. Es lo que ocurría por ejemplo en la época de Creso y Solón.

Agregado. En la medida en que las determinaciones de la felicidad aparecen como algo dado no son verdaderas determinaciones de la libertad, que solo se vuelve verdadera cuando se tiene a sí misma como fin en el bien. Podemos aquí plantear la pregunta: ¿tiene el hombre derecho a darse estos fines no libres, que descansan únicamente en el hecho de que el sujeto es un ser viviente? Pero que el hombre sea un ser viviente no es algo contingente, sino conforme a la razón, por lo cual tiene derecho a convertir sus necesidades en fines. No hay nada degradante en el hecho de vivir, y frente al hombre no puede existir ninguna espiritualidad más elevada. Solo la elevación de lo dado, que lo convierte en algo creado a partir de sí, da por resultado el círculo más elevado del bien, diferenciación que no implica ninguna incompatibilidad entre ambos aspectos.

---

48 3.ª ed., § 475 y sigs.

§ 124. Puesto que en la realización de fines *válidos en y por sí* está también incluida la satisfacción *subjetiva* del individuo mismo (incluso su reconocimiento en el honor y la gloria), tanto la exigencia de que solo se deben querer y alcanzar tales fines como la opinión de que los fines objetivos y subjetivos se excluyen mutuamente en el querer son vacías afirmaciones del entendimiento abstracto. Se convierten incluso en algo malo cuando llegan a considerar que la satisfacción subjetiva, por el solo hecho de estar presente (como lo está *siempre* en una obra acabada), constituye la *intención esencial* del agente, y el fin objetivo como tal ha sido solo un *medio* para alcanzar aquélla. El sujeto *es la serie de sus acciones.* Si esta es una serie de producciones sin valor, también carecerá de valor la subjetividad del querer; si, por el contrario, la serie de sus hechos es de naturaleza sustancial, también lo será la voluntad interna del individuo.

Obs. El derecho de la *particularidad* del sujeto a encontrarse satisfecho o, lo que es lo mismo, el derecho de la *libertad subjetiva* constituye el punto central y de transacción en la diferenciación entre la *antigüedad* y la *época moderna.* Este derecho ha sido enunciado en su infinitud en el cristianismo y convertido en efectivo principio universal de una nueva forma del mundo. A su más precisa configuración pertenecen el amor, lo romántico, el fin de la eterna bienaventuranza del individuo, etcétera, así como también la moralidad y la conciencia moral, y las demás formas que aparecerán posteriormente como principios de la sociedad civil y como momentos de la constitución política, o bien que se manifiestan en general en la historia, especialmente en la historia del arte, de las ciencias y de la filosofía. Este principio de la particularidad es un momento de la contraposición con lo universal, y, en un primer estadio, por lo menos *igualmente* idéntico que diferente de él. La reflexión abstracta fija, por el contrario, este momento en su contraposición y diferencia con lo universal, dando lugar así a una visión de la moralidad que la presenta como una lucha contra la satisfacción propia, expresada en la exigencia de,

"hacer con horror lo que el deber ordena".[49]

Este mismo entendimiento elabora la concepción psicológica de la historia que cree rebajar y denigrar todos los grandes hechos e individuos al transformar en intención principal y efectivo móvil de sus acciones las inclinaciones y pasiones que encuentran su satisfacción en la actividad sustancial, el honor y la gloria, y en general el aspecto particular que ha sido de antemano decretado como algo malo. Puesto que las grandes acciones y la actividad que consiste en una serie de acciones tales han producido algo grande en el mundo y han tenido como consecuencia para el *individuo que las efectuó* el poderío, fama y la gloria, esta concepción afirma que a este no le pertenece aquella grandeza, sino solo lo particular y exterior que le ha tocado en suerte. Una reflexión tal se atiene a lo subjetivo de los grandes individuos, pues ése es el terreno en que ella misma se mueve, y en su propia vanidad pasa por

---

49 Schiller.

alto lo que hay en ellos de sustancial. Es la visión de "los ayudas de cámara psicológicos, para los cuales no hay ningún héroe, pero no porque estos no lo sean, sino porque aquéllos solo son ayudas de cámara" *(Fenomenología del espíritu,* pág. 616).[50]

Agregado. "En las cosas grandes es suficiente haberlas querido"[51] tiene el correcto sentido de que se debe querer algo grande; pero también se debe realizar lo grande, para que no sea un querer nulo. Los laureles del mero querer son hojas secas que nunca han reverdecido.

§ 125. Lo subjetivo, al mismo tiempo, que obtiene contenido *particular* del *bienestar,* está, en cuanto reflejado sobre sí e infinito, en relación con lo universal, con la voluntad existente en sí. Este momento, puesto en un principio con la misma particularidad, es el *bienestar también de los otros,* y, en una determinación más completa pero totalmente vacía, el bienestar de todos. El bienestar de muchos otros particulares es, por lo tanto, también un fin esencial y un derecho de la subjetividad. Pero dado que lo *universal existente en y por sí,* diferente de aquel contenido particular, no se ha determinado aún más que como *derecho,* aquellos fines del particular pueden ser distintos de *él, y* serle o no adecuados.

§ 126. Mi particularidad, lo mismo que la de los demás, es un derecho solo en la medida en que soy un ser *libre.* No puede por lo tanto afirmarse en contradicción con este, su fundamento sustancial. La intención de procurar mi bienestar y el bienestar de otros —en cuyo caso se la llama especialmente *intención moral*— no puede justificar una *acción injusta.*

Obs. Uno de los principios más corruptos de nuestra época es el de interesarse por la llamada *intención moral* de las *acciones injustas* y representarse malos sujetos con un presunto buen corazón, que quieren su propio bienestar y también de alguna manera el de los demás. Esto proviene en parte de la noción prekantiana del buen corazón y es por ejemplo la quintaesencia de conocidas y conmovedoras representaciones dramáticas. Pero, por otra parte, esta doctrina ha sido restaurada en una figura exagerada, que convierte al entusiasmo interior y al sentimiento, es decir, a la forma de la particularidad como tal, en el criterio de lo que es justo, racional y superior. De este modo, el delito y el pensamiento que lo guía, por más que sean las más triviales e insignificantes ocurrencias y las más insensatas opiniones, serían justas, racionales y superiores porque provienen del *sentimiento* y del *entusiasmo* (más detalles se verán en el § 140).

Hay que tener en cuenta, por otra parte, el punto de vista desde el cual se consideran aquí el derecho y el bienestar, es decir, como derecho formal y como bienestar del individuo. Lo que se denomina *bien general,* el bien del estado, es decir, el derecho del espíritu efectivamente concreto, constituye una esfera totalmente

50 Trad. cit., pág. 388.

51 "In magnis voluisse sat est". Propercio, *Elegías,* 2, 10, 6.

diferente en la que el derecho formal es un momento subordinado, lo mismo que el bienestar particular y la felicidad del individuo. Ya anteriormente se ha señalado (§29) que es una frecuente equivocación de la abstracción hacer valer el derecho privado y el bienestar privado como lo *en y por* sí frente a la universalidad del estado.

Agregado. Corresponde citar aquí la respuesta dada al libelista que se disculpaba diciendo "il faut done que je vive": 'Je n'en vois pas la nécessité". La vida no es algo necesario ante la esfera más elevada de la libertad. Cuando San Crispín robaba cuero para hacer zapatos a los pobres, su acción era moral e injusta, y por lo tanto no válida.

§ 127. La *particularidad* de los intereses de la voluntad natural resumida en su totalidad simple es la existencia personal como *vida.* En un *peligro extremo* y en el conflicto con la propiedad jurídica de otro, la vida tiene un *derecho* de emergencia (no como concesión, sino como derecho), pues por un lado está la lesión infinita de la existencia y por lo tanto la total falta de derecho, mientras que por el otro solo está la lesión de una existencia singular limitada de la libertad, en la que al mismo tiempo se reconoce el derecho como tal y la capacidad jurídica de quien es lesionado únicamente en *esa determinada* propiedad.

Obs. Del derecho de emergencia se desprende el beneficio de inmunidad por el cual se le dejan al deudor instrumentos de trabajo, ropas y en general la porción de su fortuna que, aun siendo propiedad del acreedor, se considera necesaria para su manutención, de acuerdo con su posición social.

Agregado. La vida, por ser la totalidad de los fines, tiene derecho ante el derecho abstracto. Si, por ejemplo, alguien puede conservar su vida robando un pan, evidentemente hay aquí una lesión de la propiedad de un hombre, pero sería injusto considerar esta acción como un robo ordinario. Si no se le permitiera actuar de esta manera a un hombre cuya vida peligra, sería determinado como carente de derecho, y al privarlo de la vida se le negaría la totalidad de su libertad. Para asegurar la vida hay que tener en cuenta, por supuesto, una multitud de factores, y si miramos al futuro, debemos considerar cada uno de ellos. Pero lo necesario es vivir ahora: el futuro no es absoluto y queda librado a la contingencia. Por eso la necesidad del presente inmediato puede justificar una acción injusta, pues con su omisión se cometería a su vez una injusticia, y en realidad la mayor injusticia, la total negación de la existencia de la libertad. Está aquí en su lugar el *beneficium competentiae,* por el que en relaciones de parentesco y otras relaciones próximas existe el derecho de reclamar no ser totalmente inmolado al derecho.

§ 128. Las situaciones de miseria y emergencia revelan la finitud y por tanto la contingencia del derecho y del bienestar, es decir, del derecho abstracto que no es al mismo tiempo la existencia de la persona particular, y de la esfera de la voluntad particular separada de la universalidad del derecho. Su unilateralidad —e idealidad— está de esta manera *puesta,* tal como ya estaba determinada en ellas mismas en su concepto. El derecho ya ha determinado (§ 106) su *existencia* como voluntad particular, y la subjetividad en su particularidad abarcadora es ella misma la existencia de la libertad (§ 127), al mismo tiempo que en cuanto infinita relación de la voluntad consigo misma es la universalidad de la libertad. Ambos momentos, así integrados en su verdad, en su unidad, pero en un principio relacionados entre sí de un modo aún *relativo,* son el *bien,* en cuanto universalidad *realizada* y determinada en y por sí, y la *conciencia moral,* en cuanto subjetividad infinita que sabe en su propia interioridad y en ella determina el contenido.

III

EL BIEN Y LA CONCIENCIA MORAL[52]

§ 129. El *bien* es la idea como unidad del concepto de la voluntad y de la voluntad *particular.* Tanto el derecho abstracto como el bienestar y la subjetividad del saber y la contingencia de la existencia exterior están eliminados en el bien en cuanto independientes por sí, pero al mismo tiempo están *contenidos y conservados* en él según su *esencia.* Es la *libertad realizada,* el absoluto *fin último del mundo.*

Agregado. Todos los estadios son en realidad la idea, pero los primeros la contienen en su forma más abstracta. Así, por ejemplo, el yo en cuanto personalidad es también la idea, pero en su configuración más abstracta. El bien es por tanto la idea *ulteriormente* determinada, la unidad del concepto de la voluntad y la voluntad particular. No es algo abstractamente jurídico, sino algo pleno de contenido, que constituye tanto el derecho como el bienestar.

§ 130. El bienestar no tiene en esta idea ninguna validez por sí en cuanto existencia de la voluntad particular individual, sino solo esencialmente en cuanto *universal* en sí, es decir, según la libertad; el bienestar no es un bien sin el derecho. Del mismo modo, el derecho no es el bien sin el bienestar (el *fiat iustitia* no debe tener como consecuencia *pereat mundus).* El bien, por lo tanto, en cuanto es la necesidad de ser efectivamente real por medio de la voluntad particular y constituye al mismo tiempo la sustancia de esta última, tiene un *derecho absoluto* frente al derecho abstracto de la propiedad y a los fines particulares del bienestar. Dado que estos momentos se diferencian del bien, solo tienen validez en la medida en que son conformes a él y se le subordinan.

§ 131. Para la voluntad *subjetiva* el bien es también lo esencial, y ella solo tiene valor y dignidad si su posición y sus intenciones concuerdan con él. Pero puesto que el bien es aún esta *idea abstracta* del bien, la voluntad subjetiva no ha sido todavía integrada y puesta en concordancia con él. Está por lo tanto en una relación con el bien, en el que este debe ser para la voluntad lo sustancial que ella debe tener

---

52 Ver nota 1.

como fin y llevar a cabo, mientras que el bien tendrá por su parte su mediación solo en la voluntad subjetiva, por medio de la cual entra en la realidad.

Agregado. El bien es la verdad de la voluntad particular, pero la voluntad es únicamente aquello en lo que ella se pone: no es inmediatamente buena, sino que solo puede alcanzar lo que es por medio de su trabajo. Por otra parte, el bien sin la voluntad subjetiva no es más que una abstracción sin realidad, pues esta solo puede recibirla por medio de aquélla. De acuerdo con lo anterior, el desarrollo del bien contiene los tres estadios siguientes: 1) el bien es para mí, en cuanto sujeto del querer, voluntad particular, y yo lo sé; 2) se expresa lo que es bueno y se desarrollan las determinaciones del bien, y 3) se determina el bien por sí, la particularidad del bien como subjetividad infinita, existente por sí. Esta determinación interior es la conciencia moral.

§ 132. El derecho de la *voluntad subjetiva* es que lo que deba reconocer como válido sea *considerado* por ella *como bueno.* Por otra parte, toda acción suya, en cuanto fin que penetra en la objetividad exterior, tiene que serle imputada como justa o injusta, buena o mala, legal o ilegal, sobre la base de su *conocimiento* del valor que ella tiene en aquella objetividad.

Obs. El *bien* es la esencia de la voluntad en su *sustancialidad* y *universalidad,* la voluntad en su verdad; es por lo tanto solo *en el pensamiento* y por medio del *pensamiento.* Por consiguiente, la afirmación de que el hombre no puede conocer lo verdadero y solo se relaciona con fenómenos quita al espíritu —lo mismo que otras representaciones semejantes—, junto con su valor intelectual, todo valor y dignidad éticos.

El derecho de no reconocer lo que yo no considero racional es el más elevado derecho del sujeto, pero por su determinación subjetiva es al mismo tiempo formal, mientras que el *derecho de lo racional,* que para el sujeto es lo objetivo, se mantiene por el contrario firme.

A causa de su determinación formal, la apreciación puede ser tanto verdadera como una mera *opinión* y *error.* Desde la perspectiva todavía moral de esta esfera, depende de la particular cultura subjetiva que el individuo alcance ese derecho con su apreciación. Yo puedo exigirme, y considerarlo en mí como un derecho subjetivo, examinar una obligación con buenas razones y estar *convencido* de ella o, más aún, conocerla según su concepto y su naturaleza. Pero lo que yo exija para la satisfacción de mi convicción acerca del bien, de lo permitido o no de una acción, y por lo tanto de su imputabilidad a ese respecto, no perjudica en nada el *derecho de la objetividad.*

Este derecho de la apreciación de lo *bueno* se diferencia del derecho de apreciación respecto de la *acción* como tal (§ 117). El derecho de la objetividad adopta ahora la siguiente figura: dado que la acción es una alteración que debe existir en un mundo real y quiere por lo tanto ser reconocida en él, debe ser adecuada a lo que tiene validez en ese mundo. Quien quiere actuar en esa realidad, *justamente por ello* debe someterse a sus leyes y reconocer el derecho de la objetividad. Del mismo modo, en el *estado,* en cuánto *objetividad* del concepto de la razón, la *responsabilidad Judicial* no se limita a lo que uno considera o no conforme a su razón, a una consideración subjetiva de la justicia o de la injusticia, de lo bueno o de lo malo, ni a las exigencias que se hagan para satisfacer la propia convicción. En este terreno objetivo el derecho de apreciación tiene validez como apreciación de lo legal o ilegal, del derecho vigente, y se limita a su significado más próximo, el de *conocer,* en el sentido de estar *enterado,* lo que es legal y obligatorio. Con la publicidad de las leyes y la universalidad de las costumbres el estado quita al derecho de apreciación su lado formal y la contingencia que todavía tiene para el sujeto desde el punto de vista en que ahora nos hallamos.

El derecho del sujeto de conocer la acción en su determinación de *buena o mala,* legal o ilegal, tiene en el caso de los niños, idiotas y locos, también según este aspecto, la consecuencia de disminuir o eliminar su responsabilidad. No se puede establecer, sin embargo, un límite determinado para estos estados y sus responsabilidades. Convertir la ofuscación momentánea, el desequilibrio provocado por la pasión, la ebriedad, en general lo que se llama fuerza de los móviles sensibles —con exclusión de lo que funda un derecho de emergencia (§ 120)—, en fundamento para la responsabilidad y la determinación del *delito* mismo y de su *penalidad,* y considerar que tales circunstancias eliminan la *responsabilidad culposa* del delincuente equivale a no tratarlo de acuerdo con el derecho y el honor que corresponden al hombre (cf. §§ 100, 109). Su naturaleza es, por el contrario, ser un universal y no un ser abstracto y momentáneo, ligado solo esporádicamente al saber. Así como el incendiario no solo quema la pequeña superficie de madera a la que acerca la llama, sino que con ella quema la totalidad, la casa, así también *él* como sujeto no es la singularidad de *ese* momento ni la aislada sensación del ardor de la venganza. Si así fuera, sería un animal al que habría que eliminar a causa de su nocividad y de la inseguridad que provoca su sometimiento a accesos de furia. La exigencia de que el delincuente en el momento de la acción se *represente claramente* su injusticia y punibilidad, si bien parece preservar el derecho de su subjetividad moral, le niega, por el contrario, la naturaleza inteligente inmanente. Esta, en su presencia activa, no responde a la imagen psicológico-wolfiana de *representación clara,* y solo en el delirio llega a un grado de locura tal como para estar separada del saber y de la acción de cosas singulares. La esfera en la que esas circunstancias pueden ser motivos para suavizar la pena no es la del derecho, sino la de la *gracia.*

§ 133. El bien tiene con el sujeto particular la relación de ser lo *esencial* de su voluntad, que por lo tanto tiene en él simplemente su *obligación.* Puesto que la particularidad se diferencia del bien y cae en la voluntad subjetiva, el bien tiene en primer lugar solo la determinación de la *esencialidad universal abstracta,* del *deber. A* causa de esta determinación se debe cumplir *el deber por el deber mismo.*

Agregado. Lo esencial de la voluntad es para mí un deber. Si solo sé que el bien es para mí un deber, permanezco todavía en su abstracción. Debo cumplir con el deber por el deber mismo, y lo que realizo en el deber es mi propia objetividad, en sentido verdadero: cumpliéndolo estoy conmigo mismo y soy libre. El mérito y la elevación de la filosofía práctica *kantiana* han consistido en poner de relieve este significado del deber.

§ 134. Puesto que el actuar exige por sí un contenido particular y un fin determinado que la noción abstracta de deber aún no contiene, surge la pregunta: ¿qué es el deber? Para esta determinación solo se presenta en un primer momento lo siguiente: actuar conforme al *derecho* y preocuparse por el *bienestar,* tanto por el propio como por su determinación universal, el bienestar de los demás (véase § 119).

Agregado. Es la misma pregunta que le fue dirigida a Cristo cuando se quiso saber de él qué se debía hacer para alcanzar la vida eterna. Lo universal del bien, lo abstracto, no puede ser realizado de modo abstracto, y tiene que tener por lo tanto también la determinación de la particularidad.

§ 135. Estas determinaciones no están, sin embargo, contenidas en la determinación misma del deber, sino que, dado que ambas son condicionadas y limitadas, ocasionan el tránsito a la esfera más elevada de lo *incondicionado* del deber. Al deber mismo, que mientras está en la autoconciencia moral constituye lo esencial o lo universal de ella, y en cuanto tal se refiere solo a sí en el interior de sí, solo le queda la universalidad abstracta. Tiene, por lo tanto, como determinación la *identidad carente de contenido,* lo *positivo* abstracto, lo que no posee determinación.

Obs. Es sin duda esencial poner de relieve que la autodeterminación de la voluntad es la raíz del deber. Por su intermedio el conocimiento de la voluntad ha ganado en la filosofía *kantiana* por primera vez un fundamento y un punto de partida firmes con el pensamiento de su autonomía infinita (véase § 133). Pero, en la misma medida, el permanecer en el mero punto de vista moral sin pasar al concepto de la eticidad convierte aquel mérito en un *vacío formalismo* y la ciencia moral en una retórica acerca del *deber por el deber mismo.* Desde este punto de vista no es posible ninguna doctrina inmanente del deber. Se puede aportar una materia dada del exterior y llegar así a deberes particulares; pero si se parte de la determinación del deber como *falta de contradicción o concordancia formal consigo mismo,* que no es otra cosa que el establecimiento de la *indeterminación abstracta,* no se puede pasar a la determinación de deberes particulares. Tampoco hay en ese principio ningún criterio que permita decidir si un contenido particular que se le presente al agente es o no un deber. Por el contrario, todo modo de proceder injusto e inmoral puede ser justificado de esta manera. La expresión kantiana más precisa que establece la capacidad de una acción para ser representada como máxima universal lleva consigo la representación más *concreta de una situación, pero* no contiene por sí otro principio que no sea la carencia de contradicción y la identidad formal ya citadas. Que no haya *ninguna propiedad* no contiene por sí ninguna contradicción, como tampoco la encierra el hecho de que este pueblo singular o esta familia no exista, o que en general no *viva ningún hombre.* Si, por otro lado, se admite y supone que la propiedad y la vida humana deben existir y ser respetadas, entonces cometer un robo o un asesinato es una contradicción; una contradicción solo puede surgir con algo que es, con un contenido que subyace previamente como principio firme. Solo con referencia a un principio semejante una acción es concordante o contradictoria. Pero el deber que debe ser querido solo en cuanto tal y no a causa de un contenido, la *identidad formal,* consiste precisamente en la eliminación de todo contenido y determinación.

Las restantes antinomias y configuraciones del eterno *deber ser,* por las que deambula el principio meramente moral de la *relación* sin resolverse y sin elevarse por encima del deber ser, las he desarrollado en la *Fenomenología del espíritu,* págs. 550 y sigs.; cf. también *Enciclopedia de las ciencias filosóficas, §§ 420 y* sigs.[53]

Agregado. Anteriormente pusimos de relieve el punto de vista de la filosofía *kantiana* porque al plantear la conformidad del deber con la razón representa una perspectiva elevada, pero ahora hay que poner al descubierto su carencia: la falta de toda articulación. En efecto, la proposición "considera si tu máxima puede ser tomada como principio universal" sería muy buena si ya dispusiéramos de principios determinados sobre lo que hay que hacer. Si exigimos de un principio que sea también determinación de una legislación universal, se le supone entonces un contenido que, cuando está presente, conduce fácilmente a la aplicación. Pero en este caso no está presente ni siquiera el principio mismo, y el criterio de que no debe haber contradicción no produce nada, porque allí donde no hay nada tampoco puede haber contradicción.

§ 136. A causa de la constitución abstracta del bien, el otro momento de la idea, la *particularidad,* cae en la subjetividad, que, en su universalidad reflejada sobre sí, es en su interior la absoluta certeza de sí misma, lo que pone la particularidad, lo que determina y decide, *la conciencia moral.*

Agregado. Se puede hablar del deber de un modo elevado, y esto coloca al hombre en una situación superior y abre su corazón; pero si no se lo determina se convierte finalmente en algo aburrido: el espíritu exige una particularidad a la que tiene derecho. La conciencia moral es, por el contrario, esa profunda soledad interior en la que desaparece toda exterioridad y toda determinación, es el retirarse así de todo sin excepción. En cuanto conciencia moral, el hombre no está ya encadenado a los fines de la particularidad, lo que hace de ella un punto de vista más elevado, el punto de vista del mundo moderno, que es el primero que ha llegado a esta conciencia, a este hundimiento dentro de sí. Las épocas anteriores, más ligadas a la sensibilidad, tenían ante sí algo exterior, dado que podía corresponder a la religión o al derecho; la conciencia moral, en cambio, se sabe a sí misma como pensamiento y sabe que mi pensamiento es lo único que me obliga.

---

53 *Fenomenología,* trad. cit., págs. 352 y sigs.; *Enciclopedia,* 3.ª ed., §§ 507 y sigs.

§ 137. La verdadera conciencia moral es la disposición de querer lo *en y por sí* bueno. Tiene por lo tanto principios firmes, y estos son para ella determinaciones objetivas por sí y deberes. Diferente de este contenido suyo, de la verdad, ella es solo el *aspecto formal* de la actividad de la voluntad, que en cuanto *esta* voluntad no tiene contenido propio. El sistema objetivo de estos principios y deberes y la unión del saber subjetivo con ellos aparecerán recién desde el punto de vista de la eticidad. Desde el punto de vista formal de la moralidad la conciencia moral no tiene este contenido objetivo y es por sí la infinita certeza formal de sí misma, que por ello es al mismo tiempo certeza de *este* sujeto.

Obs. La conciencia moral expresa la absoluta justificación de la autoconciencia subjetiva, que asegura que ella sabe, en su propio interior y a partir de sí, qué son el derecho y el deber, y que solo reconoce lo que de esa manera sabe que es el bien, con lo que al mismo tiempo afirma que lo que ella sabe y quiere es en *verdad* el derecho y el deber. Por ser esta unidad del saber subjetivo y de lo que es en y por sí, la conciencia moral es algo sagrado, cuya ofensa constituye un sacrilegio. Pero si la conciencia moral de un *individuo determinado* es conforme a esta idea de la conciencia moral, si lo que él considera bueno es en realidad bueno, solo puede saberse examinando el *contenido* de lo que pretende ser bueno. Lo que constituye el derecho y el deber es lo en y por sí racional de las determinaciones de la voluntad, y no es por lo tanto esencialmente la propiedad *particular* de un individuo, ni existe en la forma del sentimiento o de cualquier otro saber singular, es decir, sensible, sino esencialmente en la forma de determinaciones universales, pensadas, o sea, de *leyes* y *principios.* La conciencia moral está, por lo tanto, sometida al juicio de si es o no *verdadera,* y su apelación exclusiva a sí misma se opone inmediatamente a lo que ella quiere ser: la regla de un modo de actuar racional, universal y válido en y por sí. Por consiguiente, el estado no puede reconocer a la conciencia moral en su forma propia, es decir, como *saber subjetivo,* del mismo modo como en la ciencia no tienen validez la *opinión* subjetiva y la afirmación y apelación a la opinión subjetiva. Lo que en la verdadera conciencia moral no está separado es sin embargo separable, y es la subjetividad determinante del saber y del querer que puede separarse del verdadero contenido, ponerse por sí y rebajar aquél a forma y apariencia. La ambigüedad respecto de la conciencia moral radica, por lo tanto, en que se supone que mienta la identidad del saber y querer subjetivos con el bien verdadero y se la afirma y reconoce por consiguiente como algo sagrado, y al mismo tiempo pretende, en su carácter de reflexión subjetiva de la autoconciencia sobre sí, una justificación que aquella identidad misma solo recibe gracias a su contenido racional válido en y por sí. En el punto de vista moral, tal como ha sido diferenciado de la eticidad en este tratado, solo entra la conciencia moral formal. La verdadera solo ha sido mencionada para exponer su diferencia y eliminar el posible malentendido de creer que aquí, donde solo se habla de la conciencia moral formal, se está tratando de la verdadera conciencia moral, que aparecerá recién posteriormente con la disposición ética. La conciencia religiosa no pertenece en general a este ámbito.

Agregado. Al hablar de la conciencia moral, podría fácilmente suponerse que, gracias a su forma, que es lo interior abstracto, es ya en y por sí la verdadera. Pero la conciencia moral verdadera es la determinación de sí misma por la cual quiere lo que constituye en y por sí el bien y el deber. Pero aquí solo se considera el bien abstracto, y la conciencia moral sin ese contenido objetivo es solamente la infinita certeza de sí misma.

§ 138. Esta subjetividad, en cuanto abstracta autodeterminación y certeza pura solo de sí misma, *disuelve* en sí toda determinación del derecho, del deber y de la existencia, pues es el poder que para cada contenido juzga y determina exclusivamente desde sí qué es lo bueno, y al mismo tiempo el poder al cual debe su realidad el bien que en un primer momento es solo representación y *deber ser.*

Obs. La autoconciencia que ha llegado a esta absoluta reflexión sobre sí se sabe en ella como lo que no puede ni debe ser dañado por ninguna determinación presente y dada. Como configuración general en la historia (en Sócrates, los estoicos, etcétera), la dirección de buscar en el *interior* de sí y de saber y determinar a partir de sí mismo lo que es justo y bueno aparece en épocas en las que lo que rige como tal en la realidad y las costumbres no puede satisfacer a una voluntad superior; cuando el mundo de la libertad existente le ha devenido infiel, aquella voluntad ya no se encuentra a sí misma en los deberes vigentes y debe tratar de conquistar en la interioridad ideal la armonía que ha perdido en la realidad. Cuando la autoconciencia aprehende y adquiere de esta manera su derecho formal, todo depende de cómo está constituido el contenido que ella se da.

Agregado. Si consideramos más detenidamente este disolverse, y observamos que toda determinación debe quedar absorbida en este concepto simple y surgir nuevamente de él, comprobaremos que consiste en primer lugar en que todo lo que reconocemos como derecho o deber puede ser señalado por el pensamiento como algo nulo, limitado y de ninguna manera absoluto. Pero dado que todo contenido se disuelve en ella, la subjetividad debe desarrollarlos nuevamente a partir de sí. Todo lo que surge en la eticidad es producido por esta actividad del espíritu. Por otra parte, la carencia de este punto de vista está en que es meramente abstracto. Si aprehendo mi libertad como una sustancia que reside en mí, permaneceré inactivo. Si, en cambio, sigo adelante y quiero realizar acciones, buscaré principios y echaré mano de determinaciones sobre las que pesa la exigencia de que sean deducidas del concepto de la voluntad libre. Por lo tanto, si por un lado es justo diluir el derecho y el deber en la subjetividad, por otro es injusto si este fundamento abstracto no se desarrolla a su vez. Solo en épocas en las que la realidad se ha convertido en una vacía existencia inconsistente y carente de espíritu le puede ser permitido al individuo huir de la realidad hacia su vida interior. Sócrates surgió en la época de la decadencia de la democracia ateniense, diluyó lo existente y huyó hacia sí para allí buscar lo justo y lo bueno. También en nuestra época sucede en mayor o menor grado que ya no se respeta lo existente y que el hombre quiere que lo vigente sea su voluntad, lo reconocido por él.

§ 139. Al establecer la vanidad de todas las demás determinaciones vigentes y permanecer en la pura interioridad de la voluntad, la autoconciencia es posibilidad de convertir en principio tanto lo *en y por sí universal* como el arbitrio, de hacer predominar la *propia particularidad* sobre lo universal, y de realizarla por medio de su actuar; en otras palabras, tiene la posibilidad de ser *mala.*

Obs. La conciencia moral, en cuanto subjetividad formal, consiste precisamente en estar siempre a punto de convertirse en el *mal.* La moralidad y el mal tienen su raíz común en la certeza de sí que decide y sabe y existe por sí.

El *origen del mal* está en el misterio, es decir, en lo especulativo de la libertad, en su necesidad de desprenderse de la *naturalidad* de la voluntad y ser frente a ella algo *interior.* Es esta *naturalidad* de la voluntad la que llega a la existencia como contradicción consigo misma, irreconciliable en esta contraposición; y es así esta *particularidad* de la voluntad misma la que ulteriormente se determina como el *mal.* La particularidad existe como algo *doble,* en este caso como la contraposición de la naturalidad y la interioridad de la voluntad. En esta contraposición es un ser para sí solo, *relativo* y formal, que únicamente puede extraer sus determinaciones de la voluntad natural, el deseo, el instinto, las inclinaciones, etcétera. Se dice de estos deseos e instintos que *pueden* ser buenos o malos. Pero en la medida en que la voluntad los constituye en determinaciones de su contenido con la *contingencia* que tienen en cuanto naturales y por lo tanto con la forma de la particularidad, se oponen a la *universalidad* como objetividad interior, como bien. Este surge a su vez con la reflexión de la voluntad sobre sí y la conciencia cognoscente como el extremo opuesto a la objetividad inmediata, a lo meramente natural, con lo que esta interioridad de la voluntad es también mala. El hombre es por consiguiente malo tanto en sí o *por naturaleza* como por su *reflexión sobre sí,* de modo que ni la naturaleza como tal, es decir, si no se tratara de la naturalidad de la voluntad que permanece en su contenido particular, ni la reflexión que *vuelve sobre sí,* el conocimiento en general, si no se mantuviera en aquella contraposición, son por sí lo malo. Con este aspecto de la *necesidad del mal* se liga absolutamente que el mal es lo que *no debe ser,* lo que debe ser eliminado. Esto no significa que este primer momento de la duplicidad no deba aparecer —constituye, por el contrario, la separación del animal irracional y el hombre—, sino que no se debe permanecer en él ni afirmar lo particular como esencial frente a lo universal, se lo debe superar como algo nulo. Por otra parte, en esta necesidad del mal, es la propia *subjetividad,* en cuanto infinitud de esta reflexión, la que tiene ante sí la contraposición; si permanece en ella, es, pues, por sí, se mantiene como singular y es ella misma ese arbitrio. El sujeto individual es por lo tanto *responsable de su mal.*

Agregado. La certeza abstracta, que se sabe como fundamento de todo, tiene en su interior la posibilidad de querer lo universal del concepto, pero también puede convertir en principio un contenido particular y realizarlo. Esto último es el mal, al que siempre le corresponde la abstracción de la certeza de sí; solo el hombre es bueno, precisamente en la medida en que puede ser malo. El bien y el mal son inseparables; su inseparabilidad radica en que el concepto deviene objeto, y en cuanto tal tiene inmediatamente la determinación de la diferencia. La mala voluntad quiere algo que se opone a la universalidad de la voluntad; la voluntad buena, en cambio, se comporta de manera adecuada a su verdadero concepto. La dificultad de la cuestión acerca de cómo puede la voluntad ser también mala proviene generalmente de que se piensa a la voluntad solo en una relación positiva consigo misma, y se la representa como algo determinado que es por sí, como el bien. Pero la cuestión acerca del origen del mal tiene el sentido más determinado de cómo se introduce lo negativo en lo positivo. Si se supone a Dios en la creación del mundo como lo absolutamente positivo, no se podrá reconocer lo negativo en él por más vueltas que se dé. En efecto, si se quiere suponer una autorización por parte de Dios, tal comportamiento pasivo resulta insuficiente e insignificante. En la representación religiosa mitológica no se concibe el origen del mal: no se reconoce a uno en el otro, sino que se los representa uno después o junto al otro, de manera tal que lo negativo llegue a lo positivo desde el exterior. Pero esto no puede ser suficiente para el pensamiento que exige un fundamento y una necesidad y quiere aprehender lo negativo enraizado en lo positivo mismo. La solución sobre cómo capta esto el concepto está contenida en él mismo, pues el concepto o, hablando más concretamente, la idea tienen esencialmente en sí el diferenciarse de sí y ponerse como negativos. Permanecer en lo meramente positivo, es decir, en el puro bien que debe ser bueno en su originalidad, es una vacía determinación del entendimiento, que mantiene firme una abstracción y unilateralidad tal y luego al plantear la pregunta la convierte en una dificultad. Desde el punto de vista del concepto la positividad es comprendida, en cambio, como actividad y autodiferenciarse de sí misma. El mal tiene, por lo tanto, su origen en la voluntad, lo mismo que el bien, y la voluntad es en su concepto tanto buena como mala. La voluntad natural es en sí la contradicción que consiste en diferenciarse de sí misma y ser para sí e interior. Si se dijera que el mal contiene la determinación de que el hombre es malo en la medida en que es voluntad natural, se expresaría lo opuesto a la representación corriente, según la cual la voluntad natural es precisamente inocente y buena. Pero la voluntad natural se enfrenta al contenido de la libertad, y el niño y el hombre incivilizado que disponen de aquélla tienen por ello un grado inferior de responsabilidad personal. Cuando se habla del hombre no se alude al niño, sino al hombre autoconsciente; cuando se habla del bien se mienta el saber del bien. Ahora bien, lo natural es en sí por cierto inocente, ni bueno ni malo, pero referido a la voluntad en cuanto libertad y a la voluntad de la libertad, contiene la determinación de lo no libre y es por lo tanto malo. En la medida en que el hombre quiere lo natural, ya no es más lo meramente natural, sino lo negativo frente al bien en cuanto concepto de la voluntad. Si alguien quiere entonces afirmar que el hombre estaría sin culpa porque el mal reside en el concepto y es necesario, se le debe responder que la decisión del hombre de su propio hacer es una actividad de su libertad y es por lo tanto responsable de ella. En el mito religioso se dice que el hombre es semejante a Dios porque tiene el conocimiento del bien y del mal, y la semejanza divina tiene lugar porque la necesidad no es aquí una necesidad natural, sino que la decisión es precisamente la eliminación de esa duplicidad del bien y del mal. Puesto que tanto el bien como el mal se me enfrentan, tengo la elección entre ambos, puedo decidirme por uno o por el otro y acogerlo en mi subjetividad. La naturaleza del mal es pues que el hombre pueda quererlo, pero no tenga que quererlo necesariamente.

§ 140. La autoconciencia sabe poner de relieve en su fin un aspecto positivo (§ 135) que este tiene necesariamente por pertenecer al propósito de un actuar real *concreto.* Esto le permite afirmar —para los demás o para sí— que por esa causa la acción es buena, pues ha sido guiada por un *deber* o una *finalidad superior.* El contenido esencialmente negativo de la acción está sin embargo al mismo tiempo en la autoconciencia, en cuanto reflejada sobre sí y, por lo tanto, consciente de la universalidad de la voluntad con la que se compara. Cuando se afirma que la acción es buena para los demás, se está ante la *hipocresía;* si se lo afirma para sí, se tiene la cima aun más elevada de la *subjetividad que se afirma como absoluta.*

Obs. Esta última y más abstrusa forma del mal por la cual este se invierte en bien y el bien en mal, y en la que la conciencia reconoce ese poderío y se sabe como absoluta, es la cima más elevada de la subjetividad en el punto de vista moral. Es la forma en que ha prosperado el mal en nuestra época, y precisamente por intermedio de la filosofía, es decir, de una superficialidad de pensamiento que ha transformado en esa falsa figura un concepto profundo y se atribuye el nombre de filosofía, lo mismo que el mal se atribuye el nombre de bien. Quiero señalar sucintamente en esta observación las figuras centrales de esta subjetividad que ha devenido algo común y corriente.

a) Por lo que se refiere a la *hipocresía,* en ella están contenidos los siguientes momentos: α) el saber de la verdadera universalidad, en la forma del mero sentimiento del *derecho* y del *deber o* de un conocimiento ulterior de ellos; β) el querer de lo particular que repugna a aquel universal y que tiene además la característica de γ) ser un saber que *compara* ambos momentos, de manera tal que para la conciencia volitiva misma su querer particular se determina como mal. Estas determinaciones expresan el *actuar con mala conciencia,* pero no todavía la hipocresía como tal. En una época se convirtió en una importante cuestión *si una acción es mala solo en la medida en que sucede con mala conciencia,* es decir, con la conciencia *explícita* de los momentos indicados. Pascal *(Les Provinciales,* 4e. lettre) extrae muy bien las consecuencias de una respuesta afirmativa: "Ils seront tous damnés ces demi-pécheurs, qui ont quelque amour pour la vertu. Mais pour ces francspécheurs, pécheurs endurcis, pécheurs sans mélange, pleins et achevés, l'enfer ne les tient pas: ils ont trompé le diable à force de s'y abandonner".[54]

---

54 Pascal cita en el mismo lugar la intercesión de *Cristo* en la cruz en favor de sus enemigos: *Padre, perdónalos, pues no saben lo que hacen.* Este sería un pedido superfluo si la circunstancia de que no supieran lo que hacían hubiera otorgado a su acción la cualidad de no ser mala, haciendo innecesario el perdón. Cita también la opinión de Aristóteles *(Ética a Nicómaco,* III, 2), que diferencia si el agente es οὐκ εἰδώς σ ἀγυοῶυ;

El derecho subjetivo de la autoconciencia de *saber* la determinación que hace que la acción sea en y por sí buena o mala no tiene que ser pensado en conflicto con el derecho absoluto de la *objetividad* de esta determinación. No deben, pues, representarse como si fueran *indiferentemente* separables y estuvieran de un modo contingente uno frente al otro. Esta relación era lo que servía de fundamento a la antigua cuestión acerca de la *eficacia de la gracia.* Según su aspecto formal, el mal es lo más propio del individuo, en cuanto es precisamente su propia subjetividad que se pone simplemente por sí y es por lo tanto su culpa y responsabilidad (véase § 139 y parágrafo precedente). Según su aspecto objetivo el hombre es *por su concepto* espíritu, racional, y tiene en sí mismo la determinación de la universalidad que se sabe a sí. No se lo trata por consiguiente de acuerdo con el honor de su concepto cuando se separa de él el aspecto del bien y por lo tanto la determinación de su mala acción como mala, y no se le imputa como tal. Cómo se determina y con qué grado de claridad u oscuridad alcanza la conciencia el conocimiento de la diferenciación de aquellos momentos y en qué medida una mala acción es ejecutada formalmente con mala conciencia, son cuestiones de menor importancia que se refieren fundamentalmente al aspecto empírico.

b) Pero actuar mal y con mala conciencia no es aún *hipocresía.* En esta se agrega la determinación formal de la falta de verdad, por lo cual lo *malo* es afirmado *ante los otros* como *bueno* y se presenta exteriormente como algo bueno, escrupuloso, piadoso, etcétera, lo que de este modo no es más que un hábil fraude *para los demás.* Quien comete una mala acción puede además encontrar en otras acciones suyas buenas y en su piedad —en general en *buenas razones*— una justificación *para sí* mismo del mal, transformándolo de este modo para sí en bien. Esta posibilidad reside en la subjetividad que sabe que, en cuanto negatividad abstracta, toda determinación le está sometida y proviene de ella.

c) Entre estas perversiones hay que contar la que se conoce con el nombre de *probabilismo.* Su principio es que está permitida toda acción para la cual la conciencia pueda encontrar una buena razón *cualquiera* —aunque sea la *autoridad* de un teólogo y se sepa que el juicio de otros teólogos es totalmente discordante— y que la conciencia moral puede estar segura a este respecto. Incluso en esta representación hay algo correcto, pues afirma que un fundamento y una autoridad tal solo proporcionan *probabilidad* aunque alcance para la seguridad de la conciencia moral. Con ello se

---

en el caso de ignorancia actúa *involuntariamente* (esta ignorancia se refiere a las circunstancias exteriores; véase § 117) y la acción no se le puede imputar. Sobre el otro caso dice, sin embargo, Aristóteles: "Ningún malvado conoce lo que hay que hacer y dejar de hacer, y es precisamente esta carencia (□μαρτια) lo que lo hace injusto y malo. El desconocimiento de la elección entre el bien y el mal no implica que la acción es involuntaria, sino por el contrario, que es mala". Aristóteles tenía una visión más profunda de la conexión entre conocimiento y querer que la que muestra la trivial filosofía hoy corriente cuando enseña que el *desconocimiento,* el *sentimiento* y el *entusiasmo* son los verdaderos principios de la acción ética.

concede que una buena razón tiene una índole tal que junto a ella puede haber otras razones, por lo menos tan buenas como la primera. También se debe reconocer aquí la huella de objetividad que significa la afirmación de que debe haber un *fundamento* que determine. Pero puesto que se hace fundar la decisión entre el bien y el mal en la cantidad de *buenas razones* –entre las cuales están comprendidas aquellas autoridades– y estas razones son tantas y tan contrapuestas, ocurre al mismo tiempo que no es la objetividad de la cosa sino la *subjetividad* la que tiene que decidir. Este es el aspecto por el cual el capricho y el arbitrio se convierten en lo que decide sobre el bien y el mal, con lo que se socavan la eticidad y la religiosidad. La propia subjetividad, sobre la cual recae la decisión, no está sin embargo establecida explícitamente como principio, sino que, como ya se ha señalado, una determinada razón aparece como lo decisivo; en esa medida el probabilismo es una figura de la hipocresía.

d) El estadio superior siguiente es aquel en el que se hace que la buena voluntad consista en *querer el bien.* Este querer del *bien abstracto* tendría que ser suficiente e incluso la única exigencia para que una acción sea buena. Dado que la acción en cuanto querer *determinado* tiene un contenido y que el bien abstracto no está de ninguna manera determinado, queda reservado para la subjetividad particular proporcionarle su determinación y cumplimiento. Así como en el probabilismo, para todo el que no sea un sabio *Révérend Père,* es la autoridad de un teólogo la que autoriza a subsumir un contenido determinado bajo la determinación universal del bien, así aquí todo sujeto es inmediatamente elevado a la dignidad de poder proporcionarle un contenido al bien abstracto, o, lo que es lo mismo, subsumir un contenido bajo un universal. Puesto que la acción es concreta, este contenido es un aspecto entre otros muchos que podrían otorgarle incluso el predicado de delictiva y mala. Pero aquella determinación subjetiva mía del bien es el *bien sabido* por mí en la acción, la *buena intención* (§ 114). Surge así una contraposición entre una determinación según la cual la acción es buena y otra según la cual es delictiva. Con esto parece también surgir respecto de la acción real la cuestión de si la *intención era realmente buena.* Pero, desde el punto de vista en el que el sujeto tiene como determinación fundamental el bien abstracto, el bien no solo puede ser, sino que tiene siempre que ser el propósito *real.* Lo lesionado por la buena intención mediante una acción de este tipo, que según sus otros aspectos es delictiva y mala, es también algo bueno, y parecería entonces tratarse de cuál de esos aspectos es el *más esencial.* Pero esta cuestión objetiva no se plantea aquí, o, más bien, es la subjetividad de la conciencia misma lo único que con su decisión constituye lo objetivo. *Esencial* y *bueno* son, por otra parte, sinónimos; tanto uno como el otro son abstracciones. Bueno es lo que es esencial en relación con la voluntad, y lo esencial debe ser en este respecto precisamente lo que para mí determina una acción como buena. La subsunción de cualquier contenido bajo el bien se produce por sí inmediatamente porque el bien, dado que no tiene ningún contenido, se reduce completamente a significar algo *positivo,* algo que tiene valor en algún respecto y que puede también tenerlo como fin esencial según su determinación inmediata (por ejemplo, hacer bien a los pobres, cuidar de mí, de mi vida y de mi familia, etcétera). Además, así como el bien es lo abstracto, también lo malo es lo carente de contenido y recibe su determinación de mi subjetividad; de este aspecto se desprende también el fin moral de odiar y exterminar el mal indeterminado. El robo, la cobardía, el asesinato, etcétera, en cuanto acciones, es decir, en cuanto realizados por una voluntad subjetiva, tienen inmediatamente la determinación de ser la *satisfacción* de una voluntad tal y son por lo tanto algo *positivo.* Para convertir la acción en buena basta con reconocer este aspecto positivo como mi intención respecto de ella; este aspecto es lo esencial para determinar que la acción es buena porque en mi intención la reconozco como el bien. De este modo, a causa del aspecto positivo de su contenido, se convierten en buenos propósitos, y con ello en buenas acciones, hechos tales como robar para hacer bien a los pobres, huir de la batalla por el deber de proteger la vida o la familia (quizás además pobre), asesinar por odio y venganza, es decir, para satisfacer el sentimiento del propio derecho y del derecho en general, y el sentimiento de la maldad del otro, de su injusticia con otros, con el mundo o el *pueblo,* por medio de la eliminación del hombre que tiene en sí el mal, con lo cual se contribuye por lo menos al exterminio del mal. La más elemental educación del entendimiento es suficiente para encontrar, como lo hacen aquellos sabios teólogos, un aspecto positivo en cada acción, y por lo tanto una buena razón y una buena intención. Así se ha dicho que en realidad no existe ningún hombre *malo,* porque nunca quiere el mal por el mal mismo, es decir, lo *puramente negativo* como tal, sino siempre algo *positivo* y desde este punto de vista por lo tanto bueno. En este bien abstracto ha desaparecido la diferencia entre el *bien* y el *mal,* lo mismo que todo deber real. Por eso querer meramente el bien y tener una buena intención respecto de la acción constituye, por el contrario, el mal, en la medida en que el bien es querido solo en esa abstracción y su *determinación* reservada al arbitrio del sujeto.

También corresponde a esta perspectiva la tristemente célebre frase: *el fin santifica los medios.* En un primer momento esta expresión es por sí trivial e insignificante. Se le puede responder que un fin santo santifica por cierto los medios, pero no así un fin que no sea santo. Si el fin es justo lo serán también los medios, lo cual es una proposición tautológica, pues los medios son precisamente lo que no es por sí sino a causa de otro y tiene en él, en el fin, su valor y determinación, *si es verdaderamente un medio.* Pero con aquella frase no se alude al sentido meramente formal sino que se entiende algo más determinado: que para un buen fin está permitido, e incluso es un deber, usar como medio algo que por sí de ninguna manera lo es, lesionar lo que es por sí santo, en una palabra, convertir un delito en medio para un fin bueno. En esta proposición se muestra una indeterminada conciencia de la señalada dialéctica de lo *positivo* que tiene lugar en las determinaciones éticas y jurídicas singulares y en las proposiciones universales igualmente indeterminadas, como *no debes matar,* o *debes cuidar de tu bienestar y del de tu familia.* Los tribunales o los soldados tienen no solo el derecho sino la obligación de matar, pero está *exactamente determinado* contra qué calidad de hombres deben actuar y en qué circunstancias tienen ese derecho y obligación. Mi bienestar y el bienestar de mi familia tienen así también que posponerse a fines más elevados y rebajarse por lo tanto a la categoría de medios. Pero lo que se designa como delito no es una universalidad así indeterminada que está sometida a una dialéctica, sino que tiene su limitación objetiva determinada. Lo que en este caso se opone a una determinación tal, lo que debería quitar al delito su naturaleza, el fin santo, no es otra cosa que la *opinión subjetiva* de lo que es bueno o mejor. Es lo mismo que sucede cuando el querer se detiene en el bien abstracto: toda determinación válida y existente en y por sí del bien y del mal, de lo justo y de lo injusto, es eliminada y atribuida al sentimiento, la representación y el capricho del individuo.

e) La *opinión subjetiva* es, en fin, expresamente declarada como regla del derecho y el deber cuando la *convicción* que *considera algo justo se* transforma en aquello que determina la naturaleza ética de una acción. El bien que se quiere no tiene todavía ningún contenido; el principio de la convicción sostiene que la subsunción de una acción bajo la determinación del bien le incumbe al *sujeto.* Con esto ha desaparecido incluso la apariencia de una objetividad ética. Esta doctrina se relaciona inmediatamente con la autodenominada filosofía —ya varias veces citada— que niega la cognoscibilidad de lo *verdadero,* pues lo verdadero del espíritu volitivo, su racionalidad, cuando se realiza, son los preceptos éticos. Puesto que este modo de filosofar considera el conocimiento de lo verdadero como algo vano y vacío que no hace más que sobrevolar el círculo meramente ilusorio del conocimiento, también tiene que establecer inmediatamente lo ilusorio como principio del actuar y remitir, por lo tanto, lo ético a la visión del mundo *propia del individuo* y a su *condición particular.* La degradación en la que cae así la filosofía aparece en un primer momento ante el mundo como un suceso totalmente indiferente que solo importa a la ociosa discusión académica; pero esta concepción se constituye necesariamente en concepción de lo ético, en cuanto este ámbito es una parte esencial de la filosofía, y solo entonces aparece en la realidad y por sí lo que está contenido en esta visión. La difusión de la opinión de que la convicción subjetiva es lo único que determina la naturaleza ética de una acción ha tenido como consecuencia que cada día se hable menos de *hipocresía.* En efecto, la calificación del mal como hipocresía se basa en que determinadas acciones son *en y por sí* contravenciones, vicios y delitos, y el que las ejecuta las conoce necesariamente como tales, en la medida en que sabe y reconoce los principios y acciones exteriores de la piedad y la Justicia precisamente en la apariencia de la que abusa. Respecto del mal, se basa en la suposición de que es obligatorio conocer el bien y saber diferenciarlo del mal. En todo caso, rige siempre la exigencia absoluta de que el hombre no debe cometer acciones viciosas y delictivas, y de que, en la medida en que es un hombre y no una bestia, le deben ser imputadas como tales si las cometiera. Si, por el contrario, se considera que el buen corazón, la buena intención y la convicción subjetiva son los que dan valor a la acción, no habrá ya más hipocresía ni en general nada malo, pues lo que uno hace sabe convertirlo en algo bueno por la reflexión de la buena intención y los buenos motivos: por medio del momento de la *convicción* la acción es buena.[55]

55 "No dudo en lo más mínimo de que él se sienta absolutamente convencido. ¡Pero cuántos hombres parten de una sentida convicción de este tipo para realizar los crí-

No hay de esta manera más delitos ni vicios en y por sí, y en lugar del pecar franco y libre, endurecido e imperturbado, aparece la conciencia de la completa justificación por la intención y la convicción. La intención bondadosa de mi acción y mi convicción de ello *la convierten en buena.* Si se quiere juzgar una acción de acuerdo con este principio, solo debe hacerse según la intención y la convicción del agente, según su *creencia.* Esto último no en el sentido en el que *Cristo* exige una creencia en la verdad *objetiva,* de manera que quien tiene una creencia mala, es decir, una convicción mala según su *contenido,* también obtendrá un resultado malo de su juicio, sino en el sentido *de fidelidad a la convicción:* el hombre debe permanecer *fiel a su convicción,* mantener la fidelidad formal subjetiva, que es lo único obligatorio.

A este principio de la convicción, dado que está determinado al mismo tiempo como subjetivo, se le debe aparecer por cierto el pensamiento de la posibilidad de *un error,* con lo que se supone una ley existente en y por sí. Pero *la ley no actúa;* es el hombre real el que actúa, y el valor de la acción humana solo depende, según aquel principio, de la medida en que la ley haya sido acogida en su *convicción.* Si, de acuerdo con esto, las acciones no se deben juzgar según esta ley, es decir, medirse por ella, no se alcanza a advertir qué utilidad puede tener. La ley se rebaja así a una *letra exterior,* de hecho, a una palabra vacía, pues solo por medio de mi convicción *se convierte en una ley* que me obliga y me compromete. Que esa ley tiene por sí la autoridad de Dios y del estado y la autoridad de milenios en los que constituyó el vínculo que unió a los hombres y la totalidad de su hacer y de su destino, y los mantuvo en la existencia —autoridades que encierran en su interior innumerables *convicciones de individuos*—, y que *yo* enfrente a todo ello *la autoridad* de mi convicción *individual* (por tratarse de mi convicción subjetiva su validez es solo autoridad), esto que aparece inmediatamente como una pretensión monstruosa es simplemente pasado por alto por el principio mismo que convierte en regla el convencimiento subjetivo.

Ahora bien, cuando con mayor inconsecuencia, provocada por la razón y la conciencia moral que no pueden ser desalojadas por esta ciencia superficial y mala sofística, se concede la *posibilidad de un error,* con la afirmación de que el delito y el mal son un error se reduce la falta a su expresión mínima. En efecto, *errar es humano;* ¿quién no se equivocaría sobre esto o aquello, sobre lo que he comido ayer, sobre tantas cosas importantes y no importantes? Pero cuando todo depende de la

---

menes más malvados! Por eso, si esa razón pudiera disculpar, no habría ya *ningún juicio racional* sobre las *decisiones buenas y malas, dignas y despreciables.* La *ilusión* tendría el mismo derecho que la razón, o, mejor dicho, la razón no tendría ningún derecho, no gozaría de ninguna consideración, su voz sería un absurdo: *¡quien no duda está ya en la verdad!*

"Me estremecen las consecuencias de una tolerancia tal que beneficiaría exclusivamente a la irracionalidad."

F. H. Jacobi al conde Holmer. Eutin, 5 de agosto de 1800, sobre la *Transformación de la religión* del conde Stolberg (Brennus, Berlín, agosto de 1802).

subjetividad de la convicción y de su perseverancia, desaparece la diferencia entre lo importante y lo que no lo es. Esta mayor inconsecuencia de la posibilidad de un error, que proviene de la naturaleza de la cosa, se sitúa en la transición entre la afirmación de que una mala convicción es solo un errar y otra inconsecuencia, la de la mala fe. En un caso la convicción es lo que establece lo ético y el más alto valor del hombre y es calificada por lo tanto como lo más elevado y divino, y en otro caso no se trata más que de un error, mi convencimiento es algo nimio y accidental, algo propiamente exterior que se me puede *presentar de una u otra manera.* De hecho, mi convicción es algo totalmente nimio cuando no puedo conocer nada verdadero; es por lo tanto indiferente *cómo* piense, y en realidad, lo único que queda para pensar es aquel bien vacío, lo abstracto del entendimiento.

Señalaremos aún que del principio de justificación basado en la convicción se desprende, para el modo de actuar de los otros frente a mi actuar, la consecuencia de que ellos tienen *pleno derecho* de considerar mi acción como un delito de acuerdo con su creencia y convicción. A esta consecuencia no me puedo adelantar y en ella me veo rebajado del punto de vista del honor y la libertad a una situación de deshonra y falta de libertad, al experimentar en la justicia, que en sí es también lo mío, una convicción subjetiva extraña, y encontrarme en su ejecución manejado por una fuerza exterior.

f) Finalmente, la forma más elevada en que se aprehende y expresa perfectamente esta subjetividad es la figura que se ha llamado *ironía* con un nombre tomado de Platón. En realidad solo el nombre proviene de Platón, que lo usaba siguiendo el modo de *Sócrates* y lo aplicaba en la conversación contra la imaginación de la conciencia inculta y de la conciencia sofística, y en apoyo de la idea de la verdad y de la justicia. Pero Platón trataba solo a aquella conciencia de modo irónico, y no a la idea misma. La ironía se refiere exclusivamente al diálogo y es un comportamiento que solo tiene sentido ante *personas;* sin la referencia personal el movimiento esencial del pensamiento es la dialéctica, y Platón estaba lejos de considerar la dialéctica, o la misma ironía, como lo último y tomarla por la idea. Por el contrario, sumerge las oscilaciones del pensamiento, y más aún las de una opinión subjetiva, en la sustancialidad de la idea.[56]

El punto más alto que aún tenemos que considerar de la subjetividad que se aprehende a sí misma como lo último no puede ser otra cosa que el *saberse* como ese decidir acerca de la verdad, el derecho y el deber, que ya estaba presente en los estadios anteriores. Consiste por lo tanto en saber lo éticamente objetivo, pero no olvidándose y renunciando a sí para hundirse en la gravedad de ese mundo y actuar a partir de él, sino manteniéndolo al mismo tiempo distante y sabiendo que es uno quien *quiere* y *decide* y puede *igualmente* querer y decidir otra cosa. Ustedes tienen

56 Mi desaparecido colega profesor Solger ha tomado la expresión *ironía,* que Friedrich von Schlegel propuso en un período anterior de su carrera literaria y elevó a esta subjetividad que se sabe como lo superior, pero su mejor sentido, alejado de determi-

naciones tales, y su conocimiento filosófico le han hecho captar en ella especialmente el aspecto que corresponde a la auténtica dialéctica, al pulso motriz de la consideración especulativa. No puedo, sin embargo, encontrarlo totalmente claro ni coincidir con los conceptos que desarrolla en su último y valioso trabajo, una detallada crítica de las lecciones de August Wilhelm von Schlegel sobre arte dramático y literatura (*Wiener Jahrbuch*, t. VII, págs. 90 y sigs.). "La verdadera ironía —dice Solger (pág. 92)— parte del punto de vista de que el hombre, mientras viva en este mundo presente, solo puede cumplir su destinación —incluso en el sentido más elevado de la palabra— en este mundo. Todo aquello con lo que creemos ir más allá de fines finitos es imaginación vana y vacía. Incluso lo más elevado se le presenta a nuestro actuar en una *configuración finita y limitada.*" Esto, correctamente entendido, es platónico y muy verdadero frente al vacío tender, allí mismo comentado, que desemboca en lo infinito abstracto. Pero decir que lo más elevado adopta una *configuración finita y* limitada tal como ocurre con lo ético —*y* lo ético existe esencialmente como realidad y acción— es muy distinto que decir que es un *fin finito.* La configuración, la forma de lo finito, no le quita al contenido, a lo ético, nada de su sustancialidad y de la infinitud que tiene dentro de sí. Más adelante dice: "Y precisamente por ello lo más elevado es en nosotros lo más insignificante y desaparece necesariamente con nosotros y nuestros vanos sentidos, pues en verdad está solo presente en Dios y en este ocaso se transfigura en algo divino, en el cual no tendríamos parte si no existiera un presente inmediato de esa divinidad, que se revela precisamente en la desaparición de nuestra realidad. Pero el temple en el que la divinidad se hace evidente en los propios sucesos humanos es la ironía trágica". No consideraremos ahora el uso arbitrario de la palabra ironía, pero hay allí algo que no resulta claro: que lo más elevado sea lo que sucumba con nuestra insignificancia y que solo con la desaparición de nuestra realidad se revele lo divino. Lo mismo dice más adelante, en la página 91: "Vemos a los héroes equivocarse en lo más noble y en lo más bello de su carácter y de su sentimiento, no solo respecto del éxito, sino también respecto de *su fuente y su valor;* nos elevamos con la *caída del mejor*". He mostrado en la *Fenomenología del espíritu* (págs. 404 y sigs.; cf. 683 y sigs.)* que la caída trágica de figuras de alto valor ético (pues la caída de meros canallas y delincuentes, como es el héroe de una tragedia moderna, *La culpa,* tiene un interés jurídico criminológico, pero ninguno para el verdadero arte del que se está hablando aquí) solo puede interesar, elevar y reconciliar consigo mismo en la medida en que tales figuras aparecen enfrentadas con otras fuerzas éticas igualmente justificadas, que entran en conflicto por desgracia y tienen culpa por esta contraposición con algo ético. De allí surge lo justo e injusto de cada una y la idea ética resulta purificada y triunfante y penetra reconciliada en nosotros. No es por lo tanto lo más elevado en nosotros lo que desaparece y no nos elevamos con la *caída del mejor* sino, por el contrario, con el triunfo de lo verdadero. Todo esto es lo que constituye el puro y verdadero interés ético de la antigua tragedia (en la tragedia romántica estas determinaciones sufren una nueva modificación). Pero la idea ética es *real y presente* en el mundo ético *sin la desgracia del conflicto* y la caída en ella del individuo inocente. Por otra parte, que lo más elevado *no se presente en su realidad como algo fútil* es precisamente lo que se propone y efectúa la existencia ética real, el estado, y lo que la autoconciencia ética posee, intuye y sabe en él, y el conocimiento pensante concibe.

* Trad. cit., págs. 274 y sigs., y 424 y sigs.

una ley, de hecho y honestamente, como algo que es en y por sí; yo la comparto, pero al mismo tiempo voy más allá y puedo actuar de *esa* u *otra* manera. Lo superior no es la cosa sino *yo; yo soy* el señor que decide sobre la ley y la cosa, y juego con ellas como con mi capricho, mientras en la conciencia irónica en que hago sucumbir lo más elevado *solo gozo de mí mismo.* Esta figura no es solo la de la *vanidad* de todo contenido ético del derecho, los deberes y las leyes (el mal, y más aún, el mal en sí mismo completamente universal), sino que se agrega también la forma de la vanidad *subjetiva,* la de saberse a sí mismo como esa vanidad de todo contenido y en ese saber saberse como lo absoluto.

En la *Fenomenología del espíritu* (págs. 605 y sig,),[57] en la que respecto de lo anterior se puede consultar el capítulo entero acerca de la *conciencia moral,* en especial en lo que respecta a su tránsito a una esfera superior, determinada allí, por otra parte, de manera diferente, he considerado en qué medida este absoluto orgullo no puede permanecer en un solitario culto divino de sí mismo, sino que debe construir algo así como una comunidad, cuyo vínculo y sustancia es el aseguramiento mutuo de la escrupulosidad de conciencia, de los buenos propósitos, el gozo por la pureza recíproca, y especialmente el delito por la magnificencia de este saberse y expresarse y de su cuidado y asistencia. También allí he considerado en qué medida lo que se ha llamado *el alma bella,* la subjetividad noble que en la vanidad de toda objetividad se extingue por la falta de realidad de sí misma, constituye, lo mismo que otras configuraciones, variantes que se relacionan con el estadio que hemos examinado.

Agregado. La representación puede excederse y dar a la mala voluntad la apariencia del bien. Aunque no pueda cambiarle su naturaleza de mal, puede proporcionarle la apariencia del bien. En efecto, toda acción tiene un aspecto positivo y si se reduce a lo positivo la determinación del bien frente al mal, puedo afirmar que mi acción es buena en relación con mi intención. El mal no se une, pues, con el bien solo en la conciencia, sino también en su aspecto positivo. Cuando la autoconciencia presenta la acción como buena solo para los demás, se tiene la forma de la *hipocresía,* aunque se pueda afirmar que el hecho mismo es bueno. Esta es la forma más elevada de la subjetividad que se sabe a sí misma, para la cual han desaparecido el bien y el mal en y por sí y puede entonces presentar como tal lo que ella quiera. Este es el punto de vista del completo arte de engañar, que se erige en legislador y remite a su arbitrio la diferencia entre el bien y el mal. Por lo que respecta a la hipocresía, pertenecen a ella los hipócritas religiosos (los *Tartuffes),* que se someten a todas las ceremonias, que pueden por sí ser muy piadosas, y por otro lado hacen todo lo que quieren. Actualmente se habla mucho menos de la hipocresía, en parte porque es una acusación muy dura, pero también porque ha más o menos desaparecido en

57 Trad. cit., pág. 382. El capítulo a que Hegel alude a continuación lleva en la versión española el título "La buena conciencia, el alma bella, el mal y su perdón" y va de la pág. 368 a la 392 de la ed. cit.

su figura inmediata. Esta pura mentira, este ocultamiento del bien, ha devenido demasiado transparente como para que no sea adivinada, y la separación tajante entre el bien y el mal se hace menos frecuente en la medida en que el aumento de la cultura hace vacilar las determinaciones contrapuestas. La figura más sutil que adopta ahora la hipocresía es la del *probabilismo,* que trata de presentar una infracción como algo bueno para la propia conciencia moral. Esta doctrina solo puede aparecer cuando la moral y el bien están determinados por medio de una autoridad, de manera tal que hay muchas autoridades que pueden servir de fundamento para afirmar el mal como bien. Los teólogos casuísticos, especialmente los jesuitas, han trabajado y multiplicado al infinito estos casos de conciencia.

Cuando estos casos se llevan a su mayor sutileza surgen numerosos conflictos y las oposiciones entre bien y mal se vuelven tan frágiles que, en relación con la individualidad, se transforman uno en el otro. Lo que se reclama entonces es solo lo *probable,* es decir, el bien aproximado que pueda ser certificado por alguna razón o alguna autoridad. La determinación propia de este punto de vista es por lo tanto que solo contiene algo abstracto, mientras que establece que lo concreto es inesencial y lo abandona a la mera opinión. Así, alguien puede haber cometido un delito y haber querido sin embargo el bien. El paso siguiente del probabilismo es que el bien no dependa ya de la autoridad y de la afirmación de otro, sino del sujeto mismo, es decir, de su convicción: solo por su intermedio algo puede devenir bueno. Lo deficiente de esta doctrina es que solo se refiere a la convicción y hace desaparecer así todo derecho en y por sí para el cual la convicción fuera únicamente la forma. No es por cierto indiferente hacer algo por costumbre o hacerlo penetrado de su verdad, pero la verdad objetiva es distinta de mi convicción. En esta última no existe la diferencia entre bien y mal, pues una convicción es siempre una convicción y solo sería malo aquello de que no estoy convencido. Ahora bien, dado que este punto de vista constituye una perspectiva más elevada que extingue el bien y el mal, se concede que está también expuesta al error, y en esa medida cae nuevamente de sus alturas y parece no merecer ninguna consideración. Esta forma es la *ironía,* la conciencia de que con el principio de la convicción no se puede ir muy lejos y que en él solo reina el arbitrio. Este principio proviene de la filosofía de Fichte, que expresa que el yo es lo absoluto, es decir, la absoluta certeza, la yoidad universal que por medio de su ulterior desarrollo pasa a la objetividad. No se puede decir de Fichte en realidad que haya convertido en principio de lo práctico el arbitrio del sujeto, pero posteriormente Friedrich von Schlegel ha establecido como Dios esa misma yoidad particular respecto del bien y de lo bello. De tal manera el bien objetivo se transforma en un producto de mi convicción, que es lo único que le da consistencia, y que yo como amo puedo dejar que surja o desaparezca. Me comporto en referencia a algo objetivo que al mismo tiempo perece para mí, con lo que sobrevuelo continuamente un enorme espacio, suscitando y destruyendo figuras. Este punto de vista supremo de la subjetividad solo puede surgir en una época de una cultura superior en la que ha desaparecido la seriedad de la fe y solo se conserva su esencia en la vanidad de todas las cosas.

Tránsito de la moralidad a la eticidad

§ 141. El *bien,* por ser lo universal sustancial de la libertad de un modo aún *abstracto,* requiere determinaciones y un principio de estas determinaciones que sean sin embargo *idénticos* a él, del mismo modo que la *conciencia moral,* el principio abstracto del determinar, exige la universalidad y objetividad de sus determinaciones. Ambos, elevados de ese modo a la totalidad, devienen lo carente de determinación, que *debe ser* determinado. Pero la integración de ambas totalidades relativas en la absoluta identidad ya está realizada *en sí,* puesto que la subjetividad de la *pura certeza* de sí misma que desaparece por sí en su vanidad es *idéntica* con la *universalidad abstracta* del bien. La identidad *concreta* del bien y la voluntad subjetiva, su verdad, es la *eticidad.*

Obs. Una comprensión más exacta de este tránsito del concepto la proporciona la lógica. Aquí será suficiente con recordar que la naturaleza de lo limitado y finito —en este caso el bien abstracto, que solo *debe ser,* y la subjetividad igualmente abstracta, que también *debe ser buena*— tiene *en sí misma* su opuesto: el bien su realidad y la subjetividad (el momento de la *realidad* de lo ético) el bien. Pero, al mismo tiempo, son unilaterales y no están aún *puestos* como lo que son *en sí.* Este ser puesto lo alcanzan en su negatividad, en la cual sus existencias *unilaterales,* en las que no deben tener lo que está *en sí* en ellas (el bien sin subjetividad y determinación y lo determinante, la subjetividad, sin lo que es en sí), se constituyen por sí como totalidades, se eliminan y se rebajan a momentos del *concepto,* que se revela como su unidad. Por medio de este ser puesto de sus momentos alcanza el concepto *realidad* y es por lo tanto como *idea,* es decir, como concepto, que ha llevado sus determinaciones a la realidad y al mismo tiempo, en su identidad, es su esencia *existente en sí.*

La existencia de la libertad que se presentaba inmediatamente como *derecho* se ha determinado como *bien* en la reflexión de la autoconciencia. Lo tercero, que en este tránsito ha sido aprehendido como la verdad del bien y la subjetividad, es por lo tanto también la verdad de la subjetividad y del derecho. Lo *ético* es una disposición subjetiva, pero que pertenece al derecho existente en sí. Esta idea es la *verdad* del concepto de libertad, lo cual no puede ser meramente supuesto, sentido, o tomado exteriormente de alguna otra parte, sino que debe ser *demostrado* en la filosofía misma. Su deducción reside únicamente en que el derecho y la autoconciencia moral muestran en sí mismos que desembocan en ella como en su resultado. Aquellos que creen que la demostración y la deducción pueden ser superfluos en la filosofía muestran que aún no tienen la menor idea de lo que ella es; podrán en consecuencia hablar de cualquier cosa que quieran, pero no tienen derecho a inmiscuirse en la filosofía si quieren prescindir del concepto.

Agregado. Los dos principios que hemos considerado hasta aquí, tanto el bien abstracto como la conciencia moral, carecen de su opuesto: el bien abstracto se disuelve en una completa impotencia en la que el yo debe proporcionar todo contenido, mientras que la subjetividad del espíritu carece igualmente de contenido al faltarle una significación objetiva. Puede por lo tanto surgir, para contrarrestar el tormento de la vacuidad y de la negatividad, el anhelo de una objetividad en la que el hombre se rebajara complaciente a un estado de servidumbre y absoluta dependencia. Cuando últimamente muchos protestantes se convirtieron a la Iglesia Católica, lo que ocurría era que encontraban su interior sin contenido y buscaban algo firme, un apoyo, una autoridad, aunque no era precisamente la firmeza del pensamiento la que recibían. La unidad del bien subjetivo y del bien objetivo existente en y por sí es la *eticidad,* en la que se produce la reconciliación de acuerdo con el concepto. Si la moralidad es pues la forma de la voluntad según el lado de la subjetividad, la eticidad no es ya meramente la forma subjetiva y la autodeterminación de la voluntad, sino el tener como contenido su propio concepto, es decir, la libertad. Lo Jurídico y lo moral no pueden existir por sí y deben tener lo ético como sostén y fundamento. En efecto, al derecho le falta el momento de la subjetividad que la moral tiene, en cambio, exclusivamente para sí, por lo cual ninguno de los dos momentos tiene por sí realidad. Solo lo infinito, la idea, es efectivamente real, el derecho solo existe como rama de una totalidad, como planta que crece en torno a un árbol firme en y por sí.

TERCERA PARTE

La eticidad

§ 142. La eticidad es la *idea de la libertad* como bien viviente que tiene en la autoconciencia su saber, su querer y, por medio de su actuar, su realidad, actuar que tiene a su vez en el ser ético su fundamento en y por sí y su fin motor. Es el *concepto de la libertad que ha devenido mundo existente y naturaleza de la autoconciencia.*

§ 143. Puesto que esta unidad del *concepto* de la voluntad y de su existencia en la voluntad particular es un saber, se presenta aún la conciencia de la diferencia de estos momentos de la idea, pero de modo tal que ahora cada uno de ellos es la totalidad de la idea y la tiene como su fundamento y contenido.

§ 144. α) Lo ético objetivo, que aparece en el lugar del bien abstracto, es, por medio de la subjetividad como *forma infinita,* la sustancia *concreta.* Tiene por lo tanto en su interior *diferencias* que están determinadas por el concepto. De este modo lo ético tiene un *contenido* fijo que es por sí necesario y una existencia que se eleva por encima de la opinión subjetiva y del capricho: las *instituciones y leyes existentes en y por sí.*

Agregado. En el todo de la eticidad están presentes tanto el momento objetivo como el subjetivo, pero ambos son solo formas de ella. El bien es aquí sustancia, es decir, realización de lo objetivo con la subjetividad. Si se considera la eticidad desde el punto de vista objetivo, se puede decir que el hombre es inconsciente de ella. En ese sentido, Antígona proclama que nadie sabe de dónde provienen las leyes; son eternas, es decir, son la determinación existente en y por sí que surge de la naturaleza de la cosa misma. Pero no en menor grado esta sustancialidad tiene también una conciencia, aunque siempre le corresponda ser solo un momento.

§ 145. El hecho de que lo ético sea el *sistema* de estas determinaciones de la idea constituye su *racionalidad.* De este modo, es la libertad o la voluntad existente en y por sí que se presenta como lo objetivo, como el círculo de la necesidad cuyos momentos son las *fuerzas éticas* que rigen la vida de los individuos y tienen en ellas, como accidentes suyos, su representación, su figura fenoménica y su realidad.

Agregado. Dado que las determinaciones éticas constituyen el concepto de la libertad, son la sustancialidad o la esencia universal de los individuos, que se comportan respecto de ella como algo meramente accidental. El individuo le es indiferente a la eticidad objetiva, que es lo único permanente y el poder que rige la vida de los individuos. Por ello la eticidad ha sido representada como la justicia eterna de los pueblos, como los dioses existentes en y por sí, frente a los cuales los vanos movimientos de los individuos no pasan de ser un juego.

§ 146. β) En esta *efectiva autoconciencia* la sustancia se sabe a sí misma y es por lo tanto objeto del saber. La sustancia ética, sus leyes y fuerzas tienen para el sujeto, por una parte, en cuanto objeto, la propiedad de ser, en el más elevado sentido de independencia. Constituyen por lo tanto como el ser de la naturaleza una autoridad absoluta, infinitamente fija.

Obs. El sol, la luna, las montañas, los ríos, los objetos naturales que nos rodean *son;* para la conciencia tienen no solo la autoridad de *ser,* sino también una naturaleza particular que ella admite y por la cual se rige en su relación con ellos y en su uso. La autoridad de las leyes éticas es infinitamente más elevada porque las cosas naturales exponen la racionalidad de un modo totalmente *exterior* y singularizado y la ocultan bajo la figura de la contingencia.

§ 147. Por otra parte, estas leyes éticas no son para el sujeto algo *extraño,* sino que en ellas aparece, como en su *propia esencia,* el *testimonio del espíritu.* Allí tiene su *orgullo* y vive en su elemento, que no se diferencia de sí mismo. Es una relación inmediata, aun más idéntica que la de la *fe* y la *confianza.*

Obs. Fe y confianza pertenecen a la reflexión incipiente y suponen una representación y una diferencia, tal como es diferente, por ejemplo, creer en la religión pagana y ser un pagano. Aquella relación, o más bien identidad carente de relación, en la que lo ético es la vida real de la autoconciencia puede convertirse en una relación de fe y convicción, y en algo mediado por una *reflexión ulterior,* en un conocimiento, por medio de razones que pueden tener su comienzo en cualquier fin, interés o consideración particular, en el temor o la esperanza, o en condiciones históricas; su *conocimiento adecuado* corresponde sin embargo al concepto pensante.

§ 148. Para el individuo que se diferencia de ellas como lo subjetivo y en sí mismo indeterminado o particularmente determinado, y está por lo tanto *en relación* con ellas como con algo sustancial, estas determinaciones, en cuanto sustanciales, son *deberes* que ligan su voluntad.

Obs. La *doctrina ética del deber,* tal como es *objetivamente,* no debe ser reducida al vacío principio de la subjetividad moral, en el cual no se determina en realidad nada (§ 134), sino que está contenida en el desarrollo sistemático del ámbito de la necesidad ética que se opone en esta *tercera parte.* La diferencia entre esta exposición y la forma de una doctrina del deber radica en que aquí las determinaciones éticas se obtienen como relaciones necesarias, por lo que no es preciso agregar en cada caso "es por lo tanto un deber para el hombre". En la medida en que no es una ciencia filosófica, una doctrina del deber toma su materia de las relaciones existentes y muestra su conexión con las propias representaciones, los principios y pensamientos universales dados, fines, instintos, sensaciones, etcétera, y puede agregar como fundamentos las ulteriores consecuencias que cada deber tiene respecto de las otras relaciones éticas o sobre la opinión y el bienestar. Pero una doctrina del deber inmanente y consecuente no puede ser otra cosa que el desarrollo de las *relaciones* que resultan necesarias por la idea de libertad y son por lo tanto *efectivamente reales* en toda su extensión en el estado.

§ 149. El deber que obliga solo puede aparecer como una *limitación* frente a la subjetividad indeterminada o libertad abstracta, y frente a la voluntad natural o a la voluntad moral que determina a su arbitrio su indeterminado bien. El individuo tiene por el contrario en el deber su liberación, por una parte, de la dependencia en que está en el impulso meramente natural y de la opresión que sufre en cuanto particularidad subjetiva en las reflexiones morales del deber ser y del poder ser, por otra parte, de la subjetividad indeterminada que no alcanza la existencia y la determinación objetiva del actuar y permanece *en sí misma* carente de realidad. En el deber el individuo se libera y alcanza la libertad sustancial.

Agregado. El deber solo limita el arbitrio de la subjetividad y choca únicamente con el bien abstracto al que se aferra la subjetividad. Cuando los hombres expresan que quieren ser libres, en primer lugar solo quieren decir que quieren ser abstractamente libres, y toda determinación y estructuración en el estado aparece como una limitación para esa libertad. El deber no es, por tanto, limitación de la libertad, sino únicamente de su abstracción, es decir, de la falta de libertad. Es, por el contrario, el alcanzar la esencia, la conquista de la libertad afirmativa.

§ 150. Lo ético, en tanto se refleja en el carácter individual determinado como tal por la naturaleza, es la *virtud*. En la medida en que no muestra más que la adecuación del individuo a los deberes de las relaciones a las que pertenece, es la *honradez*.

Obs. En una comunidad ética es fácil señalar *qué* debe hacer el hombre, *cuáles* son los deberes que debe cumplir para ser virtuoso. No tiene que hacer otra cosa que lo que es conocido, señalado y prescrito por las circunstancias. La honestidad es lo universal que se le puede exigir, parte jurídica, parte éticamente. Para el punto de vista moral aparece sin embargo fácilmente como algo subordinado, por encima de lo cual se debería exigir aun más a sí mismo y a los otros. En efecto, el deseo de ser algo particular no se satisface con lo que es universal y en y por sí, sino que solo encuentra en una excepción la conciencia de su propiedad. Los *diversos* aspectos de la honradez pueden ser también llamados *virtudes,* porque también son propiedad del *individuo,* aunque en comparación con las otras no sean algo particular. Sin embargo, el hablar acerca de *la* virtud cae fácilmente en una vacía declamación, porque se alude a algo abstracto e indeterminado y porque tales discursos con sus fundamentos y exposiciones se dirigen al individuo entendido como arbitrio o capricho subjetivo.

En una situación ética existente, cuyas relaciones están completamente desarrolladas y realizadas, la *auténtica virtud* solo tiene lugar y alcanza realidad en circunstancias extraordinarias en que aquellas relaciones entran en conflicto. Pero esto ocurre solo ante verdaderos *conflictos,* pues la reflexión moral puede crear colisiones por todas partes y darse así la conciencia de algo particular y de haber realizado sacrificios. Cuando la sociedad o la comunidad se encuentran en un estado de mayor incultura aparece con mayor frecuencia la forma de la virtud como tal, porque lo ético, tal como lo han predicado los antiguos, en especial de Hércules, es entonces en mayor grado una preferencia individual o una característica genial propia del individuo. En los estados antiguos, puesto que en ellos la eticidad no había llegado a ser este sistema libre que acoge en sí un desarrollo independiente y objetivo, era la genialidad propia del individuo la que tenía que llenar esta carencia. La doctrina de las virtudes, en la medida en que no sea una mera doctrina del deber y abarque lo particular del carácter basado en determinaciones naturales, será una *historia natural del espíritu.*

Puesto que las virtudes son la aplicación de lo ético a lo particular y según ese aspecto subjetivo algo indeterminado, lo cuantitativo —el más y el menos— entra en su determinación. Su consideración implica la del vicio o defecto opuesto, tal como lo hace Aristóteles, que siguiendo su correcto sentido determinaba la virtud particular como el punto medio entre un *demasiado y un demasiado poco.*

El mismo contenido que adopta la forma de *deberes* y luego de *virtudes* es el que también tiene la forma de *instintos* (§19 *Obs.).* Ellos también tienen como base el mismo contenido, pero puesto que en ese caso pertenece a la voluntad inmediata y a la sensación natural y no se ha elevado a la determinación de la eticidad, el instinto solo tiene en común con el contenido del deber y la virtud el objeto abstracto, que por carecer en sí mismo de determinación no contiene por sí el límite del bien y del mal. Expresado de otra manera, los instintos son *buenos* según la abstracción de lo positivo y *malos* según la abstracción de lo negativo (§ 18).

Agregado. Si un hombre realiza una acción ética, no simplemente por ello es virtuoso, sino solo si ese modo de comportarse constituye un elemento permanente de su carácter. La virtud se refiere más bien al virtuosismo ético, y la causa de que actualmente no se hable tanto de la virtud radica en que la eticidad no adopta ya en tal medida la forma de un individuo particular. Los franceses son el pueblo que más habla de virtud, porque para ellos es más cuestión del individuo en su peculiaridad y en su modo natural de actuar. Los alemanes son por el contrario más pensantes, y el mismo contenido alcanza entre ellos la forma de la universalidad.

§ 151. En la *identidad* simple con la realidad de los individuos, lo ético, en cuanto modo de actuar universal de los mismos, aparece como *costumbre.* El *hábito* de lo ético se convierte en una *segunda naturaleza* que ocupa el lugar de la primera voluntad meramente natural y es el alma, el significado y la efectiva realidad de su existencia. Es el espíritu que existe y vive en la forma de un mundo, el espíritu cuya sustancia es por primera vez como espíritu.

Agregado. Así como la naturaleza tiene sus leyes, y los animales, los árboles y el sol cumplen con las suyas, así la costumbre es lo que corresponde al espíritu de la libertad. La costumbre es lo que el derecho y la moral aún no son: espíritu. En el derecho la particularidad no es aún la particularidad del concepto, sino solo la de la voluntad natural. Igualmente, desde el punto de vista de la moralidad la autoconciencia no es aún conciencia espiritual. En ese ámbito solo se trata del valor del sujeto, es decir, que el sujeto que se determina por el bien frente al mal tiene todavía la forma del arbitrio. Aquí en cambio, desde el punto de vista ético, la voluntad existe como voluntad del espíritu y tiene un contenido sustancial que le corresponde. La pedagogía es el arte de hacer éticos a los hombres; considera al hombre como natural y le muestra el camino para volver a nacer, para convertir su primera naturaleza en una segunda naturaleza espiritual, de tal manera que lo espiritual se convierta en un *hábito.* En él desaparece la contraposición de la voluntad natural y la voluntad subjetiva, y es superada la resistencia del sujeto. El hábito pertenece tanto a lo ético como al pensamiento filosófico, pues este exige que el espíritu sea educado contra las ocurrencias arbitrarias y que estas sean derrotadas y superadas para que el pensamiento racional tenga el camino libre. El hombre también muere por hábito, es decir, cuando se ha habituado completamente a la vida, ha devenido física y espiritualmente apático, y ha desaparecido la contraposición de la conciencia subjetiva y la actividad espiritual. En efecto, el hombre es activo en la medida en que hay algo que no ha alcanzado y quiere producirse y hacerse valer en referencia a ello. Cuando esto ha sido llevado a cabo desaparece la actividad y la vida, y la falta de interés que surge al mismo tiempo es la muerte espiritual o física.

§ 152. La *sustancialidad ética* ha alcanzado de esta manera su *derecho* y este su *validez,* pues en ella ha desaparecido toda voluntad particular y toda conciencia moral propia del individuo que pudiera ser por sí y contraponérsele. En efecto, el carácter ético sabe que su fin motor es lo universal inmóvil, pero abierto en sus determinaciones a la efectiva racionalidad, y reconoce que su dignidad, así como la consistencia de todo fin particular, se funda en él y tiene en él su realidad. La subjetividad es la forma absoluta y la realidad existente de la sustancia, y lo que la diferencia del sujeto como su objeto, fin y poderío, es solo una diferencia de forma que al mismo tiempo desaparece también inmediatamente.

Obs. La subjetividad, que constituye el campo de existencia del concepto de libertad (§ 106) y que en el punto de vista moral aún se diferenciaba de este concepto suyo, es en el ámbito de la eticidad la existencia adecuada a ese concepto.

§ 153. El *derecho de los individuos* a una *determinación subjetiva* de la *libertad* tiene su cumplimiento en el hecho de que pertenecen a una realidad ética, pues la *certeza* de su libertad tiene su *verdad* en esa objetividad, y en lo ético ellos poseen *efectivamente* su *propia esencia,* su universalidad *interior* (§ 147).

Obs. A la pregunta de un padre acerca de la mejor manera de educar éticamente a su hijo, un pitagórico dio la siguiente respuesta (también atribuida a otros): "Haciéndolo *ciudadano de un estado con buenas leyes*".

Agregado. Los intentos pedagógicos de sustraer a los hombres de la vida universal presente y educarlos en el campo (Rousseau en *Émile)* han sido vanos porque no pueden lograr que lleguen a resultarles ajenas las leyes del mundo. Aunque la educación de la juventud debe tener lugar en soledad, no hay por ello que creer que los vientos del espíritu y del mundo no habrán de llegar Analmente a esta soledad, ni que su poder sea tan débil como para no apropiarse de estas partes alejadas. El individuo solo alcanza su derecho al ser ciudadano de un buen estado.

§ 154. El derecho de los individuos a su *particularidad* está también contenido en la sustancialidad ética, pues la particularidad es la manera fenoménica exterior en que existe lo ético.

§ 155. En esta identidad de la voluntad universal y particular coinciden por lo tanto el *deber* y el *derecho;* por medio de lo ético el hombre tiene derechos en la medida en que tiene deberes y deberes en la medida en que tiene derechos. En el derecho abstracto yo tengo un derecho y otro el deber correspondiente, en lo moral el derecho de mi propio saber y querer, así como el de mi bienestar, solo *debe* ser objetivo e idéntico con los deberes.

Agregado. El esclavo no puede tener deberes: solo el hombre libre puede tenerlos. Si todos los derechos estuvieran por un lado y todos los deberes por otro, la totalidad se disolvería, pues la identidad es el único fundamento que tenemos que mantener firme.

§ 156. La sustancia ética, como aquello que contiene la autoconciencia existente por sí en unión con su concepto, es el *espíritu real* de una familia y de un pueblo.

Agregado. Lo ético no es abstracto como el bien sino real en sentido fuerte. El espíritu tiene realidad y sus accidentes son los individuos. Respecto de lo ético solo hay por lo tanto dos puntos de vista posibles: o se parte de la sustancialidad o se procede de modo atomístico, elevándose de la particularidad como fundamento. Este último punto de vista carece de espíritu porque solo establece una conexión, mientras que el espíritu no es algo individual, sino la unidad de lo individual y lo universal.

§ 157. El concepto de esta idea solo es espíritu, lo real que se sabe a sí, si es la objetivación de sí mismo, el movimiento a través de la forma de sus momentos. Es por lo tanto:

A. Espíritu ético inmediato o *natural:* la *familia.* Esta sustancialidad pasa a la pérdida de su unidad, a la duplicidad y al punto de vista de lo relativo, y es así;

B. *sociedad civil,* unión de los miembros como *individuos independientes* en una *universalidad* por lo *tanto formal* por medio de *sus necesidades,*[58] a través de la *consti-*

58 El alemán dispone de dos términos para expresar dos conceptos que en nuestro idioma se reúnen en la palabra "necesidad": *Notwendigkeit* (necesidad lógica, imposibili-

tución jurídica como medio para la seguridad de las personas y la propiedad, y por medio de un orden exterior para sus intereses particulares y comunes. Este *estado exterior* se retrotrae y reúne en la;

C. *constitución del estado,* fin y realidad de la universalidad sustancial y de la vida pública consagrada a ella.

dad de que sea de otro modo) y *Bedürfnis* (aquello de lo que no se puede prescindir, y así p. ej., "necesidades" vitales, etc.). La imposibilidad de dos versiones diferentes obliga a dejar al contexto la determinación del sentido. En casos confusos se agregará entre corchetes la palabra alemana correspondiente.

I
LA FAMILIA

§ 158. En cuanto *sustancialidad inmediata* del espíritu, la familia se determina por su unidad *sentida*, el *amor*. De acuerdo con ello, se tiene *en esta unidad*, en cuanto esencialidad que es en y por sí, la autoconciencia de la propia individualidad, y no se es en ella como persona por sí sino como *miembro*.

Agregado. Amor significa conciencia de mi unidad con otro, de manera tal que no estoy para mí aislado, sino que consigo mi autoconciencia al abandonar mi ser por sí y saberme como unidad mía con el otro y como unidad del otro conmigo. Pero el amor es sentimiento, es decir, la eticidad en la forma de lo natural. En el estado no existe ya esta forma, pues en él se es consciente de la unidad en la ley: su contenido debe ser racional y yo debo saberlo. El primer momento en el amor es que no quiero ser una persona independiente para mí y que si lo fuera me sentiría carente e incompleto. El segundo momento consiste en que me conquisto a mí mismo en la otra persona y valgo por ella, lo cual le ocurre a esta a su vez en mí. El amor es por lo tanto una enorme contradicción que el entendimiento no puede resolver, pues no hay nada más consistente que esa puntualidad de la autoconciencia que es negada y quiero tener sin embargo como afirmativa. El amor es al mismo tiempo la producción y la solución de la contradicción; en cuanto solución es la conformidad ética.

§ 159. El *derecho* que corresponde al *individuo* en virtud de la unidad familiar y que en un primer momento constituye su vida dentro de esta unidad misma solo alcanza la *forma Jurídica* como forma del momento abstracto de la *individualidad determinada* cuando la familia entra en disolución. Los que debían ser miembros devienen entonces en su disposición y en la realidad personas independientes, y lo que ellos constituían en la familia como momento determinado lo mantienen ahora, en la separación, por consiguiente solo en sus aspectos exteriores (bienes, alimentación, costos de educación, etcétera).

Agregado. El derecho de la familia consiste en que su sustancialidad debe tener existencia; es por lo tanto un derecho ante la exterioridad y ante el abandono de esta unidad. Pero, nuevamente, el amor es un sentimiento, es decir, algo subjetivo ante lo cual la conformidad no puede hacerse valer. Si se exige la conformidad, solo puede hacerse, por tanto, respecto de cosas que por su naturaleza son exteriores y no están condicionadas por el sentimiento.

§ 160. La familia se realiza en los tres aspectos siguientes:

a) en la figura de su concepto inmediato, como *matrimonio;*

b) en la existencia exterior, la *propiedad* y los *bienes* de la familia y su cuidado;

e) en la *educación* de los hijos y la disolución de la familia.

A. *El matrimonio*

§ 161. En cuanto *relación ética inmediata* el matrimonio contiene en *primer lugar* el momento de la vida *natural,* y en realidad, en cuanto relación sustancial, la vida en su totalidad como realidad de la *especie* y su proceso (véase *Enciclopedia de las ciencias filosóficas* § 167 y sigs. y 288 y sigs.).[59] Pero en *segundo lugar,* la *unidad* solo *interior* o *en sí,* y precisamente por ello en su existencia solo exterior, se transforma en la autoconciencia en una unidad *espiritual,* en amor autoconsciente.

Agregado. El matrimonio es esencialmente una relación ética. Antes se la consideraba, especialmente en la mayoría de los derechos naturales, solo según su aspecto físico, es decir, tal como existe naturalmente. De este modo se lo veía únicamente como una relación entre sexos y se cerraba el camino para las demás determinaciones del matrimonio. Pero igualmente primario resulta considerarlo como un mero contrato civil, representación que aparece incluso en Kant y en la que los arbitrios recíprocos se avendrían por encima de los individuos, con lo que se rebaja el matrimonio a la forma de un uso recíproco de acuerdo con un contrato. La tercera representación que hay que rechazar es la que pone el matrimonio exclusivamente en el amor, pues el amor, que es un sentimiento, admite siempre la contingencia, figura que lo ético no puede adoptar. El matrimonio debe determinarse por lo tanto de modo más exacto, como el amor jurídico ético, en el cual desaparece lo pasajero, caprichoso y meramente subjetivo del mismo.

§ 162. Como punto de partida subjetivo del matrimonio puede aparecer la *inclinación particular* de las dos personas que entran en relación o la *previsión* y organización de los padres, etcétera; pero el punto de partida objetivo es el libre consentimiento de las personas, más precisamente el consentimiento para *constituir una persona* y abandonar en esa unidad su personalidad natural e individual. Esto, que desde ese aspecto es una autolimitación, es sin embargo una liberación, pues en esa unidad se alcanza la autoconciencia sustancial.

Obs. La determinación objetiva y por lo tanto el deber ético es ingresar en el estado matrimonial. La constitución del punto de partida es por su propia naturaleza

---

59 3.ª ed., §§ 220 y 366.

contingente y depende especialmente de la cultura de la reflexión. Se presentan en estos dos extremos. En el primero es la organización de los padres bien intencionados lo que constituye el comienzo, y la inclinación surge en las personas recíprocamente destinadas a la unión del amor al reconocer que están destinados a ella. El otro extremo consiste en que la inclinación de las personas, en cuanto *estas* personas infinitamente particularizadas, aparezca en primer lugar. El primer extremo o, en general, el método por el cual la decisión matrimonial constituye el comienzo y tiene como consecuencia la inclinación, de manera tal que al efectuarse realmente el matrimonio ambas resultan reunidas, puede considerarse como el más ético. En el otro extremo es la peculiaridad *infinitamente particular* la que quiere hacer valer sus pretensiones, lo cual concuerda con el principio subjetivo del mundo moderno (véase § 124). En los modernos dramas y otras representaciones artísticas en los que el amor carnal constituye el interés principal se lleva el elemento más frío al ardor de la pasión por medio de todas las *contingencias* relacionadas con él; se considera que la totalidad del interés reside *en ellas,* lo cual puede ser de infinita importancia *para ellas,* pero no *en sí.*

Agregado. En los pueblos en los que las mujeres son tenidas en muy poca consideración, los padres disponen a su arbitrio sobre el matrimonio sin preguntar a los individuos, que aceptan la situación porque la particularidad del sentimiento no tiene todavía ninguna pretensión. Al hombre solo le importa tener una mujer, a la mujer un hombre. En otras situaciones la fortuna, las conexiones o los fines políticos pueden ser determinantes. En ese caso pueden surgir grandes resistencias, cuando se convierte el matrimonio en medio para otro fin. En la época moderna se considera por el contrario el punta de partida subjetivo, el *estar enamorado,* como lo único importante. Se representa con esto que cada uno debe esperar que llegue su hora y que solo podría entregar su amor a un individuo determinado.

§ 163. Lo *ético* del matrimonio radica en la conciencia de esta unidad como fin sustancial, y por lo tanto en el amor, la confianza y la comunidad de la totalidad de la vida individual. En esta disposición interior y en esta realidad, el instinto natural es rebajado a la modalidad de un momento natural y está destinado a extinguirse precisamente en su satisfacción, mientras que el lazo espiritual es elevado con *derecho* a lo sustancial, que se mantiene por encima de la contingencia de las pasiones y del gusto particular pasajero, y es *en sí* indisoluble.

Obs. Anteriormente se ha señalado que el matrimonio no tiene como fundamento esencial una relación contractual (§75); en efecto, consiste precisamente en salir del punto de vista del contrato, del punto de vista de la personalidad independiente en su individualidad, *para superarlo.* La identificación de las personalidades por la cual la familia es *una persona* y sus miembros accidentes (aunque la sustancia es esencialmente la relación de los accidentes con ella; véase *Enciclopedia de las ciencias filosóficas,* § 98)[60] es el espíritu ético.

---

60 3.ª ed., § 150.

Tomado por sí y quitándole la múltiple exterioridad fenoménica que adquiere en su existencia en cuanto pertenece a *este* individuo y está ligado en el tiempo a diversos intereses determinados, resalta para la representación como una figura propia que ha sido honrada bajo la forma, por ejemplo, de los *penates* y que en general constituye aquello en que radica el carácter *religioso* del matrimonio y la familia: la *piedad*. Otra abstracción consiste en separar lo divino, lo sustancial, de su existencia, lo mismo que la sensación de la conciencia de la unidad espiritual, tal como ocurre en el erróneamente llamado amor *platónico*. Esta separación se relaciona con la visión monástica que determina el momento de la vida natural como simplemente *negativo* y le da precisamente por esta división una infinita importancia.

Agregado. El matrimonio se diferencia del *concubinato* en que en este último se trata fundamentalmente de la satisfacción del instinto natural, que en el matrimonio es en cambio llevado a un segundo plano. Por eso en el matrimonio se puede hablar sin ruborizarse de acontecimientos naturales que en una relación no matrimonial provocan un sentimiento de vergüenza. Por ello también hay que considerar el matrimonio como en sí indisoluble, pues su fin es lo ético, que es tan elevado que todo lo demás aparece ante él como impotente y subordinado. El matrimonio no debe ser perturbado por la pasión, pues esta le está subordinada. Pero es solo *en sí* indisoluble, pues como dijo Cristo,[61] "solo por la dureza de vuestro corazón ha sido concedida la separación". Puesto que el matrimonio contiene el momento del sentimiento, no es absoluto sino precario y contiene en su interior la posibilidad de la disolución. Las legislaciones deben sin embargo dificultar al máximo esta posibilidad y sostener frente al capricho el derecho de la eticidad.

§ 164. Así como la estipulación del contrato contiene ya por sí el verdadero traspaso de la propiedad (§ 79), así también la declaración solemne del consentimiento para el lazo ético del matrimonio y el correspondiente reconocimiento del mismo por la familia y la comunidad (la intervención en este aspecto de *la Iglesia* es una determinación posterior que no desarrollaremos aquí) constituyen la *conclusión* formal y la *realidad efectiva* del matrimonio. Esta unión solo es ética, por lo tanto, si la *precede* esa ceremonia como realización de lo *sustancial* por medio de un signo, el lenguaje, que es la existencia más espiritual del espíritu (§ 78). De este modo el momento correspondiente a la vida sensible y natural es puesto en su relación ética como una consecuencia y algo accidental, que pertenece a la existencia exterior de la unión ética, que también puede ser completamente llevada a cabo en el amor y la asistencia recíprocos.

Obs. Cuando se pregunta qué es lo que se tiene que considerar como *fin principal* del matrimonio para poder crear o juzgar determinaciones legales, se entiende por fin principal el aspecto singular de su realidad que tiene que ser tomado como esencial respecto de los demás. Pero ninguno de ellos constituye por sí la total ex-

---

61 Mateo 19,8. Marcos 10, 5.

tensión de su contenido, de lo ético, y puede faltar uno u otro aspecto de su existencia sin que eso afecte la esencia del matrimonio.

Cuando la *conclusión del matrimonio* como tal, la solemnidad por la que *se hace constar* y se expresa que la esencia de la unión es algo ético que se eleva por encima de lo *contingente* del sentimiento y de la *inclinación particular,* se considera como una formalidad exterior y un mero *precepto civil,* este acto se reduce a un fin edificante y a la legalización de las relaciones civiles o incluso a no ser más que un elemento positivo arbitrario de un precepto civil o eclesiástico. Este no solo sería indiferente para la naturaleza del matrimonio, sino que, en la medida en que a causa del precepto el sentimiento deposita un valor en este acto formal y lo considera como condición previa de la recíproca entrega total, profanaría la disposición interior del amor y contrariaría como algo extraño la intimidad de la unión. Esta opinión, que pretende ofrecer el concepto más alto de la libertad, la intimidad y la realización del amor, niega por el contrario lo ético del amor, la más elevada inhibición y retracción del mero instinto natural, que ya aparece de un modo natural en la *vergüenza,* y en la conciencia espiritual más determinada se eleva a la *castidad* y el *recato.* Con este criterio se rechaza la determinación ética que hace que la conciencia salga de su naturalidad y subjetividad y se recoja en el pensamiento de lo sustancial. De este modo, en lugar de reservarse siempre la contingencia y el arbitrio de la inclinación sensible, la unión se desprende de este arbitrio y, comprometiéndose ante los penates, se entrega a lo sustancial. El momento sensible queda así rebajado a momento *condicionado* a lo verdadero y a lo ético de la relación y al reconocimiento de la unión como unión ética. Son el descaro y el entendimiento que lo apoya los que no pueden aprehender la naturaleza especulativa de la relación sustancial, con la que concuerdan, sin embargo, tanto el sentimiento ético incorrupto como las legislaciones de los pueblos cristianos.

Agregado. Friedrich von Schlegel en *Lucinda* y un imitador suyo[62] en *Cartas anónimas* (Lübeck y Leipzig, 1800) han afirmado que la ceremonia de matrimonio es superflua y una formalidad que podría ser dejada de lado porque lo sustancial es el amor que puede incluso perder valor por esta solemnidad. La entrega sensible es representada allí como una exigencia para la demostración de la libertad e intimidad del amor, argumentación que no resultará extraña a los seductores. Sobre las relaciones entre el hombre y la mujer hay que señalar que en la entrega sensible esta última abandona su honor, cosa que no ocurre en el hombre, que tiene otro campo diferente de la familia para su actividad ética. La destinación de la mujer reside esencialmente solo en la relación matrimonial; el amor debe alcanzar por lo tanto la figura del matrimonio y los diversos momentos contenidos en el amor tienen que adquirir su relación verdaderamente racional.

§ 165. La determinación *natural* de ambos sexos recibe por medio de su racionalidad un significado *intelectual* y *ético.* Este significado está determinado por la

62 Friedrich Daniel Schleiermacher (1768-1834).

diferencia en que se divide en sí misma la sustancialidad ética en cuanto concepto, para conquistar, a partir de ella, su vida como unidad concreta.

§ 166. *Un sexo* es por lo tanto lo espiritual como lo que se desdobla por un lado en la independencia personal que existe por sí y por otro en el saber y querer de la *libre universalidad,* en la autoconciencia del pensamiento que concibe y el querer del fin último objetivo. El *otro* es lo espiritual que se mantiene en la unidad como saber y querer de lo sustancial en la forma de la *individualidad* concreta y el *sentimiento.* Aquél es lo poderoso y activo en referencia a lo exterior, este lo pasivo y subjetivo. El hombre tiene por ello su efectiva vida sustancial en el estado, la ciencia, etcétera, y en general en la lucha y el trabajo con el mundo exterior y consigo mismo; solo a partir de su duplicidad puede conquistar su independiente unidad consigo, cuya serena intuición y el sentimiento subjetivo de la eticidad tiene en la familia. En ella encuentra la *mujer* su determinación sustancial y en esta *piedad* su interior disposición ética.

Obs. Por eso en una de sus exposiciones más sublimes —la *Antígona* de Sófocles— la piedad ha sido mostrada fundamentalmente como la ley de la mujer, como la ley de la sustancialidad subjetiva sensible, de la interioridad que aún no ha alcanzado su perfecta realización, como la ley de los antiguos dioses, de los dioses subterráneos, como ley eterna de la que nadie sabe cuándo apareció, y en ese sentido se opone a la ley manifiesta, a la ley del estado. Esta oposición es la oposición ética suprema y por ello la más trágica, y en ella se individualizan la feminidad y la virilidad. Cf. *Fenomenología del espíritu,* págs. 383 y sigs. y 417 y sigs.[63]

Agregado. Las mujeres pueden por supuesto ser cultas, pero no están hechas para las ciencias más elevadas, para la filosofía y para ciertas producciones del arte que exigen un universal. Pueden tener ocurrencias, gusto y gracia, pero no poseen lo ideal. La diferencia entre el hombre y la mujer es la que hay entre el animal y la planta; el animal corresponde más al carácter del hombre, la planta más al de la mujer, que está más cercana al tranquilo desarrollo, que tiene como principio la unidad indeterminada de la sensación. El estado correría peligro si hubiera mujeres a la cabeza del gobierno, porque no actúan según exigencias de la universalidad sino siguiendo opiniones e inclinaciones contingentes. Sin que se sepa por qué, la educación de las mujeres tiene lugar de algún modo a través de la atmósfera de la representación, más por medio de la vida que por la adquisición de conocimientos, mientras que el hombre solo alcanza su posición por el progreso del pensamiento y por medio de muchos esfuerzos técnicos.

§ 167. El matrimonio es esencialmente *monogamia* porque es la personalidad, la inmediata individualidad exclusiva, la que se coloca y se entrega en esta relación, cuya verdad e *interioridad (la formación subjetiva de la sustancialidad)* solo surge, por lo tanto, con la entrega recíproca e *indivisa* de esa personalidad. Esta alcanza su dere-

---

63 Trad. cit., págs. 261 y sigs., y 280 y sigs.

cho de ser consciente de sí misma en *otro* solo si el otro está en esta identidad como persona, es decir, como individualidad atómica.

Obs. El matrimonio, y esencialmente la monogamia, es uno de los principios absolutos en los que se basa la eticidad de una comunidad. La institución del matrimonio figura por eso como uno de los momentos de la fundación divina o heroica de los estados.

§ 168. Puesto que es la *libre entrega* de esta propia personalidad infinita de los dos sexos lo que da lugar al matrimonio, este no puede concluirse dentro del círculo en el que hay ya una *identidad natural* y conocimiento y familiaridad en todas sus singularidades, y en el que los individuos no tienen por lo tanto uno frente a otro una personalidad propia. Debe ocurrir, pues, entre familias separadas y entre personalidades originariamente diversas. El casamiento entre consanguíneos es por lo tanto contrario al concepto según el cual el matrimonio es una acción ética de la libertad y no una unión de la naturalidad inmediata y sus instintos, y por consiguiente también se opone al verdadero sentimiento natural.

Obs. Cuando se fundamenta el matrimonio mismo no en el *derecho natural* sino meramente en el instinto sexual natural y se lo considera como un contrato arbitrario, cuando se dan para la monogamia razones exteriores, tales como la relación física del número de hombres y mujeres, o cuando solo se aducen sentimientos oscuros para la prohibición del matrimonio entre consanguíneos, lo que está en el fondo de estas opiniones es la representación corriente de un estado natural, y de la naturalidad del derecho, y la falta del concepto de racionalidad y libertad.

Agregado. Al matrimonio entre consanguíneos se opone en primer lugar un sentimiento de vergüenza, pero este horror está justificado en el concepto de la cosa misma. Lo que ya está unido no puede ser unido recién por el matrimonio. Desde el punto de vista de la relación meramente natural es sabido que la unión de animales que pertenecen a una misma familia produce frutos débiles, pues lo que debe ser unido tiene que estar previamente separado. La fuerza de la procreación, lo mismo que la del espíritu, será tanto mayor cuanto más grandes sean las oposiciones a partir de las cuales se restaura. La familiaridad, el conocimiento y el hábito de una actividad común no deben existir antes del matrimonio; deben ser encontrados recién en el matrimonio y este encontrar tendrá más valor cuanto más rico sea, cuantas más partes tenga.

§ 169. En cuanto persona la familia tiene su realidad exterior en una *propiedad,* que solo bajo la forma de un patrimonio constituirá la existencia de su personalidad sustancial.

B. *El patrimonio de la familia*

§ 170. La familia no solo tiene propiedad, sino que para ella, en cuanto persona *universal* y *perdurable,* aparece la necesidad y la determinación de una posesión *permanente* y *segura,* de un patrimonio. Lo que en la propiedad abstracta era un momento arbitrario de la necesidad particular del *mero individuo y* el egoísmo del deseo se transforma aquí en el cuidado y la adquisición para una *comunidad,* se convierte en algo *ético.*

Obs. En las leyendas de las fundaciones de los estados, o por lo menos de una vida social civilizada, la introducción de la propiedad estable aparece junto con la introducción del matrimonio. En qué consiste, por lo demás, este patrimonio y cuáles son los modos verdaderos para su consolidación son cuestiones que surgirán en la esfera de la sociedad civil.

§ 171. La familia como persona jurídica deberá ser representada frente a los demás por el hombre en su calidad de jefe. Le conciernen además preferentemente la ganancia exterior, la atención de las necesidades y la disposición y administración del patrimonio familiar. Este es una propiedad común, por lo que ningún miembro tiene una propiedad particular pero todos tienen derecho sobre lo común. Este derecho y aquella disposición que incumbe al jefe de la familia pueden entrar en conflicto en la medida en que lo que la disposición ética aún tiene de inmediato en la familia (§ 158) deja el camino libre a la particularidad y la contingencia.

§ 172. Por medio del matrimonio se constituye una nueva *familia,* que es por sí *independiente* frente al linaje o la casa de la que provienen los contrayentes. La relación con ella tiene como fundamento la consanguinidad natural, mientras que el fundamento de la nueva familia es el amor ético. La propiedad de un individuo también está por lo tanto en una conexión esencial con su relación matrimonial, y solo más remotamente con su linaje o casa.

Obs. Los *pactos matrimoniales,* cuando hay en ellos una limitación para la comunidad de bienes de los cónyuges, una disposición para el mantenimiento de asistencia jurídica para la mujer, etcétera, están referidos al caso de ruptura del matrimonio por muerte natural, separación u otra causa y tienen el sentido de una garantía de que los diferentes miembros mantendrán su parte del bien común.

Agregado. En muchas legislaciones se mantiene la extensión más amplia de la familia, que es considerada como el lazo esencial frente al cual cada familia especial aparece como algo insignificante. Así, en el más antiguo derecho romano, la mujer estaba en una relación más estrecha con sus parientes que con sus hijos y su marido. En la época del derecho feudal el mantenimiento del *splendor familiae* hacía necesario que solo se tomara en cuenta a los miembros masculinos y que la totalidad de la familia fuera lo principal y desapareciera ante ella la recién formada. A pesar de esto la nueva familia es lo más esencial frente a las demás relaciones de consanguinidad, y los cónyuges y sus hijos conforman el núcleo esencial en contraposición a lo que en cierto sentido se llama también familia. La situación patrimonial de los individuos debe, por lo tanto, tener con el matrimonio una conexión más esencial que con los demás parentescos consanguíneos.

C. *La educación de los hijos y la disolución de la familia*

§ 173. En los hijos la *unidad* del matrimonio, que en cuanto sustancial es solo *interioridad* y *disposición* y en cuanto existente está separada en los dos sujetos, se transforma, en cuanto auténtica unidad, en una *existencia que es por sí,* y en un *objeto* que ellos aman como a su propio amor, como su existencia sustancial. Según el aspecto natural, la presuposición de personas *inmediatamente* existentes, los padres, deviene aquí *resultado,* lo cual se continúa en el progreso infinito de las generaciones que se producen y presuponen. Este es el modo en el que el espíritu simple de los penates expone su existencia como género en la naturalidad finita.

Agregado. La relación de amor entre el hombre y la mujer no es todavía objetiva, pues aunque el sentimiento es la unidad sustancial, esta no tiene aún ninguna objetividad. Los padres recién la alcanzan con los hijos, en los que tienen ante sí la totalidad de la unión. En el hijo la madre ama al marido y este a su esposa; ambos tienen en él ante sí su amor, Mientras que en el patrimonio la unidad está solo en una cosa exterior, en los hijos está en algo espiritual, en el cual los padres son amados y que ellos aman.

§ 174. Los hijos tienen el derecho de ser *alimentados* y *educados* con el patrimonio familiar común. El derecho de los padres al servicio de los hijos se funda, en cuanto tal, en el interés común del cuidado de la familia y se limita a ello. De la misma manera, el derecho de los padres sobre el *arbitrio* de los hijos está determinado por el fin de mantenerlos disciplinados y educarlos. La finalidad del castigo no es la justicia como tal, sino que es de naturaleza subjetiva, moral, es la intimidación de la libertad aún prisionera en la naturaleza y la exaltación de lo universal en su conciencia y su voluntad.

Agregado. Lo que el hombre debe ser no lo es por instinto, sino que debe adquirirlo. En eso se funda el derecho del niño a ser educado. Lo mismo ocurre con los pueblos que tienen gobiernos paternalistas: los hombres están mantenidos y no se les considera independientes y mayores de edad. El sacrificio exigible a los hijos solo puede tener por lo tanto como fin la educación y solo puede referirse a ella; no debe ser algo por sí, pues la esclavitud de los hijos es la situación más carente de ética. Un momento fundamental de la educación es la disciplina, que tiene el sentido de quebrantar la obstinación del niño para extirpar lo meramente sensible y natural. No hay que pensar aquí que haya que contentarse solo con la bondad, pues la voluntad inmediata actúa según ocurrencias y antojos inmediatos y no guiada por razones y representaciones. Si se les presentan razones a los niños se les abandona a la decisión de si quieren o no admitirlas, con lo que todo pasa a depender de su gusto. La necesidad de obediencia de los hijos está ligada al hecho de que los padres constituyen lo universal y lo esencial. Cuando el niño no abriga el sentimiento de la subordinación que hace surgir el anhelo de ser grande, se convierte en una creatura petulante e indiscreta.

§ 175. Los niños son en sí seres libres y la vida es solo la existencia inmediata de esta libertad, por lo cual no pertenecen como cosas ni a sus padres ni a ningún otro. Respecto de la relación familiar, su *educación* tiene en primer lugar la determinación *positiva* de llevar la eticidad a la *sensación* inmediata y aún no contrapuesta, para que el alma viva la primera parte de su vida teniendo al amor, la confianza y la obediencia como *fundamento* de la vida ética. Pero en segundo lugar y respecto de la misma relación, tiene la determinación *negativa* de elevar a los niños de la inmediatez natural en que originariamente se encuentran a la independencia y a la libre personalidad, y con ello a la capacidad de abandonar la unidad natural de la familia.

Obs. La situación de esclavitud de los niños romanos es una de las instituciones que más mancillan su legislación. Esta ofensa a la eticidad en su vida más íntima y delicada es uno de los momentos más importantes para comprender el carácter de los romanos en la historia universal y su tendencia al formalismo jurídico.

La necesidad de ser educado aparece en el niño como un sentimiento de insatisfacción por ser tal como es, como el deseo de ser grande y el impulso por pertenecer al mundo de los adultos, al que vislumbran como algo superior. La pedagogía del juego considera que lo pueril tiene valor en sí, lo presenta así a los niños y degrada lo que para ellos es serio y se degrada ella misma a una forma pueril que no es ni siquiera considerada por los niños mismos. Al representarse como completo el estado de incompletitud en que ellos se sienten y pretender que se satisfagan con él, perturba y profana su verdadera y propia necesidad, que es más elevada. La consecuencia de esto es, por una parte, la falta de interés y apatía por las relaciones sustanciales del mundo espiritual y por otra el desprecio de los hombres, pues se han presentado ante ellos como niños y por lo tanto como pueriles y despreciables. Por último acarreará también la vanidad y presunción propias de quienes ensalzan su propia excelencia.

Agregado. En su niñez el hombre tiene que moverse en el círculo del amor y la confianza, y lo racional debe aparecer en él como su subjetividad más propia. En el primer tiempo es preferentemente importante la educación de la madre porque lo ético debe implantarse en el niño en la forma de la sensación. Hay que señalar que en general los hijos aman menos a los padres que los padres a los hijos, porque estos caminan hacia su independencia y se fortalecen, y tienen por lo tanto a sus padres detrás de ellos, mientras que los padres poseen en sus hijos la objetividad de su unión.

§ 176. Puesto que el matrimonio es solo la idea ética inmediata, tiene su realidad objetiva en la intimidad de la disposición subjetiva, en lo que radica la primera contingencia de su existencia. Así como no puede haber ninguna violencia para entrar al matrimonio, tampoco hay ningún lazo jurídico positivo que pueda mantener juntos a los sujetos una vez que han surgido disposiciones y acciones contrarias y hostiles. Es necesaria, sin embargo, una tercera autoridad ética que sostenga el derecho del matrimonio, de la sustancialidad ética, frente a la mera creencia de tales disposiciones y frente a la contingencia de estados de ánimo solo temporarios. Esta autoridad debe distinguir entre estas situaciones y el distanciamiento total y comprobar este último, para —solo en este caso— encontrarse en condiciones de *separar el matrimonio.*

Agregado. Dado que el matrimonio se basa solo en el sentimiento subjetivo contingente, puede separarse. El estado, en cambio, no está sometido a ella porque se basa en la ley. El matrimonio *debe* ser indisoluble, pero no se puede ir más allá de este *deber ser.* Sin embargo, dado que es algo ético, la separación no puede consumarse arbitrariamente, sino que debe ser dispuesta por una autoridad ética, sea esta la Iglesia o un tribunal. Si hay un distanciamiento total, como en el caso de adulterio, por ejemplo, entonces también la autoridad religiosa debe permitir la separación matrimonial.

§ 177. La disolución ética de la familia consiste en que los hijos, educados para ser libres personalidades, sean reconocidos en su *mayoría de edad* como personas jurídicas, capaces por una parte de tener su propiedad libre y por otra de fundar su familia, los hijos como jefes y las mujeres como esposas. En adelante tendrán en esta nueva familia su determinación sustancial, ante la cual la primera descenderá a la categoría de primer fundamento y punto de partida; con mayor razón, lo abstracto del linaje no conservará ningún derecho.

§ 178. La disolución natural de la familia por la muerte de los padres, especialmente del marido, tiene como consecuencia respecto del patrimonio la *herencia.* Significa esencialmente entrar en posesión propia de un patrimonio *en sí* común, lo cual, con alejamiento del grado de parentesco y con la situación de dispersión que individualiza a las personas y las familias en la sociedad civil, se vuelva cada vez más indeterminado, porque se va perdiendo el sentimiento de la unidad y porque cada matrimonio equivale al abandono de las relaciones familiares previas y la fundación de una nueva familia independiente.

Obs. Se desconoce la naturaleza de las relaciones familiares cuando se cree que el fundamento de la herencia radica en la circunstancia de que la muerte de su propietario dejaría un *bien sin dueño,* que, en cuanto tal, correspondería al primero que se lo apropiase. Esto ocurriría en la mayor parte de los casos con los parientes, por ser quienes usualmente están más próximos, y este hecho usual y contingente sería elevado posteriormente, por razones de orden, al rango de regla por las leyes positivas.

§ 179. Esta separación hace surgir la libertad del arbitrio del individuo de disponer de su patrimonio según sus gustos, opiniones y fines individuales, o de considerar en lugar de la familia un círculo de amigos, conocidos, etcétera, y efectuar esta declaración en un *testamento* con las consecuencias jurídicas de la herencia.

Obs. En la formación de un círculo tal, en el que residiría el derecho de la voluntad a disponer sobre su patrimonio, hay, especialmente cuando implica una referencia a un testamento, tanta contingencia, arbitrariedad y premeditación con fines egoístas, que el momento ético se transforma en algo muy vago. El reconocimiento de la atribución de testar según el propio arbitrio provoca muy fácilmente la lesión de relaciones éticas y da lugar a viles gestiones e infames dependencias. Da también ocasión para que el arbitrio insensato y la perfidia liguen a los llamados beneficios y donaciones en caso de muerte —en el que por otra parte mi propiedad deja inevitablemente de ser mía— condiciones dictadas por la vanidad y el autoritarismo.

§ 180. El principio según el cual los miembros de la familia devienen personas jurídicas independientes (§ 177) introduce en el círculo de la familia algo de esa arbitrariedad y de esa diferenciación entre los sucesores naturales. Esto solo puede tener lugar, sin embargo, de un modo muy limitado para no lesionar la relación fundamental.

Obs. El mero arbitrio directo del difunto no puede ser convertido en principio del *derecho* de *testar,* especialmente en la medida en que se oponga al derecho sustancial de la familia, cuyo amor y veneración por el miembro desaparecido podrían sin embargo hacerle respetar su arbitrio después de la muerte. Este arbitrio no contiene por sí nada que sea más digno de respeto que el derecho de la familia; más bien al contrario. La validez que por otra parte pueda tener una disposición de última voluntad depende exclusivamente de su reconocimiento arbitrario por parte de los demás. Solo se le puede conceder esa validez en la medida en que la situación familiar que afecta sea lejana e irrelevante. Pero que sea irrelevante cuando está efectivamente presente es algo carente de ética y la extensión de la validez de aquel arbitrio frente a la relación familiar lleva implícito el debilitamiento de su eticidad.

Hacer de esta arbitrariedad un principio fundamental de la herencia dentro de la familia es uno de los aspectos de las ya señaladas dureza y falta de ética de las leyes romanas, según las cuales el hijo podía incluso ser vendido por su padre, y si el otro lo dejaba en libertad volvía al poder del padre, esclavitud de la que solo se liberaba efectivamente después de la tercera vez que era puesto en libertad. El hijo no llegaba a ser *de Jure* mayor de edad ni persona jurídica y la única propiedad que podía poseer era el botín de guerra, el *peculium castrense.* Además, cuando después de ser vendido y dejado en libertad por tercera vez salía del poder del padre, no heredaba junto con los que habían permanecido en la servidumbre familiar, a menos que mediara una disposición testamentaria. Del mismo modo, la mujer (si entraba al matrimonio como *matrona* y no en una relación de esclavitud: *in nanum conveniret, in mancipio esset)* pertenecía no tanto a la familia que ella había fundado con su casamiento y que desde ese momento era realmente la *suya,* como a aquella de la que provenía, por lo que quedaba privada de la herencia de los *realmente suyos,* mientras que estos a su vez tampoco podían heredar a su madre o su esposa. Sentimientos de racionalidad surgidos posteriormente hicieron que fuera eludida la falta de ética de estos y otros derechos por medio de la administración de justicia, usando, por ejemplo, la expresión *bonorum possessio* (que a su vez se distingue de la *possessio bonorum,* lo cual constituye uno de esos conocimientos que conforman a un jurista erudito) en lugar de *hereditas, o* valiéndose de la ficción de inscribir un *filius* en lugar de una *filia.* Pero ya se ha señalado (§3) que esto no es más que la triste necesidad que tiene un juez frente a malas leyes de introducir con astucia y clandestinamente lo racional, por lo menos en alguna de las consecuencias. A esta situación se liga la terrible inestabilidad de las instituciones más importantes y la tumultuosa legislación contra los brotes del mal que se originaban en ella. Las consecuencias carentes de ética que tenía entre los romanos este derecho del arbitrio para la confección de testamentos son suficientemente conocidas a través de la historia y de las descripciones de Luciano y otros.

Reside en la propia naturaleza del matrimonio, en cuanto inmediatez de lo ético, la mezcla de relación sustancial, contingencia natural y arbitrio interior. Pero cuando por medio de la relación de servidumbre de los hijos y las otras determinaciones señaladas que se vinculan con ella, y por medio de la facilidad con que se separaba el matrimonio entre los romanos, se concede primacía al arbitrio frente al derecho de lo sustancial, de manera tal que el mismo Cicerón (¡y cuántas cosas hermosas ha escrito sobre el *honestum* y el *decorum* en su *De officiis* y en tantos otros lugares!) hiciera la especulación de expulsar a su esposa para pagar sus deudas con la dote de otra, entonces se ha abierto un camino legal para la corrupción de lo ético, o, mejor dicho, las leyes son la necesidad de esa corrupción misma.

La institución del derecho hereditario, que, para el *mantenimiento* y *esplendor de la familia,* excluye de la herencia por medio de *sustituciones* o *fideicomisos familiares* a las hijas mujeres en beneficio de los varones o a los menores en beneficio de los mayores, o establece en general una desigualdad, lesiona el principio de la libertad de la propiedad (§ 62) y se basa en un arbitrio que no tiene en y por sí ningún derecho de ser reconocido. Más exactamente, se basa en el pensamiento de mantener no tanto *esta* familia como este *linaje* o casa. Pero la idea que tiene este derecho no es *este linaje o* casa sino la *familia en cuanto tal,* y con la libertad del patrimonio y la igualdad del derecho hereditario se conserva la configuración ética, lo cual sirve, más que su contrario, para la conservación de las *familias.* En instituciones tales como las romanas se desconoce el derecho del matrimonio (§ 172), no se comprende que es la absoluta fundación de una familia efectiva y propia, frente a la cual lo que en general se llama familia, *stirps, gens,* deviene solo algo abstracto que con cada generación se vuelve más lejano y más irreal (§ 177). El amor, el momento ético del matrimonio, es en cuanto amor un sentimiento para individuos presentes y reales y no para un abstracto. Más adelante, en el § 356, se verá que la abstracción del entendimiento es el principio histórico universal del Imperio romano. Pero también se verá (§ 306) que la más elevada esfera política ocasiona un derecho de primogenitura y un férreo patrimonio de la estirpe que no surgen del arbitrio sino necesariamente de la idea del estado.

Agregado. Entre los romanos, en la época más antigua, el padre podía desheredar a sus hijos, lo mismo que podía también matarlos; posteriormente ambas cosas dejaron de estar permitidas. Se ha tratado de construir un sistema con estas inconsecuencias carentes de ética, y es su mantenimiento lo que constituye el aspecto dificultoso y erróneo de nuestro derecho sucesorio. Por supuesto, pueden autorizarse testamentos, pero el punto de vista correcto al respecto es que este derecho del arbitrio surge y crece con la dispersión y el alejamiento de los miembros de la familia, y que la llamada *familia de la amistad* a que da lugar el testamento solo puede aparecer si falta la familia más próxima, formada por el cónyuge y los hijos. Al testamento se une algo incómodo, pues en él declaro quiénes son aquellos por los que siento afecto. Pero esta inclinación es arbitraria; puede haber surgido de esta u otra manera, tener este u otro fundamento pueril, y se puede exigir que por ello un candidato se someta a la mayor bajeza. En Inglaterra, en la que muchos caprichos tienen su país natal, se introducen en los testamentos infinitas ocurrencias pueriles.

Tránsito de la familia a la sociedad civil

§ 181. De una manera natural y esencialmente por el principio de la personalidad, la familia se divide en una *multitud* de familias que se comportan unas respecto de otras como personas concretas e independientes y por lo tanto de un modo exterior. Dicho de otra manera, los momentos ligados en la unidad de la familia, en cuanto esta es la idea ética tal como se encuentra aún en su concepto, deben ser separados de él para que alcancen una realidad independiente; de este modo se constituye el estadio de la *diferencia.* Expresado al principio de una manera abstracta, da la determinación de la *particularidad,* que se relaciona por cierto con la *universalidad,* pero de manera tal que constituye su fundamento aún solo *interior* y por lo tanto solo *aparece* en lo particular de un modo formal. Esta relación reflexiva muestra, por consiguiente, en primer lugar, la pérdida de la eticidad o, puesto que ella en cuanto esencia es necesariamente *aparente (Enciclopedia de las ciencias filosóficas,* §§ 64 y sigs. y 81 y sigs.),[64] constituye el *mundo fenoménico* de lo ético, la *sociedad civil.*

Obs. La ampliación de la familia como tránsito de la misma a otro principio se da en la existencia por una parte en la ampliación que desemboca en la formación de un pueblo, de una *nación,* que tiene por lo tanto un origen natural común, y por otra en la reunión de comunidades familiares dispersas, por la fuerza o por la unión voluntaria provocada por las necesidades que enlazan y por la acción recíproca de su satisfacción.

Agregado. La universalidad tiene aquí como punto de partida la independencia de la particularidad, y la eticidad parece por lo tanto desde este punto de vista perdida, pues para la conciencia la identidad de la familia es lo auténticamente primero, divino y que impone deberes. Ahora aparece en cambio la situación según la cual lo particular debe ser para mí el determinante primero, con lo que se elimina la determinación ética. Pero estoy en esto en realidad en un error, pues mientras creo asir lo particular, lo universal y la necesidad del contexto siguen siendo lo primero y esencial. Estoy por tanto en el estadio de la apariencia, y en tanto mi particularidad sea para mí lo determinante, es decir, el fin, sirvo con ello a la universalidad, que conserva por encima de mí el último poderío.

---

64 3.ª ed., §§ 115 y 131.

II
LA SOCIEDAD CIVIL

§ 182. La persona concreta que es para sí un fin *particular*, en cuanto totalidad de necesidades [Bedürfnisse] y mezcla de necesidad [Notwendigkeit][65] natural y arbitrio, es *uno de los principios* de la sociedad civil. Pero la persona particular está esencialmente en *relación* con otra particularidad, de manera tal que solo se hace valer y se satisface por medio de la otra y a la vez solo por la *mediación* de la forma de la *universalidad* que es *el otro principio.*

Agregado. La sociedad civil es la diferencia que aparece entre la familia y el estado, aunque su formación es posterior a la del estado. En efecto, por ser la diferencia supone el estado, que ella necesita tener ante sí como algo independiente para existir. La concepción de la sociedad civil pertenece por otra parte al mundo moderno, que es el primero que hace justicia a todas las determinaciones de la idea. Cuando se representa al estado como una unidad de diversas personas, como una unidad que es solo comunidad, lo que se mienta es exclusivamente la determinación de la sociedad civil. Muchos de los modernos doctrinarios del derecho público no han salido de esta comprensión del estado. En la sociedad civil cada uno es fin para sí mismo y todos los demás no son nada para él. Pero sin relación con los demás no puede alcanzar sus fines; los otros son, por lo tanto, medios para el fin de un individuo particular. Pero el fin particular se da en la relación con otros, la forma de la universalidad, y se satisface al satisfacer al mismo tiempo el bienestar de los demás. Puesto que la particularidad está ligada a la condición de la universalidad, la totalidad es el terreno de la mediación. En ella se libera toda individualidad, toda diferencia de aptitud y toda contingencia de nacimiento y de suerte; en ella desembocan todas las pasiones que son gobernadas por la razón que allí aparece. La particularidad, limitada por la universalidad, es únicamente la medida por la cual cada particularidad promueve su bienestar.

§ 183. En su realización, el fin egoísta, condicionado de ese modo por la universalidad, funda un sistema de dependencia multilateral por el cual la subsistencia,

---

65 Ver nota 48.

el bienestar y la existencia jurídica del particular se entrelazan con la subsistencia, el bienestar y el derecho de todos, se fundamentan en ellos y solo en ese contexto están asegurados y son efectivamente reales. Se puede considerar este sistema en primer lugar como *estado exterior,* como el estado de la *necesidad* y del *entendimiento.*

§ 184. La idea, en esta escisión, confiere a los *momentos* una *existencia propia:* a la *particularidad,* el derecho de desarrollarse en todos los aspectos, y a la universalidad, el derecho de mostrarse como el fundamento y la forma necesaria de la particularidad, como el poder que rige sobre ella y como su fin último. Es el sistema de la eticidad que se ha perdido en sus extremos, lo cual constituye el momento abstracto de la *realidad* de la idea, que en esta *apariencia* exterior solo es *totalidad relativa* y *necesidad interior.*

Agregado. Lo ético está aquí perdido en sus extremos y la unidad inmediata de la familia se ha dispersado en una multiplicidad. La realidad es en este caso exterioridad, disolución del concepto, independencia de los momentos existentes que han devenido libres. En tanto uno parece hacer precisamente lo opuesto a otro, y supone que solo puede existir si se mantiene a distancia del otro, cada uno tiene al otro como su condición. Así, la mayoría considera el pago de impuestos, por ejemplo, como una lesión de su particularidad, como algo hostil que afecta su fin. Pero por muy verdadero que esto pueda *parecer,* la particularidad del fin no puede, sin embargo, satisfacerse sin lo universal, y un país en el que no se pagaran impuestos no se distinguiría por el fortalecimiento de la particularidad. También podría parecer que la universalidad se mantendría mejor si dominara las fuerzas de la particularidad, tal como ocurre, por ejemplo, en el estado platónico. Pero esto es también una apariencia, puesto que ambos solo son por medio del otro y para el otro, y se convierten entre sí recíprocamente. Promoviendo mi fin promuevo lo universal, que promueve a su vez mi fin.

§ 185. La particularidad por sí, por una parte, en cuanto satisfacción en todas direcciones de sus necesidades, del arbitrio contingente y del gusto subjetivo, se destruye a sí misma en su gozo y destruye su concepto sustancial. Por otra parte, en cuanto infinitamente excitada, y en continua dependencia de la contingencia y del arbitrio exteriores, al mismo tiempo que limitada por el poder de la universalidad, es la satisfacción contingente de las necesidades tanto contingentes como necesarias. La sociedad civil ofrece en estas contraposiciones y en su desarrollo el espectáculo del libertinaje y la miseria, con la corrupción física y ética que es común a ambas.

Obs. El desarrollo independiente de la particularidad (cf. § 124) es el momento que señala en los antiguos estados el comienzo de la corrupción de las costumbres y la razón última de su decadencia. Estos estados, construidos sobre un principio patriarcal y religioso o sobre un principio de una eticidad espiritual pero simple —en general sobre una *primitiva* intuición natural—, no podían resistir su escisión ni la infinita reflexión de la autoconciencia sobre sí. Sucumbían por lo tanto a esta reflexión en cuanto empezaba a surgir, primero en el sentimiento y después en la realidad, porque a su principio todavía simple le faltaba la fuerza verdaderamente infinita que solo reside en aquella unidad que deja que la *contraposición* de la razón *se separe con toda su fuerza* para luego subyugarla, con lo que se mantiene en ella y al mismo tiempo la *conserva en sí intacta.* Platón expuso en su *República* la eticidad sustancial en su *belleza* y *verdad* ideales, pero no pudo dar cuenta del principio de la particularidad independiente que había irrumpido en su época en la eticidad griega. Solo pudo oponerlo a su estado únicamente sustancial y excluirlo tanto en su comienzo mismo, que es la *propiedad privada* (§ 46) y la *familia,* como en su ulterior desarrollo como arbitrio propio, elección de una profesión, etcétera. Esta carencia es lo que hace desconocer la gran verdad *sustancial* de su *República* y que corrientemente se la considere como un ensueño del pensamiento abstracto, como lo que con frecuencia se suele llamar un *ideal.* El principio de la *personalidad independiente* y *en sí misma infinita* del individuo, de la libertad subjetiva, que interiormente surgió con la religión *cristiana* y exteriormente —y por lo tanto ligada con la universalidad abstracta— con el mundo *romano,* no alcanza su derecho en aquella forma solo sustancial del espíritu real. Este principio es históricamente posterior al mundo griego, y la reflexión filosófica que alcanza esta profundidad es también posterior a la idea sustancial de la filosofía griega.

Agregado. Por sí la particularidad es el libertinaje y la falta de medida, e incluso las formas de este libertinaje carecen de medida. Por medio de sus representaciones y reflexiones el hombre amplía sus deseos, que no son un círculo cerrado como el instinto del animal, y los conduce al mal infinito. Del mismo modo, sin embargo, la privación y la necesidad son desde el lado opuesto también algo carente de medida, y la confusión de esta situación solo puede llegar a la armonía con un estado que la domine. Al pretender excluir la particularidad, Platón no ofrece ninguna solución, porque esto contradice el infinito derecho de la idea, según el cual se debe liberar la particularidad. En la religión cristiana ha surgido el derecho de la subjetividad como la infinitud del ser por sí, con lo que la totalidad debe conservar al mismo tiempo la fuerza para mantener en armonía la particularidad con la unidad ética.

§ 186. Pero el principio de la particularidad, precisamente porque se desarrolla hacia la totalidad, pasa a la *universalidad,* en la cual tiene exclusivamente su verdad y el derecho de su realidad positiva. Esta unidad, que, a causa de la independencia de ambos principios en este punto de vista escindido (§ 184), no es la identidad ética, no existe justamente por eso como *libertad,* sino como *necesidad* de que lo *particular* se eleve a la *forma de la universalidad* y busque y tenga en esta forma su consistencia.

§ 187. Como ciudadanos de este estado los individuos son *personas privadas* que tienen como finalidad su propio interés. Dado que este está mediado por lo universal, que a los individuos se les *aparece como medio,* solo puede ser alcanzado en la medida en que determinen su saber, querer y actuar de modo universal, y se transformen en un miembro de la cadena que constituye el conjunto. El interés de la idea, que no está en la conciencia de los componentes de la sociedad civil como tales, es el *proceso* por el que la individualidad y naturalidad de los mismos se elevan, a través de la necesidad natural y lo arbitrario de las necesidades, a la *libertad formal* y a la *universalidad formal del saber y el querer;* es el proceso por el que se *cultiva* la subjetividad en su particularidad.

Obs. Las representaciones acerca de la *inocencia* del estado natural y la candidez de las costumbres de los pueblos incivilizados, así como, por otra parte, la concepción de que las necesidades, su satisfacción, el goce y las comodidades de la vida particular, etcétera, son fines *absolutos, se* enlazan con la comprensión de la cultura como algo solo *exterior* en el primer caso, y como un mero *medio* para aquellos fines en el segundo. Tanto una como otra posición muestran su desconocimiento de la naturaleza del espíritu y los fines de la razón. El espíritu solo tiene su realidad efectiva si se escinde en sí mismo, se da un límite y la finitud en las necesidades [Bedürfnisse] naturales y en la conexión de esa necesidad [Notwendigkeit] exterior, y *penetrando en ellas se cultiva,* las supera y conquista así su existencia *objetiva.* El fin racional no es por lo tanto aquella candidez natural de las costumbres ni el goce como tal que en el desarrollo de la particularidad se alcanza con la cultura. Consiste, por el contrario, en que la candidez natural, es decir, la pasiva carencia de sí y el primitivismo del saber y el querer, o sea la *inmediatez* e *individualidad* en las que está hundido el espíritu, sea elaborada y transformada, y que en primer lugar esta exterioridad suya reciba la racionalidad *de que es capaz: la forma de la universalidad,* la *intelectualidad.* Solo de esta manera el espíritu está en esta *exterioridad* como tal *consigo mismo* y en su propio hogar. Su libertad tiene así en ella una existencia y el espíritu deviene *para sí* en este elemento *en sí* ajeno a su destinación a la libertad, y solo tiene que ver con aquello en que ha impreso su sello y es *producido por él.* Precisamente por ello la *forma de la universalidad* por sí en el pensamiento llega a la existencia, forma que es el único elemento digno para la existencia de la idea. La *cultura* es por lo tanto en su determinación absoluta la *liberación* y el *trabajo* de liberación superior, el punto de tránsito absoluto a la infinita sustancialidad subjetiva de la eticidad, que ya no es más inmediata, natural, sino espiritual y elevada a la figura de la universalidad. Esta; liberación es en el sujeto el *duro trabajo* contra la mera subjetividad de la conducta, contra la inmediatez del deseo, así como contra la vanidad subjetiva del sentimiento y la arbitrariedad del gusto. El que este trabajo sea duro constituye parte del poco favor que recibe. Sin embargo, por medio de este trabajo de la cultura la voluntad subjetiva alcanza en sí misma la *objetividad,* en la cual únicamente es capaz y digna de ser la *realidad efectiva* de la idea. Esta forma de la universalidad en la que han resultado la elaboración y transformación de la particularidad constituye asimismo la intelectualidad, por la cual la particularidad se transforma en el verdadero *ser por sí* de la individualidad. Al darle a la universalidad el contenido que le da plenitud y su infinita autodeterminación, es ella misma en la eticidad como subjetividad libre que existe infinitamente por sí. Esta es la perspectiva que revela a la *cultura* como momento inmanente de lo absoluto y expresa su valor infinito.

Agregado. Con la expresión hombre culto cabe designar en primer lugar a aquellos que pueden hacer todo lo que otros hacen y no presumen de su particularidad. El hombre muestra en cambio su incultura cuando no se rige por las propiedades universales del objeto. En relación con otros, la persona inculta se ofende fácilmente, pues es negligente y no tiene ninguna reflexión para los sentimientos del otro. No quiere herir a los demás, pero su comportamiento no concuerda con su voluntad. La cultura es, pues, el afinamiento de la particularidad que no se comporta de acuerdo con la naturaleza de la cosa. La verdadera originalidad, en cuanto productora de la cosa, exige una verdadera cultura, mientras que la que no es verdadera acepta absurdidades que solo se le pueden ocurrir a una persona inculta.

§ 188. La sociedad civil contiene los tres momentos siguientes:

A. La mediación de las *necesidades* y la satisfacción del *individuo* por su trabajo y por el trabajo y la satisfacción de necesidades de *todos los demás:* el sistema de las *necesidades.*

B. La realidad efectiva de lo universal de la *libertad* contenido en ese sistema, la protección de la propiedad por la *administración de Justicia.*

C. La prevención contra la contingencia que subsiste en aquel sistema y el cuidado de los intereses particulares como algo *común* por medio del poder de *policía*[66] y la *corporación.*

A. *El sistema de las necesidades*

§ 189. La particularidad es en primer lugar, en cuanto determinada frente a lo universal de la voluntad (§ 60), *necesidad subjetiva.* Esta alcanza su objetividad, es decir, su *satisfacción,* por medio de 1) cosas exteriores que son igualmente la *propiedad y* el producto de otras necesidades y *voluntades,* y 2) de la actividad y el trabajo como lo que media entre los dos aspectos. Puesto que su finalidad es la satisfacción de la *particularidad* subjetiva, pero en la *relación* con las necesidades y el libre arbitrio de los otros se hace valer la universalidad, la apariencia de racionalidad que surge en esta esfera de la finitud es el *entendimiento.* Este es el aspecto que hay que considerar y que constituye en esta esfera el factor de conciliación.

Obs. La *economía política* es la ciencia que tiene en estos puntos de vista su comienzo, y que tiene que presentar luego la relación y el movimiento de la masa de datos contingentes en su determinación cualitativa y cuantitativa y en su desarrollo. Es una de las ciencias que han encontrado en la época moderna su terreno propio. Su desarrollo muestra el interesante proceso de cómo el *pensamiento* (véase Smith,

---

66 Policía —del griego πολιζείχ— está usado en su acepción primera y más amplia de organización y reglamentación interna de un estado. Para marcar este sentido traduzco por "poder de policía" el sustantivo que directamente usa Hegel *(die Polizei,* la policía).

Say, Ricardo) descubre, a partir de la infinita cantidad de individualidades que en un primer momento tiene ante sí, los principios simples de la cosa, el entendimiento que actúa sobre ella y la gobierna. Si bien reconocer esta apariencia de racionalidad que reside en la cosa y actúa en ella es en esta esfera de las necesidades lo que produce la conciliación, por otra parte este es el terreno en el que el entendimiento ligado a los fines subjetivos y a las opiniones morales descarga su descontento y su fastidio moral.

Agregado. Hay ciertas necesidades universales, tales como comer, beber, vestirse, etcétera, y el modo en que sean satisfechas depende totalmente de circunstancias exteriores. La tierra es aquí o allí más o menos fértil, los años varían en su productividad, un hombre es diligente, otro perezoso, pero estas variaciones arbitrarias producen de sí determinaciones universales, y esta aparente dispersión y falta de pensamiento son contenidas por una necesidad que surge por sí sola. Encontrar aquí lo necesario es el objeto de la economía política, una ciencia que hace honor al pensamiento al hallar las leyes de una masa de hechos contingentes. Resulta un interesante espectáculo observar cómo todos los conjuntos tienen aquí su repercusión, cómo las esferas particulares se agrupan, influyen sobre otras, y son promovidas u obstaculizadas por ellas. Resulta sobre todo digno de señalarse este recíproco relacionarse en el que en un primer momento no se cree, porque todo parece abandonado al criterio arbitrario de lo singular. Tiene su similitud con el sistema planetario, que al ojo solo muestra movimientos irregulares, cuyas leyes se pueden sin embargo conocer.

a) *El modo de la necesidad y la satisfacción*

§ 190. El *animal* tiene un círculo limitado de medios y modos para satisfacer sus necesidades igualmente limitadas. Incluso en esta dependencia el *hombre* muestra al mismo tiempo que va más allá del animal y revela su universalidad, en primer lugar por la *multiplicación* de las necesidades y los medios para su satisfacción, y luego por la *descomposición* y *diferenciación* de las necesidades concretas en partes y aspectos singulares, que se transforman de esta manera en distintas necesidades *particularizadas* y por lo tanto *más abstractas.*

Obs. En el derecho el objeto es la *persona;* en el punto de vista moral, el *sujeto;* en la familia, el *miembro de la familia;* en la sociedad civil en general, el *ciudadano* (como "bourgeois"); aquí, en el punto de vista de las necesidades (cf. § 123, *Obs.),* es la *representación* concreta que se llama *hombre.* Recién aquí y solo propiamente aquí puede entonces hablarse en ese sentido de *hombre.*

Agregado. El animal es un ser particular, tiene sus instintos y medios limitados para su satisfacción, que no puede sobrepasar. Hay insectos que están ligados a una determinada planta, otros animales, que tienen un círculo más amplio, pueden vivir en distintos climas, pero siempre existe una limitación en comparación con el círculo de que dispone el hombre. La necesidad de vivienda y vestido, así como la necesidad de no dejar los alimentos en su estado primitivo sino elaborarlos y destruir su inmediatez natural, hace que la existencia del hombre no sea tan cómoda como la del animal, y, en realidad, en cuanto espíritu, no tiene que serle tan cómoda. El entendimiento, que aprehende las diferencias, provoca la multiplicación de las necesidades, y en tanto el gusto y la utilidad devienen criterios para juzgar, las necesidades caen también bajo ellos. En última instancia, no es ya la necesidad misma sino la opinión la que tiene que ser satisfecha, y pertenece precisamente a la cultura descomponer lo concreto en sus particularidades. En la multiplicación de las necesidades se produce una inhibición del deseo, pues cuando los hombres se sirven de muchas cosas diferentes, el apremio ante una de ellas no es tan fuerte, lo cual es un signo de que la necesidad en general no es tan poderosa.

§ 191. Del mismo modo se *dividen* y *multiplican* los medios para las necesidades particularizadas y en general los modos de satisfacerlas, que devienen a su vez fines relativos y necesidades abstractas. Es una multiplicación que continúa al infinito y que se llama *refinamiento* en la medida en que es la *diferenciación* de estas determinaciones y la *apreciación* de la adecuación de los medios a los fines.

Agregado. Lo que los ingleses llaman *comfortable* es algo inagotable y que continúa al infinito, pues toda comodidad muestra nuevamente su incomodidad y las invenciones no llegan nunca a un fin. La necesidad no existe por lo tanto para los que la poseen de un modo inmediato, sino que es producida por quienes buscan una ganancia con ella.

§ 192. Las necesidades y los medios son, en cuanto existencia real, un *ser* para *otro,* cuyas necesidades y cuyo trabajo condicionan recíprocamente la satisfacción. La abstracción, que es una cualidad de las necesidades y de los medios (véase § anterior), deviene también una determinación de las relaciones de los individuos entre sí. Esta universalidad, en el sentido de *reconocimiento,* es el momento que convierte a las necesidades, los medios y modos de satisfacción en su singularidad y abstracción, en algo *concreto,* en cuanto *social.*

Agregado. La forma de la universalidad aparece aquí porque tengo que regirme de acuerdo con los otros. Yo adquiero de los otros el medio para la satisfacción y tengo que aceptar por eso su opinión. Pero al mismo tiempo tengo que producir medios para la satisfacción de otros. Cada uno influye en el otro y por eso está relacionado con él: en esa medida todo lo particular deviene social. En el modo de vestir, en la hora de las comidas, hay una cierta conveniencia que debe aceptarse, porque en esas cosas no vale la pena querer mostrar una posición propia, sino que lo más inteligente es comportarse como los demás.

§ 193. Este momento se convierte así en una particular determinación final para los medios por sí y su posesión, así como para el modo de satisfacción de las necesidades. Contiene inmediatamente la exigencia de *igualdad* con los otros en este aspecto. La necesidad de esta igualdad y la igualación —la *imitación*—, por una parte, y la necesidad de hacer valer la *particularidad* igualmente presente por medio de algo que la distinga, por otra, se transforman en una fuente real de multiplicación y difusión de las necesidades.

§ 194. Puesto que en las necesidades sociales, en cuanto unión de las necesidades inmediatas o naturales y las necesidades espirituales de la *representación,* es esta última la preponderante, hay en el momento social un aspecto de *liberación.* Se oculta la rígida necesidad [Notwendigkeit] natural de la necesidad [Bedürfnis] y el hombre se comporta en referencia a una *opinión suya,* que es en realidad universal, y a una necesidad [Notwendigkeit] instituida por él; ya no está en referencia a una contingencia exterior, sino interior, el *arbitrio.*

Obs. Es una falsa opinión la representación de que el hombre vive en *libertad* respecto de las necesidades en el denominado estado natural, en el que solo tendría las llamadas simples necesidades naturales y para su satisfacción solo usaría los medios que le proporciona inmediatamente una naturaleza contingente. En efecto, aun sin tener en cuenta el momento de liberación que reside en el trabajo, del que se hablará más adelante, es una opinión no verdadera porque la necesidad natural como tal y su satisfacción inmediata no serían más que la situación de la espiritualidad hundida en la naturaleza, y por lo tanto un estado primitivo y no libre. La libertad radica únicamente en la reflexión de lo espiritual sobre sí, su diferenciación de lo natural y su reflejo sobre él.

§ 195. Esta liberación es *formal,* pues la particularidad de los fines sigue siendo el contenido básico. La tendencia de la situación social a multiplicar y especificar inmediatamente las necesidades, los medios y los goces no tiene límites, lo mismo que la diferencia entre necesidades naturales y cultivadas. Esto es lo que constituye el *lujo,* un aumento infinito de la dependencia y la necesidad que se relaciona con una materia que ofrece una resistencia infinita, o sea, con medios exteriores que tienen la particularidad de ser propiedad de la voluntad libre, en otras palabras, con lo absolutamente consistente.

Agregado. Diógenes, con todo el esplendor de su cinismo, es un producto de la vida social ateniense, y aquello que lo determinaba era la opinión contra la cual actuaba. No es por lo tanto independiente, sino que surgió de esa situación social y es un vicioso producto del lujo. Cuando este se encuentra en su punto más alto, la abyección y la miseria son igualmente grandes, y el cinismo se produce, pues, por la contraposición del refinamiento.

b) *El modo del trabajo*

§ 196. La mediación que prepara y adquiere para las necesidades *particularizadas* medios adecuados igualmente *particularizados* es el *trabajo,* que por medio de los más diversos procesos especifica esos múltiples fines para el material inmediatamente proporcionado por la naturaleza. Esta elaboración da a los medios su valor y su utilidad, y hace que los hombres en su consumo se relacionen principalmente con producciones *humanas* y que lo que propiamente consuman sean esos esfuerzos.

Agregado. Es insignificante el material inmediato que no necesita ser elaborado. Incluso el aire hay que trabajarlo para calentarlo; solo el agua se puede tomar tal como se la encuentra. El sudor del trabajo humano conquista para los hombres los medios para la satisfacción de sus necesidades.

§ 197. En la multiplicidad de los objetos y determinaciones afectados se desarrolla la *cultura teórica.* Esta no consiste solo en una multiplicidad de representaciones y conocimientos, sino también en la movilidad y rapidez del representar y del tránsito de una representación a otra, en la comprensión de relaciones complejas y universales, etcétera. Es la cultura del entendimiento y por lo tanto también del lenguaje. La *cultura práctica* que se logra por medio del trabajo consiste en la necesidad que se produce a sí misma y en el *hábito* de *estar ocupado.* Consiste además en la *limitación del obrar,* por la naturaleza del material y sobre todo por el arbitrio de otros, en el hábito de una actividad objetiva que se adquiere con esta disciplina, y en habilidades *universalmente válidas.*

Agregado. El bárbaro es perezoso y se diferencia del civilizado en que se complace en su apatía, pues la cultura práctica consiste precisamente en el hábito y la necesidad de estar ocupado. Quien carece de habilidad produce siempre algo diferente de lo que quiere, porque no es dueño de su propio obrar; se puede llamar en cambio hábil al trabajador que produce la cosa tal como debe ser y no pone en su obrar subjetivo ninguna traba que afecte su finalidad.

§ 198. Lo universal y objetivo del trabajo reside sin embargo en la *abstracción* que ocasiona la especificación de los medios y las necesidades, y que especifica por lo tanto también la producción y produce la *división del trabajo.* El trabajo del individuo se vuelve así *más simple* y mayor la habilidad en su trabajo abstracto, así como mayor la cantidad de su producción. Al mismo tiempo, esta abstracción de la habilidad y de los medios completa y hace totalmente necesarias la *dependencia* y *relación recíproca* de los hombres para la satisfacción de sus restantes necesidades. La abstracción del producir hace además que el trabajo sea cada vez más mecánico, y permite que finalmente el hombre sea eliminado y ocupe su lugar una *máquina.*

c) *El patrimonio*

§ 199. En esta dependencia y reciprocidad del trabajo y de la satisfacción de las necesidades, el *egoísmo subjetivo* se transforma en una *contribución a la satisfacción de las necesidades de todos los demás.* Se convierte en la mediación de lo particular por lo universal, en el movimiento dialéctico en el que cada uno, al ganar, producir y gozar para sí, produce y gana para el goce de los demás. Esta necesidad, que reside en el entrelazamiento multilateral de la dependencia de todos, es ahora para cada uno el *patrimonio general* y *permanente* (véase § 170), que le ofrece la posibilidad de participar en él para asegurar su subsistencia, al mismo tiempo que el producto obtenido por mediación de su trabajo la mantiene y acrecienta.

§ 200. La *posibilidad de participación* en el patrimonio general, es decir, el patrimonio *particular,* está condicionada por una base inmediata propia (capital) y por la habilidad. Esta por su parte se halla condicionada por aquélla, pero también por las circunstancias contingentes, a cuya multiplicidad da lugar la *diversidad* en el *desarrollo* de las condiciones corporales y espirituales, ya de por sí desiguales. Esta diversidad se muestra en esta esfera de la particularidad en todas direcciones y en todos los estadios y, unida con las demás contingencias y arbitrariedades de otro origen, tiene como consecuencia necesaria la *desigualdad de los patrimonios* y las habilidades de los individuos.

Obs. Pertenece al entendimiento vacío que toma su abstracción y su deber ser por lo real y racional, el oponer la exigencia de *igualdad* al *derecho* objetivo *de la particularidad* del espíritu incluido en la idea. Este derecho no solo no elimina en la sociedad civil la desigualdad de los hombres puesta por la naturaleza —elemento de desigualdad—, sino que la produce a partir del espíritu y la eleva a desigualdad de la habilidad, al patrimonio e incluso a la cultura moral e intelectual. Esta esfera de la particularidad que presume lo universal mantiene al mismo tiempo, en esta identidad solo relativa con él, la particularidad natural como particularidad arbitraria, o sea un resto del estado natural. Es por otra parte la razón inmanente al sistema de las necesidades humanas y a su movimiento lo que lo articula en una totalidad orgánica de elementos diferentes (véase § sig.).

§ 201. Los medios infinitamente variados y su movimiento, que de un modo igualmente infinito se entrelazan en la producción e intercambios recíprocos, se unen por la universalidad inherente a su contenido y se *diferencian* en *grupos generales.* El conjunto total adopta la forma de *sistemas particulares* de necesidades, medios y trabajo, de modos de satisfacción y de cultura teórica y práctica, en los que se reparten los individuos, dando lugar a la diferencia de *clases.*[67]

Agregado. El modo de la participación en el patrimonio general está abandonado a la particularidad de los individuos, pero la diversidad general que produce la particularización de la sociedad civil es algo necesario. Si la familia es la primera base del estado, las clases son la segunda. Reciben su importancia del hecho de que las personas privadas, a pesar de su egoísmo, tienen que dirigirse necesariamente a

---

67 Traduzco *Stand* por "clase" cuando está utilizado en sentido social y por "estamento" cuando lo está en sentido político-representativo (asamblea de los "estamentos" o "estados", §§ 300 y sigs.). Hay que recordar, sin embargo, que ambos sentidos que el lenguaje posteriormente separó están para Hegel estrechamente ligados (v. § 303).

los demás. Esta es por lo tanto la raíz que liga el egoísmo al estado, cuya preocupación debe ser que este conjunto sea sólido y firme.

§ 202. De acuerdo con el *concepto,* las clases se determinan como clase *sustancial* o inmediata, clase *formal* o reflexiva y finalmente clase *universal.*

§ 203. a) La clase sustancial tiene su patrimonio en el producto natural de un *suelo* que trabaja. Este suelo debe ser exclusivamente de propiedad privada y exige no un mero uso indeterminado sino una elaboración objetiva. Puesto que el trabajo y la ganancia están ligados a épocas naturales fijas y *singulares,* y que el rendimiento depende de las características cambiantes del proceso natural, la finalidad de la necesidad se transforma en *previsión* del futuro. Por sus condiciones se mantiene sin embargo como un modo de subsistencia mediado en menor grado por la reflexión y la voluntad propias, y conserva la disposición sustancial de una eticidad inmediata, basada en las relaciones familiares y en la confianza.

Obs. Se ha señalado con justicia que el auténtico comienzo y la primera fundación de los estados se produce con la introducción de la *agricultura* juntamente con la aparición del *matrimonio.* En efecto, aquel principio implica la elaboración del suelo y con ella la propiedad privada exclusiva (cf. § 170), y conduce la vida errante del salvaje que busca su subsistencia en el nomadismo a la serenidad del derecho privado y a la seguridad de la satisfacción de sus necesidades. Con esto se liga la limitación del amor sexual al matrimonio y la consiguiente transformación de ese vínculo en una unión *duradera,* en sí misma universal, así como la conversión de la necesidad en *cuidado de la familia* y la posesión en *bien familiar.* La seguridad, la consolidación, la continuidad en la satisfacción de las necesidades, en fin, todas las características por las cuales se recomiendan en primera instancia estas instituciones no son más que formas de la universalidad y configuraciones que adopta la racionalidad para hacer valer en estos objetos el absoluto fin último. Nada puede ser en esta materia más interesante que las explicaciones, tan espirituales como eruditas, que mi muy venerado amigo Creuzer nos ha dado, especialmente en el *cuarto tomo* de su *Mitología y simbolismo,* sobre las fiestas, imágenes y divinidades *agrarias* de los antiguos, que eran conscientes de que la introducción de la agricultura y las instituciones ligadas a ella eran hechos divinos, y les consagraban por lo tanto una adoración religiosa.

El carácter sustancial de esta clase trae consigo modificaciones en lo que respecta a las leyes del derecho privado, sobre todo en la administración de justicia, así como también respecto de la enseñanza, la cultura y la religión; estas modificaciones, que no se refieren sin embargo al *contenido sustancial* sino a la forma y al desarrollo reflexivo, son una consecuencia ulterior que también tiene lugar respecto de las otras clases.

Agregado. En nuestra época la economía rural se maneja también de una manera reflexiva, como una fábrica, y adopta así un carácter que se opone a su naturalidad, carácter que corresponde a la segunda clase. Esta primera clase mantiene, sin embargo, siempre el modo de vida patriarcal y su disposición sustancial. El hombre recoge aquí con un sentimiento inmediato lo dado, agradece a Dios por ello y vive con la confiada fe de que esos bienes serán duraderos. Esta es la disposición simple, no dirigida a la adquisición de riqueza; se la podría llamar la disposición de la *vieja nobleza,* que consume todo lo que es. En esta clase lo fundamental es la naturaleza, mientras que la propia diligencia es lo subordinado; en la segunda clase, en cambio, lo esencial es el entendimiento y el producto natural solo puede ser considerado como material.

§ 204. b) *La clase industrial* se ocupa de la *elaboración* del producto natural y depende, para los medios de su subsistencia, de su *trabajo,* de la *reflexión* y del entendimiento, así como, esencialmente, de la mediación con el trabajo y las necesidades de otro. Lo que produce y goza lo debe fundamentalmente a *sí misma,* a su propia actividad. Su ocupación se divide en trabajo para necesidades individuales concretas y a pedido de los individuos, en la *clase artesanal;* en masa de trabajo más abstracto para necesidades individuales, pero de un carácter más general, en la *clase fabril;* y en intercambio de los medios individuales entre sí a través del medio de cambio universal, el dinero, en el cual es efectivamente real el valor abstracto de todas las mercancías, en la *clase comercial.*

Agregado. En la clase industrial el papel del individuo resulta especialmente acentuado y este sentimiento de sí está muy estrechamente ligado con la exigencia de una situación jurídica. Por ello el sentido de libertad y orden surgió fundamentalmente en las ciudades. La primera clase, en cambio, tiene que pensar poco en sí misma; todo lo que adquiere es el don de un extraño, la naturaleza. Este sentimiento de dependencia es para ella lo primero, y a él se une con facilidad el aceptar pacientemente todo lo que pueda sobrevenir. La primera clase está, por lo tanto, más inclinada al sometimiento y la segunda más a la libertad.

§ 205. c) La *clase universal* se ocupa de los *intereses generales* de la situación social. Debe ser por lo tanto relevada del trabajo directo para satisfacer sus necesidades, por disponer de un patrimonio privado o por medio de una indemnización del estado, que absorba, por otra parte, su actividad, de manera tal que el interés privado encuentre su satisfacción en su trabajo por lo general.

§ 206. La clase, en cuanto particularidad que ha devenido objetiva, se divide, por una parte, según el concepto, en sus diferencias universales. Pero, por otra parte, cualquiera sea la clase a que pertenece el *individuo,* si bien influyen en ello condiciones naturales, el nacimiento y una serie de circunstancias, la determinación última y esencial radica sin embargo en la *opinión subjetiva* y en el *arbitrio particular,* que encuentran en esta esfera su derecho, su mérito y su honor. De esta manera, aquello que sucede en ella por una *necesidad interior* está al mismo tiempo *mediado por el arbitrio* y adopta para la conciencia subjetiva la figura de ser una obra de su voluntad.

Obs. También en este respecto resalta, en relación con el principio de la particularidad y el arbitrio subjetivo, la diferencia entre la vida política de Oriente y Occidente y del mundo antiguo y el mundo moderno. En aquéllos, si bien la división del todo en clases se produce en forma *objetiva,* porque son *en sí* racionales, el principio de la particularidad no alcanza sin embargo su derecho, cuando, por ejemplo, la asignación de los individuos a las clases es abandonada a los gobernantes, como en el estado *platónico (República,* III, p. 320) o meramente al *nacimiento,* como en las castas *hindúes.* Al no ser aceptada en la organización del todo y reconciliada en él, la particularidad subjetiva, que de todos modos aparece por ser un momento esencial, se muestra como un elemento hostil y corruptor del orden social (véase § 185). Surge así como destructor de este orden, tal como ocurrió en el estado griego y en la república romana, o, si se mantiene por disponer de la fuerza o tener autoridad religiosa, como corrupción interna o degradación total, tal como sucedió de cierta manera entre los *lacedemonios* y como sucede actualmente del modo más absoluto entre los *hindúes.* Si se la mantiene en cambio en concordancia con el orden objetivo y se respeta al mismo tiempo su derecho, la particularidad subjetiva se convierte en el principio vivificante de la sociedad civil, del desarrollo de la actividad pensante, del mérito y del honor. El reconocimiento y el derecho de que lo que en la sociedad civil y el estado es racionalmente necesario está al mismo tiempo *mediado por el arbitrio,* es la determinación más precisa de lo que en la representación general se llama corrientemente *libertad* (§ 121).

§ 207. El individuo solo se da realidad efectiva si entra en la *existencia* y por lo tanto en la *particularidad determinada;* debe pues limitarse de manera exclusiva a una de las esferas *particulares* de la necesidad. La disposición ética interna en este sistema es por consiguiente la *honestidad* y la *dignidad de clase,* por la cual cada uno se convierte, por su propia determinación y por medio de su actividad, diligencia y habilidad, en miembro de uno de los momentos de la sociedad civil, se mantiene como tal y cuida de sí solo por esta mediación con lo universal, por lo que es *reconocido* en su propia representación y en la representación de los demás. La *moralidad* tiene su lugar propio en esta esfera en la que reinan la reflexión sobre el propio obrar y la finalidad de las necesidades particulares y del bienestar, y en la que la contingencia de su satisfacción convierte en deber una ayuda contingente e individual.

Obs. El individuo se resiste en un primer momento (es decir, especialmente en la juventud) contra la representación de decidirse por una determinada clase, y lo considera como una limitación de su determinación universal y como una necesidad *meramente exterior.* Pero esto corresponde al pensamiento abstracto, que se mantiene en lo universal y por lo tanto carente de realidad, y no reconoce que *para existir* el concepto entra en la diferencia del concepto y su realidad y por lo tanto en la determinación y particularidad (véase § 7), y que solo de esta manera puede conquistar efectiva realidad y objetividad ética.

Agregado. Con la expresión de que el hombre debe ser *algo,* entendemos que debe pertenecer a una clase, pues ese algo quiere decir que es algo sustancial. Un hombre sin clase es una mera persona privada y no está en una universalidad real. Contrariamente, el individuo puede tomarse en su particularidad por lo universal y suponer que si entra en una clase se entrega a algo inferior. Esta es la falsa representación que cree que cuando algo conquista una existencia que le es necesaria, por ello se limita y se pierde.

§ 208. En cuanto particularidad propia del saber y del querer, el principio de este sistema contiene la universalidad *en* y *por sí,* la universalidad de la *libertad,* de una manera solo *abstracta,* como *derecho de propiedad.* Este no está sin embargo ya solo *en sí,* sino en su realidad efectiva vigente, como *protección de la propiedad* por medio de la *administración de Justicia.*

B. *La administración de Justicia*

§ 209. Lo *relativo* de la relación recíproca de las necesidades y del trabajo tiene por sí, en primer lugar, su *reflexión sobre sí* en la personalidad infinita, *en el derecho* (abstracto). Pero es esta misma esfera de lo relativo la que, en cuanto *cultura,* da *existencia* al derecho, que de esta manera es algo *universalmente reconocido, sabido y querido, y* tiene validez y realidad objetiva por la mediación de este ser sabido y querido.

Obs. Pertenece a la cultura, al *pensar* como conciencia del individuo en la forma de la universalidad, que yo sea aprehendido como persona *universal,* en lo cual *todos* somos idénticos. *El hombre vale porque es hombre y* no porque sea judío, católico, protestante, alemán o italiano. La conciencia de este valor del *pensamiento* es de una infinita importancia, y solo muestra una carencia cuando se fija como *cosmopolitismo* y se opone a la vida concreta del estado.

Agregado. Por una parte, a causa del sistema de la particularidad el derecho deviene exteriormente necesario como protección para la particularidad. Aunque proviene del concepto, solo entra en la existencia porque es útil para las necesidades. Para tener el pensamiento del derecho hay que estar educado en el pensar y no detenerse en lo meramente sensible; hay que adaptar los objetos a la forma de la universalidad, y también en la voluntad regirse por lo universal. Solo después de haberse creado una multiplicidad de necesidades, cuya consecución se entrelaza en la satisfacción, pueden los hombres construirse leyes.

§ 210. La realidad objetiva del derecho consiste por una parte en ser para la conciencia, en ser *sabido,* por otra parte en tener el poderío de la realidad y *ser válido,* y ser por tanto *sabido como algo universalmente válido.*

a) *El derecho como ley*

§ 211. Lo que el derecho es *en sí* está *puesto* en su existencia objetiva, es decir, determinado para la conciencia por medio del pensamiento y *conocido* como lo que es justo y tiene validez: es la *ley.* Por esta determinación el derecho es derecho *positivo.*

Obs. Poner algo como *universal* –es decir, llevarlo a la conciencia como universal– es, como se sabe, *pensar* (cf. §§ 13 y 21). Al retrotraer el contenido a su forma más simple, el pensamiento le da su *determinación* última. Lo que es de derecho, al transformarse en ley, no solo recibe *la forma* de su universalidad, sino su verdadera determinación. No hay pues que representarse que el legislar es meramente el momento en el que se enuncia algo como una regla de comportamiento válida para todos; el momento interno esencial, previo al anterior, es el *conocimiento del contenido* en su *universalidad determinada.* Incluso los *derechos consuetudinarios* contienen el momento por el que existen como *pensamientos* y son *sabidos,* ya que solo los animales tienen su ley en el instinto y únicamente los hombres la tienen en la costumbre. Su diferencia con las leyes consiste únicamente en que son sabidos de un modo subjetivo y contingente, por lo que son más indeterminados y aparece más difusa la universalidad del pensamiento. Por otra parte, el conocimiento del derecho, en algún aspecto determinado o en general, es la propiedad contingente de unos pocos. Es un error pensar que por su forma, es decir, por ser consuetudinarios, tienen la ventaja de que se han convertido en *vida* (por lo demás, hoy se habla mucho de la *vida* y del *convertirse en vida* precisamente cuando se cae en la materia y los pensamientos más muertos). Es una ilusión, porque por el hecho de que se reúnan y escriban las leyes vigentes de una nación no dejan de ser su costumbre. La reunión y compilación de los derechos consuetudinarios –que debe ocurrir pronto en un pueblo que ha alcanzado alguna cultura– tiene como resultado un *código,* que, por ser una mera recopilación, se caracteriza por su carácter *informe,* indeterminado e incompleto. Se diferencia de lo que con propiedad se llama código en que en este se aprehenden de un modo pensante y se expresan los principios del derecho en su *universalidad* y por tanto en su determinación. Como se sabe, el *derecho nacional inglés o* derecho común está contenido en *estatutos* (leyes formales) y en una llamada *ley no escrita,* que por otra parte está tan bien escrita como la otra, y cuyo conocimiento solo puede y debe adquirirse por la lectura (de los muchos volúmenes en cuarto que llena). Sus conocedores describen sin embargo la enorme confusión que reina tanto en la administración de justicia como en la cosa misma. En especial señalan que, dado que la ley no escrita está contenida en las decisiones de los tribunales y jueces, estos se convierten en perpetuos *legisladores,* que están y no están referidos a la autoridad de sus predecesores, pues estos no han hecho más que expresar la ley no escrita que aquéllos también poseen y tienen por lo tanto el derecho de juzgar si las decisiones tomadas le son adecuadas o no. Frente a una confusión similar que pudo surgir en la última época de la administración de justicia romana por la autoridad de todos los diferentes jurisconsultos famosos, un emperador ideó el ingenioso recurso –que llevó el nombre de *ley de citas*– de una especie de institución colegiada con todos los juristas *muertos hace tiempo,* que funcionaba con un presidente y a mayoría de votos (véase la *Historia del derecho romano,* de Hugo, § 354). Negar a una nación culta o a la clase jurídica la capacidad de hacer un código es uno de los mayores insultos que puede sufrir esa nación o esa clase (pues no se trata de hacer un sistema de *nuevas* leyes según su *contenido,* sino de conocer el contenido legal existente en su universalidad determinada, es decir, aprehenderlo de modo *pensante*, y agregarle su aplicación a lo particular).

Agregado. El sol y los planetas también tienen leyes, pero no las saben; los bárbaros están gobernados por instintos, costumbres y sentimientos, pero no tienen conciencia de ello. Con la posición y el conocimiento del derecho desaparece toda contingencia de la sensación, la opinión, la forma de la venganza, la compasión y el egoísmo, y así recién alcanza el derecho su determinación verdadera y el honor que le corresponde. La disciplina de la comprensión es lo único que lo hace capaz de universalidad. Es absolutamente necesario que en la aplicación de las leyes haya conflictos, en los que tiene su lugar el entendimiento del juez, pues de lo contrario la ejecución sería algo totalmente mecánico. Cuando se llega a la eliminación de estos conflictos dejando todo a criterio del juez, la salida es mucho peor, pues los conflictos también pertenecen al pensamiento, a la conciencia pensante y a su dialéctica, mientras que la mera decisión del juez sería arbitraria. Se alega corrientemente en favor del derecho consuetudinario que es más viviente, pero esa vida, es decir, la identidad de la determinación con el sujeto, no constituye todavía la esencia de la cosa. El derecho debe ser sabido de modo pensante; tiene que ser en sí mismo un sistema, y solo como tal puede tener vigencia en las naciones cultas. Al negarse a los pueblos en la época moderna su vocación de legislar, no solo se ha cometido una afrenta, sino que además se ha expresado el absurdo de que en ningún momento se puede confiar en que los individuos tengan la habilidad de transformar la infinita cantidad de leyes existentes en un sistema consecuente, siendo, por otra parte, la sistematización, es decir, la elevación a lo universal, el infinito impulso de la época. También se han considerado preferibles las recopilaciones de decisiones, tal como se encuentran en el *Corpus Juris,* porque en ellas se mantiene siempre una cierta particularidad y un recuerdo histórico que no se quieren abandonar. La insuficiencia de tales recopilaciones la muestra suficientemente la práctica del derecho inglés.

§ 212. En esta identidad del *ser en sí* y el *ser puesto* solo tiene obligatoriedad como *derecho* lo que existe como *ley.* Dado que el ser puesto constituye el lado de la existencia, en el cual pueden entrar la contingencia del capricho y otras particularidades, lo que existe como ley puede diferir en su contenido de lo que es el derecho en sí.

Obs. En el derecho positivo lo *conforme a la ley* constituye la fuente del conocimiento del derecho, o mejor, de lo que es *de derecho.* La ciencia positiva del derecho es en esa medida una ciencia histórica que tiene como principio la autoridad. Todo lo demás que pueda suceder es asunto del entendimiento, y se refiere al ordenamiento exterior, la compilación, las consecuencias, las aplicaciones ulteriores, etcétera. Cuando el entendimiento se aventura en la naturaleza de la cosa, las teorías que resultan, por ejemplo la del derecho criminal, muestran después lo que puede llegar a ocasionar con sus fundados razonamientos. La ciencia positiva tiene, por una parte, no solo el derecho sino la obligación de deducir a partir de sus datos positivos tanto el desarrollo histórico como las aplicaciones y divisiones de las determinaciones jurídicas dadas en todas sus singularidades. Pero, por otra parte, no debe por lo menos asombrarse absolutamente, aunque le parezca una cuestión extraña a su ocupación, si se le pregunta después de todas esas pruebas si una determinación jurídica es *racional* (sobre la *comprensión* cf. § 3 *Obs.).*

§ 213. El derecho entra en la existencia en primer lugar en la forma del ser puesto, por lo cual también su *contenido* entra, como *aplicación,* en relación con la *materia* de las relaciones y los modos de propiedad y modos contractuales que se singularizan y desarrollan al infinito en la sociedad civil, así como también con las relaciones éticas que se basan en el sentimiento, el amor y la confianza, aunque con estas solo en la medida en que contienen el lado del derecho abstracto (§ 159). El aspecto moral y los preceptos morales, aquello que afecta la voluntad en su más propia subjetividad y particularidad, no pueden ser objeto de la legislación positiva. Otra materia la proporcionan los derechos y deberes que se desprenden de la administración de justicia misma, del estado, etcétera.

Agregado. En las relaciones supremas del matrimonio, el amor, la religión, el estado, solo pueden ser objeto de la legislación aquellos aspectos que por su naturaleza son susceptibles de tener en sí la exterioridad. Existe sin embargo en esta cuestión una gran diferencia en las legislaciones de distintos pueblos. Entre los chinos, por ejemplo, es una ley pública que el hombre debe amar a su primera mujer más que a las otras mujeres que tenga. Si es convicto de lo contrario, se lo pena con castigos corporales. Del mismo modo, se encuentran en las antiguas legislaciones prescripciones sobre la fidelidad y la honradez que no son adecuadas a la naturaleza de la ley, porque caen totalmente en la interioridad. Solo en el juramento, en el que las cosas son dejadas al criterio de la conciencia moral, deben considerarse la honradez y la fidelidad como sustanciales.

§ 214. Además de la aplicación a lo particular, el ser puesto del derecho contiene en sí la *aplicabilidad* al *caso individual.* Con ello entra en la esfera de lo no determinado por el concepto, en la esfera de lo *cuantitativo* (de lo cuantitativo por sí o como determinación del valor en el cambio de un elemento cualitativo por otro elemento cualitativo). La determinación del concepto da solo un límite general, dentro del cual tienen lugar variaciones. Estas deben, sin embargo, interrumpirse con motivo de la realización, con lo que penetra en el interior de aquel límite una decisión contingente y arbitraria.

Obs. En este *aguzamiento* de lo universal que no solo alcanza lo particular sino también lo individual, es decir, la *aplicación inmediata,* es donde se encuentra lo *puramente positivo* de la ley. No se puede determinar *racionalmente* ni decidir por la aplicación de una determinación proveniente del concepto si para un determinado delito lo justo es una pena corporal de cuarenta golpes o de cuarenta menos uno, ni si corresponde una multa de cinco táleros o de cuatro táleros y veintitrés centavos, o una pena de prisión de un año o de trescientos sesenta y cuatro días, o de un año y uno, dos o tres días. Y sin embargo un golpe de más, un tálero o un centavo, una semana o un día de prisión de más o de menos son una injusticia. La razón misma reconoce que la contingencia, la contradicción y la apariencia tienen su esfera y su derecho, *aunque limitados,* y no se preocupa por igualar estas contradicciones y convertirlas en algo estrictamente justo. Aquí únicamente está presente el interés de la *realización,* el interés de que se determine y decida, de cualquier manera que sea (dentro de un límite). Esta decisión pertenece a la certeza formal de sí, a la subjetividad abstracta, que debe atenerse exclusivamente a interrumpir y fijar en algún punto *dentro de aquel límite,* para que haya algo fijo, y a razones determinantes tales como un número *redondo* o a algún número arbitrario como cuarenta menos uno. No afecta en nada la cuestión el hecho de que si bien la ley no fija esta última determinación que exige la realidad y la abandona al juez, lo limita sin embargo con un máximo y un mínimo. En efecto, este máximo y mínimo son números redondos y no quitan que el juez pueda tomar una determinación finita puramente positiva, sino que, al contrario, se lo conceden como algo necesario.

Agregado. En las leyes y en la administración de Justicia hay esencialmente un aspecto contingente, y en ello radica que la ley sea una determinación general que debe ser aplicada a los casos individuales. Si se quisiera ir contra esta contingencia, se caería en abstracciones. Lo cuantitativo de una pena, por ejemplo, no se puede nunca adecuar a una determinación conceptual, y lo que se decida será en este aspecto siempre arbitrario. Esta contingencia es sin embargo necesaria. Por eso, cuando se argumenta contra una legislación que no es completa, se pasa por alto este aspecto en el que no se puede alcanzar la completitud y que debe por lo tanto ser tomado tal como está.

b) *La existencia de la ley*

§ 215. La obligatoriedad respecto de la ley encierra del lado del derecho de la autoconciencia (§ 132) la necesidad de que las leyes sean dadas a conocer universalmente.

Obs. Es una y la misma injusticia colgar las leyes tan altas que ningún ciudadano las pueda leer, como hizo Dionisio el tirano, o sepultarlas en un enorme aparato de libros, recopilaciones de juicios y opiniones que se apartan de las decisiones tomadas, costumbres, etcétera, y además en una lengua extranjera, de manera que el conocimiento del derecho vigente solo sea accesible a quienes están especialmente preparados para ello. Los gobernantes que han dado a sus pueblos incluso una recopilación informe como Justiniano, o mejor aún un *derecho nacional* ordenado y determinado en un código, no solo se vuelven sus mayores benefactores y son alabados con agradecimiento, sino que además han ejercido con ello un gran *acto de Justicia.*

Agregado. La clase de los juristas, que tiene el conocimiento particular de las leyes, suele considerarlo como su monopolio e impedir que se entrometa quien no es del oficio. Los físicos también tomaron a mal la doctrina de los colores de Goethe porque no pertenecía al oficio y además era poeta. Pero así como nadie necesita ser zapatero para saber que los zapatos le andan bien, tampoco necesita pertenecer al oficio para tener conocimientos sobre objetos que son de interés general. El derecho concierne a la libertad, lo más digno y sagrado en el hombre, y lo debe conocer en la medida en que es para él obligatorio.

§ 216. Por un lado se exige de un código público *simples* determinaciones universales, y por otra, la naturaleza *de la materia finita* conduce a determinaciones sin fin. El ámbito de las leyes debe ser por una parte una totalidad cerrada y *terminada,* mientras que por otra es la continua necesidad de nuevas determinaciones legales. Pero puesto que esta antinomia ocurre con la *especialización* de los principios universales, que permanecen por el contrario fijos, el derecho se mantendrá intacto en un código terminado siempre que esos principios universales sean comprensibles y presentables por sí, separados de su especialización.

Obs. Una importante fuente de la complicación de la legislación la constituye el proceso por el cual con el tiempo lo racional, lo en y por sí jurídico, va penetrando en las instituciones originales que contenían una injusticia y eran por lo tanto instituciones meramente históricas. Esto es lo que sucedió, como ya se ha señalado, con el derecho romano (§ 180), con el derecho feudal, etcétera. Pero es esencial comprender que la naturaleza de la materia finita misma conduce a un progreso al infinito incluso en la aplicación de las determinaciones en y por sí racionales, en sí mismas universales. Exigir de un código la perfección, que sea algo absolutamente determinado que no pueda admitir ninguna determinación ulterior —exigencia que es especialmente una enfermedad *alemana*—, y a causa de que no puede alcanzar esa perfección no dejarlo alcanzar lo que se llama imperfecto, es decir, la realidad efectiva, son dos opiniones que se basan en el desconocimiento de la naturaleza de los objetos finitos tales como el derecho privado, en los cuales la llamada perfección es una *perpetua aproximación.* También desconocen la diferencia entre la universalidad de la razón y la universalidad del entendimiento y su *aplicación* a la materia de la finitud y la individualidad que se divide infinitamente. *Le plus grand ennemi du bien c'est le mieux.* Esta es la expresión del entendimiento humano verdaderamente sano contra la vanidad del entendimiento raciocinante y reflexivo.

Agregado. Se llama completa a la perfecta recopilación de todas las singularidades que pertenecen a una esfera, y en este sentido ninguna ciencia o conocimiento puede ser completo. Cuando se dice que la filosofía o cualquier otra ciencia es incompleta, se podría suponer que hay que esperar hasta que se la complete, pues podría faltar aún lo mejor. Pero nada se lleva adelante de esta manera, ni la aparentemente cerrada geometría, en la cual surgen nuevas determinaciones, ni la filosofía, cuyo objeto es la idea universal, pero puede sin embargo especializarse cada vez más. La ley universal la constituyeron siempre los diez mandamientos, y se muestra claramente como un absurdo que por el hecho de que un código no sea completo no se pueda enunciar la ley "no matarás". La ociosa reflexión puede afirmar que todo código podría ser mejor, pues también lo más extraordinario, elevado y bello puede ser pensado aun más magnífico, elevado y bello. Pero un viejo árbol se ramifica cada vez más sin por eso convertirse en un nuevo árbol; sería sin embargo insensato no querer plantar ningún árbol a causa de las nuevas ramas que pudieran crecer.

§ 217. Así como en la sociedad civil el derecho *en sí* deviene ley, así también la existencia *inmediata* y *abstracta* de mi derecho individual toma el significado de ser reconocido como una *existencia* en el saber y en la voluntad universales existentes. Las adquisiciones y los actos referentes a la propiedad deben por lo tanto efectuarse con la *forma* que le da a ella aquella existencia. La propiedad se basa entonces en el *contrato* y en las *formalidades* que la hacen susceptible de demostración y jurídicamente válida.

Obs. Los modos de adquisición y títulos de propiedad primitivos, es decir, inmediatos (§ 54 y sigs.), desaparecen en la sociedad civil y se presentan solo como contingencias singulares o momentos limitados. El sentimiento que se mantiene en lo subjetivo y la reflexión que se atiene a lo abstracto de sus esencialidades son los que condenan las formalidades, que el entendimiento muerto puede por su parte oponer a la cosa misma y aumentar hasta el infinito. Por otro lado, el proceso de la cultura, que consiste en elevarse con un largo y duro trabajo desde la forma sensible e inmediata del contenido hasta la forma de su pensamiento, para alcanzar así una expresión simple que le sea adecuada, implica que en los comienzos de la cultura jurídica las solemnidades y formalidades son de gran importancia y valen más como la cosa misma que como signos. Por ello también en el derecho romano se han conservado numerosas determinaciones y especialmente expresiones provenientes de las solemnidades, en vez de reemplazarlas por determinaciones de pensamientos y sus expresiones adecuadas.

Agregado. La ley es el derecho puesto como lo que era en sí. Yo poseo algo, tengo una propiedad de la que he tomado posesión porque carece de dueño; esto debe ser aun reconocido y puesto como mío. Por ella aparecen en la sociedad *formalidades* con referencia a la propiedad: se colocan cercas como signo para el reconocimiento de los otros, se llevan libros hipotecarios, catálogos de la propiedad. En la sociedad civil la mayoría de las propiedades se basan en el contrato, cuyas formalidades están firmemente determinadas. Es probable que se mire con antipatía estas formalidades, que se crea que solo existen para que las autoridades recauden dinero; también se las puede considerar como algo ofensivo y como un signo de desconfianza, en la medida en que deja de regir el dicho "un hombre, una palabra". Pero lo esencial de la forma es que aquello que es en sí justo sea también puesto como tal. Mi voluntad es una voluntad racional, tiene validez y esta validez debe ser reconocida por los demás. Aquí tienen que desaparecer mi subjetividad y la de los otros, y la voluntad debe alcanzar seguridad, firmeza y objetividad, lo cual solo puede conseguirlo por medio de la forma.

§ 218. Puesto que en la sociedad civil la propiedad y la personalidad tienen reconocimiento y validez legales, el *delito* no es ya la lesión de un *infinito subjetivo,* sino de la cosa *universal,* que tiene en sí misma una existencia firme y sólida. Con esto aparece el punto de vista de la *peligrosidad* de la acción para la sociedad, que, por una parte, fortalece la magnitud del delito, mientras que por otra el poder de la sociedad, más seguro de sí mismo, disminuye la *importancia* exterior de la lesión, lo que tiene como consecuencia una mayor suavidad en el castigo.

Obs. El hecho de que en un miembro de la sociedad sean lesionados *todos* altera la naturaleza del delito, no según su concepto, sino según su *existencia* exterior. La lesión afecta ahora la representación y la conciencia de la sociedad civil, y no solo la existencia del individuo inmediatamente lesionado. En los tiempos heroicos (véanse las tragedias antiguas) los ciudadanos no se consideraban lesionados por los delitos que cometían entre sí los miembros de las casas reales. Puesto que el delito, *en sí* una lesión infinita, en cuanto es una *existencia* tiene que ser medido según diferencias cualitativas y cuantitativas (§ 96), y esa existencia está ahora determinada esencialmente como la *representación y conciencia de la validez de las leyes,* la *peligrosidad para la sociedad civil* resulta ser una determinación de su magnitud o también una de sus determinaciones cualitativas. Esta cualidad o magnitud varía según la *situación* de la sociedad civil, y en ella radica el derecho de castigar el robo de un nabo o unos pocos centavos con la pena de muerte, o dar una pena más leve a un robo de cien o mil veces más valor. El punto de vista de la peligrosidad para la sociedad civil, que parece agravar el delito, es por el contrario lo que más ha contribuido a disminuir su castigo. Un código penal pertenece por eso esencialmente a su época y a la situación que ocupa en ella la sociedad civil.

Agregado. Parece ser contradictoria la circunstancia de que el delito cometido en la sociedad aparece como más grave y al mismo tiempo recibe una pena menor. Pero aunque para la sociedad sería imposible dejar el delito sin castigo, porque de hacerlo lo pondría como algo justo, sin embargo, dado que la sociedad está segura de sí misma, el delito no es nunca más que algo individual frente a ella, algo aislado y sin solidez. La misma solidez de la sociedad confiere al delito la posición de ser meramente subjetivo, que no parece surgido de la voluntad particular como un impulso natural. Esta visión pone al delito en una situación más indulgente, por lo que la pena será también más indulgente. Si la sociedad está aún vacilante, la pena debe servir de ejemplo, pues es un ejemplo contra el ejemplo del delito. En cambio, en la sociedad que es en sí firme, el ser puesto del delito es tan débil, que la eliminación de ese ser puesto debe medirse también por esa debilidad. Las penas severas no son pues en y por sí injustas, sino que están en relación con la situación de la época; un código penal no puede valer para toda época, y los delitos son existencias aparentes que pueden acarrear un mayor o menor rechazo.

c) *El tribunal*

§ 219. El derecho, que ha llegado a la existencia en la forma de ley, es por sí y se opone como un poder independiente al *querer particular* y al *opinar* acerca del derecho; tiene que hacerse valer como lo *universal*. Este *conocimiento* y *realización* del derecho en los casos particulares, que dejan de lado el sentimiento subjetivo del interés *particular*, conciernen a un poder público: el *tribunal*.

Obs. Para el concepto de la cosa es indiferente que el juez y los tribunales hayan tenido su origen histórico en la relación patriarcal, en la fuerza o en la elección voluntaria. Considerar la introducción de la jurisdicción por parte de los príncipes y gobiernos como una gracia o un *favor arbitrario*, tal como lo hace Von Haller en su *Restauración de la ciencia del Estado*, muestra una total carencia de pensamiento que no advierte que, respecto de la ley y del estado, de lo que se trata es de saber si estas instituciones son racionales y por lo tanto en y por sí necesarias. La forma en que han surgido o han sido introducidas no concierne en cambio a una consideración de su fundamento racionad. El extremo opuesto de esta posición lo constituye el primitivismo, que sostiene que la administración de justicia es, como en la época del derecho del más fuerte, ejercicio de la violencia, opresión de la libertad y despotismo. La administración de justicia es tanto un deber como un derecho del poder público, que no se basa, por otra parte, en la decisión arbitraria de los individuos de encomendárselo a él o a algún otro poder.

§ 220. El derecho contra el delito que adopta la forma de la *venganza* (§ 102) es solo derecho *en sí*, pero no tiene la forma del derecho, es decir, en su existencia no es justo. En lugar de la parte lesionada, aparece lesionado lo *universal*, que tiene su realidad propia en el tribunal y que se hace cargo de la persecución y el castigo del delito. Este deja así de ser una reparación contingente y solo *subjetiva* para transformarse, bajo la forma de *pena*, en la verdadera reconciliación del derecho consigo mismo. Esta acontece, desde una perspectiva objetiva, como reconciliación de la ley que, por medio de la eliminación del delito, se restituye a sí misma y efectiviza por lo tanto su validez; desde la perspectiva subjetiva del delincuente, acontece como reconciliación con la ley sabida por él y válida para él y para su protección, en cuya ejecución encuentra la satisfacción de la justicia y por lo tanto una acción *suya*.

§ 221. El miembro de la sociedad civil tiene el *derecho* de asistir al tribunal, así como el *deber* de presentarse ante él y solo ante él reivindicar un derecho en litigio.

Agregado. Puesto que tiene el derecho de asistir al tribunal, todo individuo debe conocer las leyes, pues de lo contrario no le serviría para nada esta atribución. Pero el individuo también tiene la obligación de presentarse ante el tribunal. Durante el feudalismo el poderoso solía no hacerlo cuando era requerido por el tribunal, y a este se lo trataba en cambio como si hubiera cometido una injusticia al desafiarlo. Estas son sin embargo circunstancias que contradicen lo que debe ser un tribunal. En la época moderna el príncipe tiene que reconocer la Jurisdicción del tribunal en asuntos privados, y en los estados libres los procesos contra él frecuentemente desaparecen.

§ 222. Ante los tribunales el derecho adquiere la determinación de tener que ser *demostrable*. El *procedimiento jurídico* pone a las partes en condiciones de hacer valer sus medios de prueba y sus fundamentos jurídicos, y al juez, de tomar conocimiento de la cuestión. Estos *pasos son también derechos;* su procedimiento debe por lo tanto estar determinado de manera legal, lo cual constituye una parte esencial de la ciencia teórica del derecho.

Agregado. Puede resultar indignante saberse en posesión de un derecho que no se reconoce por ser indemostrable. Pero el derecho que tengo debe ser al mismo tiempo algo puesto; tengo que poder exponerlo, probarlo, y solo de este modo, poniéndolo como algo que existe en sí, puede alcanzar validez en la sociedad.

§ 223. Por la división de estas acciones en acciones cada vez más singulares —con sus derechos correspondientes—, división que en sí misma no tiene ningún límite, el procedimiento, que *en sí* es un medio, se enfrenta al fin como algo exterior. Las partes tienen la atribución de recorrer este extenso formalismo que es *su* derecho, y esto puede tener malas consecuencias y ser incluso un instrumento de la injusticia. Por eso el tribunal, para proteger contra los procedimientos y su abuso a las partes y al derecho mismo, que es la cosa sustancial de que se trata, debe obligarlas a someterse a un tribunal simple (de arbitraje, de paz) e intentar un acuerdo antes de pasar a los procedimientos mismos.

Obs. La *equidad* significa una ruptura del derecho formal por razones morales u otros motivos y se refiere ante todo al *contenido* de la disputa legal. Un *tribunal de equidad* tendría sin embargo el sentido de decidir acerca de un caso singular sin tener en cuenta las formalidades del procedimiento y en especial los medios de prueba objetivos, tal como lo establece la ley. Se regiría por el interés propio de *este* caso singular y no por el interés de una disposición legal que pudiera devenir general.

§ 224. Así como la publicidad de las leyes es uno de los derechos de la conciencia subjetiva (§ 215), así también lo es la posibilidad de conocer la *realización* de la ley en el caso particular, o sea el curso de las acciones exteriores, de los fundamentos jurídicos, etcétera. En efecto, este curso es una historia generalmente válida, y si bien el contenido particular del caso solo interesa a las partes, su contenido general afecta el derecho que allí se juega y concierne el interés de todos. Es el derecho de la *publicidad de la administración de Justicia.*

Obs. Las deliberaciones de los miembros del tribunal sobre el juicio que se va a dictar son expresiones de opiniones y puntos de vista aun *particulares y* por su propia naturaleza no son por lo tanto algo público.

Agregado. El sentido común considera la publicidad de la administración de justicia como algo justo y correcto. Una fuerte razón en contra ha sido siempre la hidalguía de los magistrados que no querían mostrarse a cualquiera y se tenían por guardianes del derecho, en el que no debía entrar ningún lego. Los ciudadanos deben tener sin embargo confianza en el derecho, y es precisamente este aspecto el que exige la publicidad de la administración de justicia. El derecho de la publicidad se basa en que el fin del tribunal es el derecho, que en cuanto universalidad debe estar asimismo *ante* la universalidad. También tiene como fin que los ciudadanos adquieran el convencimiento de que se ha actuado con justicia.

§ 225. En la administración de justicia, en cuanto aplicación de la ley a un *caso singular,* se diferencian *dos aspectos.* En *primer lugar,* el conocimiento de la constitución del caso según su *individualidad inmediata:* si hay un contrato, si hubo una acción lesiva, quién es el autor, y en el derecho *penal* la reflexión por la que se determina el carácter *sustancialmente* delictivo de la acción (§ 119). En *segundo lugar,* la subsunción del caso bajo la *ley* que restituye el derecho, en la que está incluida la pena en el caso del derecho penal. Las decisiones sobre estos dos distintos aspectos constituyen funciones diferentes.

Obs. En la constitución del tribunal romano esta diferenciación de funciones se mostraba en que el pretor daba su decisión *para el caso en* que la cosa fuera de tal o cual manera, y encargaba la investigación de la situación a un determinado Juez. La caracterización de una acción según su determinada cualidad delictiva (si es, por ejemplo, un asesinato o un homicidio) queda reservada en el procedimiento jurídico inglés a la perspectiva o el arbitrio del acusador, y el tribunal no puede proponer otra si encuentra que aquélla es injusta.

§ 226. La dirección de todo el procedimiento de investigación y de las acciones jurídicas de las partes, que en cuanto tales también son derechos (§ 222), y posteriormente el segundo aspecto del juicio (v. parágrafo anterior) constituyen la ocupación propia del juez. En cuanto él es el órgano de la ley, le debe ser preparado el caso para que sea posible la subsunción, es decir, debe ser elevado de su constitución fenoménica empírica a un hecho reconocido y a una calificación universal.

§ 227. El primer aspecto, el *conocimiento* del caso en su singularidad *inmediata* y su calificación, no contiene por sí ninguna jurisdicción. Es un conocimiento que incumbe a *todo hombre culto.* En la medida en que es esencial para la calificación de la acción el momento subjetivo de la visión e intención del agente (v. 2a. parte), y la prueba no es de todos modos un objeto de la razón o del entendimiento abstracto, sino que se refiere a condiciones y objetos de la intuición sensible y la certeza subjetiva, y no encierra por lo tanto ninguna determinación objetiva absoluta, la última instancia de la decisión es la *convicción subjetiva* y la conciencia *(animi sententia).* Del mismo modo, respecto de las pruebas que se basan en declaraciones de otros, el *juramento,* aunque subjetivo, es la garantía última.

Obs. Es muy importante para el objeto de esta discusión tener en claro de qué tipo de demostración se trata y diferenciarlo de otros tipos de conocimiento y demostración. Demostrar una determinación racional tal como el concepto del derecho, es decir, conocer su necesidad, requiere métodos diferentes que la demostración de un teorema geométrico. Además, en este último caso, la figura está determinada por el entendimiento y adecuada ya de modo abstracto a una ley. En un contenido empírico, como es un *hecho,* la materia del conocimiento la constituyen en cambio la intuición sensible dada y la certeza sensible subjetiva, junto con las expresiones y afirmaciones acerca de ellas. En este caso lo que entra en acción son las combinaciones y las consecuencias que se extraen de tales afirmaciones, testimonios, etcétera. La verdad objetiva que surge de esta materia y los métodos que le corresponden —que si se intenta determinar de modo abstractamente objetivo conduce a *semipruebas,* y con una mayor consecuencia, que encierra al mismo tiempo una inconsecuencia formal, lleva a *penas extraordinarias*— tienen un sentido totalmente diferente de la verdad de una determinación racional o de una proposición cuya materia ya ha sido determinada de manera abstracta por el entendimiento. Mostrar que el conocimiento de la verdad empírica de un suceso corresponde a la determinación propiamente jurídica de un tribunal, y que este posee una cualidad peculiar para este propósito y con ello una necesidad y un derecho *en* sí exclusivo constituiría el punto principal para decidir si se debe atribuir a los órganos formales de los tribunales el juicio sobre los hechos, así como se hace con las cuestiones jurídicas.

Agregado. No hay ninguna razón para suponer que la comprobación de los hechos le corresponda exclusivamente al juez, desde el momento en que este no es un asunto meramente jurídico, sino que solo requiere una cultura general. El juicio acerca de un hecho parte de las circunstancias empíricas, de testimonios sobre la acción y sobre otras intuiciones de este tipo, es decir, también de hechos que permitan inferir la acción y la hagan verosímil o inverosímil. Se busca aquí una *certeza,* no una verdad en sentido más elevado, que fuera algo eterno. Esta certeza es la convicción subjetiva, la conciencia de que así es, y la cuestión es entonces qué forma debe adoptar esta convicción ante el tribunal. La exigencia de confesión del delincuente, que suele encontrarse en el derecho alemán, es verdadera en la medida en que con ella se satisface el derecho de la autoconciencia subjetiva. En efecto, lo que el juez dictamina no debe ser diferente en la conciencia, y solo cuando el delincuente ha confesado, el juicio deja de ser para él algo extraño. Se presenta sin embargo la dificultad de que el delincuente puede negar, con lo que se pone en peligro el interés de la justicia. Si en cambio se hace valer la convicción subjetiva del juez, aparece también una dificultad, pues el hombre no es tratado como un ser libre. El punto intermedio lo expresa la exigencia de que la declaración de culpabilidad o inocencia surja del alma del delincuente, lo cual se logra con el tribunal compuesto por *Jurados.*

§ 228. Según el aspecto por el que es la subsunción del caso calificado bajo la *ley,* la sentencia del juez asegura el derecho de la autoconciencia de las partes; respecto de la *ley,* por el hecho de que esta es conocida y es por lo tanto también la ley de las partes, y respecto de la subsunción, por la publicidad del procedimiento jurídico. En lo que se refiere en cambio a la decisión sobre el contenido *particular,* subjetivo y exterior de la cosa, cuyo conocimiento pertenece al primero de los aspectos indicados en el parágrafo 225, aquel derecho encuentra su satisfacción en la *confianza* en la subjetividad de quienes deciden. Esta confianza se funda especialmente en la igualdad con ellos de las partes en lo que respecta a su particularidad, clase, etcétera.

Obs. Se puede considerar el derecho de la autoconciencia, el momento de la *libertad subjetiva,* como el punto de vista sustancial en la cuestión sobre la necesidad de la administración pública de la justicia y de los *Juicios por Jurados.* A él se reduce lo esencial de lo que puede aducirse en favor de estas instituciones a causa de su *utilidad.* Si se toman otros puntos de vista y se alegan razones para estas o aquellas ventajas o inconvenientes, se entrará en una disputa interminable; pero estas razones, como todas las que pertenecen a este tipo de raciocinio abstracto, son secundarias y no decisivas, o bien han sido tomadas de otras esferas, quizá más elevadas. No se trata aquí de la *posibilidad* de que la justicia sea bien administrada por un tribunal exclusivamente judicial, incluso mejor que por otras instituciones, porque aunque esta posibilidad alcanzara verosimilitud, o hasta necesidad, estaría siempre frente a ella el *derecho de la autoconciencia,* que mantendría sus pretensiones y no se encontraría satisfecho. Si por la constitución del conjunto de las leyes o de la marcha del proceso jurídico el conocimiento del derecho y la posibilidad de iniciar una demanda en su defensa se convierten en *propiedad* de una clase, exclusiva incluso por la terminología que utiliza, que resulta un idioma extranjero para aquellos cuyo derecho está en juego, los miembros de la sociedad civil, que para su subsistencia no pueden prescindir de *su actividad* y de *su propio saber y querer,* son mantenidos como *extraños,* no solo frente a lo más personal y propio, sino también frente a lo que en ello hay de sustancial y racional, el *derecho.* De esta manera son mantenidos por esa clase en una especie de *tutela,* e incluso de servidumbre. Aunque tengan el derecho de estar corporalmente presentes en el tribunal *(in judicio stare),* esto tiene poca importancia si no pueden estar presentes *espiritualmente,* con su propio *saber;* el derecho que así obtienen sigue siendo para ellos un *destino* exterior.

§ 229. Con la administración de justicia, la sociedad civil, en la que la idea se ha perdido en la particularidad y se ha desintegrado en la separación de lo interior y lo exterior, vuelve a su *concepto,* a la unidad de la universalidad existente en sí con la particularidad subjetiva, aunque esta solo en el caso particular y aquélla en el sentido del *derecho abstracto.* La realización de esta unidad en su extensión a todo el ámbito de la particularidad constituye, como unificación relativa, la función del poder de *policía,* y en una totalidad, limitada pero concreta, la *corporación.*

Agregado. En la sociedad civil la universalidad es solo necesidad: en la relación de las necesidades el derecho como tal es lo único firme. Pero este derecho, un círculo restringido, se refiere solo a la protección de lo que tengo: para el derecho como tal el bienestar es algo exterior. Lo universal, pues, que en un primer momento es solo el derecho, debe extenderse a la totalidad del campo de la particularidad. La justicia es algo muy importante en la sociedad civil: buenas leyes hacen florecer al estado, y una propiedad libre es la condición básica para su esplendor. Pero puesto que estoy totalmente enredado en la particularidad, tengo que reclamar el derecho de que en ese contexto también sea favorecido mi bienestar. Se debe atender a mi bienestar, a mi particularidad, lo cual ocurre por medio de la policía y la corporación.

C. *Poder de policía*[68] *y corporación*

§ 230. En el *sistema de las necesidades* la subsistencia y el bienestar de cada uno son una *posibilidad,* cuya realización está condicionada por su arbitrio y su particularidad natural así como por el sistema objetivo de las necesidades. Por medio de la administración de justicia se anula la *lesión* de la propiedad y la personalidad. Pero el *efectivo derecho de la particularidad* implica tanto que sea eliminado lo accidental que se opone a uno y otro fin, lo que tiene como consecuencia la total *seguridad* de la *persona* y la *propiedad,* como que se *aseguren* la subsistencia y el bienestar del individuo, es decir, que *el bienestar particular* sea tratado *como derecho y realizado.*

a) *El poder de policía*

§ 231. En un principio, en la medida en que la voluntad particular es todavía el inicio para la realización de uno u otro fin, el poder asegurador de lo universal está limitado al círculo de lo *contingente y* constituye un *orden exterior.*

§ 232. Además del delito, que el poder general debe evitar o llevar a un tratamiento judicial, es decir, además de la contingencia como voluntad del mal, existen acciones legales y usos privados de la propiedad que son permitidos y que ponen también al arbitrio personal en relación exterior con otros individuos y con instituciones públicas de fin común. Por este aspecto general las acciones privadas se convierten en una contingencia que escapa a mi poder y puede ocasionar u ocasiona daños o injusticias a otros.

§ 233. Se trata por cierto *solo* de una *posibilidad,* pero al convertirse en algo contingente desaparece la exigencia de que la cosa no provoque ningún daño. Este es el aspecto injusto que reside en tales acciones, fundamento último de la legitimidad de la pena policial.

§ 234. Las relaciones de la existencia exterior caen en la infinitud del entendimiento. No hay pues *en sí* ningún límite entre lo que es perjudicial y lo que no lo es, y, respecto del delito, entre lo que es sospechoso y lo que no lo es, entre lo que hay que prohibir y lo que hay que vigilar y lo que no requiere prohibición, vigilancia, sospechas o interrogatorios. Las costumbres, el espíritu de la constitución, la situación presente, el peligro del momento, etcétera, proporcionan una determinación más precisa.

Agregado. No se puede dar aquí ninguna determinación fija ni imponer ningún límite absoluto. Todo es personal, lo que interviene es la opinión subjetiva, y es el espíritu de la constitución, el peligro del momento, aquello que proporciona las circunstancias más precisas. En épocas de guerra, por ejemplo, deben considerarse perjudiciales muchas acciones que no lo son en circunstancias normales. Por este as-

68 Cf. nota 56.

pecto de accidentalidad y personalidad arbitraria el poder de policía tiene algo *odioso*. Una reflexión rebuscada puede hacerle adoptar la tendencia de incluir dentro de su ámbito todo lo posible, pues en todo puede encontrarse alguna relación que lo convierta en algo perjudicial. Esto puede hacer que el poder de policía actúe de un modo muy minucioso e incomode la vida normal de los individuos. Pero aunque es un inconveniente, no puede trazarse aquí un límite objetivo.

§ 235. La indeterminada multiplicación y el entrecruzamiento de las necesidades cotidianas tienen por resultado, respecto de la *producción* y el *intercambio de los medios* para su satisfacción, en cuya libre posibilidad todos confían, y respecto de su registro y negociación, que deben ser tan breves como sea posible, actividades que tienen un interés común y que al mismo tiempo son para *todos* la tarea de *uno*. Surgen así procedimientos e instituciones que pueden servir para un uso común. Estas *tareas generales* e instituciones de *utilidad* común requieren la vigilancia y la previsión del poder público.

§ 236. Los diversos intereses de productores y consumidores pueden entrar en conflicto entre sí, y si bien *en el todo* la relación correcta se produce por sí misma, la compensación requiere una regulación consciente que esté por encima de ambas partes. El derecho de esta regulación para el individuo (por ejemplo de los precios de los artículos de primera necesidad) se basa en que las mercancías de uso totalmente general y cotidiano no son ofrecidas al individuo como tal, sino a él en cuanto general, al público, cuyo derecho a no ser engañado —lo mismo que el examen de las mercancías— puede ser representado por un poder público, por tratarse de una tarea común. Pero lo que principalmente hace necesarias una previsión y dirección general es la dependencia en que se hallan grandes ramas de la industria respecto de circunstancias extranjeras y combinaciones lejanas, que los hombres ligados a estas esferas no pueden abarcar en su conexión.

Obs. Frente a la libertad de la industria y el comercio en la sociedad civil, está el otro extremo de la provisión y reglamentación del trabajo de todos por medio de instituciones públicas, tal como ocurrió con el trabajo de las pirámides y las otras enormes obras egipcias y asiáticas, que fueron realizadas con fines públicos, sin la mediación del arbitrio y el interés particulares del individuo. Este interés invoca aquella libertad contra la regulación superior, pero cuanto más ciegamente se hunde en el fin egoísta, más la necesita para ser retrotraído a lo universal y para suavizar las convulsiones peligrosas y acortar la duración del período en el que los conflictos deben compensarse por la vía de una necesidad inconsciente.

Agregado. El control y la previsión policial tienen la finalidad de mediar entre el individuo y la posibilidad general existente para el alcance de sus fines individuales. Tiene que preocuparse por la iluminación pública, la construcción de puentes, los precios de los artículos de primera necesidad, la salud, etcétera. Sobre eso hay dos puntos de vista principales. El primero afirma que al poder de policía le corresponde el control sobre todo; el otro, que no tiene ninguna función porque cada uno se rige por las necesidades de los otros. El individuo debe tener, _por cierto, el derecho a ganarse el pan de esta u otra manera, pero, por otra parte, el público también tiene el derecho de reclamar que lo necesario sea producido del modo conveniente. Se deben satisfacer ambos aspectos, y la libertad de comercio no debe llevar a poner en peligro el bien general.

§ 237. La posibilidad de participar en la riqueza general existe para el individuo y está asegurada por la fuerza pública, pero además de que esta seguridad es necesariamente incompleta, esa posibilidad permanece todavía sometida a la contingencia por su lado subjetivo, y tanto más en la medida en que supone condiciones de habilidad, salud, capital, etcétera.

§ 238. En un primer momento es la familia la totalidad sustancial a la que corresponde la previsión de este aspecto particular del individuo, tanto respecto de los medios y habilidades necesarios para poder adquirir parte de la riqueza general, como respecto de su subsistencia y mantenimiento en el caso de incapacidad. Pero la sociedad civil arranca al individuo de estos lazos, aleja a sus miembros y los reconoce como personas independientes. Sustituye la naturaleza inorgánica exterior y la tierra paterna, en la que el individuo tenía su subsistencia, por la suya propia, y somete a la totalidad misma de la familia a su dependencia, a la dependencia de la contingencia. De este modo, el individuo ha devenido *hijo de la sociedad civil,* que tiene exigencias con él, del mismo modo que él tiene derechos sobre ella.

Agregado. La familia tiene que procurar el pan para el individuo, pero dentro de la sociedad civil su papel es subordinado y solo coloca su fundamento; su efectividad no es ya tan abarcadora. La sociedad civil es, por el contrario, el enorme poderío que se adueña del hombre y le exige que trabaje para ella, que todo lo sea por su intermedio y lo haga por mediación suya. Pero si el hombre debe ser un miembro de la sociedad civil, también tiene derechos y exigencias sobre ella, así como los tenía sobre la familia. La sociedad civil debe proteger a sus miembros, defender sus derechos, tanto como los individuos están obligados a respetar los derechos de ella.

§ 239. En este carácter *de familia universal,* la sociedad civil tiene frente al *arbitrio* y la contingencia de los padres la obligación y el derecho de ejercer control e influencia sobre la *educación,* en la medida en que esta se refiere a la capacidad para devenir miembro de la sociedad. Esto vale especialmente cuando no son los padres mismos sino otros quienes llevan a cabo la educación. Es igualmente un deber y un derecho de la sociedad erigir instituciones comunes para esos fines siempre que sea posible.

Agregado. Es muy difícil establecer aquí los límites entre los derechos de los padres y de la sociedad civil. Los padres suponen corrientemente que respecto de la educación tienen total libertad y pueden hacer todo lo que quieren. La principal oposición contra toda medida que haga pública la enseñanza suele provenir de los padres, que se quejan contra maestros e instituciones porque su voluntad particular los enfrenta a ellos. A pesar de esto la sociedad tiene derecho a actuar según sus probadas opiniones, obligar a los padres a mandar a sus hijos a la escuela, hacerlos vacunar contra la viruela, etcétera. A esta cuestión pertenecen las disputas que tienen lugar en Francia entre la exigencia de la libre enseñanza, es decir, de la voluntad particular de los padres, y el control del estado.

§ 240. Del mismo modo, si los individuos aniquilan con el derroche su seguridad y la subsistencia de su familia, la sociedad civil tiene el deber y el derecho de tomarlos en tutela y hacer cumplir en su lugar la finalidad de la sociedad y la suya propia.

Agregado. En Atenas la ley exigía que todo ciudadano declarara de qué vivía; actualmente se sostiene, en cambio, que esto no importa a nadie. Pero si bien, por una parte, cada individuo existe por sí, por otra es un miembro del sistema de la sociedad civil, y así como todo hombre tiene derecho a reclamar de ella su subsistencia, ella también debe protegerse contra ellos. No se trata solo de que no reine el hambre, sino de que no surja el populacho. Puesto que la sociedad civil es responsable de la alimentación de los individuos, tiene derecho a exhortarles a que se procuren su subsistencia.

§ 241. Al igual que el arbitrio, también otras circunstancias casuales, físicas o que dependen de condiciones exteriores (§ 240), pueden reducir a los individuos a la pobreza. En esta situación se mantienen las necesidades de la sociedad civil, y al mismo tiempo que ella les retira los medios de subsistencia naturales (§ 217) y elimina el lazo que representaba la familia en la forma de un clan (§ 181), pierden en mayor o menor grado todas las ventajas de la sociedad: la posibilidad de adquirir habilidades y en general cultura, la administración de justicia, los cuidados sanitarios e incluso con frecuencia el consuelo de la religión. El poder general toma con los pobres el lugar de la familia, tanto respecto de sus carencias inmediatas como de su aversión al trabajo, su malignidad y los demás vicios que surgen de esa situación y del sentimiento de su injusticia.

§ 242. Lo subjetivo de la pobreza, y en general de la miseria de cualquier tipo a que se ve expuesto todo individuo ya en su círculo natural, exige una *ayuda* también *subjetiva,* tanto respecto de las circunstancias *particulares,* como respecto del *sentimiento* y del *amor.* Esta es la ocasión en que, a pesar de que exista cualquier institución general, la moralidad tiene siempre su papel que cumplir. Pero puesto que esta ayuda misma y sus efectos dependen de la contingencia, el esfuerzo de la sociedad tiende a descubrir en la miseria y su remedio lo que es universal, para instalarlo y eliminar así la necesidad de aquella ayuda.

Obs. Lo contingente de las limosnas, las fundaciones, las lámparas encendidas ante las imágenes de los santos, etcétera, se complementa por medio de las instituciones oficiales para pobres, los hospitales, la iluminación pública, etcétera. La caridad siempre tiene suficientes cosas que hacer, y es un error pretender que el remedio de la miseria quede exclusivamente reservado a la *particularidad* del sentimiento y a la *contingencia* de la disposición subjetiva y el conocimiento de los casos. No tiene sentido pues sentirse lesionado y ofendido por las ordenanzas y los preceptos generales de carácter obligatorio. Por el contrario, hay que considerar que el estado público es tanto más perfecto cuanto menos deja librado al individuo que actúa por sí guiado por su opinión particular, en comparación con lo organizado de manera general.

§ 243. Cuando la sociedad civil funciona sin trabas, se produce dentro de ella *el progreso de la población* y de la *industria.* Con la *universalización* de la conexión entre los hombres, a causa de sus necesidades y del modo en que se preparan y producen los medios para satisfacerlas, se acrecienta la *acumulación de riquezas,* pues de esta doble universalidad se extrae la máxima ganancia. Pero, por otro lado, tiene como consecuencia la *singularización* y *limitación* del trabajo particular, y con ello la *dependencia* y *miseria* de la clase ligada a ese trabajo, lo que provoca su incapacidad de sentir y gozar las restantes posibilidades, especialmente los beneficios espirituales, que ofrece la sociedad civil.

§ 244. La caída de una gran masa por debajo de un cierto nivel mínimo de subsistencia, que se regula por sí solo como el nivel necesario para un miembro de la sociedad, y la pérdida consiguiente del sentimiento del derecho, de lo jurídico y del honor de existir por su propia actividad y trabajo llevan al surgimiento de una *plebe,* que por su parte proporciona la mayor facilidad para que se concentren en pocas manos riquezas desproporcionadas.

Agregado. El nivel mínimo de subsistencia, el de la plebe, se establece por sí solo, pero es sin embargo muy distinto en los diferentes pueblos. En Inglaterra incluso el más pobre cree tener su derecho, lo que difiere de aquello con que se contentan los pobres en otros países. La pobreza en sí no convierte a nadie en plebe; esta aparece solo con la disposición que se asocia a la pobreza, por la íntima indignación contra los ricos, la sociedad, el gobierno, etcétera. Con el hecho de que el hombre esté entregado a la contingencia se liga su negligencia, su aversión al trabajo, tal como, por ejemplo, los *lazzaroni* en Nápoles. Así surge en la plebe el malestar por no tener el honor de ganarse la subsistencia con su trabajo y aspirar sin embargo a ella como a un derecho. Contra la naturaleza ningún hombre puede afirmar un derecho, pero en una circunstancia social la carencia adquiere inmediatamente la forma de una injusticia que le es cometida a esta o aquella clase. La cuestión de cómo remediar la pobreza es un problema que mueve y atormenta a las sociedades modernas.

§ 245. Si se impusiera a la clase más rica la carga directa de mantener en un nivel de vida común a la masa reducida a la pobreza, o si existieran en otras propiedades públicas (ricos hospitales, fundaciones, conventos) los medios directos para ello, se aseguraría la subsistencia de los necesitados sin la mediación del trabajo, lo cual estaría contra el principio de la sociedad civil y del sentimiento de independencia y honor de sus individuos. Si por el contrario esto se hiciera por medio del trabajo (dando oportunidades para ello), se acrecentaría la producción, en cuyo exceso, unido a la carencia de los consumidores correspondientes, que también serían productores, reside precisamente el mal, que aumentaría por lo tanto de las dos maneras. Se manifiesta aquí que en medio del *exceso de riqueza* la sociedad civil no es *suficientemente rica,* es decir, no posee bienes propios suficientes para impedir el exceso de pobreza y la formación de la plebe.

Obs. Estos fenómenos pueden estudiarse ampliamente en el ejemplo de *Inglaterra,* donde cabe observar las consecuencias que han tenido los impuestos para pobres, las innumerables fundaciones y la igualmente ilimitada beneficencia privada, y sobre todo la eliminación de las corporaciones. El medio más directo que se ha ensayado (especialmente en Escocia) contra la pobreza —tanto contra la destrucción del pudor y el honor, bases subjetivas de la sociedad, como contra la pereza y los derroches que engendran la plebe— ha consistido en abandonar a los pobres a su destino y condenarlos a la mendicidad pública.

§ 246. Por medio de esta dialéctica suya la sociedad civil es llevada más allá de sí; en primer lugar más allá de *esta determinada* sociedad, para buscar en el exterior consumidores y por lo tanto los necesarios medios de subsistencia en otros pueblos que están atrasados respecto de los medios que ella tiene en exceso o respecto de la industria en general.

§ 247. Así como la tierra, el suelo firme, es la condición para el principio de la vida familiar, así el *mar* es la condición para la industria, el elemento vivificante que la impulsa hacia el exterior. Al exponerse al peligro, la búsqueda de ganancia se eleva por encima de sí y pasa de su fijación a la gleba y del círculo limitado de la vida civil, de sus goces y deseos, al elemento de la fluidez, el riesgo y el posible naufragio. Además, en virtud de este medio de unión más amplio, establece relaciones comerciales que introducen el vínculo jurídico del contrato; de este modo, el tráfico comercial se revela como el mayor medio de civilización y el comercio encuentra su significado histórico mundial.

Obs. Los ríos *no sonfronteras naturales* como se ha pretendido en épocas modernas, sino que, por el contrario, al igual que los mares, unen a los hombres. Horacio expresa un pensamiento falso cuando dice *(Carm.,* I, 3):

...deus *abscidit*
Prudens oceano dissociabili
Terras...[69]

---

69 Horacio, *Odas:* "Dios, providente, separó las tierras con la barrera del océano". La cita de Hegel es trunca. Horacio dice: "Nequicquam Deus", esto es, "en vano Dios", etc. [O].

Esto lo muestran no solo las cuencas de los ríos, habitadas por una raza o un pueblo, sino también las relaciones que mantuvieron por ejemplo Grecia, Jonia y la Magna Grecia; Bretaña y Gran Bretaña; Dinamarca, Noruega, Suecia, Finlandia y Livonia; especialmente en comparación con la ínfima relación de los habitantes de las costas con los del interior. Si se quiere ver qué medio de cultura hay en el contacto con el mar, bastará con comparar la relación que han tenido con él las naciones en las que ha florecido la industria y aquellas que se han alejado de la navegación y, como los egipcios y los hindúes, se han hundido en la apatía y en la más terrible e ignominiosa superstición. Se verá cómo toda nación grande y pujante tiende hacia el mar.

§ 248. Esta ampliación de las relaciones ofrece también el recurso de la *colonización,* a la cual —en forma esporádica o sistemática— tiende la sociedad civil avanzada. Por su intermedio la sociedad proporciona a una parte de su población un retorno al principio familiar en otra tierra, y se da a sí misma una nueva demanda y un nuevo campo para su trabajo.

Agregado. La sociedad civil se ve empujada a establecer colonias. El crecimiento de la población tiene ya por sí este efecto, pero la causa principal es el surgimiento de una multitud de individuos que no pueden satisfacer sus necesidades por medio de su trabajo cuando la producción supera las necesidades del consumo. En Alemania se desarrolla principalmente una colonización esporádica. Los colonos parten hacia América, hacia Rusia, y pierden toda conexión con su patria, a la que no le dejan por lo tanto ningún beneficio. El segundo tipo de colonización, totalmente diferente del primero, es la colonización sistemática. Es motivada por el estado, que mantiene una regulación consciente sobre los modos convenientes de ejecución. Este tipo de colonización aparece con frecuencia entre los antiguos, especialmente entre los griegos, donde el trabajo pesado no era realizado por los ciudadanos, cuya actividad se dirigía, por el contrario, a las cosas públicas. Cuando la población crecía hasta el punto de crear dificultades para su mantenimiento, se enviaba a los jóvenes a una nueva comarca, que a veces era especialmente elegida y a veces dependía de la casualidad del descubrimiento. En épocas más modernas no se han concedido a las colonias los mismos derechos que a los habitantes de la metrópoli, situación que ha dado lugar a guerras y finalmente a la independencia, tal como lo muestra la historia de las colonias inglesas y españolas. La liberación de las colonias se muestra como el mayor beneficio para el estado colonizador, lo mismo que la emancipación de los esclavos es lo más ventajoso para el amo.

§ 249. La previsión del poder de policía realiza y conserva lo universal que está contenido en la particularidad de la sociedad civil, en primer lugar en la forma de un *orden exterior* y de *instituciones* para seguridad y protección del conjunto de fines e intereses particulares que, en cuanto tales, tienen su existencia en aquel universal. Al mismo tiempo, en cuanto dirección suprema, toma las medidas correspondientes para proteger los intereses que exceden esa sociedad determinada (§ 246). Puesto que, de acuerdo con la idea, la particularidad misma toma a este universal que está en su interés inmanente como fin y objeto de su voluntad y actividad, lo *ético vuelve* como algo inmanente a la sociedad civil. Esta es la función de la *corporación.*

b) *La corporación*

§ 250. La *clase agrícola* tiene su universal concreto, en el que vive, inmediatamente en sí misma, en la sustancialidad de su vida familiar y natural. La clase *universal* tiene en su determinación lo universal como su terreno y como el fin de su actividad. El medio entre ambas, la clase industrial, está dirigida esencialmente a lo *particular* y por eso le corresponde de un modo propio la corporación.

§ 251. Por su naturaleza particular el trabajo de la sociedad civil se divide en diferentes ramas. En las *asociaciones,* lo en sí igual de las particularidades alcanza su existencia como algo *común,* con lo que el fin *egoísta* dirigido a lo particular se aprehende al mismo tiempo como universal. De este modo, el miembro de la sociedad civil es, según su *habilidad particular,* miembro de la corporación, cuyo fin universal es así totalmente *concreto* y no tiene más extensión que la industria y el negocio e interés particulares.

§ 252. Según esta determinación la corporación tiene, bajo el control del poder público, el derecho de cuidar sus propios intereses, aceptar miembros según la cualidad objetiva de su habilidad y honradez en un número que se determine por la situación general y proporcionar cuidados a sus miembros ante circunstancias especiales y respecto de la capacitación asignada. Toma para ellos el lugar de una *segunda* familia, situación que resulta más indeterminada para la sociedad civil general, más alejada de los individuos y de sus necesidades particulares.

Obs. El hombre que tiene un oficio se distingue del jornalero y de todo aquel que está dispuesto a prestar un servicio similar y accidental. Aquél —el maestro o el que quiere serlo— es miembro de la asociación, no en vista de una ganancia singular y casual, sino en *toda* la extensión de su subsistencia particular, es decir, en su aspecto universal. Los *privilegios,* en el sentido de los derechos de una rama de la sociedad civil agrupada en una corporación, se diferencian de los privilegios propiamente dichos según su sentido etimológico. Los últimos son excepciones de la ley general realizadas de un modo accidental, mientras que los primeros son determinaciones legales que residen en la *naturaleza de la particularidad* de una rama esencial de la sociedad.

§ 253. En la corporación, la familia no solo *tiene* su suelo firme, es decir una *riqueza* firme (§ 170), puesto que le asegura su subsistencia con la condición de la *capacitación,* sino que además ambas cosas le son *reconocidas.* El miembro de una corporación no necesita por lo tanto de otras *manifestaciones exteriores* para demostrar su capacidad y sus ingresos regulares, para demostrar que *es algo.* Con esto reconoce también que pertenece a un todo, que es por su parte un miembro de la sociedad general, y se preocupa por los fines desinteresados de ese todo; tiene *su honor en su clase.*[70]

Obs. Por su acción aseguradora de la riqueza, la institución de la corporación corresponde a lo que en otra esfera (§ 203) significa la introducción de la agricultura y de la propiedad privada. Si bien hay razón para quejarse del ansia de lujo y de derroche de la clase industrial, que se relaciona con el surgimiento de la plebe (§ 244), no se debe, sin embargo, pasar por alto entre las otras causas (por ejemplo, la mecanización cada vez mayor del trabajo) la razón *ética* que se desprende de lo expuesto anteriormente. Si no es miembro de una corporación autorizada (y solo si es autorizada una comunidad deviene corporación), el individuo carece de honor profesional y es reducido por su aislamiento al aspecto egoísta de la industria, en el que su subsistencia y su goce no son permanentes. Buscará en consecuencia *su reconocimiento* en la exposición de su éxito en la industria, exposición que es ilimitada porque no puede vivir conforme a su clase desde el momento en que esta no existe (pues en la sociedad civil lo común solo *existe* si es reconocido y está constituido legalmente) y no podrá encontrar por lo tanto un modo de vida más universal que le sea adecuado. En la corporación la ayuda que recibe la pobreza pierde su carácter accidental y lo que hay en ella de injustamente humillante. Al mismo tiempo la riqueza, al cumplir sus deberes con la corporación, deja de provocar el orgullo de su poseedor y la envidia de los demás. De este modo la honestidad recibe su verdadera honra y reconocimiento.

§ 254. En la corporación el llamado *derecho natural* de utilizar sus habilidades y ganar con ellas todo lo posible solo se limita en la medida en que se las destina de un modo racional, es decir, se las libera de la accidentalidad y de la opinión personal, que pueden ser peligrosas para sí mismo y para los demás, y de este modo se las reconoce, se las asegura y se las eleva al mismo tiempo al nivel de una actividad consciente para un fin común.

§ 255. Después de la *familia,* la *corporación* constituye la segunda raíz *ética* del estado, hundida en la sociedad civil. La primera contiene en una unidad *sustancial* los momentos de la particularidad subjetiva y la universalidad objetiva. La segunda une en cambio de un modo *interior* estos *momentos* que en un principio se habían escindido en la sociedad civil en la particularidad *reflejada sobre sí* de las necesidades y los goces y en la universalidad jurídica *abstracta;* con esta unión el bienestar particular se realiza como derecho.

Obs. La santidad del matrimonio y el honor de la corporación son los dos ejes sobre los que giran los elementos inorgánicos de la sociedad civil.

Agregado. La moderna eliminación de las corporaciones tuvo por finalidad que el individuo se hiciera cargo de sí mismo. Pero aun aceptando esto, la corporación

70 Cf. nota 57.

no altera la obligación del individuo de procurarse su propia ganancia. En nuestros estados modernos los ciudadanos tienen una participación restringida en los asuntos generales del estado; es sin embargo necesario proporcionar al hombre ético, además de sus fines privados, una actividad universal. Esta universalidad, que no siempre le ofrece el estado, la encuentra en la corporación. Vimos anteriormente que al ocuparse de sí el individuo en la sociedad civil, actúa también para otros. Pero esta necesidad inconsciente no es suficiente; recién en la corporación se alcanza el nivel de una eticidad pensante y consciente. Por supuesto, deben estar bajo el control superior del estado, para evitar que se burocraticen y se rebajen a la miserable condición de gremios. Pero en y por sí la corporación no es un gremio cerrado, sino el devenir ético de las profesiones individuales y su elevación a un círculo en el que adquieren fuerza y honor.

§ 256. En cuanto limitada y finita, la finalidad de la corporación tiene su verdad —al igual que la separación existente en el exterior orden policial y su identidad solo relativa— en la *finalidad universal* en y por sí y en su absoluta realidad. La esfera de la sociedad civil pasa así al *estado.*

Obs. La ciudad y el campo —aquélla como sede de la industria burguesa, de la reflexión que sale de sí misma y se singulariza, este como sede de la eticidad basada en la naturaleza—, en otras palabras, los individuos que median su autoconservación por la relación con otras personas jurídicas por un lado, y la familia por otro, constituyen los dos momentos, todavía ideales, de los que *surge* el estado como su verdadero *fundamento.* Este desarrollo de la eticidad inmediata a través de la escisión de la sociedad civil hacia el estado, que se muestra como su verdadero fundamento, es la única *demostración científica* del concepto de estado. En el proceso del concepto científico el estado aparece como resultado, pero, al producirse como el *verdadero* fundamento, *elimina* aquella *mediación* y aquella apariencia en la *inmediatez.* Por ello en la realidad el estado es lo *primero,* dentro del cual la familia se desarrolla en sociedad civil, y es la idea misma del estado la que se separa en estos dos momentos. En el desarrollo de la sociedad civil la sustancia ética conquista su *forma infinita,* que contiene en sí los dos momentos siguientes: 1) la *diferenciación* infinita hasta llegar al *ser interior* por sí de la autoconciencia. 2) La forma de la *universalidad,* que existe en la cultura, y la forma del *pensamiento,* por la cual el espíritu es objetivo y real como totalidad *orgánica* en las *leyes* e *instituciones,* que son su *voluntad* pensada.

III

EL ESTADO

§ 257. El estado es la realidad efectiva de la idea ética, el espíritu ético como voluntad sustancial *revelada,* clara para sí misma, que se piensa y se sabe y cumple aquello que sabe precisamente porque lo sabe. En las *costumbres* tiene su existencia inmediata y en la *autoconciencia* del individuo, en su saber y en su actividad, su existencia mediata; el individuo tiene a su vez su *libertad sustancial* en el sentimiento de que él es su propia esencia, el fin y el producto de su actividad.

Obs. Los *Penates* son los dioses interiores e *inferiores;* el *espíritu del pueblo* (Atenea), la divinidad que se *sabe* y *se quiere.* La *piedad*[71] es sentimiento y expresión de la eticidad que se mueve dentro de los marcos del sentimiento; *la virtud política,* el querer el fin pensado, que es en y por sí.

§ 258. El estado, en cuanto realidad de la *voluntad* sustancial, realidad que esta tiene en la *autoconciencia* particular elevada a su universalidad, es lo *racional* en y por sí. Esta unidad sustancial es el absoluto e inmóvil fin último en el que la libertad alcanza su derecho supremo, por lo que este fin último tiene un derecho superior al individuo, cuyo *supremo deber* es ser miembro del estado.

Obs. Cuando se confunde el estado con la sociedad civil y es determinado sobre la base de la seguridad y protección personal, el *interés del individuo en cuanto tal* se ha transformado en el fin último. Este fin es lo que los habría guiado para unirse, de lo que se desprende además que ser miembro del estado corre por cuenta del arbitrio de cada uno. Su relación con el individuo es sin embargo totalmente diferente: por ser el estado el espíritu objetivo, el individuo solo tiene objetividad, verdad y ética si forma parte de él. La *unión* como tal es ella misma el fin y el contenido verdadero, y la determinación de los individuos es llevar una vida universal. Sus restantes satisfacciones, actividades y modos de comportarse tienen como punto de partida y resultado este elemento sustancial y válido universalmente. La racionalidad, tomada abstractamente, consiste en la unidad y compenetración de

---

71 *Pietät,* piedad no en el sentido amplio de religiosidad o en el de piedad cristiana, sino en el de la ενσέβεια griega (cf. p. ej. Sófocles, *Antígona,* 924) o la *Pietas* latina, que unían la piedad religiosa y la filial.

la universalidad y la individualidad. En este caso concreto es, según su contenido, la unidad de la libertad objetiva, es decir, la voluntad universal sustancial, y la libertad subjetiva, o sea, el saber individual y la voluntad que busca sus fines particulares. Según su forma es por lo tanto un obrar que se determina de acuerdo con leyes y principios *pensados*, es decir, *universales*. Esta idea es el eterno y necesario ser en y por sí del espíritu. Ahora bien, cuál sea o haya sido el origen *histórico* del estado en general o de un estado particular, de sus derechos y disposiciones, si han surgido de relaciones patriarcales, del miedo o la confianza, de la corporación, etcétera, y cómo ha sido aprehendido y se ha afirmado en la conciencia aquello sobre lo que se fundamentan tales derechos —como algo divino, como derecho natural, contrato o costumbre—, todo esto no incumbe a la idea misma del estado. Respecto del conocimiento científico, que es de lo único de que aquí se trata, es, en cuanto fenómeno, un asunto histórico; respecto de la autoridad de un estado real, si esta se basa en fundamentos, estos son tomados de las formas del derecho válidas en él. A la consideración filosófica solo le concierne la interioridad de todo esto, el *concepto pensado*. En la investigación de este concepto, Rousseau ha tenido el mérito de establecer como principio del estado un principio que no solo según su forma (como por ejemplo el instinto de sociabilidad, la autoridad divina), sino también según su contenido, es *pensamiento* y, en realidad, el *pensar* mismo: la *voluntad*. Pero su defecto consiste en haber aprehendido la voluntad solo en la forma determinada de la voluntad *individual* (tal como posteriormente Fichte), mientras que la voluntad general no era concebida como lo en y por sí racional de la voluntad, sino como lo *común*, que surge de aquella voluntad individual *en cuanto consciente*. La unión de los individuos en el estado se transforma así en un *contrato* que tiene por lo tanto como base su voluntad particular, su opinión y su consentimiento expreso y arbitrario. De aquí se desprenden las consecuencias meramente intelectivas que destruyen lo divino en y por sí y su absoluta autoridad y majestad. Llegadas al poder, estas abstracciones han ofrecido por primera vez en lo que conocemos del género humano el prodigioso espectáculo de iniciar completamente desde un comienzo y por el *pensamiento* la constitución de un gran estado real, derribando todo lo existente y dado, y de querer darle como base solo lo *pretendidamente racional*. Pero, por otra parte, por ser abstracciones sin idea, han convertido su intento en el acontecimiento más terrible y cruel. Contra el principio de la voluntad individual hay que recordar que la voluntad objetiva es en su *concepto* lo en sí racional, sea o no reconocida por el individuo y querida por su arbitrio particular. Su opuesto, el saber y el querer, la subjetividad de la libertad, que en aquel principio es lo *único* que quiere ser mantenido, contiene solo un momento, por lo tanto unilateral, de la *idea de la voluntad racional*, que solo es tal si es *en sí* al mismo tiempo que *por sí*. También se opone al pensamiento que aprehende al estado en el conocimiento como algo por sí racional, el tomar la *exterioridad* del fenómeno —lo contingente de las necesidades, la falta de protección, la fuerza, la riqueza, etcétera— no como momentos del desarrollo histórico, sino como la *sustancia* del estado. También en este caso es la singularidad del individuo la que constituye el principio del conocimiento, solo que aquí no es ya el *pensamiento* de esa singularidad, sino, por el contrario, la singularidad empírica, según sus propiedades accidentales, su fuerza o debilidad, su riqueza o pobreza, etcétera. Esta ocurrencia de pasar por alto lo por sí *infinito* y *racional* que hay en el estado y eliminar el *pensamiento* en la captación de su naturaleza interna no se ha presentado nunca de manera tan pura como en la *Restauración de la ciencia del derecho* de Von Haller. De un modo puro porque en todos los intentos de aprehender la esencia del estado, por muy unilaterales y superficiales que sean los principios que se utilicen, el mismo propósito de *concebir* el estado implica servirse de pensamientos, de determinaciones universales, pero aquí no solo se renuncia conscientemente al contenido racional que constituye el estado y a la forma del pensamiento, sino que además se ataca a ambos con un ardor apasionado. Esta *Restauración* debe parte del difundido efecto que según Von Haller tienen sus principios a la circunstancia de que su autor ha sabido suprimir en la exposición *todo* pensamiento y mantener así la totalidad en *una* sola pieza carente de pensamiento. De esta manera desaparecen la confusión y la molestia que debilitan la impresión que causa una exposición cuando entre lo contingente se mezcla una alusión a lo sustancial, entre lo meramente empírico y exterior un recuerdo de lo universal y racional, evocando así en la esfera de lo mezquino y sin contenido lo más elevado, lo infinito. Esta exposición es, sin embargo, *consecuente,* pues al tomar como esencia del estado la esfera de lo contingente, en vez de la de lo sustancial, la consecuencia que corresponde a semejante contenido es precisamente la total inconsecuencia de la falta de pensamiento que permite avanzar sin una mirada retrospectiva y que se encuentra igualmente bien en lo contrario de lo que acaba de afirmar.[72]

---

72 A causa de su mencionado carácter, el citado libro es de un tipo original. El mal humor del autor podría tener algo noble en la medida en que se inflama contra las falsas teorías comentadas anteriormente, que tienen su punto de partida fundamentalmente en Rousseau, y sobre todo contra su intentada realización. Pero para salvarse Von Haller se ha lanzado al extremo opuesto, que es una total carencia de pensamiento y en el cual no se puede hablar de contenido. Se ha entregado al más amargo odio contra toda ley o legislación, contra todo derecho determinado formal y legalmente. El odio de la ley, del derecho legalmente determinado, es el "shiboleth"* por el que se revelan y dan a conocer de modo indudable el fanatismo y la hipocresía de las buenas intenciones, cualquiera sea el ropaje que vistan. Una originalidad como la de Von Haller es siempre un fenómeno notable, y para aquellos de mis lectores que aún no conocen el libro citaré algunos ejemplos a modo de prueba. En primer lugar, Von Haller establece su principio fundamental (t. 1, págs. 342 y sigs.) según el cual "así como en el reino de lo no viviente el más grande oprime al más chico, el más poderoso al más débil, etcétera, también entre los animales y luego entre los hombres se vuelve a repetir la misma ley en una forma más noble" (¿seguramente también con frecuencia en una menos noble?) y que "por lo tanto el inalterable orden de Dios establece que el más poderoso domina, debe dominar y dominará". Ya se puede ver a partir de esto, lo cual será confirmado además por lo que sigue, en qué sentido se habla aquí de poder; no se trata del poder de la justicia y de lo ético, sino de la contingente fuerza natural. Como prueba de esto alega más adelante (pág. 365), entre otras razo-

nes, que "la naturaleza ha dispuesto con una admirable sabiduría que el sentimiento de la propia superioridad ennoblezca de un modo irresistible el carácter y favorezca precisamente aquellas virtudes que son más necesarias para los subordinados". Con un gran despliegue retórico, se pregunta "si son los fuertes o los débiles los que en el reino de las ciencias abusan de la autoridad y la confianza para bajos fines egoístas y para la corrupción del hombre creyente, si entre los jurisconsultos los maestros en la ciencia son los leguleyos que defraudan las esperanzas de los hombres confiados, convierten lo blanco en negro y lo negro en blanco, hacen de las leyes un vehículo de la injusticia, reducen a la miseria a quienes necesitan su ayuda y despedazan como buitres hambrientos al inocente cordero". Se olvida sin embargo Von Haller que usa toda esta retórica precisamente en apoyo de la frase que expresaba que el dominio de los más poderosos es el orden de Dios, orden según el cual el buitre despedaza al inocente cordero y que da todo el derecho a quien es más poderoso por su conocimiento de la ley a saquear a los más débiles, a los crédulos que necesitan su ayuda. Pero sería demasiado pedir que dos pensamientos se hilaran donde no se encuentra ni siquiera uno. Obviamente, Von Haller es enemigo de los códigos; las leyes civiles son para él "innecesarias, pues se comprenden *de suyo a partir de las leyes naturales"*; se podría haber ahorrado el notable esfuerzo que desde que existen los estados se ha dedicado a la legislación y a los códigos y al estudio de ellos y del derecho legal, si se hubiera aceptado desde entonces el profundo pensamiento de que *todo eso se comprende de suyo.* "Por otra parte, las leyes no serán dadas a las personas privadas sino a los jueces inferiores como instrucciones para hacer conocer la voluntad del señor de la justicia. La *Jurisdicción* (I, págs. 297, 254 y en muchas otras partes) no es un deber del estado, sino un beneficio, una ayuda que prestan los más poderosos y que es meramente supletoria. El único medio que nos han dejado los modernos jurisconsultos para asegurar el derecho, al mismo tiempo que nos robaban los otros tres, no es el más perfecto, sino el menos seguro y menos certero. Los otros tres son en cambio los que con *mayor rapidez y seguridad* alcanzan su *objetivo,* y son por otra parte los que la *amistosa* naturaleza ha dado al hombre *para asegurarle su libertad Jurídica".* Estos tres medios son: "1) el *propio acatamiento* de la ley natural, 2) la *resistencia* ante la injusticia, 3) la *huida* cuando no hay otro recurso". (¡Qué poco amistosos son en cambio los jurisconsultos en comparación con la amistosa naturaleza!)

La ley *natural divina,* dada a cada uno por la infinita bondad de la naturaleza, es la siguiente: "Honra en cada uno a tu igual (según el principio del autor debería decir: honra a quien no es tu igual, sino más poderoso); no ofendas a nadie que no te haya ofendido: no exijas nada que no te sea debido" (¿pero qué es debido?) y "ama a tus prójimos y seles útil en lo que puedas". La implantación de esta ley debería hacer superfluos un código y una constitución. Sería notable ver cómo explica Von Haller que a pesar de su implantación hayan surgido códigos y constituciones en el mundo.

En el tomo 3, pág. 362 y sig., el autor encara "las llamadas libertades nacionales" (es decir, las leyes jurídicas y constitucionales; todo derecho determinado legalmente ha sido llamado, en este sentido amplio, una *libertad).* De estas leyes dice entre otras cosas que "su contenido-suele ser *muy poco importante,* aunque en los libros se otorgue un gran valor a estas libertades documentales". Si se observa que el autor está hablando de las libertades nacionales de los estamentos del imperio alemán, de las de la nación inglesa (la Carta Magna, "que sin embargo es muy poco leída y aun menos

Agregado. El estado en y por sí es la totalidad ética, la realización de la libertad, y es un fin absoluto de la razón que la libertad sea efectivamente real. El estado es el espíritu que está presente en el mundo y se realiza en él con *conciencia,* mientras que en la naturaleza solo se efectiviza como lo otro de sí, como jefe del estado, de los *deberes* del jefe y los servidores del estado. Lo que más le molesta a Von Haller es "el derecho de *gravar con. impuestos* el patrimonio de las personas, sus ganancias, su producción o su consumo, para cubrir *las necesidades del estado.* Pues de este modo ni siquiera el *rey* tiene *nada propio,* ya que el patrimonio del estado no es considerado propiedad privada del príncipe sino riqueza pública, ni tampoco lo tienen los ciudadanos prusianos, que no poseen ni sus bienes ni su propio cuerpo; todos los súbditos están reducidos a un estado de *servidumbre legal,* pues, no pueden sustraerse al servicio del estado".

Después de toda esta increíble crudeza podría encontrarse sumamente graciosa la emoción con que Von Haller describe la inefable alegría que le causaron sus

---

comprendida a causa de sus expresiones caídas en desuso", el *Bill of Rights),* de las de la nación húngara, etcétera, admirará saber que estas posesiones, a las que se atribuye tanta importancia, carezcan en realidad de ella, y que en estas naciones solo se otorgue un valor *en los libros* a leyes que han intervenido en la obtención de cada vestido que los individuos llevan, de cada pedazo de pan que comen, y que diariamente y a toda hora intervienen en todo. Para citar al *código general prusiano,* acotemos que Von Haller lo critica especialmente (I, págs. 185 y sigs.) porque sobre él han ejercido su increíble influencia los errores filosóficos (no por lo menos los de la filosofía kantiana, que es contra la que más se irrita el autor), lo que entre otras cosas se muestra sobre todo en el hecho de que allí se habla del *estado,* de su riqueza y su finalidad, del espíritu durmiente. Únicamente es estado si está presente en la conciencia, si se sabe como objeto existente. Respecto de la libertad, no debe partirse de la individualidad, de la autoconciencia individual, sino de la esencia de la autoconciencia, pues esta esencia, sea o no sabida por el hombre, se realiza como una fuerza independiente en la que los individuos son solo momentos. Es el camino de Dios en el mundo que constituye el estado; su fundamento es la fuerza de la razón que se realiza como voluntad. Para concebir la idea del estado no es necesario observar estados e instituciones determinados, sino considerar la idea misma, este Dios real. Todo estado, aunque según los principios que se poseen sea declarado malo o se reconozcan en él determinadas carencias, tiene en su interior los momentos esenciales de su existencia, especialmente si pertenece a los estados civilizados de nuestra época. Porque, dado que es más fácil encontrar fallas que concebir lo afirmativo, se suele caer en el error de detenerse en aspectos singulares y olvidar el organismo interno del estado. El estado no es un producto artificial sino que se halla en el mundo, y está por lo tanto en la esfera del arbitrio, la contingencia y el error, por lo cual un mal comportamiento puede desfigurarlo en muchos aspectos. Pero incluso el hombre más despreciable, el delincuente, aunque sea un enfermo y un inválido, no por eso deja de ser un hombre viviente; lo afirmativo, la vida, existe a pesar de las carencias. De este aspecto afirmativo es de lo que aquí se trata.

* Cf. nota 6.

descubrimientos (I, prefacio): "Una alegría como solo puede sentirla el amigo de la verdad cuando tras una honesta investigación adquiere la certeza de que junto (sí, ¡junto!) con el decreto de la naturaleza ha alcanzado la *misma palabra de Dios*" (por el contrario, la palabra de Dios diferencia su revelación muy expresamente de los decretos de la naturaleza y del hombre natural). Y describe "cómo estuvo a punto de desplomarse de pura admiración, un torrente de lágrimas de alegría brotó de sus ojos y a partir de ese momento surgió en él la religiosidad viviente". Si fuera por religiosidad, Von Haller tendría más bien que llorar por el riguroso castigo de Dios —el más riguroso que el hombre pueda afrontar— que significa haberse apartado del pensamiento y la racionalidad, de la veneración de la ley y del conocimiento de la infinita y divina importancia que tiene que los deberes del estado y los derechos de los ciudadanos, así como los derechos del estado y los deberes de los ciudadanos, estén determinados *legalmente*, hasta el punto de tomar el absurdo por *la palabra de Dios*.

§ 259. La idea del estado: a) tiene una realidad *inmediata* y es el estado individual en cuanto organismo que se refiere a sí; tiene su expresión en la *constitución* y el *derecho político interno*.

b) Pasa a la relación del estado individual con otros estados, lo cual se expresa en el *derecho político externo*.

c) Es la idea universal como *género* y como poder absoluto frente a los estados individuales, el espíritu que se da su realidad en el proceso de la *historia universal*.

Agregado. El estado real es esencialmente un estado individual y, además, un estado particular. Hay que distinguir la individualidad de la particularidad: aquélla es un momento de la idea del estado, mientras que la particularidad corresponde a la historia. Los estados, como tales, son independientes unos de otros, y su relación solo puede ser por lo tanto exterior, por lo que tiene que haber por encima de ellos un tercer elemento que los una. Este elemento es el espíritu, que se da realidad en la historia universal y se constituye en juez absoluto de aquéllos. Diversos estados pueden confederarse y erigir un tribunal que de cierto modo esté por encima de ellos, pueden realizarse uniones entre estados, como, por ejemplo, la Santa Alianza; pero todo esto, lo mismo que la paz perpetua, no puede dejar de ser relativo y limitado. El único juez absoluto que siempre hace valer sus fueros contra lo particular es el espíritu en y por sí, que se expone en la historia del mundo como lo universal y como el género efectivamente activo.

A. *Derecho político interno*

§ 260. El estado es la realidad efectiva de la libertad concreta. Por su parte, la *libertad concreta* consiste en que la individualidad personal y sus intereses particulares tengan su total desarrollo y el *reconocimiento de su derecho* (en el sistema de la familia y de la sociedad civil), al mismo tiempo que se convierten por sí mismos en interés general, al que reconocen con su saber y su voluntad como su propio *espíritu* *sustancial* y toman como *fin último* de su *actividad.* De este modo, lo universal no se cumple ni tiene validez sin el interés, el saber y el querer particular, ni el individuo vive meramente para estos últimos como una persona privada, sin querer al mismo tiempo lo universal y tener una actividad consciente de esta finalidad. El principio de los estados modernos tiene la enorme fuerza y profundidad de dejar que el principio de la subjetividad se consume hasta llegar al *extremo independiente* de la particularidad personal, para al mismo tiempo *retrotraerlo a su unidad sustancial,* conservando así a esta en aquel principio mismo.

Agregado. La idea del estado de la época moderna tiene la peculiaridad de que según ella el estado no es la realización de la libertad de acuerdo con el arbitrio subjetivo, sino según el concepto de la voluntad, es decir, según su universalidad y divinidad. Los estados imperfectos son aquellos en los cuales la idea del estado está aún encubierta y sus determinaciones particulares no han alcanzado todavía una independencia libre. En los estados de la antigüedad aparecía ya por cierto la universalidad, pero aún no se había desprendido y liberado la particularidad para retrotraerla a la universalidad, es decir, a la finalidad universal del todo. La esencia del nuevo estado es que lo universal está unido con la completa libertad de la particularidad y con la prosperidad de los individuos, que el interés de la familia y la sociedad civil debe concentrarse, por lo tanto, en el estado, y que la universalidad del fin no debe progresar sin embargo sin el saber y querer propios de la particularidad, que tiene que conservar su derecho. Lo universal tiene pues que ser activo, pero por otro lado la subjetividad debe desarrollarse en forma completa y viviente. Solo si ambos momentos se afirman en su fuerza puede considerarse que el estado está articulado y verdaderamente organizado.

§ 261. Frente a las esferas del derecho y el bienestar privados, de la familia y la sociedad civil, el estado es, por una parte, una necesidad *exterior* y el poder superior a cuya naturaleza se subordinan las leyes y los intereses de aquellas esferas, y de la cual dependen. Pero, por otra parte, es su fin *inmanente* y tiene su fuerza en la unidad de su fin último universal y el interés particular de los individuos, lo que se muestra en el hecho de que estos tienen frente al estado tanto derechos como *deberes* (§ 155).

Obs. Ya se ha señalado antes, en la observación al § 3, que ha sido especialmente Montesquieu, en su famosa obra *El espíritu de las leyes,* quien ha captado y tratado de desarrollar en detalle el pensamiento de la dependencia en que se hallan sobre todo las leyes del derecho privado respecto del carácter determinado del estado, y ha mantenido así la perspectiva filosófica de considerar la parte solo en referencia al todo. Puesto que el deber es en un primer momento un comportamiento *respecto de* algo para mí *sustancial,* en y por sí universal, mientras que, por el contrario, el derecho es la *existencia* de este elemento sustancial, y por lo tanto el aspecto de mi *particularidad* y de mi libertad *particular,* ambos aparecen distribuidos en sus estadios formales en lados y personas distintos. El estado, en cuanto algo ético, en cuanto compenetración de lo sustancial y lo particular, implica que mi obligación respecto de lo sustancial sea al mismo tiempo la existencia de mi libertad particular, es decir que en él deber y derecho estén *unidos en una y la misma relación*. Pero dado que en el estado los momentos diferenciados alcanzan su realidad y su configuración *propias*, el derecho y el deber vuelven a diferenciarse, de manera tal que, al mismo tiempo que *en sí, es* decir, formalmente, son idénticos, son sin embargo *distintos según su contenido*. En las *esferas* de la moralidad y del derecho privado falta la necesidad *real* de la relación, por lo que solo aparece la igualdad *abstracta* del contenido, En estas esferas abstractas, *lo* que es un derecho para uno también debe serlo para el otro, *lo* que es un deber para uno también debe serlo para el otro. La absoluta identidad del deber y el derecho solo tiene lugar también como identidad del *contenido* si este es totalmente universal, es decir, si es el principio único del deber y del derecho, la libertad personal. En ese sentido, los esclavos no tienen deberes porque no tienen derechos y viceversa (no se habla aquí de deberes religiosos). Pero en la idea concreta, que se desarrolla en sí misma, estos momentos se diferencian y su determinación implica al mismo tiempo un contenido distinto. En la familia, los derechos del hijo no tienen el mismo contenido que sus deberes hacia el padre, ni los derechos del ciudadano el mismo contenido que sus deberes frente al príncipe y el gobierno. Este concepto de la unión de deber y derecho es una de las determinaciones más importantes, y encierra la fuerza interna de los estados. El aspecto abstracto del deber insiste sin embargo en pasar por alto y hasta proscribir el interés particular, considerándolo como un momento inesencial e incluso indigno. La consideración concreta, la idea, muestra que el momento de la particularidad es igualmente esencial y que su satisfacción es por lo tanto absolutamente necesaria. Al cumplir con su deber el individuo debe encontrar al mismo tiempo de alguna manera su propio interés, su satisfacción y su provecho, y de su situación en el estado debe nacer el derecho de que la cosa pública devenga *su propia cosa particular*. El interés particular no debe ser dejado de lado ni reprimido, sino que debe ser puesto en concordancia con lo universal, con lo cual se conserva lo universal mismo. El individuo que se subordina a sus deberes encuentra en su cumplimiento como ciudadano la protección de su persona y propiedad, la consideración de su bienestar particular y la satisfacción de su esencia sustancial, la conciencia y el orgullo de ser miembro de esa totalidad. En el cumplimiento de los deberes en la forma de prestaciones y servicios para el estado tiene el individuo su conservación y su existencia. Según el aspecto abstracto, el único interés de lo universal sería que las prestaciones y los servicios que exige sean cumplidos como deberes.

Agregado. Todo depende en el estado de la unidad de universalidad y particularidad. En los estados antiguos, el fin subjetivo era directamente uno con el querer del estado; en la época moderna, por el contrario, reclamamos una opinión, un querer y una conciencia propios. Los antiguos no poseían nada de este tipo; para ellos, lo último era la voluntad del estado. Mientras que en los regímenes despóticos asiáticos el individuo no tenía ninguna interioridad ni ninguna justificación en sí mismo, en el mundo moderno el hombre quiere ser respetado en su interioridad. La unión de deber y derecho muestra la doble cara, por la cual lo que el estado exige como deber es también inmediatamente derecho de la individualidad, pues no es otra cosa que la organización del concepto de libertad. Las determinaciones de la voluntad individual son llevadas por medio del estado a una existencia objetiva, y solo por su intermedio alcanzan recién su verdad y su realización. El estado es la única condición para conseguir el fin y el bienestar particulares.

§ 262. La idea efectivamente real —el espíritu— se divide en las dos esferas ideales de su concepto, la familia y la sociedad civil, que constituyen su finitud, para ser, a partir de la idealidad de estas, espíritu efectivamente infinito por sí. Reparte así en esas esferas el material de su realidad finita, es decir, reparte a los individuos en forma de multitudes, de manera tal que en el individuo esta adjudicación *aparece mediada* por las circunstancias, el arbitrio y la propia elección de su destino (§ 185).

Agregado. En el estado platónico no rige aún la libertad subjetiva, pues las autoridades indican a los individuos cuál es su tarea. En muchos estados orientales esta adjudicación está dada por el nacimiento. La libertad subjetiva, que debe ser tenida en cuenta, exige en cambio la libre elección de los individuos.

§ 263. En estas esferas, en las cuales sus momentos, la individualidad y la particularidad, tienen su realidad inmediata y reflejada, el espíritu está como universalidad objetiva que *aparece* en ellas, como el poder de lo racional en la necesidad (§ 184), o sea, como las *instituciones* consideradas anteriormente.

Agregado. El estado en cuanto espíritu se diferencia en las determinaciones particulares de su concepto, de sus modos de ser. Consideremos un ejemplo tomado de la naturaleza. El sistema nervioso es lo que propiamente constituye el sistema sensorial; es el momento abstracto, que tiene en su interior su identidad consigo. Pero el análisis de la sensación revela dos aspectos, que se dividen de manera tal que ambos aparecen como la totalidad del sistema. El primero es el sentir abstracto, el permanecer consigo, el cerrado movimiento sobre sí, la reproducción, la alimentación, la producción y digestión interiores. El segundo momento consiste en que a este ser consigo mismo se le enfrenta el momento de la diferencia, el salir hacia el exterior. Es la irritabilidad, el salir hacia fuera de la sensación, que constituye un sistema propio. Hay clases zoológicas inferiores que solo han desarrollado este momento y no la unidad anímica de la sensación. Si comparamos estas relaciones naturales con las del espíritu, habría que equiparar la familia con la sensibilidad y la sociedad civil con la irritabilidad. El tercer momento es el estado, el sistema nervioso por sí, en sí mismo organizado, que es sin embargo viviente solo si los dos momentos anteriores, en este caso la familia y la sociedad civil, se han desarrollado en su interior. Las leyes que los gobiernan son las instituciones de la racionalidad que aparecen en ellos. El fundamento, la verdad última de estas instituciones es empero el espíritu, que es su fin universal y su objeto sabido. La familia es también algo ético, pero allí la finalidad no existe como una finalidad sabida; en la sociedad civil la división es, por el contrario, lo determinante.

§ 264. Puesto que ellos mismos son naturalezas espirituales, los individuos que componen la multitud encierran un doble momento: el extremo de la *individualidad* que sabe y quiere *por sí, y* el extremo de la *universalidad* que sabe y quiere lo sustancial. Solo alcanzan por lo tanto el derecho de ambas partes si existen como personas privadas y como personas sustanciales. Lo primero lo logran en aquellas esferas inmediatamente, y lo segundo, por una parte, al tener su autoconciencia esencial en las instituciones, en cuanto estas son lo *universal* en sí de sus intereses particulares, y por otra parte, al proporcionárseles en la corporación una tarea y una actividad dirigidas a un fin universal.

§ 265. Estas instituciones conforman, *en lo particular,* la *Constitución,* es decir, la racionalidad desarrollada y realizada. Son por ello la base firme del estado, así como de la confianza y disposición de los individuos respecto de él. Son los pilares de la libertad pública, pues en ellas se realiza y alcanza un carácter racional la libertad particular, con lo que tiene lugar *en sí* la unión de libertad y necesidad.

Agregado. Ya se ha señalado que el carácter divino del matrimonio y de las instituciones en las que la sociedad civil aparece como algo ético es lo que constituye la solidez del todo, es decir que lo universal sea a la vez cuestión de todos en cuanto particulares. Esto depende de que prevalezca la ley de la razón y de la libertad particular, y que mi fin particular sea idéntico a lo universal, pues de lo contrario el estado se encontraría en el aire. El orgullo de los individuos constituye su realidad, y su solidez es la identidad de ambos aspectos. Se ha dicho con frecuencia que la finalidad del estado es la felicidad de los ciudadanos. Esto es evidentemente cierto en la medida en que, si no se sienten bien con él, si no se satisface su fin subjetivo, no considerarán que el estado como tal es la mediación de esa satisfacción, con lo cual este se hallará asentado sobre cimientos poco sólidos.

§ 266. Pero el espíritu no solo existe como esta necesidad y este reino fenoménico, sino que es objetivo y efectivamente real como *idealidad* de los mismos, como su interior. De este modo, la universalidad sustancial es objeto y fin *para sí mismo,* y aquella necesidad existe igualmente para sí en la *figura* de la libertad.

§ 267. La *necesidad* en la idealidad es el desarrollo de la idea dentro de sí misma; como sustancialidad *subjetiva* es la disposición política, como sustancialidad objetiva —a diferencia de aquélla— es el *organismo* del estado, el estado propiamente *político* y *su constitución.*

Agregado. La unidad de la libertad que se quiere y se sabe se presenta en un primer momento como necesidad. Lo sustancial es entonces la existencia subjetiva de los individuos. Pero el otro modo de la necesidad es el organismo, que expresa que el espíritu es en sí mismo un proceso, que se articula en sí mismo y pone sus propias diferencias, con las cuales construye su circulación.

§ 268. La *disposición* política, el *patriotismo* – en cuanto certeza que está en la *verdad* (la certeza meramente subjetiva no es producida por la verdad y es solo una opinión) y querer que ha devenido *costumbre* –, es el resultado de las instituciones existentes en el estado. Este es, en efecto, el lugar en el que la racionalidad está *efectivamente* presente, racionalidad que recibe su confirmación con el obrar conforme a aquellas instituciones. Esta disposición es en general la *confianza* (que puede evolucionar hacia un conocimiento más o menos desarrollado), la conciencia de que mi interés sustancial y particular está contenido y preservado en el interés y el fin de otro (aquí el estado) en cuanto está en relación conmigo como individuo. De esta manera, este otro deja inmediatamente de ser un otro para mí y yo soy libre en esta conciencia.

Obs. Con el término sacrificio se suele entender solo él estar dispuesto a realizar sacrificios y acciones *extraordinarias.* Esencialmente es en cambio la disposición que en circunstancias y situaciones normales lleva a considerar la cosa pública como fin y fundamento sustancial. Esta conciencia que se mantiene en todas las circunstancias en el curso de la vida es, pues, lo que fundamenta la disposición a un esfuerzo extraordinario. Pero como los hombres son con frecuencia más valerosos que justos, se persuaden con facilidad de que están en posesión de ese patriotismo extraordinario para ahorrarse esta verdadera disposición o disculparse de su carencia. Por otra parte, cuando se considera que esta disposición puede constituir por sí un punto de partida válido y tener su origen en representaciones y pensamientos subjetivos, se la confunde con la opinión, pues se la priva de su verdadero fundamento, la realidad objetiva.

Agregado. El hombre inculto se complace en razonamientos formales y en críticas, pues es mucho más fácil encontrar algo criticable que conocer el bien y su necesidad interna. La cultura incipiente comienza siempre con críticas, la cultura consumada ve, en cambio, en todo lo positivo. También en la religión se dice inmediatamente que esto o aquello es superstición, pero es infinitamente más difícil concebir su verdad. Hay que diferenciar por lo tanto la disposición política tal como aparece de lo que los hombres verdaderamente quieren, pues su querer se dirige interiormente a la cosa misma, pero ellos se detienen en singularidades y se complacen en la vanidad de "querer comprender mejor". Los hombres confían en que el estado tiene que existir y que solo en él puede alcanzar el interés particular la posición que le corresponde, pero la costumbre hace invisible aquello sobre lo que descansa la totalidad de nuestra existencia. Cuando alguien camina de noche seguro por la calle, no se le ocurre que podría ocurrir otra cosa, pues la costumbre de la seguridad se ha convertido ya en otra naturaleza, y no se reflexiona que no es más que el resultado de determinadas instituciones. La representación suele opinar que es la fuerza lo que une al estado, pero lo que lo mantiene es en cambio exclusivamente el sentimiento fundamental del orden, que todos poseemos.

§ 269. La disposición política toma su *contenido* particularmente determinado de los diversos aspectos del organismo del estado. Este *organismo* es el desarrollo de la idea que cristaliza en sus diferencias y en su realidad objetiva. Estos diferentes aspectos son así *los distintos poderes* y sus tareas y actividades, por medio de los cuales lo universal se *produce* continuamente y de un modo *necesario* – puesto que aquéllos están determinados por la *naturaleza del concepto* –, y al mismo tiempo se *conserva,* ya que está igualmente presupuesto a su producción. Este organismo es la *constitución política.*

Agregado. El estado es un organismo, es decir, el desarrollo de la idea en sus diferencias. Estos diferentes aspectos son así los distintos poderes y sus tareas y actividades, por medio de las cuales lo universal se produce continuamente de un modo necesario, y puesto que en su producción está igualmente presupuesto, también se conserva. Este organismo es la constitución política, que surge eternamente del estado, que al mismo tiempo se conserva por su intermedio. Si ambos aspectos se separan, ya no está más puesta la unidad que los produce: se aplicaría a ellos la fábula del estómago y de los demás órganos. Por la propia naturaleza del organismo, si todas las partes no convergen en una identidad, si una de ellas se vuelve independiente, todas deben sucumbir. Con predicados, principios, etcétera, no se alcanza a juzgar al estado, que debe ser aprehendido en cambio como un organismo, del mismo modo que no se concibe por medio de predicados la naturaleza de Dios, cuya vida debo por el contrario intuir en sí misma.

§ 270. Que el fin del estado sea el interés general como tal y que en ello radique, como en su sustancia, la conservación de los intereses particulares constituye: 1) su *realidad abstracta o* sustancialidad; pero ella es 2) su *necesidad,* en cuanto se divide en las *diferencias* conceptuales de su actividad, las cuales, por aquella sustancialidad, son igualmente determinaciones *fijas* y reales: los poderes. 3) No obstante, esta sustancialidad es precisamente el espíritu que se sabe y se quiere porque ha *pasado por la forma de la cultura.* El estado *sabe* por lo tanto lo que quiere, y lo sabe en su *universalidad,* como algo *pensado;* por eso obra y actúa siguiendo fines sabidos, principios conocidos y leyes que no son solo *en sí,* sino también para la conciencia; del mismo modo, si se refiere a circunstancias y situaciones dadas, lo hace de acuerdo con el conocimiento que tiene de ellas.

Obs. Este es el lugar para referirse a la *relación del estado con la religión,* ya que últimamente se ha repetido con mucha frecuencia que la religión es el fundamento del estado, y que esta afirmación se hace además con la pretensión de que con ella está acabada la ciencia del estado. Por otra parte, ninguna afirmación es tan adecuada para provocar la confusión y elevarla incluso al rango de constitución del estado, es decir, a la forma que debe tener el conocimiento.

En primer lugar, puede parecer sospechoso que la religión sea recomendada y buscada especialmente en las épocas de miseria pública, de desorganización y opresión, y que se la señale como consuelo frente a la *injusticia* y como *esperanza* para la reparación de una *pérdida,* Si se considera además que la religión enseña a mantenerse indiferente ante los intereses mundanos, ante el curso de la realidad y las tareas que ella impone, y si se observa por el contrario que el estado es el espíritu que *está en el mundo,* el recurso a la religión no parece adecuado para elevar los intereses y los asuntos del estado al carácter de un fin serio y esencial, y parece mostrar en cambio que todo lo que se refiere a él es indiferente y arbitrario. Esto aparece tanto en la forma de la afirmación de que lo que reina en el estado son las finalidades de las pasiones y de las fuerzas injustas, como en la pretensión de que el recurso a la religión vale por sí y tiene la función de determinar y mantener el derecho. Así como sería considerado un escarnio eliminar todo sentimiento contra la tiranía por el hecho de que el oprimido encuentra su consuelo en la religión, tampoco hay que olvidar que esta puede adoptar una forma que tiene como consecuencia la más dura servidumbre entre las cadenas de la superstición y la degradación del hombre a un nivel inferior al del animal (como ocurre entre los egipcios y los hindúes, que adoran animales como seres superiores). Este fenómeno puede servir por lo menos para advertir que no se debe hablar de la religión de un modo totalmente general, y que, frente a ella, tal como aparece en ciertas configuraciones, es necesario por el contrario un poder salvador que se haga cargo de los derechos de la razón y de la autoconciencia.

Pero la determinación esencial acerca de la relación entre la religión y el estado solo se obtiene si se recuerda su concepto. La religión tiene como contenido la verdad absoluta y también le pertenece por lo tanto la disposición más elevada. En cuanto intuición, sentimiento, conocimiento representativo que se ocupa de Dios como causa y fundamento ilimitado, del cual todo depende, contiene la exigencia de que todo sea aprehendido en este respecto y alcance en él su confirmación, justificación y certeza. En esta relación el estado y las leyes, al igual que los deberes, adquieren para la conciencia su suprema verificación y obligatoriedad. En efecto, el estado, las leyes y los deberes también son en su realidad algo determinado, que pasa a una esfera superior como a su fundamento *(Enciclopedia de las ciencias filosóficas,* § 453).[73] Por eso la religión contiene el lugar que en todo cambio y en la pérdida de posesiones, intereses y fines reales preserva la conciencia de lo inmutable y de la más alta libertad y satisfacción.[74] Pero si bien la religión constituye *el fundamento,* que contiene en sí lo ético en general y más precisamente la naturaleza del estado

73 3.ª ed., § 553.

74 La *religión,* al igual que el *conocimiento* y la *ciencia,* tiene como principio una forma peculiar, diferente de la del estado. Entran por lo tanto en él, por una parte, como *medios* de la cultura y de la disposición cívica, por otra, en la medida en que son en sí mismos fines esenciales, en lo que se refiere a su existencia exterior. En ambos respectos se *aplican* a ellos los principios del estado. En un tratamiento concreto y completo del estado tendrían que considerarse aquellas esferas —lo mismo que el arte, las relaciones meramente naturales, etcétera— en su relación con el estado y en la situación que ocupan en él. En este tratado, en cambio, donde es el principio del estado lo que se desarrolla de acuerdo con su idea en su *esfera peculiar,* solo puede hablarse incidentalmente de los principios de aquellas otras esferas y de la *aplicación* a ellas del derecho del estado.

como voluntad divina, es al mismo tiempo solo *fundamento,* y es aquí donde ambas esferas se separan. El estado es voluntad divina en cuanto *espíritu presente que se despliega en una figura real y en la organización de un mundo.* Quienes frente al estado quieren aferrarse a la forma de la religión se comportan como los que en el conocimiento creen tener razón si permanecen exclusivamente en la *esencia* y no pasan de esta abstracción a la existencia, o como los que solo quieren el *bien abstracto* y se reservan el arbitrio de determinar lo que es bueno (cf. § 140). La religión es la relación con lo absoluto en la forma del *sentimiento,* la *representación* y la *fe,* y en su centro, que todo lo incluye, todo existe como algo accidental, como algo que al mismo tiempo debe desaparecer. Si respecto del estado se persevera en esta forma y se hace de ella lo esencialmente válido y determinante, el estado, en cuanto organismo que se desarrolla en diferencias existentes, en leyes e instituciones, queda abandonado a la inestabilidad, la inseguridad y la desorganización. Lo objetivo y universal, las leyes, en vez de ser considerados como algo válido y existente, adquieren un carácter negativo frente a aquella forma que recubre todo lo determinado y precisamente por eso deviene subjetiva. Para la conducta del hombre se desprende la siguiente consecuencia: para el justo no hay ninguna ley; sean piadosos y podrán hacer lo que quieran; se podrán entregar a la pasión y a la arbitrariedad, y remitir a los que de esa manera sufren la injusticia al consuelo y la esperanza de la religión, o, peor aún, rechazarlos y condenarlos por irreligiosos. En la medida en que este comportamiento negativo no permanece como una disposición interior y se dirige hacia la realidad y se hace valer en ella, nace el *fanatismo religioso,* que, al igual que el político, destierra toda institución del estado y todo ordenamiento legal por ser barreras opresivas e inadecuadas para la infinitud interior del sentimiento. De esta manera proscribe la propiedad privada, el matrimonio, las relaciones y el trabajo de la sociedad civil, etcétera, como cosas indignas del amor y de la libertad del sentimiento. Pero puesto que es necesario decidirse por una acción y una existencia reales, ocurre lo mismo que en el caso de la subjetividad de la voluntad que se sabe como absoluta (§ 140): se decide sobre la base de la representación subjetiva, es decir, al *opinar* y al *capricho arbitrario.*

Lo verdadero frente a esta verdad que se oculta en la subjetividad del sentir y del representar es el enorme paso de lo interior a lo exterior, de la presunción de la razón a la realidad, en el que ha trabajado toda la historia universal, trabajo por medio del cual la humanidad civilizada ha alcanzado la realidad y la conciencia de la existencia racional, de las instituciones del estado y de las leyes. De aquellos que *buscan al Señor* y aseguran poseer todo inmediatamente en su opinión no cultivada, en vez de cargar con el trabajo de elevar su subjetividad al conocimiento de la verdad y al saber del derecho objetivo y del deber, solo puede provenir la desintegración de todas las relaciones éticas, y todo tipo de necedades y atrocidades. Estas son las consecuencias necesarias de la disposición religiosa que se basa exclusivamente en su forma y se opone de ese modo a la realidad efectiva y a la verdad presente en la forma de lo universal, en la forma de la ley. No es sin embargo necesario que esta disposición pase a la realización; puede permanecer en su punto de vista negativo como algo interior, someterse a las instituciones y a las leyes y darse por satisfecha con la resignación y el dolor o bien con el deseo y el desprecio. No es la fuerza sino la debilidad la que ha convertido en nuestra época a la religiosidad en un tipo *polémico* de piedad, se relacione con una verdadera necesidad o meramente con una vanidad insatisfecha. En vez de dominar su opinión con el trabajo del estudio y someter su voluntad a la disciplina para elevarla así a una libre obediencia, resulta mucho menos costoso renunciar al conocimiento de la verdad objetiva, preservar un sentimiento de opresión y con él la presunción, y depositar en la devoción todos los requisitos para penetrar la naturaleza de las leyes y las instituciones del estado, negarles validez, y expresar cómo deben y tienen que ser. Dado que todo esto proviene de un corazón piadoso, sería además infalible e intocable, pues por el hecho de que sus fines y sus afirmaciones ponen como fundamento la religión, no podrían ser atacadas por su superficialidad o por su injusticia.

En la medida en cambio en que la religión, cuando es verdadera, no sigue esta dirección negativa y polémica frente al estado, sino que, por el contrario, lo reconoce y lo ratifica, alcanza además para sí su *condición* propia y su exteriorización. Su culto está formado por actos y enseñanzas, para lo cual necesita *posesiones* y *propiedades,* así como el servicio de *individuos* dedicados a la comunidad. Con esto surge una relación entre el estado y la comunidad eclesiástica. La determinación de esta relación es simple. Reside en la naturaleza misma de la cosa que el estado cumple un deber al favorecer por todos los medios a la comunidad para sus fines religiosos y proporcionarle protección. Además, puesto que la religión es el momento integrador para lo más profundo del sentimiento, puede exigir de sus miembros que pertenezcan a alguna comunidad eclesiástica. Solo puede determinar que pertenezcan a alguna comunidad, porque el estado puede inmiscuirse en el contenido, en la medida en que este se refiere a la intimidad de la representación. El estado que se ha perfeccionado en su organización y es por lo tanto más fuerte puede comportarse en este respecto de un modo más liberal, pasar por alto hechos singulares que lo afectarían e incluso soportar en su interior comunidades (lo cual depende por cierto de su número) que por razones religiosas no reconozcan los deberes directos que tienen con el estado, dejando a sus miembros en manos de la sociedad civil y de sus leyes y contentándose con un cumplimiento pasivo de los deberes directos, quizá por medio de una alteración o un cambio de la prestación.[75] Pero en cuanto la

75 De los cuáqueros, anabaptistas, etcétera, puede decirse que solo son miembros activos de la sociedad civil, y que como personas privadas solo están en relación privada con los demás e incluso en esta situación se les ha dispensado el juramento. Cumplen los deberes directos con el estado de un modo pasivo, y respecto de uno de los más importantes, el de defenderlo contra sus enemigos, al que directamente se niegan, se les permite que lo cumplan cambiándolo por otra prestación. Frente a estas sectas, se puede decir con propiedad que el estado practica la tolerancia, pues si no reconocen sus deberes con él no pueden aspirar al derecho de ser sus miembros. En cierta ocasión, cuando en el congreso norteamericano se estaba defendiendo con gran vigor la abolición de la esclavitud de los negros, un diputado de los estados del sur replicó

comunidad eclesiástica posee una *propiedad*, lleva a cabo los actos que se refieren al culto y tiene individuos a su servicio para ese fin, sale de su intimidad y penetra en lo mundano y con ello en el ámbito del estado, poniéndose de este modo *inmediatamente* bajo sus leyes. El juramento, lo ético en general, así como las relaciones del matrimonio, llevan consigo una penetración íntima y una elevación del *sentimiento*, que por medio de la religión recibe su confirmación más profunda. Pero puesto que las relaciones éticas son esencialmente relaciones de la *racionalidad real*, son los derechos de esta lo que hay que afirmar en aquéllas en primer lugar, y ante ellos la confirmación religiosa se presenta solo como su aspecto interno y más abstracto. Respecto de las demás exteriorizaciones que surgen de la unión en una iglesia, en la que se refiere a la *doctrina* lo interior tiene mayor preponderancia sobre lo exterior que en lo que se refiere a los actos del culto y otras conductas vinculadas con él, en los cuales al menos el aspecto *Jurídico* aparece por sí al mismo tiempo como asunto del estado (hay iglesias sin embargo que se han tomado el derecho de eximir a sus servidores y sus propiedades del poder y de la Jurisdicción del estado, y se han atribuido incluso la Jurisdicción sobre los laicos en los casos en que la religión participa, como por ejemplo en cuestiones de separación matrimonial y juramentos). El control *policial* respecto de estos actos tiene por cierto un carácter indeterminado, pero esto se basa en la naturaleza de este control y también tiene lugar en referencia a otras acciones totalmente civiles (véase § 234). En la medida en que una colectividad religiosa de individuos se eleva al rango de una comunidad, de una corporación, queda bajo la vigilancia policial superior del estado. La *doctrina* misma, en cambio, tiene su ámbito en la conciencia y pertenece al derecho de la libertad subjetiva de la autoconciencia, a la esfera de la interioridad, que, en cuanto tal, no constituye el dominio del estado. Pero el estado también tiene una doctrina, pues sus instituciones

---

con acierto: "Déjennos los negros, nosotros les dejaremos los cuáqueros". Solo gracias a la fuerza de que dispone en otros aspectos puede el estado pasar por alto y soportar estas anomalías, y confiar en que el poder de las costumbres y de la racionalidad interna de sus instituciones reducirán y superarán la diferencia sin necesidad de hacer valer estrictamente sus derechos. Por más correcta que pueda ser formalmente la oposición al otorgamiento de derechos civiles a los judíos, basada en el hecho de que no se considerarían simplemente como un grupo religioso particular, sino como pertenecientes a otro pueblo, las voces que se elevan contra ellos por esta y otras razones pasan por alto que en primer lugar son hombres y que esto no es simplemente una cualidad superficial y abstracta (§ 209); implica por el contrario que por medio de la concesión de los derechos civiles se alcanza el orgullo de valer como persona jurídica en la sociedad civil, y que a partir de esta raíz infinita, independiente de todo lo demás, se producirá la equiparación deseada de los modos de pensar y de los sentimientos. Si no fuera así, la separación que se reprocha a los judíos sería mantenida y se convertiría con justicia en un motivo de reproche para el estado excluyente, pues habría desconocido su propio principio: la institución objetiva y su poder (cf. § 268, al final). La afirmación de esta exclusión, que se creía muy justificada, se ha mostrado en la experiencia totalmente insensata; el modo de actuar de los gobiernos se ha revelado por el contrario como sabio y digno.

y en general lo jurídicamente válido, la constitución, etcétera, existen en la forma de leyes, es decir, esencialmente en la forma del *pensamiento.* Dado que no es un mecanismo, sino la vida racional de la libertad autoconsciente, la disposición interior es, al igual que la conciencia de ellas que se expresa en *principios,* un momento esencial en el estado real. Por su parte, la doctrina de la iglesia no es meramente algo interno a la conciencia, sino que por ser una doctrina es, por el contrario, una *exteriorización,* que también versa sobre un contenido, que se relaciona del modo más íntimo con los principios éticos y las leyes del estado, o que los afecta inmediatamente. Por lo tanto, el estado y la iglesia directamente coinciden o se oponen entre sí. La distinción entre ambos ámbitos puede ser llevada por la iglesia a la brusca contraposición según la cual ella, por encerrar en sí el contenido absoluto de la religión, considera como parte suya lo *espiritual* en general y por lo tanto también el elemento ético, mientras que el estado sería una estructura mecánica para fines exteriores y no espirituales. Ella sería el reino de Dios, o por lo menos el camino que conduce a él y su antecámara, mientras que el estado sería reino del mundo, es decir, de lo pasajero y finito; se concibe así como un fin en sí misma, y comprende al estado como un mero *medio.* Con esta pretensión se relaciona, respecto de la enseñanza, la exigencia de que el estado no solo deje actuar a la iglesia con plena libertad en este aspecto, sino que además respete incondicionalmente sus enseñanzas, cualesquiera que sean, pues solo a ella le incumbiría esta determinación.

La iglesia llega a esta pretensión basándose en una extensión del argumento según el cual el elemento espiritual es propiedad suya; a este ámbito también pertenecen sin embargo la *ciencia* y en general el conocimiento, que, al igual que una iglesia, conforman una totalidad basada en un principio específico y que podrían considerarse incluso con mayor derecho que ella a ocupar ese lugar y exigir para la ciencia la misma independencia del estado, el cual, por ser medio, debería simplemente cuidar de ella, que es un fin en sí misma.

Respecto de esta situación es, por otra parte, indiferente si los individuos dedicados al servicio de la comunidad religiosa y sus superiores se ven obligados a llevar una existencia separada del estado, o si, por lo demás, pertenecen a él y su determinación eclesiástica es solo un aspecto de su posición, que mantienen separado del estado, Hay que señalar en primer lugar que esta situación se relaciona con la representación del estado, según la cual su función es proteger y asegurar la vida, la propiedad y el arbitrio de cada uno en la medida en que no lesiona la vida, la propiedad y el arbitrio de los demás; el estado es considerado así como una institución de la necesidad. El elemento espiritual superior, el elemento de lo en y por sí verdadero, es colocado de esta manera, en cuanto religiosidad subjetiva o ciencia teórica, más allá del estado, que por ser lo en y por sí laico no puede hacer otra cosa que respetarlo, quedando fuera de él la auténtica eticidad. Pertenece a la historia el hecho de que hayan existido épocas y situaciones de barbarie en las que toda espiritualidad superior tenía su asiento en la iglesia y el estado no era más que un régimen de violencia, de arbitrariedad y de pasiones, y aquella contraposición abstracta se erigía en principio fundamental de la realidad (véase § 358). Pero es un proceder demasiado ciego y superficial tomar esta situación como la que es verdaderamente adecuada a la idea. El desarrollo de esta idea ha mostrado por el contrario que la verdad es que el espíritu, en cuanto libre y racional, es en sí ético, que la idea verdadera es la racionalidad *real,* y que es esta la que existe como estado. De la idea resulta igualmente que la *verdad* ética se halla en ella para la conciencia pensante como contenido que ha sido elaborado hasta alcanzar la forma de la *universalidad,* como *ley;* el estado *sabe* sus fines, los reconoce y realiza con una conciencia determinada y según principios. Como ya se ha señalado antes, la religión también tiene como su objeto universal lo verdadero, pero en la forma de un contenido dado, que no es conocido en sus determinaciones fundamentales por medio del pensamiento y del concepto. Del mismo modo, la relación del individuo con ese objeto es una obligación basada en una autoridad, y el *testimonio* del propio espíritu y del corazón, que es donde reside el momento de la libertad, es *fe* y *sentimiento.*

Es el conocimiento filosófico el que sabe que iglesia y estado no se oponen por el *contenido* de la verdad y la racionalidad, pero se diferencian en cambio por la forma. Por eso, cuando la iglesia pasa a la *enseñanza* (hay y ha habido iglesias que solo tienen culto, y otras en que el culto es el aspecto principal y la enseñanza y el cultivo de la conciencia cosas secundarias) y en ella se tocan *principios objetivos,* el pensamiento de lo ético y lo racional se traslada en esta exteriorización inmediatamente al ámbito del estado. Mientras la iglesia se mantiene en su *fe,* su *autoridad* sobre lo ético, el derecho, las leyes y las instituciones, y en su *convicción subjetiva,* el estado es por el contrario el que *sabe;* en su principio el contenido no se mantiene esencialmente en la forma del sentimiento y de la fe, sino que pertenece al pensamiento determinado.

Si el contenido existente en y por sí aparece en la figura de la religión como un contenido determinado, como doctrinas propias de la iglesia en cuanto comunidad religiosa, estas doctrinas permanecerán fuera del ámbito del estado (en el protestantismo no hay un clero que sea depositario exclusivo de la doctrina de la iglesia, porque en él no hay *laicos).* Por el hecho de que los principios éticos y el orden del estado atraviesan el dominio de la religión, y no solo pueden, sino que deben ser puestos en relación con ella, el estado mismo adquiere una certificación religiosa. Pero, por otra parte, mantiene el derecho y la forma de la racionalidad autoconsciente y objetiva, el derecho de hacerla valer y de sostenerla frente a afirmaciones que nacen de la figura *subjetiva* de la verdad, cualesquiera sean la *seguridad* y la *autoridad* con que se rodean. Puesto que el principio de su forma es, en cuanto universal, el pensamiento, también ha sucedido que *de su parte surgiera la libertad del pensamiento y de la ciencia* (mientras que una iglesia ha, por el contrario, quemado a Giordano Bruno y obligado a Galileo a pedir perdón de rodillas por *su exposición del sistema solar copernicano).*[76] Por su parte, la ciencia tiene también su lugar, pues

76 Laplace, *Exposición del sistema del mundo,* V, cap. 4. "Al dar a conocer sus descubrimientos (los que le proporcionó el telescopio; los anillos de Venus, etcétera), Galileo señaló inmediatamente que demostraban de un modo irrebatible el movimiento de

posee el mismo elemento formal que el estado: tiene como fin el *conocimiento*, más precisamente, el conocimiento de la verdad y la racionalidad *objetivas* y pensadas. El conocimiento pensante también puede por cierto degradarse del carácter de ciencia al mero opinar y raciocinar a partir de fundamentos cualesquiera, y, dirigiéndose a los objetos éticos y a la organización del estado, entrar en contradicción con sus principios. Esto lo podrá realizar con la misma pretensión que tenía en su campo la iglesia, queriendo apoyarse en este *opinar* como si fuera la razón y afirmando el derecho de la autoconciencia subjetiva de ser libre en su opinión y convicción. Ya se ha señalado antes el principio de esta subjetividad del saber (§ 140). Aquí solo cabe señalar que el estado puede por un lado mostrar frente al *opinar* una infinita indiferencia, precisamente en la medida en que es una opinión, un contenido subjetivo, y no tiene, por lo tanto, por muy alto que se precie, ninguna fuerza y poder verdaderos (del mismo modo en que el pintor que se atiene en su paleta a los tres colores fundamentales se mantiene indiferente ante el precepto escolar de los siete colores básicos). Pero el estado debe por otra parte proteger la verdad objetiva y los principios de la vida ética contra este *opinar* que se atiene a malos principios, en la medida en que adquiere una existencia general que corroe la realidad y especialmente en cuanto el formalismo de la subjetividad incondicionada quiere tomar como fundamento el punto de partida científico y sublevar contra el estado sus pro-

---

la Tierra. Pero el pensamiento de este movimiento fue declarado herético por una asamblea de cardenales, y Galileo, su más famoso defensor, llevado ante el tribunal de la Inquisición y obligado a retractarse para evitar una severa pena de prisión. En el hombre de espíritu la pasión por la verdad es una de las pasiones más fuertes. Galileo, convencido del movimiento de la Tierra por sus propias observaciones, pensó durante largo tiempo en una nueva obra, en la que se proponía desarrollar todas sus demostraciones. Pero, para librarse al mismo tiempo de la persecución de la que hubiera sido víctima, prefirió redactar su informe a modo de diálogos entre tres personas. Se ve allí claramente que la ventaja está del lado del defensor del sistema copernicano; pero puesto que Galileo no se pronunciaba en favor de ninguno de ellos y daba a las objeciones del partidario de Ptolomeo todo el peso que era posible, podía esperar que no se perturbara el goce de la tranquilidad que su edad y sus trabajos merecían. A los setenta años fue nuevamente citado por el tribunal de la Inquisición. Se lo encerró en una prisión y se le exigió que se retractara nuevamente bajo la amenaza de aplicación de las penas destinadas a los herejes reincidentes. Se le hizo firmar la siguiente fórmula de abjuración: 'Yo, Galileo, a los setenta años, habiendo acudido personalmente ante el tribunal, de rodillas y con la vista dirigida a los Santos Evangelios, que toco con mis manos, abjuro, maldigo y reniego con corazón sincero y verdadera fe de la falsa y herética doctrina del movimiento de la Tierra'. Qué espectáculo, el de un digno anciano, famoso por una larga vida dedicada únicamente a la investigación de la naturaleza, teniendo que abjurar de rodillas, contra el testimonio de su propia conciencia, de la verdad que había demostrado con evidencia. Un juicio de la Inquisición lo condenó a prisión perpetua. Un año más tarde fue puesto en libertad por la solicitud del Gran Duque de Florencia. Murió en 1642. Su pérdida fue lamentada por toda Europa, iluminada por sus trabajos e indignada por el juicio seguido contra tan gran hombre por un odioso tribunal."

pios institutos de enseñanza, dándoles la pretensión de una iglesia. Inversamente, frente a una iglesia que pretende una *autoridad* ilimitada e incondicionada, tiene que hacer valer el derecho formal de la autoconciencia a una posición propia, a una convicción y, en general, al pensamiento de lo que debe valer como verdad objetiva.

Se puede aun citar la *unidad del estado* y *de la iglesia,* determinación de la que se ha hablado mucho en la época moderna y que se ha erigido en ideal supremo. Si su unidad esencial es la unidad de la verdad de los principios y sentimientos, es igualmente esencial que junto con esa unidad adquiera una *existencia particular* la diferencia que ellos tienen en la forma de su conciencia. En el despotismo oriental existe la tan frecuentemente deseada unidad de la iglesia y del estado, pero al mismo tiempo no existe el estado, es decir, no existe su configuración autoconsciente en el derecho, la eticidad libre y el desarrollo orgánico, única digna del espíritu. Para que el estado, en cuanto realidad ética del espíritu que *se sabe,* llegue a la existencia, es necesaria su separación de la forma de la autoridad y de la fe. Pero esta separación solo ocurre si el ámbito religioso llega a una separación en su propio interior. Únicamente de esta manera, por encima de las iglesias *particulares,* alcanza el estado la *universalidad* del pensamiento, el principio de su forma, y la lleva a la existencia. Para reconocer esto no solo se debe saber qué es la universalidad *en sí,* sino también qué es su *existencia.* La separación de la iglesia, lejos de ser o haber sido una desgracia para el estado, es el *único medio* por el cual este pudo haber llegado a su determinación: la racionalidad y la moralidad autoconscientes. Al mismo tiempo, es lo mejor que le pudo haber ocurrido a la iglesia y al pensamiento para que llegaran a la libertad y a la racionalidad que les corresponde.

Agregado. El estado es efectivamente real y su realidad consiste en que el interés del todo se realiza en los intereses particulares. La realidad efectiva es siempre la unidad de la universalidad y de la particularidad, el desprendimiento de la universalidad en la particularidad que aparece como si fuera independiente, aunque es llevada y mantenida exclusivamente por el todo. Si algo no presenta esta unidad, no es *efectivamente real,* aunque haya que admitir su *existencia.* Un mal estado es un estado que meramente existe; también un cuerpo enfermo existe, pero no tiene una realidad verdadera. Una mano que ha sido separada del cuerpo tiene todavía la apariencia de una mano y existe sin ser ya, sin embargo, efectivamente real. La verdadera realidad es necesidad: lo que es efectivamente real es en sí mismo necesario. La necesidad consiste en que el todo se divida en las diferencias de su concepto, y que esta división se convierta en una determinación fija y resistente, que no tiene, sin embargo, la rigidez de la muerte, sino que en su disolución se engendra siempre nuevamente. Al estado consumado pertenece esencialmente la conciencia, el pensamiento; el estado sabe, por lo tanto, lo que quiere, y lo sabe como algo pensado. Puesto que el saber tiene su lugar en el estado, también la ciencia lo tiene *en él* y no en la iglesia. A pesar de eso se ha hablado mucho en la época moderna de que el estado tiene que surgir de la religión. El estado es el espíritu desarrollado y expone sus momentos a la luz de la conciencia: precisamente porque lo que está en la idea sale a la objetividad, el estado aparece como algo finito, y se muestra entonces como un ámbito que pertenece a lo mundano, mientras que la religión, por el contrario, se presenta como el ámbito de la infinitud. El estado parece así lo subordinado y, puesto que lo finito no puede subsistir por sí, necesitaría la base de la iglesia. Por ser finito no tendría ninguna justificación y solo por medio de la religión devendría sagrado y alcanzaría lo infinito. Esta consideración de la cuestión es sin embargo altamente unilateral. El estado es por cierto esencialmente mundano y finito y tiene fines y poderes particulares, pero el hecho de que sea mundano constituye únicamente un aspecto, y solo para la percepción carente de espíritu es algo meramente finito. Porque el estado tiene un alma que lo vivifica, que es la subjetividad, que engendra las diferencias, pero al mismo tiempo las conserva en la unidad. En el ámbito religioso también hay diferencias y finitudes. Se dice que Dios es trino: allí hay por lo tanto tres determinaciones cuya unidad es recién el espíritu. Por lo tanto, cuando se aprehende concretamente la naturaleza divina también se lo hace por medio de diferencias. En el reino divino aparecen pues finitudes, lo mismo que en el mundano, y la opinión de que el espíritu del mundo, es decir, el estado, es solo finito es unilateral, porque la realidad efectiva no es de ninguna manera irracional. Un mal estado es por cierto solo mundano y finito, pero el estado racional es en sí mismo infinito.

Por otra parte se dice que el estado debe tomar su justificación de la religión. La idea, tal como está en la religión, es el espíritu en la interioridad del sentimiento, pero es la misma idea la que se da en el estado una existencia mundana y se proporciona en el saber y en el querer una existencia y una realidad efectiva. Si se dice entonces que el estado tiene que fundarse en la religión, esto puede querer decir que debe basarse en la racionalidad y resultar de ella. Pero esta proposición también puede ser mal entendida en el sentido de que el modo más hábil de llevar a los hombres a la obediencia es mantener su espíritu sujeto a una religión no libre. La religión cristiana es sin embargo la religión de la libertad. Puede por supuesto sufrir una alteración en la que lo libre se transforme en no libre, en la medida en que esté afectada por la superstición. Si se quiere decir que los individuos deben tener una religión para que su espíritu esté más controlado y pueda ser más fácilmente oprimido por el estado, se expresa entonces el sentido más bajo de aquella proposición. Si se quiere decir, en cambio, que los individuos deben respetar el estado, el todo del cual son miembros, lo mismo ocurre de un modo más perfecto por medio del conocimiento filosófico de la esencia del estado; a falta de este se puede introducir sin embargo el sentimiento religioso. El estado puede entonces necesitar de la religión y de la fe. Pero el estado se diferencia siempre esencialmente de la religión por el hecho de que lo que exige tiene la figura de un deber jurídico, para el cual es indiferente en qué estado anímico es cumplido. El campo de la religión es, por el contrario, la interioridad, y así como el estado pondría en peligro el derecho de la interioridad si planteara sus exigencias de un modo religioso, así también la iglesia que actúa como un estado e impone penas degenera en una religión tiránica. Una tercera diferencia que está en relación con lo anterior la constituye el hecho de que el contenido de la religión está y permanece siempre encubierto; por eso el sentimiento y la representación son el campo en que se mueve. En este campo todo tiene la forma de la subjetividad, mientras que el estado, por el contrario, se realiza y da a sus determinaciones una existencia firme. Si la religiosidad quisiera entonces hacerse valer en el estado tal como está acostumbrada a actuar en su terreno, trastrocaría la organización del estado, pues en este las diferencias se extienden manteniéndose recíprocamente exteriores, mientras que en la religión todo está referido a la totalidad. Si esta totalidad quisiera abarcar todas las relaciones del estado, se convertiría en fanatismo. Querría tener el todo en cada particularidad, lo cual solo podría conseguir destruyendo lo particular, pues el fanatismo no es en realidad otra cosa que el no dejar subsistir las diferencias particulares. La expresión "para el devoto no hay ninguna ley" no es más que la declaración de este fanatismo, pues la devoción, cuando ocupa el lugar del estado, no puede soportar lo determinado y lo aniquila. Con esto también se relaciona el que la devoción deje sus decisiones a cargo del sentimiento, de la interioridad, y no se determine según razones. Esta interioridad no se atiene a razones y no tiene por lo tanto ninguna responsabilidad. Si la devoción rige, pues, como la realidad del estado, se lanzan todas las leyes por la borda y el sentimiento subjetivo se convierte en legislador. Solo puede saberse en los actos si este sentimiento es meramente arbitrario, pero en la medida en que se transforma en acto, en preceptos, adopta la figura de leyes, lo cual contradice a aquel sentimiento subjetivo. Dios, que es el objeto de este sentimiento, podría ser convertido en lo determinante; pero Dios es la idea universal y en este sentimiento es lo indeterminado, que no ha madurado hasta el punto de determinar lo que en el estado está desarrollado y presente. Que en el estado todo esté fijo y asegurado es precisamente lo que lo defiende contra el arbitrio y la opinión positiva. La religión como tal no debe ser pues lo que gobierna.

§ 271. En *primer lugar,* la constitución política es la organización del estado y el proceso de su vida orgánica en *referencia a sí mismo;* en ellos el estado diferencia sus momentos en su propio interior y los despliega hasta que alcanzan una *existencia* firme.

En *segundo lugar,* el estado es, en cuanto individualidad, una unidad excluyente, que de esta manera se relaciona con *otros,* vuelve por lo tanto su diferenciación *hacia el exterior* y, de acuerdo con esta determinación, transforma en *ideales* las diferencias existentes en el interior de sí.

Agregado. Así como en cierto sentido la irritabilidad es en el organismo viviente algo interior, que pertenece al organismo en cuanto tal, así también la relación con el exterior es aquí una dirección hacia la interioridad. El estado interior como tal es el poder civil, la dirección externa, el poder militar, que sin embargo es en sí mismo un aspecto determinado dentro del estado. Es fundamental para la disposición del estado que ambos aspectos se encuentren en equilibrio. En unas ocasiones el poder civil está totalmente apagado y descansa solo sobre el poder militar, como en la época de los emperadores romanos y de las guardias pretorianas; en otras, como en la época moderna, el poder militar surge del poder civil, pues todos los ciudadanos están obligados al servicio militar.

I. *Constitución interna por sí*

§ 272. La constitución es racional en la medida en que el estado determina y *diferencia* en sí su actividad *de acuerdo con la naturaleza del concepto.* Según ella, *cada uno* de los poderes es en sí mismo la *totalidad,* porque contiene en sí la actividad de los otros momentos y porque, al expresar estos la diferencia del concepto, se mantienen en su idealidad y constituyen un único todo *individual.*

Obs. Acerca de la constitución, y también acerca de la razón misma, han corrido en los tiempos modernos muchas habladurías, de las cuales las más insípidas han surgido en Alemania. Sus responsables se han persuadido de que comprenden qué es una constitución del mejor modo posible e incluso con exclusión de todos los demás, en primer lugar de los gobiernos, y creen estar justificados por completo simplemente porque la religión y la devoción serían el fundamento de toda esa superficialidad. No hay que admirarse de que estas habladurías hayan tenido como consecuencia que palabras como "razón", "ilustración", "derecho", etcétera, lo mismo que "constitución" o "libertad", se hayan vuelto repugnantes a los oídos de hombres razonables, hasta el punto de que podría uno avergonzarse de hablar todavía sobre constitución política. Pero cabe por lo menos esperar que este hastío tenga como consecuencia que se generalice la convicción de que un *conocimiento* filosófico de tales objetos solo puede surgir del concepto y no de raciocinios abstractos, de fines y razones, de la utilidad, y mucho menos del sentimiento, el amor y el entusiasmo. Es de desear también que quienes consideran que lo divino es inconcebible y que el conocimiento de la verdad es una empresa vana tengan que abstenerse de participar en la discusión. Los indigestos discursos y lo edificante que puedan producir con sus sentimientos y su entusiasmo no pueden por lo menos pretender una consideración filosófica.

Entre las representaciones corrientes hay que citar, en conexión con el § 269, la de la *necesaria separación de los poderes* del estado. Es esta una determinación muy importante que, si se la tomara en su verdadero sentido, podría servir de garantía de la libertad pública, pero de la cual quienes hablan de entusiasmo y amor no saben ni quieren saber nada, pues es en ella precisamente donde radica el momento de la *determinación racional.* El principio de la separación de los poderes contiene el momento esencial de la *diferencia,* de la racionalidad real; el entendimiento abstracto la aprehende en cambio falsamente como la *absoluta independencia* recíproca de los poderes, o bien unilateralmente, comprendiendo su relación como algo negativo, como mutua *limitación.* En esta perspectiva surge una hostilidad, el temor de cada uno frente al otro como frente a un mal, que dará lugar a que se contrapongan y a que de su contrapeso resulte un equilibrio general, pero no una unidad viviente. Lo que encierra el origen absoluto de los diferentes poderes no es un fin o una utilidad cualquiera, sino únicamente la *autodeterminación* del concepto en sí mismo; solo gracias a ella la organización del estado es lo en sí mismo racional y la imagen de la razón eterna. En la lógica —y no por cierto en la lógica corriente— se sabe cómo el *concepto* y, más concretamente, la idea se determinan en sí mismos y ponen de modo abstracto sus momentos, la universalidad, la particularidad y la individualidad. En general, poner como punto de partida lo negativo y convertir la tendencia al mal y la desconfianza frente a él en lo primero, y a partir de esta suposición imaginar de un modo astuto barreras de contención, y concebir la unidad únicamente como un efecto de estas barreras recíprocas caracteriza, en lo que respecta al pensamiento, al entendimiento negativo, y en lo que respecta a la disposición del sentimiento, a la perspectiva de la plebe (véase § 244). Con la *independencia* de los poderes, por ejemplo de los llamados poderes *ejecutivo* y *legislativo*, está inmediatamente puesta la desintegración del estado. O, si se mantiene lo esencial del estado, la lucha por la que un poder se subordina otro tiene como resultado la unidad, de cualquier manera que esta se idealice, y solo así se salva lo esencial, la existencia del estado.

§ 273. El estado político se divide entonces en las siguientes diferencias sustanciales:

a) el poder de determinar y establecer lo universal: el poder *legislativo;*

b) la subsunción de las esferas *particulares* y los casos individuales bajo lo universal: el *poder gubernativo;*

c) la subjetividad como decisión última de la voluntad: el *poder del príncipe.* En él se reúnen los diferentes poderes en una unidad individual, que es por lo tanto la culminación y el comienzo del todo, y constituye la *monarquía constitucional.*

Obs. La culminación del estado en la monarquía constitucional es la obra del mundo moderno, en el cual la idea sustancial ha alcanzado su forma infinita. La *historia* de esta profundización en sí mismo del espíritu del mundo, o, lo que es lo mismo, de este libre desarrollo en el que la idea libera como totalidades a sus momentos —y solo son momentos suyos—, y precisamente de ese modo los contiene en la unidad ideal del concepto, que es donde reside la racionalidad real, esta historia de las verdaderas configuraciones de la vida ética, es el objeto de la historia universal general.

La antigua división de las constituciones en *monarquía, aristocracia* y *democracia* tiene como fundamento la unidad *sustancial aún indivisa,* que no ha llegado todavía a su *diferenciación interior* (a una organización desarrollada en sí misma) y por tanto a la *profundidad* de la *racionalidad concreta.* Para la perspectiva del mundo antiguo, esta división es sin embargo la correcta y verdadera; en efecto, la diferencia, al referirse a aquella unidad aún sustancial que no ha alcanzado el absoluto despliegue, es esencialmente *exterior* y aparece ante todo como diferencia en el número *(Enciclopedia de las ciencias filosóficas,* § 82)[77] de aquellos en los que la unidad sustancial debe

77 3.ª ed., § 132.

ser inmanente. Estas formas, que pertenecen de tal manera a diferentes totalidades, son rebajadas en la monarquía constitucional a la categoría de momentos; el monarca es *uno,* en el poder gubernativo participan *algunos* y en el poder legislativo la *multitud.* Pero estas diferencias cuantitativas son, como ya se ha dicho, solamente superficiales y no proporcionan el concepto de la cosa. De todos modos, no es correcto hablar, como se ha hecho en la época moderna, de elementos democráticos o aristocráticos *en la monarquía,* pues esas determinaciones, precisamente por el hecho de encontrarse *en la monarquía,* no son ya democráticas o aristocráticas. Hay teorías constitucionales que colocan en su cima solo el concepto *abstracto* del estado que gobierna y ordena, y no deciden y consideran indiferente que a la cabeza de ese estado haya *una* persona, *varias* o *todas.* "Todas estas formas —dice Fichte en su *Derecho natural*[78] I, pág. 196, § 16— son conformes al derecho y pueden producir y conservar el derecho general en el estado, siempre que exista un *Eforato*" (un invento suyo que debía servir de contrapeso al poder supremo). Una teoría de este tipo (y también el invento del eforato) proviene de la ya señalada superficialidad del concepto de estado. Estas diferencias tienen por cierto poca o ninguna importancia en un estadio totalmente simple de la sociedad. Así, Moisés, por ejemplo, no previo en su legislación ningún cambio en las instituciones para el caso de que el pueblo reclamara un rey, y se limitó a agregar que la caballería, las mujeres, el oro y la plata del rey no debían ser excesivos *(Deuteronomio,* 17, 16 y sigs.). En cierto sentido se puede decir que también para la idea son indiferentes estas tres formas (la *monárquica* incluida en su significado restringido, en el que se la coloca *Junto a la aristocrática* y la *democrática).* Pero esto precisamente en el sentido opuesto al comentado antes, porque son igualmente inadecuadas al desarrollo racional de la idea (§ 272), que no podría alcanzar en ninguna de ellas su derecho y su realidad efectiva. Por eso ha devenido también totalmente ocioso preguntarse cuál de ellas es preferible; de esas formas solo se puede hablar de un modo histórico. Sobre este punto, como sobre tantos otros, se debe reconocer a pesar de todo la profunda visión de Montesquieu en su famosa exposición de los principios de estas formas de gobierno, exposición que sin embargo hay que comprender bien para apreciar su corrección. Como se sabe, establece la *virtud* como principio de la *democracia,* y en efecto tal constitución se apoya en la *disposición* subjetiva, que es la única forma sustancial en la que aún existe la racionalidad de la voluntad en y por sí. Pero cuando Montesquieu agrega que Inglaterra ha ofrecido en el siglo XVII el hermoso espectáculo de la impotencia de los esfuerzos para erigir una democracia cuando falta la virtud en los que dirigen, cuando dice que si desaparece la virtud en la república la ambición se apodera de quienes son proclives a ella, y la codicia se apodera de todos, y el estado —botín común— solo tiene entonces su fuerza en el poderío de algunos individuos y en el desenfreno de todos, hay que señalar que, en un grado más evolucionado de la sociedad y ante el desarrollo y la liberación de las fuerzas de la *particularidad,* la vir-

---

78 Fichte, *Grundlage des Naturrechts nach Prinzipien der Wissenschaftslehre* (Principios del derecho natural de acuerdo con los principios de la Teoría de la Ciencia), texto Medicus, F. Meiner, Hamburgo, 1967.

tud de quienes dirigen el estado resulta una condición insuficiente. Se requiere otra forma de la ley racional, que vaya más allá de la disposición subjetiva, a fin de que el todo tenga la fuerza para mantenerse unido y acordar a las fuerzas de la particularidad desarrollada su derecho tanto positivo como negativo. Hay que eliminar igualmente la incomprensión que supone que si la disposición de la virtud es la forma sustancial en la república democrática, debe ser prescindible o incluso estar ausente en la monarquía, como si la virtud y la actividad *legalmente determinada* en una organización *articulada* fueran opuestas y no se soportaran recíprocamente.

Que el principio de la *aristocracia* sea la *mesura* muestra la incipiente separación entre el poder público y el interés privado, que están al mismo tiempo en un contacto tan inmediato que esta constitución está en sí misma a punto de aniquilarse y transformarse en la más terrible situación de tiranía o de anarquía (véase la historia romana).

Montesquieu reconoce al *honor* como principio de la *monarquía* porque no considera ni la monarquía patriarcal o antigua ni la que ha evolucionado hasta la constitución objetiva, sino que se refiere a la *monarquía feudal,* y más precisamente en cuanto las relaciones de su derecho político interno se han consolidado en propiedades privadas jurídicas y en privilegios de individuos y corporaciones. Puesto que en esta constitución la vida del estado se basa en una personalidad privilegiada, en cuyo arbitrio está depositada una gran parte de lo que se debe hacer para el mantenimiento del estado, lo objetivo de estas prestaciones no está establecido como *deber,* sino en la forma de *representaciones y opiniones,* lo que hace que lo que mantiene unido al estado sea el *honor* en vez del deber.

Se presenta de inmediato otra pregunta: *¿quién debe hacer la constitución?* Esta pregunta parece clara, pero muestra sin embargo, a una consideración más detenida, que carece de sentido. Presupone, en efecto, que no existe ya ninguna constitución y que solo hay una *multitud* atomística de individuos reunidos. Tendría que ser dejado a su propia elección cómo una multitud de este tipo puede llegar a una constitución, si por sí misma o por otros, si por la bondad, el pensamiento o la fuerza, pues el concepto no tiene nada que ver con una multitud atomística, Si aquella pregunta supone por el contrario una constitución existente, el *hacer* quiere decir entonces solamente modificar, y la misma suposición de una constitución implica inmediatamente que la modificación solo puede efectuarse por un camino constitucional. Por otra parte, es esencial señalar que la constitución, aunque haya surgido en el tiempo, no debe ser considerada *como* algo *hecho:* es por el contrario lo existente en y por sí, y por lo tanto hay que considerarlo por encima de la esfera de lo que se hace, como lo divino y persistente.

Agregado. El principio del mundo moderno es la libertad de la subjetividad, el que todos los aspectos sustanciales que existen en la totalidad espiritual se desarrollen y alcancen su derecho. Si se parte de este punto de vista, no se podrá plantear la ociosa pregunta acerca de si la mejor forma es la monarquía o la democracia. Solo puede decirse que son unilaterales todas las constituciones políticas que no puedan soportar en su interior el principio de la libre subjetividad y no correspondan a una razón cultivada.

§ 274. Puesto que el espíritu solo es efectivamente real en el modo en que se sabe, y el estado, en cuanto espíritu de un pueblo, es al mismo tiempo la ley que *penetra todas sus relaciones,* las costumbres y la conciencia de sus individuos, la constitución de un pueblo determinado depende del modo y de la cultura de su autoconciencia. En ella reside su libertad subjetiva y en consecuencia la realidad de la constitución.

Obs. La pretensión de dar a un pueblo una constitución *a priori,* sea más o menos racional por su contenido, pasa por alto el momento por el cual ella es más que un objeto de pensamiento. Cada pueblo tiene por lo tanto la constitución que le conviene y le corresponde.

Agregado. El estado debe penetrar en su constitución todas las relaciones. Napoleón, por ejemplo, quiso dar *a priori* una constitución a los españoles, lo que tuvo consecuencias suficientemente desalentadoras. Porque una constitución no es algo que meramente se hace: es el trabajo de siglos, la idea y la conciencia de lo racional, en la medida en que se ha desarrollado en un pueblo. Ninguna constitución puede ser creada, por lo tanto, meramente por sujetos. Lo que Napoleón dio a los españoles era más racional de lo que tenían previamente, y sin embargo lo rechazaron como algo que les era extraño, porque no se habían desarrollado aún hasta ese nivel. Frente a su constitución el pueblo debe tener el sentimiento de que es su derecho y su situación; si no, puede existir exteriormente, pero no tendrá ningún significado ni valor. Puede por supuesto encontrarse con frecuencia en individuos la necesidad y el anhelo de una constitución mejor, pero que la misma esté penetrada por una representación tal es algo totalmente diferente, que solo sucede posteriormente. El principio socrático de la moralidad, de la interioridad, surgió en sus días de un modo necesario, pero se necesitó mucho tiempo para que se transformara en autoconciencia general.

a) *El poder del príncipe*

§ 275. El poder del príncipe contiene en sí mismo los tres momentos de la totalidad (§ 272): la *universalidad* de la constitución y de las leyes, los cuerpos consultivos como relación de lo *particular* con lo universal, y el momento de la *decisión* última como *autodeterminación,* a la cual retorna todo lo restante y que sirve de punto de partida de su realidad. Este absoluto autodeterminar constituye el principio distintivo del poder del príncipe como tal, que es lo que se debe desarrollar en primer lugar.

Agregado. Comenzamos con el poder del príncipe, es decir, con el momento de la individualidad, pues contiene en sí los tres momentos del estado como en una totalidad. "Yo" es al mismo tiempo lo más individual y lo más universal. También en la naturaleza se presenta en primer lugar algo individual, pero la realidad, la no idealidad, la exterioridad recíproca, no es lo que existe consigo mismo, sino que las distintas individualidades subsisten en ese caso simplemente unas al lado de las otras. En el espíritu, por el contrario, todo lo diferente existe solo como algo ideal y está en una unidad. En cuanto espiritual, el estado es el despliegue de todos sus momentos, pero la individualidad es al mismo tiempo lo que anima, el principio vivificante, la soberanía, que contiene en sí toda diferencia.

§ 276. 1) La determinación fundamental del estado político es la unidad sustancial como *idealidad* de sus momentos, En ella, los poderes y asuntos particulares del estado están al mismo tiempo disueltos y conservados, y conservados no como independientes, sino en la medida en que poseen una justificación que se desprende de la idea del todo. Surgen de su poder y son sus miembros en movimiento, en cuanto que pertenecen a su propia identidad [Selbst].

Agregado. Con esta idealidad de los momentos ocurre lo mismo que con la vida en el cuerpo orgánico: está en cada punto, hay una sola vida en todos los puntos y no hay ninguna resistencia. Separado del todo, cualquier punto muere. Esta es también la idealidad de todos los poderes, clases y corporaciones individuales, por más que también tengan el impulso de subsistir y de ser por sí. Es la misma situación que la del aparato digestivo en lo orgánico: también existe separadamente, pero es al mismo tiempo superado y sacrificado, y pasa al todo.

§ 277. Los asuntos y actividades particulares del estado *le pertenecen* por ser momentos esenciales suyos y están ligados a los *individuos* que los ejecutan, no por su personalidad inmediata, sino únicamente por sus cualidades generales y objetivas, y tiene por lo tanto una vinculación externa y contingente con la personalidad particular como tal. Los asuntos y poderes del estado no pueden por consiguiente ser una *propiedad privada.*

Agregado. La actividad del estado está ligada a individuos, pero estos no se hallan autorizados para cumplir estas tareas gracias a su cualidad natural, sino únicamente por sus cualidades objetivas. La capacidad, la habilidad y el carácter pertenecen a la particularidad del individuo, que debe ser educado y cultivado para una tarea particular. Por eso un cargo no puede ser vendido ni heredado. En Francia se podían comprar puestos en el parlamento; en Inglaterra aún hoy se pueden comprar hasta cierto grado cargos de oficiales en el ejército; todo esto estaba o está en conexión con la constitución medieval de algunos estados, que van desapareciendo paulatinamente.

§ 278. Estas dos determinaciones, que los asuntos y los poderes particulares del estado no son fijos e independientes ni por sí ni en la voluntad particular de los individuos, sino que tienen su raíz última en la unidad del estado como en su propia identidad simple, constituyen la *soberanía del estado.*

Obs. Esta es la soberanía interior, que tiene también otro aspecto, la soberanía exterior, que será tratado más adelante. En la antigua *monarquía feudal* el estado era soberano hacia el exterior, pero en lo que se refiere al interior, no solo el monarca no era soberano, sino tampoco el estado. Por una parte (cf. § 273), los asuntos y poderes particulares del estado y de la sociedad civil estaban a cargo de corporaciones y comunidades independientes, con lo que el todo era más un agregado que un organismo. Por otra parte, eran propiedad privada de individuos, de cuya opinión y capricho dependía entonces lo que se debía hacer en referencia al todo.

El *idealismo,* que constituye la soberanía, es la misma determinación por la cual las llamadas partes del organismo animal no son en realidad partes, sino miembros, momentos orgánicos, cuyo aislamiento y subsistencia por sí es la enfermedad (véase *Enciclopedia de las ciencias filosóficas,* § 293).[79] Es el mismo principio que se presentó (§ 7) en el concepto abstracto de la voluntad (v. § sig., *Obs.)* como la negatividad que se refiere a sí y por lo tanto como universalidad que se *determina a sí misma a la individualidad,* en la cual toda particularidad y determinación están eliminadas; es el fundamento absoluto que se determina a sí mismo. Para aprehenderlo es necesario poseer el concepto de aquello que constituye la sustancia y la verdadera subjetividad del concepto.

El hecho de que la soberanía sea la idealidad de toda legitimación particular puede llevar a que se la confunda, como de hecho ocurre con frecuencia, con el mero poder y el vacío arbitrio, y que se tomen los términos soberanía y despotismo como sinónimos, El despotismo caracteriza, sin embargo, una situación en la que la ley está ausente y en la que la voluntad particular como tal, sea la de un monarca o la de un pueblo (oclocracia), rige como ley o, mejor dicho, en lugar de la ley. La soberanía constituye, por el contrario, en una situación legal y constitucional, el momento de la idealidad de las esferas y los asuntos particulares, o sea, la expresión de que estas esferas no son independientes, autónomas en sus fines y sus modos de actuar, y no están enfrascadas en sí mismas, sino que estos fines y modos de actuar están determinados por el fin *del todo* y dependen de él (de lo que en general se llama, con una expresión más indeterminada, el *bien del estado).*

Esta idealidad se manifiesta de dos maneras. En la situación de *paz,* las esferas y los asuntos particulares recorren el camino de la satisfacción de sus fines particulares, y es, por una parte, la *necesidad* inconsciente de la cosa lo que *transforma* su egoísmo en una contribución a la conservación mutua y a la conservación del todo (v. § 183), pero por otra parte es la *intervención directa* desde arriba lo que los reconduce permanentemente a la finalidad del todo y los limita de acuerdo con ella (v. Poder gubernativo, § 289), imponiendo al mismo tiempo prestaciones directas para su conservación. Por otro lado, en *situaciones de emergencia,* sean exteriores o interiores, es a la soberanía, en cuyo concepto simple confluye el organismo que subsiste en sus particularidades, a la que se confía la salvación del estado con el sacrificio

---

79 3.ª ed., § 371.

de lo que en otros momentos estaría justificado. Es aquí pues donde el idealismo alcanza su realidad propia (v. más adelante, § 321).

§ 279. 2) La soberanía, que en un primer momento es solo el pensamiento *universal* de esa idealidad, *existe* únicamente como la *subjetividad* que tiene certeza de sí misma, y como la *autodeterminación* abstracta de la voluntad —en esa medida carente de fundamento—, en la que reside la decisión última. Es lo individual del estado como tal, que solo entonces es *uno*. Pero la subjetividad está en su verdad solo como sujeto, la personalidad solo como *persona*, y en la constitución que ha alcanzado la racionalidad real, cada uno de los tres momentos del concepto tiene una configuración separada, efectivamente *real por sí*. Este momento del todo que tiene la absoluta decisión no es por lo tanto la individualidad en general, sino *un* individuo, el *monarca*.

Obs. El desarrollo inmanente de una ciencia, la *deducción de la totalidad de su contenido* a partir del *concepto* simple (de no ser así no merece por lo menos el nombre de ciencia filosófica), muestra la peculiaridad de que uno y el mismo concepto, en este caso la voluntad, que en un comienzo —precisamente por ser el comienzo— es abstracto, se conserva y al mismo tiempo produce por sí mismo sus determinaciones y gana de este modo un contenido concreto. Así, el momento fundamental de la personalidad, que en un principio —en el derecho inmediato— era todavía abstracta, se ha desarrollado a través de las distintas formas de subjetividad, y aquí, en el derecho absoluto, en el estado, en la objetividad perfectamente concreta de la voluntad, es la *personalidad del estado, su certeza de sí misma*. Es el elemento último, que elimina toda particularidad en el simple sí mismo y que interrumpe la ponderación de los pros y contras entre los que se oscila indefinidamente, y con su *"yo quiero" decide* y da comienzo a toda acción y toda realidad.

La personalidad y en general la subjetividad, en cuanto infinito referirse a sí mismo, solo tienen *verdad*, y más aún su verdad próxima e inmediata, como *persona*, como sujeto existente por sí, y lo que existe por sí es necesariamente *uno*. La personalidad del estado solo es efectivamente real como una *persona*, el *monarca*. La personalidad expresa el concepto como tal, la persona encierra al mismo tiempo la realidad del concepto, que únicamente con esta determinación es *idea*, verdad. Una llamada persona moral, la sociedad, la comunidad, la familia, por muy concreta que sea en sí misma, tiene la personalidad solo como momento, solo de un modo abstracto; no ha alcanzado en ella la verdad de su existencia. El estado es en cambio esta totalidad en la que los momentos del concepto han llegado a la realidad según su propia verdad. Todas estas determinaciones ya han sido analizadas, por sí y en sus configuraciones, a lo largo de este tratado, pero se las repite aquí porque se las admite fácilmente en sus configuraciones particulares, pero no se las reconoce y aprehende justamente cuando aparecen en su verdadero lugar, no aisladas sino según su verdad, como *momentos* de la idea. El concepto de monarca es el más difícil para el raciocinio abstracto, es decir, para la consideración reflexiva del entendimiento, porque permanece en las determinaciones aisladas y solo conoce, por lo tanto, razones, puntos de vista finitos y la *deducción* a partir de razones. En consecuencia expone la dignidad del monarca como algo *deducido,* no solo según su forma, sino también según su determinación misma. Pero su concepto, lejos de ser deducido, es *lo que comienza absolutamente a partir de sí mismo.* Por lo tanto, se halla más próximo a la verdad considerar que el derecho del monarca se basa en la autoridad divina, pues esto implica su carácter incondicionado. Son conocidos sin embargo los errores que se vinculan con esta concepción, y la tarea de la consideración filosófica es, por otra parte, precisamente concebir lo divino.

Se puede hablar de *soberanía de un pueblo* para expresar que respecto del exterior es independiente y constituye un estado, tal como ocurre con el pueblo de Gran Bretaña, mientras que, por ejemplo, los de Inglaterra, Escocia, Irlanda, Venecia, Génova y Ceilán no son ya pueblos soberanos, desde el momento en que han dejado de tener príncipes propios o gobiernos superiores para sí. También se puede decir de la *soberanía interna* que reside en el *pueblo* cuando se habla en general, en el mismo sentido en que antes se señaló (§§ 277, 278) que la soberanía corresponde al *estado.* Pero el sentido más usual en el que se ha comenzado a hablar en los últimos tiempos de soberanía del pueblo es el que la *opone a la soberanía existente en el monarca.* Tomada en esta contraposición, la soberanía del pueblo es uno de los tantos conceptos confusos que se basan en una caótica representación del *pueblo.* El pueblo, tomado *sin* sus monarcas y sin la *articulación* del todo que se vincula necesaria e inmediatamente con ellos, es una masa carente de forma que no constituye ya un estado y a la que no le corresponde ninguna de las determinaciones que únicamente existen en un todo *formado* y organizado: soberanía, gobierno, tribunales, autoridades, clases, etcétera. Al surgir en un pueblo el momento que corresponde a una organización, a la vida del estado, aquél deja de ser la indeterminada abstracción que se denomina con la palabra "pueblo" en la representación meramente general. Si se entiende por soberanía del pueblo la forma de la república, y de modo más determinado la democracia (pues por república se entiende una multitud de mezclas empíricas que no tienen nada que ver con una consideración filosófica), ya se ha dicho anteriormente lo necesario (§ 273) y, por otra parte, ante la idea desarrollada no puede ya hablarse de semejante representación. En un pueblo que no se represente como un *clan* patriarcal, ni se encuentre en la situación no desarrollada en la que son posibles las formas de la democracia o de la aristocracia (v. § 273), ni en ninguna otra situación arbitraria e inorgánica, sino que se piense como una verdadera totalidad orgánica, desarrollada en sí misma, la soberanía existe como personalidad del todo, y esta, en la realidad que corresponde a su concepto, como la *persona del monarca.*

En el estadio antes señalado, en el que se hace la división de las constituciones en democracia, aristocracia y monarquía, es decir, en el punto de vista de la unidad sustancial que permanece aún en sí y no ha llegado todavía a su infinita diferenciación y profundización en sí misma, el momento de la *decisión última de la voluntad que se determina a sí misma* no surge por sí como momento orgánico del estado en su *realidad propia.* Incluso en esas configuraciones no desarrolladas del estado es necesario que haya una cima individual, ya sea que exista por sí como en las monarquías que pertenecen a este nivel o que, como en las aristocracias y especialmente en las democracias, surja de un modo contingente de la necesidad *particular de las circunstancias,* encarnándose en los hombres de estado y los generales. Toda acción y toda realidad efectiva tienen, en efecto, su comienzo y su consumación en la unidad decisiva de un jefe. Pero, inmersa en la firme y permanente confusión de los poderes, tal subjetividad de la decisión tiene que surgir de un modo contingente y ser necesariamente subordinada. Únicamente más allá de tales cimas condicionadas, en un destino que determina desde el exterior, pudo encontrarse la decisión pura y sin mezcla. Como momento de la idea tenía que llegar a la existencia, pero solo podía hacerlo hundiendo sus raíces fuera de la libertad humana y de su círculo, representado por el estado. En esto radica el origen de la necesidad de ir a buscar la decisión *última* sobre los grandes asuntos en los momentos importantes del estado, en los *oráculos,* en el *daimon* (en Sócrates), en las vísceras de los animales, en la comida y en el vuelo de los pájaros, etcétera. Los hombres, que no habían aprehendido aún la profundidad de la autoconciencia y no habían salido de la solidez de la unidad sustancial para alcanzar ese ser por sí, no podían todavía ver esa decisión en el interior del ser humano mismo. En el *daimon* de Sócrates (cf. § 138) se puede ver el comienzo del proceso por el cual la voluntad, que se había trasladado *más allá,* vuelve sobre sí y se reconoce en su interior, el comienzo de la libertad que *se sabe* y es por lo tanto verdadera. Esta libertad real de la idea, puesto que consiste precisamente en dar a cada momento de la racionalidad su realidad propia, presente y *autoconsciente,* es la que asigna a una conciencia la función de ser la certeza última que se determina a sí misma, certeza que constituye la cima del concepto de voluntad. Esta autodeterminación última solo puede recaer, sin embargo, en la esfera de la libertad humana si ocupa la posición de una cima que *se distingue por sí y se eleva por encima de toda particularidad y condición.* Solo así es efectivamente real según su concepto.

Agregado. En cuanto a la organización del estado, es decir, aquí, de la monarquía constitucional, no hay que tener en cuenta más que la necesidad propia de la idea; todos los otros puntos de vista tienen que desaparecer. El estado debe considerarse como un gran edificio arquitectónico, como un jeroglífico de la razón, que se expone en el mundo. Todo lo que se refiere meramente a la utilidad, a la exterioridad, etcétera, tiene que ser excluido del tratamiento filosófico. La representación concibe que el estado es la voluntad perfectamente soberana que se determina a sí misma, y que a él le compete la decisión última; lo difícil es aprehender ese "*yo quiero*" como persona. Esto no quiere decir que el monarca pueda actuar de modo arbitrario, pues está necesariamente ligado al contenido concreto de los consejos, y si la constitución es sólida, su función se reduce con frecuencia a asentar su firma. Pero este *nombre* que él agrega es importante, es la cima más allá de la cual no se puede ir. Se podría decir que una articulación orgánica existía ya en la bella democracia de Atenas, pero inmediatamente observamos que los griegos tomaban sus decisiones últimas de fenómenos totalmente exteriores —de los oráculos, de las vísceras de los animales de sacrificio, del vuelo de los pájaros—, y que se comportaban frente a la naturaleza como frente a un poder que les vaticinaba qué era bueno para el hombre. La autoconciencia no había aún alcanzado en esa época la abstracción de la subjetividad, todavía no había concebido que sobre aquello que hay que decidir debe pronunciar el hombre mismo un "yo quiero". Este "yo quiero" constituye la gran diferencia entre el mundo antiguo y moderno, y debe por lo tanto tener su existencia propia en el edificio del estado. Desgraciadamente esta determinación se considera exterior y caprichosa.

§ 280. 3) Esta última identidad [Selbst] de la voluntad del estado está en su abstracción simple y es por lo tanto *individualidad inmediata.* En su concepto mismo reside pues la determinación de la *naturalidad.* Por consiguiente, el monarca es esencialmente este individuo, abstraído de todo otro contenido, y está destinado a la dignidad de monarca de un modo inmediatamente natural por el *nacimiento.*

Obs. Este tránsito del concepto de la autodeterminación pura a la inmediatez del ser, y por lo tanto a la naturalidad, es de naturaleza especulativa y su conocimiento pertenece por consiguiente a la filosofía lógica. Por otra parte es, en líneas generales, el mismo tránsito que se reconoció como la naturaleza de la voluntad y que consiste en el proceso de trasladar un contenido de la subjetividad (como fin representado) a la existencia (§8). Pero la forma peculiar de la idea y del tránsito que aquí se considera es la *conversión inmediata* de la autoconciencia pura de la voluntad en un *este,* en una existencia natural, sin la mediación de un contenido *particular* (un fin en la acción). En la llamada *prueba ontológica de la existencia de Dios* se produce la misma conversión del concepto absoluto en el ser, lo cual ha constituido en la época moderna la profundidad de la idea, que en los últimos tiempos se ha declarado sin embargo *inconcebible.* Puesto que la verdad consiste únicamente en la unidad del concepto y la existencia (§23), esto ha tenido como consecuencia renunciar al conocimiento de la *verdad.* La conciencia del entendimiento no tiene en sí misma esta unidad y permanece en la *separación* de ambos momentos de la verdad, por lo cual solo puede admitir la creencia en esa unidad. Si se aduce que la representación del monarca resulta totalmente familiar para la conciencia común, el entendimiento persistirá con mayor ahínco en su separación y en las consecuencias que se desprenden de ella para su habilidad discursiva, y negará que la decisión última esté ligada en el estado *en y por sí* (es decir, en el concepto racional) con la naturalidad inmediata. A partir de allí se afirmará la *contingencia* de esa unión y, puesto que se considerará que lo racional es la distinción absoluta de aquellos momentos, se seguirá incluso su irracionalidad, con la que posteriormente se enlazan las demás consecuencias que aniquilan la idea del estado.

Agregado. Se afirma con frecuencia contra los monarcas que con ellos lo que ocurre en el estado depende de la casualidad, porque el monarca podría carecer de una buena instrucción o no valer lo suficiente como para estar en la cima, por lo que sería absurdo afirmar la racionalidad de tal situación. Pero el error de esto está en que se presupone que se depende de la particularidad del carácter. En una organización perfeccionada solo deben tomarse en la cumbre decisiones formales, y lo único que se necesita es un hombre que diga "sí" y ponga los puntos sobre las íes, pues la cima debe estar constituida de manera tal que la particularidad del carácter no sea significativa. Más allá de esta decisión última, lo demás que corresponde al monarca es algo que pertenece a la particularidad, de la cual no se debe depender. Pueden existir por supuesto circunstancias en las que surge esta particularidad, pero el estado no es entonces un estado perfectamente desarrollado y no está bien construido. En una monarquía correctamente organizada el aspecto objetivo corresponde exclusivamente a la ley, a la cual el monarca solo tiene que agregarle el subjetivo "yo quiero".

§ 281. Los dos momentos en su inseparable unidad —la identidad última y carente de fundamento de la voluntad y la existencia, por lo tanto también sin fundamento, como determinación entregada a la *naturaleza*—, esta idea de algo *inconmovible* para el arbitrio, constituye la *majestad* del monarca. En esta unidad reside la *unidad real* del estado, que solo por esta *inmediatez* interior y *exterior* es sustraída a la posibilidad de ser rebajada a la esfera de la particularidad, al arbitrio, a los fines y propósitos que reinan en ella, a la lucha de las facciones por el trono, y al debilitamiento y la destrucción del poder del estado.

Obs. El derecho de nacimiento y el derecho hereditario constituyen el fundamento de la *legitimidad,* no solo en un derecho meramente positivo, sino en la idea misma. Ya hace tiempo se ha hecho valer con justicia en favor del carácter hereditario del trono el hecho de que con una sucesión fijamente determinada, es decir, con una sucesión natural, se previene la lucha de facciones en el momento de tener que ocuparlo. Este aspecto es sin embargo solo una consecuencia, y si es convertido *en fundamento, se* degrada la majestad a la esfera de los raciocinios, haciendo que ella, cuyo carácter es esa inmediatez carente de fundamento y ese último penetrar dentro de sí, se base, no en la idea del estado que le es inmanente, sino en algo *exterior a ella,* en un pensamiento diferente, como, por ejemplo, el bienestar del *estado o del pueblo.* A partir de estas determinaciones se puede por cierto concluir el carácter hereditario del trono sirviéndose de términos medios, pero puesto que otros términos medios son igualmente admisibles, se pueden también deducir otras consecuencias, y es demasiado conocido qué consecuencias se han extraído de ese bienestar del pueblo *(salut du peuple).* Por eso, solo la filosofía debe considerar la majestad de un modo pensante, porque todo otro modo de investigación que no sea el modo especulativo de la idea infinita, fundada en sí misma, elimina en y por sí la naturaleza de la majestad. El *reino electivo* parece ser la representación *más natural,* es decir, la más próxima a la superficialidad del pensamiento. Puesto que el monarca tiene que ocuparse de los asuntos y de los intereses del pueblo, habría que dejar entonces a este la elección sobre a quién encomendarle la atención de su bienestar; solo de este mandato surgiría el derecho de gobernar. Esta posición, así como la del monarca como funcionario supremo del estado o la de una relación contractual entre él y su pueblo, procede de la comprensión de la voluntad como *capricho,* opinión y arbitrio de la *multitud.* Esta determinación, como ya se ha considerado, rige de un modo fundamental en la sociedad civil, o más bien quiere hacerse valer en ella, pero no es el principio de la familia ni mucho menos del estado, y se opone a la idea de la eticidad. Que el reino electivo es por el contrario la peor de las instituciones se desprende incluso para el raciocinio abstracto de sus *consecuencias,* que para él serán solo *posibles o probables,* pero que en realidad residen esencialmente en esa institución. En un reino electivo, la naturaleza de la situación por la que la voluntad *particular* se convierte, en última instancia, en lo decisivo transforma la constitución en una *capitulación electoral,* es decir, en una entrega del poder del estado a la discreción de la voluntad particular, de la que surgen la transformación de los poderes particulares del estado en propiedad privada, el debilitamiento y la pérdida de la soberanía del estado, y por consiguiente la disolución interior y el aniquilamiento externo.

Agregado. Si se quiere aprehender la idea del monarca, no hay que conformarse con decir que Dios lo ha nombrado, porque Dios ha hecho todo, incluso lo más malo. Tampoco se llega más lejos desde el punto de vista de la utilidad, y, por otra parte, siempre pueden señalarse inconvenientes. Tampoco sirve considerar al monarca como derecho positivo. Que yo tenga propiedad es necesario, pero esta posesión particular es contingente; lo mismo ocurre con el derecho de que alguien ocupe un lugar supremo, cuando es considerado de una manera abstracta y positiva. Este derecho, en cambio, existe en y por sí como una necesidad sentida y como necesidad de la cosa. Los monarcas no se distinguen por su fuerza corporal ni por el espíritu, y sin embargo millones se dejan dominar por ellos. Ahora bien, es absurdo decir que los hombres se dejan gobernar contra sus intereses, fines y propósitos, pues no son tan tontos; es su propia necesidad, es el poder interno de la idea, lo que los obliga, incluso contra su conciencia aparente, y los mantiene en esta situación. Así, pues, si el monarca se presenta como cumbre y parte de la constitución, hay que declarar que un pueblo conquistado no tiene en la constitución su identidad con el príncipe. Una sublevación en una provincia conquistada es algo distinto de un levantamiento en un estado correctamente organizado. Los conquistados no se sublevan contra sus príncipes, no cometen ningún delito de estado, pues no están con sus señores en la conexión que establece la idea, no se mantienen con ellos en la necesidad interna de la constitución; lo que existe es solo un contrato y no un nexo político. "Je ne suis pas votre prince, je suis votre maître", respondió Napoleón a los diputados de Erfurt.

§ 282. De la soberanía del monarca se desprende el *derecho de gracia* a los delincuentes, porque solo a ella le corresponde la realización del poder del espíritu, por la que lo sucedido se convierte en no sucedido y el delito se aniquila en el perdón y en el olvido.

Obs. El derecho de gracia es uno de los mayores reconocimientos de la majestad del espíritu. Este derecho pertenece por otra parte a las aplicaciones o los reflejos de las determinaciones de una esfera superior en una precedente. Tales aplicaciones corresponden, sin embargo, a las ciencias particulares, que tienen que manejar su objeto en su circunstancia empírica (cf. § 270). Entre tales aplicaciones figura también el que las lesiones al estado en general o a la soberanía, majestad y personalidad del príncipe se subsuman bajo el concepto de delito que ha sido tratado previamente (§§ 95 a 102), y que sean incluso señaladas como los mayores delitos y que se establezcan procedimientos especiales en su contra.

Agregado. La gracia es el perdón del castigo que no elimina sin embargo el derecho. Este por el contrario permanece, y el delincuente sigue siéndolo igual que antes. La gracia no significa que no se haya cometido un delito. Esta eliminación de la pena puede tener lugar en la religión, pues el espíritu puede en el espíritu convertir lo sucedido en no sucedido. Pero si ha sucedido en el mundo tiene su lugar únicamente en la majestad y solo puede incumbirle a la decisión sin fundamento.

§ 283. El segundo elemento contenido en el poder del príncipe es el momento de la *particularidad* o del contenido determinado y su subsunción a lo universal. Su existencia particular la constituyen los individuos y cuerpos consultivos superiores, que presentan a la decisión del monarca el contenido de los asuntos de estado y de las disposiciones legales que se vuelven necesarias, con su aspecto *objetivo,* es decir, con las razones para la decisión, las leyes que se refieran a ellos, las circunstancias, etcétera. La elección de las personas que realizan estas tareas, lo mismo que su remoción, corresponde al ilimitado arbitrio del monarca, puesto que están en relación con su persona inmediata.

§ 284. Puesto que lo *objetivo* de la decisión —el conocimiento del contenido y de las circunstancias, los fundamentos legales y de otro tipo— es lo único susceptible de *responsabilidad,* es decir, de afrontar una prueba objetiva, y puede por lo tanto corresponder a un consejo, diferente de la voluntad personal del monarca, estos individuos y consejos consultivos son los únicos que están sometidos a la responsabilidad. La majestad propia del monarca, en cuanto subjetividad que decide en última instancia, está en cambio por encima de toda responsabilidad por los actos de gobierno.

§ 285. El *tercer* momento del poder del príncipe concierne a lo universal en y por sí, que en el aspecto subjetivo existe en la *conciencia del monarca* y en el objetivo en la *totalidad de la constitución* y en las *leyes.* El poder del príncipe supone por lo tanto los otros momentos, lo mismo que los otros lo suponen a él.

§ 286. La *garantía objetiva* del poder del príncipe, de la sucesión legítima por la herencia del trono, etcétera, reside en que esta esfera tiene una realidad separada de los otros momentos determinados por la razón, los cuales también tienen a su vez los derechos y deberes que corresponden a su función. Cada miembro, al conservarse por sí, precisamente por eso conserva a los demás en su peculiaridad dentro del organismo racional.

Obs. La constitución monárquica, que ha evolucionado hasta alcanzar la sucesión hereditaria del trono por orden de primogenitura, retorna así al principio patriarcal del que ha surgido históricamente, pero en una determinación más elevada, como cumbre absoluta de un estado desarrollado orgánicamente. Este es uno de los más tardíos resultados de la historia, de suma importancia para la libertad pública y la constitución racional, aunque, como ya se ha señalado, si bien se lo respeta, se lo comprende en cambio muy poco. Las antiguas monarquías feudales y los despotismos muestran en la historia una sucesión de sublevaciones, violencias por parte de los príncipes, guerras interiores, derrocamiento de reyes y dinastías, con la consiguiente desolación y destrucción general, tanto interior como exterior, porque en esas condiciones la división de los asuntos del estado, cuyas partes son adjudicadas a vasallos, bajaes, etcétera, es solo mecánica y no consiste en una diferencia de la determinación y la forma, sino simplemente de mayor o menor poder. Por eso, al conservarse, cada parte se conserva y produce *solo a sí misma,* y no al mismo tiempo a las otras. Cada una de ellas tiene en sí misma todos los momentos y se convierte en autónoma e independiente. En la relación orgánica, en la que lo que se relaciona no son partes sino miembros, cada uno de ellos conserva a los otros al cumplir su función *en su propia esfera;* la conservación de los *otros* miembros es un fin sustancial para la *propia* conservación, que es al mismo tiempo un producto de aquélla. Las garantías que se reclaman para la estabilidad de la sucesión y en general del poder del príncipe, para la justicia, la libertad pública, etcétera, las proporcionan las *instituciones.* Como garantías *subjetivas* pueden considerarse el amor del pueblo, el carácter, el juramento, el poder, etcétera; pero si se habla de *constitución,* de lo único de que se trata es de garantías *objetivas,* es decir, de las instituciones, los momentos que se limitan y condicionan de un modo orgánico. La libertad pública y el carácter hereditario del trono son pues garantías recíprocas, porque la libertad pública es la constitución racional y el carácter hereditario del poder del príncipe es, como se ha señalado, un momento incluido en el concepto de la constitución.

b) *El poder gubernativo*

§ 287. Se distinguen de la decisión el cumplimiento y la aplicación de las resoluciones del príncipe, y en general la prosecución y el mantenimiento de lo ya decidido, de las leyes existentes, de las instituciones y los establecimientos de fin común, etcétera. Esta tarea de *subsunción* concierne al *poder gubernativo,* en el cual están también comprendidos los poderes *judicial* y *policial,* que se relacionan de modo inmediato con lo particular de la sociedad civil y hacen valer en esos fines particulares el interés general.

§ 288. Los intereses *particulares* comunes que pertenecen a la sociedad civil y están fuera de lo universal en y por sí del estado (§ 256) tienen su administración en las corporaciones (§ 251), comunas y demás asociaciones de oficios y clases, y en sus autoridades, presidentes, administradores, etcétera. Los asuntos de que se ocupan son por una parte la *propiedad privada* y el *interés* de una esfera *particular,* y según este aspecto su autoridad descansa sobre la confianza de sus compañeros y colegas; pero, por otro lado, estos círculos tienen que subordinarse al interés superior del estado, por lo cual, para la ocupación de estos cargos, se combinará en general la elección de los interesados con una confirmación superior.

§ 289. *El mantenimiento de la legalidad y el interés general del estado* en medio de esos derechos particulares y la reconducción de estos a aquéllos requieren el cuidado de representantes del poder gubernativo: funcionarios ejecutivos y autoridades superiores reunidas en órganos consultivos y por lo tanto colegiados, que finalmente convergen en los niveles supremos, que se mantienen en contacto con el monarca.

Obs. Así como la sociedad civil es el campo de batalla del interés privado individual de todos contra todos, así tiene aquí su asiento el conflicto entre ese interés y los intereses particulares comunes, y entre ambos intereses juntos y los puntos de vista y los mandatos superiores del estado. El espíritu corporativo, que surge de la legitimación de las esferas particulares, se transforma al mismo tiempo en espíritu del estado, pues tiene en él el medio para alcanzar los fines particulares. Este es el secreto del patriotismo de los ciudadanos: saber que el estado es su propia sustancia porque conserva sus esferas particulares, su legitimidad, autoridad y bienestar. Puesto que el espíritu corporativo contiene *inmediatamente el arraigo de lo particular en lo general,* en él residen la profundidad y la fuerza que tiene el estado en el sentimiento. La administración de los asuntos de la corporación por sus propios jefes será a menudo poco hábil, pues si bien conocen sus propios intereses, tendrán presentes de un modo imperfecto las circunstancias más alejadas y el punto de vista general. Hay además otras circunstancias que contribuyen a esta situación, como, por ejemplo, el contacto privado y la igualdad en otros aspectos entre los jefes y quienes deberían ser sus subordinados, su múltiple dependencia recíproca, etcétera. Pero esta esfera propia puede considerarse como abandonada al momento de la *libertad formal,* en el que el conocimiento, la decisión y la resolución de cada uno, así como las pequeñas pasiones y fantasías, encontrarán un campo para desahogarse. Tanto más será así cuanto menor sea la importancia para la universalidad del estado del contenido del asunto que se deteriora o se atiende de manera menos perfecta o más negligente, y cuanto mayor sea la relación directa entre la atención negligente de un asunto insignificante y la satisfacción y la autoestima que genera.

§ 290. En los asuntos de gobierno también tiene lugar la *división del trabajo* (§ 198). La *organización* de las autoridades tiene, pues, la tarea formal, pero difícil, de que la vida de abajo, que es vida civil *concreta,* sea gobernada de un modo concreto, y que esta actividad esté sin embargo dividida en sus ramas *abstractas.* Estas serán consideradas por sus autoridades propias como diferentes centros, cuya actividad hacia abajo —al igual que en el poder superior de gobierno— deberá convergir nuevamente en una concreta visión de conjunto.

Agregado. El punto central respecto del poder gubernativo es la división de las tareas. Esta se relaciona con el tránsito de lo universal a lo particular e individual, y las tareas deben dividirse según sus diferentes ramas. Lo difícil es que se vuelvan a encontrar por arriba y por abajo. Porque los poderes de policía y judicial, por ejemplo, toman distintas direcciones, pero en cualquier asunto se encuentran nuevamente. La salida que aquí se aplica consiste con frecuencia en nombrar un canciller, un primer ministro y ministros consejeros, para simplificar la conducción superior. De esta manera, todo puede surgir al mismo tiempo de arriba, del poder ministerial, con lo que las tareas están centralizadas. Esto proporciona la mayor facilidad, rapidez y eficacia en todo lo que concierne al interés general del estado. Este régimen fue introducido por la Revolución Francesa, elaborado por Napoleón y existe aún hoy en Francia. Faltan allí, en cambio, las corporaciones y las comunas, es decir, los círculos en los que confluyen los intereses generales y particulares. En la Edad Media estos círculos habían conquistado una excesiva independencia, eran estados dentro del estado y se comportaban como entidades subsistentes por sí. Aunque esta no debe ser por cierto la situación, hay que admitir sin embargo que en estas comunidades está la auténtica fuerza del estado. El gobierno se encuentra aquí con intereses que deben ser respetados, y en la medida en que la administración solo puede promoverlos, pero al mismo tiempo tiene que tenerlos necesariamente en cuenta, el individuo encuentra el apoyo para el ejercicio de sus derechos, y une así su interés particular a la conservación del todo. Desde hace algún tiempo la organización se efectúa siempre desde arriba, y esta es la preocupación principal, pero lo de más abajo, lo que en el todo tiene carácter de masa, ha sido fácilmente abandonado. Es sin embargo de la mayor importancia que devenga algo orgánico, pues solo así es fuerza y poder; de lo contrario no es más que una multitud, una cantidad de átomos desintegrados. El poder justo solo se encuentra en la condición orgánica de las esferas particulares.

§ 291. Las tareas de gobierno son de naturaleza *objetiva,* según su sustancia ya han sido decididas (§ 287) y deben ser realizadas por *individuos.* No hay entre ambas cosas ninguna unión natural inmediata, por lo que los individuos no están destinados a estas tareas por su personalidad natural o el nacimiento. Para su designación el momento objetivo lo constituyen el conocimiento y la prueba de su capacidad, prueba que asegura al estado el cumplimiento de sus necesidades y, al mismo tiempo, por ser la única condición, asegura a todo ciudadano la posibilidad de integrar la clase universal.

§ 292. En la elección, el nombramiento para un cargo y la autorización para conducir las funciones públicas de *este* individuo entre muchos otros, hay siempre un aspecto subjetivo, puesto que aquí, ya que lo objetivo no reside en la genialidad (como, por ejemplo, en el arte), hay necesaria e indeterminadamente *muchos,* entre los cuales la prioridad no es en absoluto determinable. Esta unión del individuo y del cargo, por tratarse de dos aspectos que nunca están ligados de un modo necesario, corresponde al poder del príncipe en cuanto poder soberano y decisivo.

§ 293. Las funciones particulares del estado que la monarquía confía a las autoridades constituyen una parte del aspecto *objetivo* de la soberanía inherente al monarca. Su *diferencia* determinada está dada por la naturaleza de la cosa, y como la actividad de las autoridades es el cumplimiento de un deber, su función es también un derecho que se sustrae a la contingencia.

§ 294. El individuo que por medio de un acto soberano (§ 292) está ligado a una función pública tiene como condición de la unión en que se halla el cumplimiento de su deber, de lo sustancial de su relación. En esa unión hallará, como *consecuencia* de esta relación sustancial, su riqueza y una segura satisfacción de su particularidad (§ 264), y la liberación de su situación exterior y de su actividad oficial de toda otra dependencia o influencia subjetiva.

Obs. El estado no cuenta con prestaciones arbitrarias y caprichosas (tal como, por ejemplo, la justicia que administraban los caballeros andantes), precisamente porque son arbitrarias y caprichosas y hacen depender su ejecución de criterios y fines subjetivos. El extremo opuesto al caballero andante respecto del servicio del estado sería el del servidor que estuviera ligado a su función meramente por necesidad, sin un verdadero deber e igualmente sin derecho. El servicio del estado exige, por el contrario, el sacrificio de la arbitraria y personal satisfacción de fines subjetivos, y da justamente por ello el derecho de encontrarla en el cumplimiento del deber, pero solo en él. En esto reside, desde esta perspectiva, la unión del interés general y particular que constituye la solidez interna del estado (§ 260). La situación del funcionario no constituye una relación *contractual* (§75), aunque exista una doble conformidad y una prestación de ambas partes. Quien presta el servicio no es nombrado para una prestación singular y contingente, como el mandatario, sino que deposita en esta relación el interés central de su existencia espiritual y particular. Igualmente, lo que se le confía y debe realizar no es solo una cosa exterior, cualitativamente exterior, sino que su *valor* como algo interior se distingue de su exterioridad y no es lesionado por la no prestación de lo estipulado (§77). La prestación que tiene que realizar el servidor del estado es, tal como se presenta inmediatamente, un valor en y por sí. El agravio causado por no realizar una prestación o por una lesión positiva (acción contraria al servicio, y ambas lo son) es por lo tanto una lesión a lo universal mismo (cf. § 95, juicio negativo infinito) y por consiguiente una falta o incluso un delito.

Por la satisfacción asegurada de la necesidad particular se elimina la necesidad exterior que puede ocasionar que se busquen los medios para satisfacerla a expensas de la actividad pública y del deber. En el poder general del estado encuentran quienes se encargan de sus asuntos la protección contra otro aspecto subjetivo, contra las pasiones privadas de los gobernados cuyos intereses privados son afectados por la afirmación de lo universal.

§ 295. La seguridad del estado y de los gobernados contra el abuso de poder por parte de las autoridades y de los funcionarios radica por una parte inmediatamente en su jerarquía y responsabilidad, y por otra en la legitimación de las comunas y corporaciones, que refrena la intromisión del arbitrio subjetivo en el poder confiado a los funcionarios y completa desde abajo el insuficiente control que se ejerce desde arriba sobre la conducta individual.

Obs. En la conducta y formación de los funcionarios se encuentra el punto en el que las leyes y decisiones del gobierno afectan a la individualidad y se hacen valer en la realidad. De él dependen la satisfacción y la confianza de los ciudadanos en el gobierno y la realización o bien el debilitamiento o fracaso de sus propósitos, pues el *modo* de la ejecución es fácilmente tomado por el sentimiento como el contenido mismo de lo que se ejecuta, que puede resultar ya de por sí molesto. El carácter inmediato y personal de este contacto hace que el control superior no alcance en este aspecto su objetivo de un modo perfecto. Puede además encontrar obstáculos en los intereses comunes de los funcionarios, que se unen en una clase frente a los subordinados y frente a los superiores. La eliminación de estos obstáculos, especialmente en instituciones aún imperfectas, puede justificar y requerir la intervención suprema de la soberanía (como, por ejemplo, la de Federico II en el tristemente célebre caso del molinero Arnold).

§ 296. Que la impasibilidad, equidad y serenidad de conducta devengan una *costumbre* depende por una parte de la directa *formación ética* e *intelectual,* que proporciona el contrapeso espiritual a todo lo que hay de mecánico en el aprendizaje de las llamadas ciencias de los objetos de estas esferas, en el ejercicio de las funciones y en el trabajo real. Por otra parte, la *grandeza* del estado es un momento fundamental, por el cual se debilita el peso de la familia y de otras relaciones privadas, y se vuelven impotentes y por lo tanto menos peligrosos la venganza, el odio y otras pasiones semejantes. En la ocupación con los grandes intereses existentes en los grandes estados desaparecen por sí mismos estos aspectos subjetivos y se engendra la costumbre de los intereses, perspectivas y asuntos generales.

§ 297. Los miembros del gobierno y los funcionarios del estado constituyen la parte principal de la *clase media,* a la que pertenece la inteligencia culta y la conciencia jurídica de la masa de un pueblo. Las instituciones de la soberanía, desde arriba, y los derechos de las corporaciones, desde abajo, impiden que esta clase adopte la posición aislada de una aristocracia y transforme la cultura y la capacidad en medios arbitrarios y de dominación.

Obs. Así, en otra época, la administración de justicia, cuyo objeto es el interés común de todos los individuos, se había transformado en un instrumento de ganancia y dominación por el hecho de que el conocimiento del derecho se ocultaba en la erudición y en un idioma extranjero, y el conocimiento de los procedimientos legales se recubría de un complejo formalismo.

Agregado. En la clase media, a la cual pertenecen los funcionarios, reside la conciencia del estado y la cultura más destacada. Por eso, en cuanto a honestidad e inteligencia, ella es el pilar fundamental del estado. El estado en el que no hay clase media no ha alcanzado por lo tanto todavía un estadio elevado. Esto ocurre en Rusia, por ejemplo, donde hay una masa de siervos y otra que gobierna. Es de interés fundamental del estado que esta clase sea cultivada, pero esto solo puede lograrse en una organización tal como la que hemos descrito, es decir, por la legitimación de círculos particulares que sean relativamente independientes, y por medio de un mundo de funcionarios cuyo arbitrio se frena ante esos grupos legitimados. El actuar según el derecho general y la costumbre de este actuar son una consecuencia de la oposición que forman los círculos independientes.

c) *El poder legislativo*

§ 298. Al *poder legislativo* conciernen las leyes en cuanto tales, en la medida en que necesitan una posterior determinación, y los asuntos internos totalmente generales por su contenido. Este poder es una parte de la constitución misma y la presupone, por la cual ella queda en y por sí fuera de su determinación directa, aunque recibe un desarrollo ulterior por el perfeccionamiento de las leyes y el carácter progresista de los asuntos generales de gobierno.

Agregado. La constitución debe ser el suelo firme sobre el que se asienta el poder legislativo, y no tiene, por lo tanto, que ser hecha solo por él. La constitución es, por consiguiente, pero al mismo tiempo esencialmente *deviene,* es decir, progresa en su formación. Este progreso es una alteración, que resulta imperceptible y no tiene la forma de una alteración. Así, por ejemplo, cuando el patrimonio de los príncipes y de sus familias, que anteriormente era en Alemania un bien privado, se transformó sin lucha ni resistencia en dominio, es decir, patrimonio del estado, esto ocurrió porque los príncipes sintieron la necesidad de la indivisibilidad de los bienes, exigieron del país y de las clases que los garantizaran, implicándolos así en el modo de subsistencia de la riqueza, sobre la cual ya no tenían una disposición exclusiva. De manera similar, el emperador era antiguamente juez y recorría el reino administrando justicia. Por el progreso apenas visible de la cultura devino después exteriormente necesario que el emperador delegara cada vez más en otros la función de juez; de este modo se consumó el paso del poder judicial de la persona del príncipe a cuerpos colegiados. El progreso de una situación tiene también un carácter aparentemente sereno e imperceptible. Después de mucho tiempo una constitución adquiere así un carácter totalmente diferente del que tenía.

§ 299. En referencia a los individuos, estos objetos se determinan de un modo más preciso según los dos aspectos siguientes: α) lo que por intermedio del estado redunda en su beneficio y ellos disfrutan, y β) las prestaciones que deben hacer al estado. En el primer punto están las leyes del derecho privado en general, los derechos de las comunas y corporaciones y los establecimientos de tipo general e, indirectamente, la totalidad de la constitución. Respecto de lo que deben realizar, en la medida en que puede ser reducido a *dinero,* por ser el *valor* universal existente de las cosas y prestaciones, se puede determinar de un modo justo y al mismo tiempo de manera tal que los trabajos y servicios *particulares* que el individuo efectúe sean mediados por su arbitrio.

Obs. Respecto de qué es objeto de la legislación general y qué debe ser dejado al criterio de las autoridades administrativas y a las regulaciones del gobierno, se puede establecer de manera general que al primer grupo solo pertenece lo que por su contenido es totalmente general, las determinaciones legales, mientras que en el segundo entra lo particular y el modo de la *ejecución.* Pero esta diferenciación no está perfectamente delineada por el simple hecho de que la ley, por ser ley y no un mero mandamiento (como por ejemplo "no debes matar", cf. § 140), tiene que estar en sí misma *determinada.* Cuanto más determinada esté, más posible será que su contenido se aplique tal cual es. Pero, al mismo tiempo, una determinación tan precisa daría a las leyes un aspecto empírico que tendría que sufrir alteraciones en su ejecución efectiva, lo cual menoscabaría su carácter de leyes. En la misma unidad orgánica de los poderes del estado está implícito que es *un* espíritu el que establece lo universal, lo ejecuta y lo lleva a una realidad determinada.

Puede en un primer momento sorprender que de todas las aptitudes, posesiones, actividades, talentos, y de todas las riquezas vivientes e infinitamente variadas —ligadas además al sentimiento—, el estado no exija ninguna prestación directa, sino que solo pretenda la *única* riqueza que aparece como *dinero.* (Las prestaciones que se refieren a la defensa del estado contra sus enemigos pertenecen a las obligaciones que se tratarán en la próxima sección.) Pero el dinero no es en realidad una riqueza *particular* al lado de las demás, sino que constituye lo universal de ellas en la medida en que se ha dado la exterioridad de la existencia, en la que puede ser aprehendida como una *cosa.* Solo en esta extrema exterioridad es posible la determinación cuantitativa y por lo tanto la igualdad de las prestaciones. Platón hace que los superiores dividan a los individuos en las clases particulares y les exijan prestaciones *particulares* (cf. § 135); en las monarquías feudales los vasallos prestaban servicios indeterminados, pero también en su *particularidad,* por ejemplo, las funciones de juez; también en Oriente o en Egipto, para las inmensas construcciones, las prestaciones eran de cualidad *particular,* etcétera. En estas condiciones falta el principio de la *libertad subjetiva,* que exige que la acción del individuo, que en esas prestaciones es de todos modos particular por su contenido, sea mediada por su *voluntad particular.* Este derecho solo es posible si las prestaciones se realizan en la forma del valor universal, y esta es la razón por la que se ha producido esta modificación.

Agregado. Los dos aspectos de la constitución se refieren a los derechos y a las prestaciones de los individuos. Por lo que respecta a las prestaciones, en la actualidad se reducen casi todas a dinero. El servicio militar es prácticamente la única prestación personal. En épocas anteriores se tomaba en mayor medida lo concreto del individuo, y se lo convocaba según su habilidad para el trabajo. Entre nosotros, el estado *compra* lo que necesita; esto puede parecer en un primer momento algo abstracto, muerto e inanimado, puede dar la impresión de que el estado se ha degradado y se satisface con prestaciones abstractas. Pero el principio del estado moderno expresa que todo lo que el individuo hace debe estar mediado por su voluntad. Por medio del dinero la justicia de la igualdad puede llevarse a cabo mucho mejor, pues de otro modo, si se tratara de la capacidad concreta, el hombre talentoso sería gravado más que el hombre sin talento. Ahora se muestra en cambio respeto por la libertad subjetiva al requerir de las personas solo aquello que puede serles requerido.

§ 300. En el poder legislativo como totalidad actúan ante todo los otros dos momentos: el *monárquico,* al que corresponde la decisión suprema, y el *poder gubernativo,* en cuanto momento consultivo que tiene el conocimiento concreto y la visión global del todo en sus múltiples aspectos, así como en especial el conocimiento de las necesidades del poder político. Por último, participa también de él el elemento constituido por la asamblea de los estamentos.[80]

Agregado. Entre las falsas concepciones del estado está la pretensión de excluir a los miembros del gobierno de los cuerpos legislativos, como lo hizo la Convención Constituyente. En Inglaterra los ministros tienen que ser miembros del parlamento, lo cual es correcto en la medida en que quienes participan en el gobierno deben estar en conexión y no en oposición con el poder legislativo. La representación de la llamada independencia de poderes lleva en sí el error fundamental de que los poderes deben limitarse mutuamente. Con esta independencia se elimina la unidad del estado, que es lo que hay que buscar ante todo.

§ 301. El elemento formado por la asamblea de los *estamentos* tiene la función de que la preocupación general no sea solo *en sí* sino también *por sí, es* decir que la *libertad formal* subjetiva, la conciencia pública, llegue a la existencia como universalidad empírica de las opiniones y los pensamientos de la *multitud.*

Obs. La expresión *la multitud* (οἱ πολλοί) designa la universalidad empírica más correctamente que el corriente *todos.* Pues si se dice que es obvio que en este "todo" no están comprendidos por lo menos los niños, las mujeres, etcétera, más obvio aún es que no debería usarse la expresión totalmente determinada "todos" cuando se trata de algo completamente indeterminado. Ha circulado una cantidad tal de falsas representaciones y expresiones acerca del pueblo, la constitución y los estamentos, que sería un esfuerzo vano querer citarlas, explicarlas y corregirlas. La opinión que suele tener la conciencia ordinaria sobre la necesidad y conveniencia de la colaboración de los estamentos consiste fundamentalmente en suponer que los diputados del pueblo o incluso el pueblo mismo *tienen que saber mejor* que nadie qué es lo que más les conviene y que tienen sin ninguna duda la mejor voluntad para este bien. Por lo que respecta al primer punto, lo que ocurre es, por el contrario, que el pueblo, en la medida en que con esta palabra se designa una parte determinada de los miembros del estado, expresa la parte que precisamente *no sabe lo que quiere.* Saber lo que se quiere, y más aún, saber lo que quiere la voluntad en y por sí, la razón, es el fruto de un conocimiento profundo que no es justamente asunto del pueblo. La garantía para el bien general y la libertad pública que reside

80 Ver nota 57.

en los estamentos no se encuentra, como se verá si se reflexiona un momento, en los conocimientos particulares de los representantes, pues los funcionarios superiores del estado tienen necesariamente una visión más profunda y abarcadora sobre la naturaleza de las instituciones y las necesidades del estado, así como una mayor idoneidad y un hábito más desarrollado en estos asuntos; *pueden* por lo tanto hacer el bien sin el concurso de los estamentos, y son ellos también quienes tienen que hacerlo en las asambleas de los estamentos. Esa garantía radica más bien, por una parte, en el conocimiento que los diputados tienen sobre todo de la acción de los funcionarios que están más alejados del control superior, y especialmente de las carencias y necesidades más urgentes y especiales, de las que tienen una visión más concreta. Por otra parte se basa en el efecto que tiene el presumible juicio de la multitud y más específicamente la crítica pública: que se aplique de antemano la mejor atención a los asuntos públicos y a los proyectos que se presenten, y que se establezcan de acuerdo con los motivos más puros, coacción que también tiene su efecto sobre los miembros de la asamblea. Pero en lo que respecta a la especial *buena voluntad* de los estamentos para el bien general, ya se ha señalado (§ 272) que corresponde a la perspectiva de la plebe, a un punto de vista negativo, suponer en el gobierno una voluntad mala o menos buena. Si se respondiera a esta suposición en la misma forma, tendría como consecuencia la recriminación de que los miembros de los estamentos, puesto que surgen de la singularidad, del punto de vista privado y del interés particular, estarían inclinados a usar su influencia en detrimento del interés general, mientras que, por el contrario, el momento del poder del estado está por sí situado en la perspectiva del estado y consagrado al fin general. Respecto de la *garantía* que debe radicar en la representación de los estamentos, todas las demás instituciones del estado comparten con ella el carácter de ser garantías del bienestar público y de la libertad racional, y hay incluso instituciones, tales como la soberanía del monarca, la sucesión hereditaria del trono, el régimen judicial, etcétera, que lo poseen en un grado mucho mayor. La determinación conceptual propia de la representación de los estamentos hay que buscarla entonces en el hecho de que con ella llega a la *existencia en referencia al estado* el momento subjetivo de la libertad general, la perspectiva y la voluntad particular de la esfera que en esta exposición ha sido llamada sociedad civil. Que este momento es una determinación de la idea que se ha desarrollado hasta alcanzar la totalidad, esta necesidad interna que no hay que confundir con la *utilidad* y la *necesidad exterior*, se desprende, como siempre, del punto de vista filosófico.

Agregado. La posición del gobierno frente a los estamentos no debe ser esencialmente hostil; la creencia en la necesidad de esta enemistad es un triste error. El gobierno no es un partido que se opone a otro, de manera tal que tengan que luchar entre sí y sacarse ventajas; si un estado llegara a esta situación, esta sería desdichada y no puede señalarse como sana. Las contribuciones que realizan al estado los estamentos no deben, por otra parte, considerarse como un regalo, sino que son concedidas en beneficio de los contribuyentes mismos. Lo que constituye la determinación propia de la representación de los estamentos es que por su intermedio el estado penetra en la conciencia subjetiva del pueblo y este comienza a tomar parte en aquél.

§ 302. Considerados como un órgano mediador, los *estamentos* están entre el gobierno por una parte y el pueblo, disuelto en sus esferas e individuos particulares, por otra. Su función les exige por consiguiente tener el *sentido* y el *sentimiento* tanto del *estado* y del *gobierno* como de los *intereses* de los círculos *particulares* y de los *individuos.* Su posición implica al mismo tiempo una mediación, en común con el poder gubernamental organizado, que impide que el poder del príncipe aparezca como un extremo *aislado* y por lo tanto como mero poder arbitrario y dominador, y que evita también que se aíslen los intereses particulares de las comunas, corporaciones e individuos, o, más aún, que los individuos se conviertan en una *multitud,* en un simple *agregado,* y por lo tanto en un querer y opinar inorgánico, que se enfrente al estado organizado como un poder meramente masivo.

Obs. Uno de los más importantes conocimientos lógicos es el que expresa que un momento determinado, que al estar en una contraposición ocupa el lugar de un extremo, deja de serlo y deviene un momento *orgánico* por ser al mismo tiempo *término medio.* Es especialmente importante destacar este aspecto en el objeto que se considera aquí, pues es un prejuicio frecuente y sumamente peligroso comprender a los estamentos desde la perspectiva de su *oposición* al gobierno, como si esta fuera su situación esencial. Orgánicamente, es decir, acogido en la totalidad, el elemento de la representación de los estamentos se manifiesta en su función de mediación. Pero con esto la oposición misma es rebajada a apariencia. Si la oposición que adquiere carácter fenoménico no afectara meramente la superficie, sino que fuera realmente sustancial, el estado estaría en vías de disolución. Por la naturaleza misma de la cosa, el signo de que el conflicto no es de este tipo lo constituye el hecho de que los objetos afectados no sean elementos esenciales del organismo del estado, sino cosas especiales e indiferentes, y que la pasión que se liga a este contenido no sea más que un partidismo por intereses meramente subjetivos, aunque se refiera a los más altos puestos del estado.

Agregado. La constitución es esencialmente un sistema de mediación. En los estados despóticos, en los que solo existen los príncipes y el pueblo, si este último actúa, lo hace únicamente como masa destructora que se opone a la organización. En un sistema orgánico, en cambio, la multitud hace prevalecer sus intereses de un modo que se adecua al derecho y al orden. Si este medio no existe, la expresión de la masa será necesariamente salvaje. Por eso en los estados despóticos el déspota trata al pueblo con cuidado y alcanza con su ira solo a quienes lo rodean. El pueblo paga asimismo menos tributos que los que se recaudan en un estado constitucional por efecto de la propia conciencia del pueblo. En ningún país se pagan tantos impuestos como —precisamente— en Inglaterra.

§ 303. La clase *universal,* consagrada más de cerca al *servicio del gobierno,* incluye en su determinación de modo inmediato el tener lo universal como fin de su actividad esencial. En el elemento que en el poder legislativo forma la asamblea de los representantes de los estamentos, la clase privada alcanza *significación* y eficacia *políticas.* No puede por lo tanto aparecer como una masa indivisa ni como una multitud disuelta en sus átomos, sino como *lo que ya es,* es decir, dividida en la clase que se basa en la relación sustancial y la clase que se basa en las necesidades particulares y el trabajo que las media (§ 201 y sigs.). En este respecto, solo así se enlaza en el estado de un modo verdadero lo efectivamente *particular* con lo universal.

Obs. Esto se opone a la representación corriente que afirma que si se hace que la clase particular participe en los asuntos generales en el poder legislativo, dicha clase tendría que aparecer en la forma de *individuos,* ya sea que estos elijan representantes para esta función o incluso que cada uno tenga allí un voto. Esta perspectiva atomística, abstracta, desaparece ya en la familia y en la sociedad civil, en las que el individuo solo aparece como miembro de un universal. El estado es esencialmente una organización de tales miembros, que por sí constituyen círculos, y ningún momento debe mostrarse en él como una multitud inorgánica. Lo que se suele comprender como pueblo, la *multitud* de individuos, es por cierto un *conjunto,* pero solo como una *acumulación,* como una masa carente de forma, cuya acción sería precisamente por ello elemental, irracional, desenfrenada y terrible. Cuando respecto de la constitución todavía se oye hablar de *pueblo,* de ese conjunto inorgánico, se puede ya saber de antemano que no hay que esperar más que generalidades y equívocas declamaciones. La representación que vuelve a disolver las comunidades ya existentes en aquellos círculos cuando estos llegan al elemento político, es decir, al punto de vista de la más *elevada universalidad concreta,* separa la vida civil y la vida política, dejando a esta, por así decirlo, en el aire, pues su base sería únicamente la abstracta individualidad del arbitrio y de la opinión, por lo tanto lo contingente, y no un fundamento *firme* y *justificado* en y por sí. Si bien en las representaciones de esas llamadas teorías se han separado completamente las clases [Stände] de la sociedad civil de los *estamentos* [Stände] en sentido político, la lengua alemana ha conservado sin embargo en la palabra *Stand*[81] una unión que, por otra parte, existía anteriormente.

§ 304. La diferencia de clases que existía en las anteriores esferas está contenida en la determinación propia del elemento político estamentario. Su situación, en un primer momento abstracta, es decir, su situación de *extremo de la universalidad empírica* opuesto al *principio del príncipe* o *principio monárquico* – en la cual solo reside la *posibilidad* de la *concordancia* y por lo tanto *también* la *posibilidad* de una contraposición *hostil* – deviene una relación racional (un silogismo, cf. § 302) cuando la *mediación* llega a la existencia. Así como el poder del príncipe tiene en el poder gubernativo (§ 300) esta función, así también los estamentos deben poseer un momento orientado esencialmente a cumplir la función de término medio.

81 Ver nota 57.

§ 305. Una de las clases de la sociedad civil contiene un principio que es por sí mismo apto para constituirse en esta relación política. Es la clase de la eticidad natural, o sea, la que tiene como base la vida familiar y, respecto de su subsistencia, la propiedad raíz; en lo que se refiere a su particularidad, tiene en común con el poder del príncipe un querer que reposa sobre sí y la determinación natural que aquél incluye en sí.

§ 306. De un modo más preciso, está constituida especialmente para tener una posición y una significación políticas, en la medida en que su patrimonio es independiente tanto del patrimonio del estado como de la inseguridad de la industria, el deseo de ganancia y de la variabilidad de la propiedad. Es independiente tanto del favor gubernamental como del de la multitud y está incluso asegurado *contra su propio arbitrio* por el hecho de que los miembros de esta clase llamados a cumplir esta función no tienen el derecho de los demás ciudadanos de disponer libremente de la totalidad de su propiedad y de transmitirla a sus hijos de acuerdo con la igualdad del amor que sienten por ellos: el patrimonio es así un *bien hereditario inenajenable* gravado por el mayorazgo.

Agregado. Esta clase tiene un querer más independiente. La clase de los propietarios de bienes raíces se divide en su parte cultivada y en la clase de los campesinos. A ambas se oponen la clase industrial, dependiente de la necesidad, y la clase universal, dependiente esencialmente del estado. La seguridad y solidez de esta clase pueden aumentarse con la institución del mayorazgo, que sin embargo solo es deseable desde el punto de vista político, pues implica un sacrificio con el fin político de que el primogénito pueda vivir independientemente. El mayorazgo se fundamenta en que el estado no puede atenerse a la mera posibilidad de sentimientos, sino que debe contar con una necesidad. El sentimiento no está por cierto ligado a un patrimonio, pero la conexión relativamente necesaria está en el hecho de que quien tiene una riqueza independiente no está limitado por circunstancias exteriores, puede conducirse libremente y actuar en favor del estado. Pero donde faltan las instituciones políticas, el establecimiento y la protección de los mayorazgos no son más que un obstáculo para la libertad del derecho privado, que camina hacia su disolución si no aparece en su ayuda el sentido político.

§ 307. El derecho de esta parte de la clase sustancial se fundamenta así, por un lado, en el principio natural de la familia; pero este principio es al mismo tiempo modificado por duros sacrificios con *fines políticos,* que hacen que esta clase esté especialmente destinada a estos fines y en consecuencia llamada a cumplirlos y *legitimada* para ello por el *nacimiento,* sin la contingencia de una elección. Tiene por lo tanto la posición sólida y sustancial entre el arbitrio subjetivo o la contingencia de ambos extremos, y puesto que lleva en sí una réplica del momento del poder del príncipe (v. § anterior), comparte con el otro extremo las necesidades, por lo demás iguales, y los mismos derechos, y se transforma así al mismo tiempo en sostén del trono y de la sociedad.

§ 308. A la otra parte del elemento representativo corresponde el aspecto móvil de la *sociedad civil,* que solo puede aparecer por medio de *diputados,* exteriormente a causa de la multitud de sus miembros y esencialmente a causa de su función y su ocupación. Puesto que son delegados de la sociedad civil, se desprende que la representan *en cuanto tal,* es decir, no disuelta atomísticamente en individuos que se reúnen únicamente para un acto singular y temporario, sin más consecuencias, sino en cuanto se articula en sus asociaciones, comunas y corporaciones, por otra parte ya constituidas, las cuales adquieren de este modo una conexión política. En el derecho a tal diputación convocada por el poder del príncipe, así como en el derecho a manifestarse del primer estamento (§ 307), encuentra una garantía propia y constituida la existencia de los estamentos y su asamblea.

Obs. La opinión que afirma que *todos* deben tomar parte en la deliberación y decisión de los asuntos generales del estado porque todos son miembros del estado y esos asuntos son los asuntos de todos, que tienen así el *derecho* de aportar su saber y su voluntad, esta representación que quiere imponer el elemento *democrático desprovisto de toda forma racional* en el organismo del estado —que solo es tal por medio de esa forma— resulta tan natural porque no va más allá de la determinación abstracta de "ser miembro del estado" y porque el pensamiento superficial se mantiene en abstracciones. La consideración racional, la conciencia de la idea, es *concreta* y coincide por lo tanto con el verdadero sentido *práctico,* que no es otra cosa que el sentido racional, el sentido de la idea, que no se debe sin embargo confundir con la mera rutina ni con el horizonte de una esfera limitada. El estado concreto es la *totalidad articulada en sus círculos particulares;* el miembro del estado es un *miembro* de una de estas *clases,* y solo en esta determinación objetiva puede ser tomado en consideración en el estado. Su determinación general contiene el doble momento de ser *persona privada* y, en cuanto *pensante,* al mismo tiempo conciencia y querer de lo *universal.* Pero esta conciencia y este querer solo no estarán vacíos, sino *realizados* y efectivamente *vivientes,* si se los llena con la particularidad, y esta es precisamente la determinación y la clase particular; expresado de otra manera, el individuo es género, pero tiene su *inmanente realidad universal* como *género próximo.* Su determinación real y viviente para lo *universal* la alcanza en primer lugar, por lo tanto, en la esfera de la corporación, comuna, etcétera, que le corresponde (§ 251). De este modo le queda abierta la posibilidad de entrar, de acuerdo con sus habilidades, en cualquiera de las clases para la que se capacite, incluida la clase universal. En la representación de que *todos* deben tomar parte en los asuntos del estado, está también la suposición de que *todos entienden de estos asuntos,* afirmación que es tan absurda como frecuente oír su pronunciación. En la opinión pública (v. § 316), en cambio, todos pueden expresar y hacer valer su opinión subjetiva sobre lo universal.

§ 309. Puesto que los diputados tienen por finalidad deliberar y decidir sobre asuntos *generales,* su elección implica que, de acuerdo con la confianza que se les tiene, se designa a aquellos individuos que mejor comprenden esos asuntos, y que ellos no deben hacer valer el interés particular de una comuna o corporación contra el interés general, sino impulsar este último. Su situación no es, por lo tanto, la de mandatarios comisionados que transmiten instrucciones, sobre todo si se tiene en cuenta que su reunión posee el carácter de una asamblea viviente, en la que tiene lugar una información y un convencimiento recíprocos, y en la que se delibera en común.

Agregado. La introducción de representantes expresa que el consentimiento no debe ocurrir inmediatamente por medio de todos, sino por medio de apoderados, pues el individuo no participa ya como persona infinita. La representación se basa en la confianza, pero la confianza es algo distinto de entregar mi voto. La mayoría de votos es igualmente contraria al principio de que yo debo estar presente en la decisión de todo aquello que me obliga. Se tiene confianza en un hombre cuando se considera que tiene la inteligencia para tratar mis asuntos como suyos, con su mejor saber y conciencia. El principio de la voluntad subjetiva individual queda así suprimido, pues la confianza se refiere a una cosa, a los principios de un hombre, de su conducta, a su sentido concreto. Se trata entonces de que quien participa en la asamblea de los estamentos tenga un conocimiento y una voluntad que hagan que su tarea sea una cuestión general. El individuo no tiene que desempeñarse como una individualidad abstracta, sino que debe hacer valer sus intereses en una asamblea en la que se trata de lo general. El elector necesita una garantía de que el diputado promueve y lleva a cabo este último.

§ 310. La garantía de las cualidades y los sentimientos que corresponden a este fin, y que en la primera parte de los representantes era asegurada por el patrimonio independiente, que ya por sí reclama sus derechos, tiene otro origen en la segunda parte, la que surge del elemento móvil y cambiante de la sociedad civil. Se presenta en el sentimiento, la idoneidad y el conocimiento de las instituciones y los intereses del estado y la sociedad civil, adquiridos en una gestión *real* en *funciones directivas y públicas* y acreditadas en los *hechos*. De esta manera se forma y se pone a prueba el necesario *sentido de la autoridad y del estado.*

Obs. La opinión subjetiva que se tiene de sí encuentra fácilmente superflua, e incluso ofensiva, la exigencia de estas garantías respecto del llamado pueblo. El estado tiene sin embargo como determinación lo objetivo y no una opinión subjetiva y su confianza en sí misma. Para él, los individuos solo son lo que en ellos es objetivamente reconocible y probado, lo cual tiene especial importancia en esta parte de los representantes que tiene su raíz en intereses y ocupaciones dirigidas hacia lo particular, campo en el que reinan la contingencia, la mutabilidad y el arbitrio.

Tomada por sí, la condición exterior de una cierta fortuna aparece meramente como el extremo unilateral de la exterioridad frente al otro extremo, igualmente unilateral, que constituyen la confianza solo subjetiva y la opinión de los electores. Tanto uno como otro contrastan en su abstracción con las propiedades concretas exigióles para la deliberación de los asuntos del estado y que están incluidas en las determinaciones indicadas en el § 302. Por otra parte, la propiedad de una fortuna pudo ya haber ejercido su influencia en la elección de las autoridades y los funcionarios de las asociaciones y comunidades, especialmente si la administración de estos asuntos es gratuita y, respecto de la función representativa en la asamblea, si sus miembros no cobran honorarios.

§ 311. La diputación, en cuanto procede de la sociedad civil, tiene además el sentido de que los diputados conocen sus necesidades especiales, sus obstáculos y sus intereses particulares, de los cuales ellos mismos participan. Puesto que por la naturaleza de la sociedad civil la diputación emana de sus diversas corporaciones (§ 308) y el modo simple de su marcha no es perturbado por abstracciones y representaciones atomísticas, ella satisface inmediatamente ese punto de vista y la elección es superflua o se reduce a un insignificante juego de la opinión y del arbitrio.

Obs. Resulta evidente la importancia de que entre los diputados se encuentren individuos que conozcan profundamente todas las grandes ramas de la sociedad, por ejemplo el comercio y la industria, y que pertenezcan a ellas. En la representación de una elección indeterminada se abandona a la contingencia esta importante circunstancia. Cada una de estas ramas tiene, sin embargo, el mismo derecho a ser representada que las demás. Si se considera a los diputados como *representantes,* esto solo tiene un sentido orgánico y racional si no son representantes de *individuos,* de una multitud, sino *representantes* de alguna de las *esferas* esenciales de la sociedad, representantes de sus grandes intereses. La representación no tiene entonces el significado de que *uno está en lugar de otro,* sino de que el interés mismo está *efectivamente presente* en su representante, al mismo tiempo que el representante está allí por su propio elemento objetivo. Por otra parte, hay que señalar, a propósito de la elección por una multitud de individuos, que, especialmente en los grandes estados, se llega a la *indiferencia* respecto del voto, en la medida en que su efecto es insignificante en el conjunto, lo cual hace que los sufragantes, por más elevado que se les presente su derecho, no aparezcan en el momento de votar. De esta manera, esta institución tiene como consecuencia lo contrario de lo que se proponía, y la elección queda en poder de unos pocos, de un partido, y por lo tanto de un interés particular y contingente, que es precisamente lo que debía neutralizarse.

§ 312. Cada una de las dos partes del elemento representativo (§§ 305, 308) aporta en la deliberación un aspecto particular, y como además uno de los momentos tiene en esta esfera la función peculiar de la mediación, mediación que, por otra parte, tiene lugar entre existentes, se desprende que cada uno de ellos debe tener una existencia separada. La asamblea de los estamentos se divide por lo tanto en *dos cámaras.*

§ 313. Por medio de esta separación se garantiza por un lado la madurez de la decisión gracias a la multiplicidad de *instancias,* y se aleja el azar de una impresión momentánea, y el azar a que puede dar lugar una decisión tomada por mayoría de votos. Pero, sobre todo, con ella el elemento representativo está en condiciones inferiores de oponerse directamente al gobierno, y en el caso de que el momento mediador recayera en la segunda clase, el peso de su opinión será tanto mayor cuanto más imparcial aparezca y cuanto más neutralizada esté su oposición.

§ 314. El objetivo de la institución representativa no es el de que por su intermedio se consideren y resuelvan en sí del mejor modo posible los asuntos del estado —y en ese sentido los estamentos constituyen un elemento de apoyo (§ 301)—, sino que su función definitoria es la de hacer valer para los miembros de la sociedad civil que no participan en el gobierno el momento de la libertad *formal,* informándoles, deliberando con ellos y tomando decisiones conjuntas sobre asuntos-generales. Por eso el momento del conocimiento *general* tiene su extensión en la *publicidad* de las deliberaciones de la asamblea.

§ 315. La apertura de esta posibilidad de conocimientos tiene en sí el carácter general de que solo por su intermedio la *opinión pública* accede a un *pensamiento verdadero* y a una *visión* de la situación y del concepto del estado y de sus asuntos; solo así adquiere la *capacidad de Juzgar sobre ellos de un modo racional.* Al mismo tiempo, conoce y aprende a apreciar las tareas de las autoridades del estado y de los funcionarios, sus talentos, virtudes y capacidades. Puesto que estos talentos tienen en esta publicidad una poderosa ocasión de desarrollarse y un escenario para alcanzar la honra, ella es también un remedio contra la presunción de los individuos y de la multitud, y un medio —en realidad uno de los mejores— para la educación de esta última.

Agregado. La publicidad de las sesiones de la asamblea de los estamentos constituye para los ciudadanos un espectáculo importante y especialmente instructivo. Allí sobre todo conoce el pueblo lo verdadero de sus intereses. En general, impera la opinión de que todos saben qué es bueno para el estado y que en la asamblea lo único que se hace es expresarlo; pero en realidad ocurre justamente lo contrario: recién en ella se desarrollan las virtudes, los talentos y las capacidades que tienen que servir luego de ejemplo. Estas sesiones son por cierto molestas para los ministros, que tienen que armarse de humor y elocuencia para enfrentar los ataques que se les dirigen, pero a pesar de ello la publicidad es el medio educativo más importante para los intereses del estado. En un pueblo donde esto ocurre se muestra respecto del estado una vivacidad totalmente diferente que allí donde no existe asamblea representativa o no tiene carácter público. Solo por medio de la información de cada uno de sus pasos entran las cámaras en contacto con el resto de la *opinión pública;* así se aprende que una cosa es lo que uno puede presumir en casa con su mujer o sus amigos y otra lo que sucede en una gran asamblea, en la que cada uno es más hábil que los demás.

§ 316. La libertad subjetiva, formal, por la cual los individuos tienen en cuanto tales sus propios juicios, opiniones y consejos, y los expresan, se manifiesta en el conjunto que se denomina *opinión pública.* En ella se enlaza lo universal por sí, lo *sustancial* y *verdadero,* con su opuesto, con lo *peculiar* y *particular del opinar,* de la multitud; esta existencia es, por lo tanto, la presente contradicción consigo misma, el conocimiento como *fenómeno,* la esencialidad que se presenta al mismo tiempo inmediatamente como inesencialidad.

Agregado. La opinión pública es el modo inorgánico en el que se da a conocer lo que un pueblo quiere y opina. Lo que realmente tiene validez en el estado debe acontecer por supuesto de un modo orgánico, y esto es lo que ocurre en la constitución; la opinión pública ha sido sin embargo en toda época un gran poder, y lo es especialmente en la nuestra, en la que el principio de la libertad subjetiva tiene gran significación e importancia. Actualmente, lo que rige no se impone ya por la fuerza, sino, en pequeña medida, por el hábito y la costumbre, y sobre todo gracias a conocimientos y razones.

§ 317. La opinión pública contiene en sí, por lo tanto, los eternos principios sustanciales de la justicia, el verdadero contenido y el resultado de la totalidad de la constitución, de la legislación y de la situación en general, en la forma del *sano entendimiento común,* que es el fundamento ético que atraviesa a todos en la figura de prejuicios. Es ella también la que contiene las verdaderas necesidades y las tendencias correctas de la realidad. Pero al mismo tiempo, como este elemento interior aparece en la conciencia y llega a la representación en la forma de proposiciones generales —en parte por sí y en parte con motivo de raciocinios concretos acerca de situaciones, ordenanzas o relaciones entre el estado y necesidades sentidas—, se presenta aquí toda la contingencia del opinar, su ignorancia y error, la falsedad de su conocimiento y de su juicio. Por lo que respecta a la peculiaridad de un conocimiento, se puede decir que cuanto peor es el contenido de una opinión más peculiar es, pues lo malo tiene un contenido totalmente particular y peculiar, mientras que lo racional es lo universal en y por sí; lo peculiar es aquello por lo cual el opinar *se cree algo.*

Obs. No hay que considerar que es por una diferente perspectiva que en una ocasión se afirme:

Vox populi, vox dei

y en otra (Ariosto):[82]

Che'l Volgare ignorante ogn'un riprenda
E parli più di quel che meno intenda.[83]

---

82 O como dice Goethe:
Golpear puede la masa,
y en eso es respetable;
pero para Juzgar es siempre miserable.

83 Ariosto, *Orlando Furioso,* XXVIII, 1.

Ambas expresiones son ciertas para la opinión pública. Puesto que en ellas están reunidos de un modo tan inmediato la verdad y el error sin fin, no se puede tomar en serio ni una ni otra. Diferenciar qué es lo serio puede parecer una tarea difícil, y de hecho lo es si nos atenemos a la exteriorización inmediata de la opinión pública. Pero dado que lo sustancial es su interior, este es lo verdaderamente serio, que sin embargo, precisamente por tratarse de lo sustancial, no puede ser conocido a partir de ella, sino a partir de sí y por sí. Cualquiera sea la pasión con que se opine, o la seriedad con que se afirme, ataque y discuta, estos no pueden ser criterios sobre lo que se trata en realidad. Este opinar no se dejará empero persuadir en el mínimo grado de que lo que dice en serio no es realmente algo serio. Un gran espíritu sometió a la consideración pública la pregunta de sí *está permitido engañar a un pueblo.*[84] Habría que responder que un pueblo no se dejaría engañar sobre su fundamento sustancial, sobre la *esencia* y el carácter determinado de su espíritu, pero sobre el modo en que lo sabe, y, de acuerdo con él, sobre el modo en que juzga los acontecimientos y sus actos, se engaña por sí solo.

Agregado. El principio del mundo moderno exige que lo que alguien debe reconocer se le muestre como justo. Pero, además, todos quieren aconsejar y tener voz en el asunto. La satisfacción de la propia subjetividad que proporciona esto último hace que se soporten incluso muchas cosas. En Francia la libertad de expresión ha parecido siempre menos peligrosa que el silencio, porque en este caso subsiste el temor de que quien calla se haya guardado lo que tenía contra un determinado asunto, mientras que la discusión contiene en un sentido una salida y una satisfacción que permite que la cosa siga su curso con mayor facilidad.

§ 318. La opinión pública merece, por consiguiente, ser tanto *apreciada* como *despreciada;* esto último respecto de su conciencia y exteriorización concreta, aquello por su fundamento esencial, que solo se reflejará, de una manera más o menos clara, en aquella concreción. Puesto que no tiene en ella la medida para efectuar esa diferenciación, ni la capacidad para elevar el aspecto sustancial al nivel de un saber determinado, mantenerse independiente de ella es la primera condición formal para alcanzar algo grande y racional (tanto en la realidad como en la ciencia). Es por otra parte seguro que la opinión pública posteriormente lo aceptará, lo reconocerá y lo convertirá en uno de sus prejuicios.

Agregado. En la opinión pública todo es falso y verdadero, y encontrar en ella lo verdadero es la tarea del gran hombre. Aquel que quiere su época y la expresa, la formula y la lleva a cabo es el gran hombre de la época. Él efectúa lo que constituye lo interno y la esencia de su tiempo y realiza su época. Quien no sabe despreciar la opinión pública tal como se le aparece no llegará a nada grande.

---

84 Federico el Grande a la Academia de Berlin en 1778: "S'il peut être utile de tromper un peuple?".

§ 319. La libertad de la comunicación pública (uno de cuyos medios, la *prensa,* aventaja al otro, la comunicación oral, por su mayor alcance, pero le es inferior en vitalidad), la satisfacción de este punzante impulso de decir y haber dicho su opinión, tiene su garantía directa en las leyes y ordenanzas legales y policiales que en parte impiden los excesos y en parte los castigan. Su garantía indirecta se encuentra, en cambio, en el carácter intensivo que adquieren gracias fundamentalmente a la racionalidad de la constitución, a la solidez del gobierno y también a la publicidad de la asamblea representativa. Esta última es una garantía en la medida en que en la asamblea se expresan los conocimientos más sólidos y cultivados sobre los intereses del estado, con lo que deja a los demás pocas cosas significativas que decir y elimina la creencia de que ese decir tiene una importancia y un efecto especiales. Una última garantía reside además en la indiferencia y el desprecio que suscita la superficial y odiosa verbosidad en la que necesariamente degeneran.

Obs. Definir la libertad de prensa como la libertad de decir y escribir *lo que se quiere* es paralelo a definir la libertad en general como la libertad de *hacer lo que se quiere.* Este modo de hablar pertenece a la superficialidad y al primitivismo aún totalmente inculto del representar. Por otra parte, por la naturaleza misma de la cosa, no hay ningún lugar donde el formalismo se aferre tan obstinadamente y resulte tan poco razonable como en este asunto, pues el objeto es lo más fugaz, particular y contingente del opinar, que se presenta en una infinita multiplicidad de giros y contenidos. Más allá de la directa incitación al robo, al crimen o a la rebelión, están el arte y la elaboración de la expresión; esta, por sí, parece completamente general e indeterminada, pero al mismo tiempo oculta un significado bien determinado y se relaciona con consecuencias que no están efectivamente expresadas, y de las cuales no se puede decidir si realmente se siguen ni si ya estaban incluidas en la primera expresión. Esta indeterminabilidad de la materia y de la forma hace que las leyes sobre estos asuntos no alcancen la determinación que como tales requieren, y que en la medida en que el delito, la injusticia y la ofensa tienen la configuración *más particular y subjetiva,* el juicio sobre ellos sea también una decisión totalmente *subjetiva.* Por otra parte, la ofensa está dirigida al pensamiento, a la opinión y a la voluntad de otro, y estos son los elementos en los que alcanza una realidad efectiva; pero este elemento pertenece a la libertad de los otros, y depende, por lo tanto, de ellos si esta acción lesiva es un acto real.

Contra las leyes, por consiguiente, se puede tanto señalar su indeterminación como encontrar en su exteriorización giros y expresiones por las que se elude la ley o se afirma la decisión del juez como un juicio subjetivo. Además, contra el tratamiento de una expresión como acto lesivo puede afirmarse que no se trata de un acto, sino solo de una *opinión* o un *pensamiento,* solo de algo que se *dice.* De este modo, basándose en la mera subjetividad del contenido y la forma, y en la insignificancia de lo que no es más que opinión y algo que se dice, se exige para ellos la impunidad, al mismo tiempo que se reclama el más alto respeto y aprecio por esa opinión en cuanto es mi propiedad *espiritual,* y por ese decir en cuanto es la exteriorización y el uso de esa propiedad mía. Pero lo sustancial es y sigue siendo que la lesión del honor de los individuos, la calumnia, la injuria y el desprestigio del gobierno, de sus autoridades y funcionarios, especialmente de la persona del príncipe, la burla de las leyes, la incitación a la rebelión, etcétera, son delitos, actos criminales con sus más variados matices. El mayor grado de indeterminación que adquieren estas acciones por el elemento en el que tienen su exteriorización no elimina su carácter sustancial y solo tiene como consecuencia que el terreno *subjetivo* en el que son cometidas determina también la *naturaleza* y *forma* de la reacción. Ese mismo terreno en el que se comete el acto hace necesaria la subjetividad y la contingencia en la reacción, sea esta la prevención policial del delito o una pena propiamente dicha. El formalismo se dedica aquí, como siempre, a tomar como punto de partida aspectos *singulares* que pertenecen al fenómeno exterior, y abstracciones que engendra a partir de ellos para después alejarse por medio de razonamientos abstractos de la naturaleza sustancial y concreta de la cosa. Pero las *ciencias,* cuando son verdaderas ciencias, no caen bajo las categorías de lo que constituye la opinión pública (§ 316), pues no se encuentran en el terreno de la opinión y de la visión subjetiva, ni su exposición consiste en el arte de los giros, las alusiones, las medias palabras y los ocultamientos, sino en la expresión abierta, determinada e inequívoca del significado y del sentido.

Por otro lado, puesto que, como ya se ha señalado, la inteligencia, los principios y las opiniones de los demás constituyen el elemento en el que las concepciones y su expresión devienen una *acción acabada* y alcanzan su existencia real, este aspecto de las acciones, su auténtico efecto y *la peligrosidad* para los individuos, la sociedad y el estado (cf. § 218) dependen también de la constitución de ese terreno, así como una chispa tiene una peligrosidad muy distinta si cae sobre pólvora que si cae sobre tierra firme, donde desaparece sin dejar rastros. Por lo tanto, así como la expresión científica tiene su derecho y su garantía en su materia y en su contenido, la expresión injusta puede tener una garantía, o por lo menos tolerancia, en la situación despreciable en la que ella misma se coloca. Una parte de estos delitos, que por sí también son legalmente punibles, puede ponerse en la cuenta de ese tipo de *Némesis* que se ve impulsada a ejercer la impotencia interior, oprimida por los talentos y las virtudes que la superan, para afirmarse ante esa superioridad y volver a dar una conciencia de sí a la propia nulidad. Así los soldados romanos ejercían con sus generales en los cortejos triunfales una *Némesis* más inofensiva por la dureza del servicio y de la obediencia y especialmente porque sus nombres no figuraban en la lista de honor, cantando canciones en las que los ridiculizaban y poniéndose de esta manera en cierto equilibrio con ellos. Aquella perversa y odiosa *Némesis* pierde efecto por el desprecio que suscita y porque el público, que forma una especie de círculo a su alrededor, se limita al placer insignificante de hacer daño y se condena a la perdición que lleva en sí.

§ 320. *La subjetividad,* que como disolución de la vida existente del estado tiene su manifestación más exterior en la opinión y en el abstracto raciocinar, que quieren imponer su contingencia y son por lo tanto destructivos, tiene su verdadera realidad en su contrario: la *subjetividad* idéntica con la voluntad sustancial, que constituye el concepto del poder del príncipe y que en lo dicho hasta ahora no ha alcanzado su derecho y su existencia como *idealidad* del todo.

Agregado. Ya hemos considerado la subjetividad en el monarca como la cumbre del estado. El otro aspecto es la arbitrariedad con que se muestra en la opinión pública, como su manifestación más exterior. La subjetividad del monarca es en sí abstracta, pero debe ser concreta, y debe constituir como tal la idealidad que desciende sobre el todo. El estado de paz es aquel en que todas las ramas de la vida civil subsisten, pero cuya subsistencia una al lado de la otra, y una fuera de la otra, procede de la idea del todo. Este proceder tiene también que *manifestarse* como la idealidad del todo.

II. *La soberanía exterior*

§ 321. La *soberanía interior* (§ 278) es esta idealidad en cuanto en ella los momentos del espíritu y de su realidad efectiva, el estado, están *desarrollados en su necesidad* y *existen* como sus *miembros.* Pero el espíritu, por ser *infinita* relación *negativa* consigo en la libertad, es de un modo igualmente esencial *ser-por-sí,* que *ha recogido en sí* la diferencia existente y es por lo tanto exclusivo. En esta determinación el estado tiene *individualidad,* que existe esencialmente como individuo y es en el soberano un individuo inmediato y real (§ 279).

§ 322. La individualidad, en cuanto exclusivo *ser-por-sí,* aparece como *relación con otros estados,* cada uno de los cuales es independiente frente a los otros. Puesto que en esta independencia tiene su existencia el *ser-por-sí* del espíritu efectivamente real, ella es la primera libertad y la honra más elevada de un pueblo.

Obs. Aquellos que expresan el deseo de que una colectividad que constituye un estado más o menos independiente y tiene un centro propio abandone este núcleo y su independencia para formar con otra una nueva totalidad saben poco de la naturaleza de una colectividad y del orgullo que tiene un pueblo por su independencia. El primer poder por el cual los estados surgen históricamente es esta independencia, aunque sea totalmente abstracta y no tenga ningún desarrollo interior. Por eso corresponde a este fenómeno primario que un individuo esté a su frente: un patriarca, el Jefe de un clan, etcétera.

§ 323. En la *existencia* aparece así esta relación negativa consigo del estado como relación de *otro* con *otro,* como si lo negativo fuera algo *exterior.* La existencia de esta relación negativa tiene, por lo tanto, la forma de un suceder y un entrelazarse con acontecimientos accidentales que provienen del *exterior.* Pero en realidad es su *propio* y más elevado momento, su infinitud real, como idealidad de todo lo finito contenido en él. Es el aspecto por el cual la sustancia, en cuanto poder absoluto frente a todo lo individual y particular, frente a la vida, la propiedad y sus derechos, y frente a los demás círculos, eleva la nulidad de estos a la existencia y a la conciencia.

§ 324. Esta determinación, con la cual el interés y el derecho del individuo son puestos como un momento que desaparece, es al mismo tiempo lo *positivo,* es decir, la individualidad que no es contingente y mutable, sino que existe *en y por sí.* Esta situación y su reconocimiento son, por lo tanto, el deber sustancial del individuo, el deber de mantener, con el peligro y el sacrificio de su propiedad y de su vida, de su opinión y de todo aquello que está naturalmente comprendido en el ámbito de la vida, esta individualidad sustancial, la independencia y soberanía del estado.

Obs. Se hace un cálculo equivocado cuando al exigir este sacrificio se hace referencia al estado solo en el sentido de la sociedad civil y se considera como su fin último la *seguridad* de la *vida* y de la *propiedad* de los individuos, pues esa seguridad no puede alcanzarse con el sacrificio de aquello que debe ser *asegurado,* sino más bien todo lo contrario.

En lo que se acaba de indicar reside el *momento* ético de la *guerra,* que no debe considerarse como un mal absoluto ni como una mera contingencia exterior que tiene su razón —también contingente— en cualquier cosa, en las pasiones de los poderosos o de los pueblos, en las injusticias, y, en general, en lo que no debe ser. Por lo que respecta a la naturaleza de lo contingente, hay que señalar que lo contingente se encuentra con lo contingente y que en este destino radica precisamente la necesidad; por otra parte, el concepto y la filosofía hacen desaparecer la contingencia y reconocen en ella, rebajada a *apariencia,* su esencia y la necesidad. Es *necesario* que lo finito —posesión y vida— sea *puesto* como contingente, porque ése es precisamente el concepto de lo finito. Esta necesidad tiene por una parte la figura del poder natural; según ella todo lo finito es mutable y perecedero. En la esencia ética, en cambio, en el estado, este poder le es sustraído a la naturaleza y la necesidad es convertida en una obra de la libertad y elevada a un nivel ético. Aquella mutabilidad deviene una transformación *querida* y la negatividad subyacente se convierte en la individualidad sustancial propia de la esencia ética.

La guerra es la situación en la que se toma en serio la vanidad de los bienes y de las cosas temporales, que en otras circunstancias no es más que un discurso edificante, y es por ello el momento en que la idealidad de lo *particular adquiere su derecho* y deviene realidad. Tiene la suprema significación de que, como lo he expresado en otro lado, "la salud ética de los pueblos es mantenida indiferente frente a la solidificación de las determinaciones finitas, así como el viento preserva al mar de la pereza en que caería con una permanente quietud, lo mismo que los pueblos con una paz permanente o, más aún, eterna".[85] Más adelante se verá que esta idea *solo* filosófica, o como se la quiere llamar, es una justificación de la *Providencia,* y que las guerras reales necesitan aún otra justificación.

85 *Über die wissenschaftlichen Behandlungsarten des Naturrechts* (1802) [Sobre los modos de tratamiento científico del derecho natural]. En *Schriften zur Politik und Rechtsphilosophie* [Escritos políticos y sobre filosofía del derecho], ed. Lasson, 1923, pág. 369.

Que la idealidad que aparece en la guerra como una relación casual hacia el exterior y la idealidad según la cual los poderes internos del estado son momentos orgánicos del todo, son una y la misma, aparece de diversas maneras en los fenómenos históricos. Entre otros, en el hecho de que guerras favorables han impedido disturbios interiores; en que pueblos que temían o no podían soportar la soberanía interna hayan sido sojuzgados por otros, y que, cuanto menor el éxito y el honor con que supieron luchar por su independencia, menores fueron sus posibilidades para llegar en el ámbito interior a la institución del poder del estado (su libertad había muerto en su temor por morir); en que estados cuya garantía de independencia no se basa en el poder de las armas, sino en otros respectos (como los estados desproporcionadamente más pequeños que sus vecinos), pueden existir con una constitución que no garantiza la seguridad ni interna ni externa, etcétera. Todos estos fenómenos tienen que ver con esa identidad.

Agregado. En épocas de paz se extienden los límites de la vida civil y a la larga esto tiene como consecuencia que los hombres se hundan en el vicio. Sus particularidades se vuelven cada vez más sólidas y osificadas. Pero para la salud es necesaria la unidad del cuerpo, y cuando los miembros se endurecen ya está presente la muerte. La paz perpetua ha sido presentada con frecuencia como un ideal al que los hombres deberían tender. Kant propuso en ese sentido una federación de príncipes que ejerciera la función de árbitro en las desavenencias entre los estados, y la Santa Alianza tenía aproximadamente esa finalidad. Pero el estado es individuo y en la individualidad está contenida esencialmente la negación. Por lo tanto, aunque se constituya una familia con diversos estados, esta unión, en cuanto individualidad, tendrá una nueva oposición y engendrará un enemigo. De las guerras dos pueblos no solo salen fortalecidos, sino que también naciones que en sí mismas son incompatibles conquistan con la guerra exterior la paz interna. La guerra trae inseguridad a la propiedad, pero esta inseguridad real no es más que el movimiento necesario. Desde el púlpito se habla mucho de la vanidad, inseguridad e inestabilidad de las cosas temporales, pero por más conmovido que se esté, todo el mundo piensa en conservar lo suyo. Y si esta inseguridad se aparece realmente en la forma de húsares con relucientes sables, y la cosa se vuelve seria, el espíritu conmovido y edificante, que mucho hablaba de antemano, se vuelve en maldiciones contra los conquistadores. A pesar de todo, las guerras ocurren también cuando corresponden por la naturaleza de la cosa misma. Los campos vuelven a florecer y las habladurías enmudecen ante la seriedad de las repeticiones de la historia.

§ 325. El sacrificio por la individualidad del estado es la condición sustancial de todos y por lo tanto un *deber general,* pero al mismo tiempo, en cuanto constituye el lado de la idealidad frente a la realidad de la existencia particular, deviene él también una relación particular, a la que se consagra una clase determinada: la *clase del valor militar.*

§ 326. Las desavenencias entre los estados pueden tener como objeto algún aspecto *particular* de su relación; para estas desavenencias está fundamentalmente destinado el sector *particular* del estado dedicado a su defensa. Si, en cambio, está en peligro el estado en cuanto tal, su independencia, el deber convoca a su defensa a todos sus ciudadanos. Cuando la totalidad es así convertida en fuerza, arrancada de su vida interior y proyectada hacia el exterior, la guerra de defensa se transforma en guerra de conquista.

Obs. La necesidad de que la fuerza armada del estado —un *ejército permanente*— y su destinación a la tarea particular de la defensa del estado conformen una clase específica es la misma necesidad que hace que los demás momentos, intereses y funciones se unan y den lugar a las clases política, comercial, industrial, etcétera. El razonamiento abstracto que fluctúa siempre entre una razón y otra se pierde en consideraciones acerca de las ventajas o desventajas de la introducción de un ejército permanente, y la opinión se decide fácilmente por lo último, porque el concepto de la cosa es más difícil de aprehender que los aspectos exteriores y singulares. Además, los intereses y los fines de la particularidad (los costos con su consecuencia: mayores impuestos, etcétera) son más estimados en la conciencia de la sociedad civil que lo en y por sí necesario, que vale así solo como un medio para aquéllos.

§ 327. El valor es por sí una *virtud* formal porque consiste en la suprema abstracción que hace la libertad de la vida y de todo fin, posesión y gozo particular. Pero esta negación acontece de una *manera real-exterior* y su exteriorización, como *realización* del valor, no es en sí misma de naturaleza espiritual; el sentimiento interior puede tener diversos fundamentos y su resultado real puede no ser *para sí,* sino solo para otros.

Agregado. La clase militar es la clase de la universalidad, a la que corresponde la defensa del estado y que tiene el deber de llevar la idealidad en sí misma a la existencia, es decir, sacrificarse. El valor es por cierto muy diverso. El coraje del animal o del bandolero, el valor referido al honor o el valor de los caballeros no son todavía sus formas verdaderas. El verdadero valor de los pueblos civilizados reside en la disposición a sacrificarse al servicio del estado, con lo que el individuo constituye uno entre muchos. Lo importante no es aquí la valentía personal, sino la integración en lo universal. En la India quinientos hombres vencieron a veinte mil que no eran cobardes, pero que no tenían la disposición de actuar en estrecha unidad con los demás.

§ 328. El contenido del valor, en cuanto sentimiento, reside en el verdadero y absoluto fin último, en la *soberanía* del estado. La efectiva realidad de este fin como obra del valor se obtiene por mediación de la entrega de la realidad personal. Esta figura contiene por lo tanto la dureza de las contraposiciones más elevadas: la *enajenación* misma, pero como *existencia* de la libertad; la suprema *independencia* del *ser por sí,* cuya existencia está al mismo tiempo integrada en el mecanismo del *servicio* y de un *orden exterior;* la obediencia total y la renuncia a la opinión y el raciocinio propios, la *ausencia,* por lo tanto, del propio espíritu, junto con la más intensiva y abarcadora *presencia* momentánea del espíritu y de la resolución; el comportamiento más hostil y personal contra los individuos, que coexiste con un sentimiento totalmente indiferente, e incluso bondadoso, ante ellos como individuos.

Obs. Arriesgar la vida es por cierto algo más que simplemente temer la muerte, pero es al mismo tiempo lo meramente negativo y no tiene por sí, por lo tanto, ninguna determinación ni ningún valor. Lo positivo, el fin y contenido, es lo que da a esa valentía su significación. Ladrones, asesinos —cuyo fin es el delito—, aventureros que tienen un fin construido por su propia opinión, etcétera, también tienen la valentía de arriesgar la vida. El principio del mundo moderno, el *pensamiento* y lo *universal,* ha proporcionado al valor la figura más elevada, por la que su exteriorización parece ser mecánica y no la acción de una persona en cuanto persona *particular,* sino en cuanto *miembro* de un todo. Del mismo modo, el valor no se dirige contra una persona individual, sino contra un todo hostil, con lo que la valentía personal no aparece como algo personal. Por ello ese principio ha inventado el *arma de Juego,* y no ha sido su descubrimiento casual lo que ha llevado de una forma personal del valor a su configuración abstracta.

§ 329. El estado tiene una dirección hacia el exterior por el hecho de que es un sujeto individual. Su relación con los otros estados recae, por lo tanto, en *el poder del príncipe;* a él le corresponde inmediata y exclusivamente comandar las fuerzas armadas, mantener relaciones con otros estados por medio de embajadores, concertar la paz, declarar la guerra y celebrar otros tratados.

Agregado. En casi todos los países europeos es la cumbre individual —el poder del príncipe— la que se encarga de las relaciones exteriores. Donde hay constituciones representativas puede surgir la cuestión de si no corresponde a las asambleas decidir la guerra o la paz, y en todo caso conservarán su influencia, en especial en lo que se refiere a los medios financieros. En Inglaterra, por ejemplo, no puede mantenerse ninguna guerra impopular. Pero si se piensa que los príncipes y los gabinetes están sometidos a las pasiones en mayor medida que las cámaras, y se busca, por lo tanto, dejar en manos de las últimas la decisión sobre la guerra y la paz, debe recordarse que con frecuencia naciones en su conjunto se han entusiasmado y han sido víctimas de sus pasiones más que sus príncipes. En Inglaterra, en más de un caso la totalidad del pueblo ha instado a la guerra, y los ministros se han visto de cierta manera obligados a emprenderla. La popularidad de Pitt provino de que supo encontrar lo que la nación quería en ese momento. Solo después surgió el enfriamiento de la conciencia que consideró que la guerra era inútil e innecesaria, y que había sido emprendida sin calcular los medios de que se disponía. Además, el estado está en relación no solo con uno, sino con muchos estados, y el desarrollo de estas relaciones es tan delicado que solo puede ser manejado desde la cumbre.

B. *Derecho político externo*

§ 330. El derecho político externo surge de las *relaciones* entre estados independientes. Por consiguiente, lo que es *en y por sí* recibe en él la forma del *deber ser,* porque lo efectivamente real se basa en la voluntad de *distintos soberanos.*

Agregado. Los estados no son personas privadas, sino totalidades en sí independientes y perfectas; su relación no es por lo tanto una mera relación moral o de derecho privado. Frecuentemente se ha querido considerar a los estados de este último modo, pero debe señalarse que las personas privadas tienen por encima un tribunal cuya función es realizar lo que es en sí de derecho, situación que no se presenta entre los distintos estados. En efecto, las relaciones entre estados deben ser justas, y lo que es en sí debería tener poder en el ámbito mundial. Pero puesto que no existe un poder de este tipo que pueda decidir frente a los estados qué es lo justo y hacer cumplir esta decisión, se permanece necesariamente en el deber ser. La relación entre estados es una relación entre elementos independientes, que estipulan entre sí, pero al mismo tiempo están por encima de lo estipulado.

§ 331. El pueblo es, en cuanto estado, el espíritu en su racionalidad sustancial y en su realidad inmediata, y por lo tanto el poder absoluto sobre la *tierra*. Como consecuencia de ello un estado tiene frente a otro una independencia soberana. Ser en cuanto tal *para los otros*, es decir, ser *reconocido* por ellos, es su primera y absoluta legitimación. Pero al mismo tiempo esta legitimación es solo formal, y la exigencia de reconocimiento del estado simplemente porque es un estado es abstracta. De su contenido, su constitución, de la situación en que se halla, depende que sea o no realmente un existente en y por sí; el reconocimiento, en cuanto contiene una identidad de ambos, se basa pues también en la opinión y la voluntad del otro.

Obs. Así como el individuo no es una persona real sin la relación con otras personas (§ 71 y otros), así tampoco el estado es un individuo real sin la relación con otros estados (§ 322). La legitimidad de un estado, y más precisamente, en la medida en que está orientado hacia el exterior, de su príncipe, es por una parte una situación totalmente *interna* (un estado no debe entrometerse en los asuntos interiores de otro), pero, por otra parte, es también esencial que sea *completada* con el reconocimiento de otros estados. Sin embargo, este reconocimiento exige la garantía de que reconozca a su vez a los estados que lo reconocen, es decir que los respete en su independencia, por lo cual a estos no les puede ser indiferente lo que ocurre en su interior.

En el caso de los pueblos nómades, y en general de los que se encuentran en un bajo nivel de cultura, se presenta la cuestión de si pueden ser considerados como estados. El punto de vista religioso (antiguamente en el pueblo judío y en los pueblos mahometanos) puede llevar a una mayor contraposición que no permita la identidad universal que corresponde al reconocimiento.

Agregado. Cuando Napoleón dijo, en ocasión de la paz de Campoformio, que "la república francesa no necesita ningún reconocimiento, así como el sol tampoco necesita que se lo reconozca", lo que se expresa en sus palabras no es más que la fuerza de la existencia, que implica ya el reconocimiento, aunque no haya sido explicitado.

§ 332. La realidad inmediata en que se encuentran entre sí los estados se particulariza en una multiplicidad de relaciones cuya determinación emana del arbitrio independiente de ambas partes y tiene por lo tanto la naturaleza formal de los *contratos.* La *materia* de estos contratos es, sin embargo, de una multiplicidad infinitamente menor que en la sociedad civil, porque en esta los individuos están en dependencia recíproca en múltiples aspectos, mientras que los estados independientes son, por el contrario, fundamentalmente totalidades que se satisfacen a sí mismas.

§ 333. El principio del *derecho internacional,* en cuanto derecho de lo *universal* que debe valer en y por sí entre los estados, y a diferencia del contenido particular de los tratados positivos, consiste en que estos *tratados* deben ser respetados, pues en ellos se basan las obligaciones recíprocas de los estados. Pero puesto que su relación tiene como principio su soberanía, los estados naturalmente se oponen, y sus derechos no tienen su *realidad efectiva* en una voluntad universal que se constituyera como poder por encima de ellos, sino solo en su voluntad particular. Aquella determinación universal permanece por lo tanto como un deber ser, y la situación real será una sucesión de relaciones conformes a los tratados y de aboliciones de los mismos.

Obs. No hay ningún pretor entre los estados, a lo sumo mediadores y árbitros, e incluso esto de un modo contingente, es decir, según la voluntad particular. La representación *kantiana* de una *paz perpetua* por medio de una federación de estados que arbitraría en toda disputa y arreglaría toda desavenencia como un poder reconocido por todos los estados individuales, e impediría así una solución bélica, presupone el *acuerdo* de los estados, que se basaría en motivos morales o religiosos, y siempre en definitiva en la particular voluntad soberana, con lo que continuaría afectada por la contingencia.

§ 334. Por lo tanto, en la medida en que las voluntades particulares no llegan a un acuerdo, las disputas entre los estados solo pueden decidirse por la *guerra.* Resulta empero *en sí* indeterminable cuáles de las lesiones que pueden producirse fácilmente y en cantidad en su extenso ámbito y en las multilaterales relaciones de sus súbditos deben ser consideradas como una ruptura determinada de los tratados o como una lesión del reconocimiento y del honor. En efecto, un estado puede depositar su honor y su infinitud en cualquiera de sus individualidades, y será más propenso a esta irritabilidad si una fuerte individualidad ha sido impulsada por una larga tranquilidad interior a buscar y generarse en el exterior una materia de actividad.

§ 335. Además, el estado, en cuanto entidad espiritual, no puede contentarse con considerar meramente la *realidad* de la lesión, sino que como causa de desavenencias se agrega la *representación* de un *peligro* que amenaza desde otro estado, con la evaluación de la mayor o menor verosimilitud, las suposiciones acerca de los fines que se persiguen, etcétera.

§ 336. Puesto que en su relación de independencia recíproca los estados están como voluntades *particulares,* y la validez de los tratados se basa en estas voluntades, y puesto que la voluntad *particular* del todo es por su *contenido* el *bienestar* del todo, este constituye su ley más elevada en la relación con otros. Esto se acentúa si se tiene en cuenta que la idea del estado consiste precisamente en que en ella se elimine la contraposición entre el derecho como libertad abstracta y el bienestar como contenido particular acabado, y que el primer reconocimiento de los estados (§331) se les efectúe como totalidades concretas.

§ 337. El bienestar sustancial del estado es su bienestar en cuanto estado *particular,* con su situación y sus intereses determinados y en las peculiares circunstancias exteriores que acompañan a los tratados. El gobierno es por lo tanto una *sabiduría particular* y no la providencia universal (cf. § 324 *Obs.), y* el fin en la relación con otros estados y el principio para determinar la justicia de la guerra y los tratados no son un pensamiento universal (filantrópico), sino el bienestar efectivamente afectado o amenazado en su *particularidad determinada.*

Obs. En una época se ha hablado mucho de la oposición entre moral y política y de la exigencia de que la última sea adecuada a la primera. Aquí solo cabe señalar que el bienestar de un estado tiene una justificación totalmente diferente del bienestar del individuo, y que la sustancia ética, el estado, tiene su existencia, es decir, su derecho, inmediatamente en una existencia concreta y no en una de carácter abstracto. Únicamente esta existencia concreta puede servir de principio para su acción y su conducta, y no alguno de los muchos pensamientos generales que se consideran preceptos morales. La opinión que sostiene la supuesta injusticia que siempre correspondería a la política en esta supuesta oposición se basa en la superficialidad de las representaciones acerca de la moralidad, la naturaleza del estado y de sus relaciones con el punto de vista moral.

§ 338. El recíproco reconocimiento de los estados como tales se mantiene *incluso en la guerra,* en la situación de falta de derecho, de violencia y contingencia. Esto constituye un *vínculo* por el que cada uno de ellos vale para el otro como un existente en y por sí, de manera tal que en la guerra misma la guerra se determina como algo que debe ser pasajero. Encierra, por lo tanto, la determinación de derecho internacional por la cual se conserva en ella la posibilidad de paz, que implica, por ejemplo, que sean respetados los embajadores, y en general que la guerra no se dirija contra las instituciones internas, contra la pacífica vida privada y familiar ni contra las personas privadas.

Agregado. Por eso las guerras modernas son llevadas a cabo de un modo más humano y las personas no se enfrentan entre sí con odio. La hostilidad personal puede a lo sumo aparecer en las primeras líneas, pero en el ejército en cuanto tal la enemistad es algo indeterminado que cede ante el deber que cada uno aprecia en el otro.

§ 339. Por otra parte, el comportamiento recíproco en la guerra (que se tomen prisioneros, por ejemplo) y los derechos de movimiento privado que concede en época de paz un estado a los súbditos de otro dependen fundamentalmente de las costumbres de las naciones, en cuanto constituyen la generalidad interior de la conducta, que se mantiene en las diferentes situaciones.

Agregado. Por el principio general de su legislación, sus costumbres, su cultura, las naciones europeas componen una familia, lo cual les hace adoptar una conducta jurídica internacional en un aspecto que si no fuera así estaría gobernado por la recíproca destrucción. La relación entre los estados es precaria: no existe ningún pretor que actúe como árbitro. El único pretor supremo es el espíritu universal existente en y por sí: el espíritu del mundo.

§ 340. En las relaciones entre los estados, puesto que ellos están allí como *particulares,* se manifiesta en su mayor dimensión el juego sumamente movido de la interna particularidad de las pasiones, los intereses, los fines, los talentos y virtudes, la violencia, la injusticia y el vicio, y la contingencia externa; es este un juego en el que la totalidad ética misma, la independencia de los estados, está expuesta a la contingencia. Los principios de los *espíritus de los pueblos* son limitados a causa de la particularidad en la que tienen su realidad objetiva y su autoconciencia como individuos *existentes.* En su relación recíproca, sus destinos y actos constituyen la manifestación de la dialéctica de la finitud de esos espíritus, de la que surge, ilimitado, el espíritu *universal,* el *espíritu del mundo,* que es al mismo tiempo quien ejerce sobre ellos su derecho —y su derecho es el derecho supremo— en la *historia universal,* erigida en *tribunal* universal.

C. *La historia universal*

§ 341. El *elemento* en que existe el espíritu *universal,* que en el arte es la intuición y la imagen, en la religión el sentimiento y la representación, en la filosofía el pensamiento libre y puro, es en la *historia universal* la realidad espiritual en toda la extensión de su interioridad y de su exterioridad. Es un tribunal porque en su *universalidad* en y por sí lo *particular,* los penates, la sociedad civil y los espíritus de los pueblos, en su abigarrada realidad, están solo como algo *ideal,* y el movimiento del espíritu en este elemento consiste en exponer esto.

§ 342. La historia universal no es, por otra parte, el mero tribunal de su *poderío,* es decir, la abstracta e irracional necesidad de un destino ciego, sino que, puesto que este destino es en y por sí *razón,* y su ser por sí en el espíritu es saber, ella es, por el solo *concepto* de su libertad, el desarrollo necesario de los *momentos* de la razón y por lo tanto de su autoconciencia y de su libertad, es el despliegue y la *realización del espíritu universal.*

§ 343. La historia del espíritu es su *acción,* pues el espíritu no es más que lo que hace, y su acción es hacerse en cuanto espíritu objeto de su conciencia, aprehenderse a sí mismo explicitándose. Este aprehenderse es su ser y su principio, y su consumación es al mismo tiempo su enajenación y el paso a otra concepción. Formalmente expresado, el espíritu que vuelve a concebir esa concepción o, lo que es lo mismo, retorna a sí de su enajenación es el espíritu de un estadio superior al que se hallaba en su primera concepción.

Obs. Se plantea aquí la cuestión de la *perfectibilidad y educación del género humano.* Los que han afirmado esta perfectibilidad han vislumbrado algo de la naturaleza del espíritu, que tiene en el Γνῶδισεαυτὸν[86] la ley de su ser, y han comprendido que, al concebir lo que él es, el espíritu se da una forma más elevada que la que constituía su ser. Para aquellos que han rechazado este pensamiento, el espíritu se ha mantenido en cambio como una palabra vacía, así como la historia un juego superficial de esfuerzos y pasiones *casuales,* lo que ellos denominan *meramente humanos.* Incluso cuando expresan la creencia en un gobierno superior con las expresiones "providencia" y "plan providencial", estas representaciones siguen siendo incompletas, en la medida en que declaran expresamente que el plan de la providencia es incognoscible e inconcebible.

§ 344. En la obra del espíritu universal los estados, pueblos e individuos se erigen, cada uno, sobre su *determinado principio particular,* que tiene su realidad y su despliegue en su *constitución* y en toda la *extensión* de *su situación real,* y del cual son conscientes y en cuyo interés trabajan. Pero al mismo tiempo son miembros e instrumentos inconscientes de aquel trabajo interior, en el que esas configuraciones desaparecen mientras el espíritu en y por sí prepara y elabora el pasaje a su próximo estadio superior.

§ 345. La justicia y la virtud, la injusticia, la violencia y el vicio, el talento y sus obras, las pequeñas y grandes pasiones, la culpa y la inocencia, la magnificencia de la vida individual de un pueblo, la independencia, la felicidad y la desgracia de los estados y de los individuos tienen su valor y su significado determinado en la esfera de la realidad consciente; en ella encuentran su juicio y su justicia, sin embargo imperfecta. La historia universal queda fuera de estos puntos de vista; en ella adquiere su *derecho absoluto* aquel momento de la idea del espíritu universal que en ese momento constituye *su* estadio presente, y el pueblo que lo encarna y sus hechos alcanzan su realización, su gloria y su fama.

§ 346. Puesto que la historia es la configuración del espíritu en la forma del acontecer, de la inmediata realidad natural, los estadios de su desarrollo se presentan como *principios naturales inmediatos,* y estos, por ser naturales, existen como una multiplicidad de elementos independientes, de manera tal que a cada *pueblo* corresponde *uno de ellos.* Esta es la existencia *geográfica* y *antropológica* del espíritu.

§ 347. Al pueblo al que le corresponde un momento tal como principio *natural* le está confiada la realización del mismo dentro del proceso evolutivo de la autoconciencia del espíritu universal. Ese pueblo es el pueblo *dominante* en la historia universal en esa época determinada, y *solo puede hacer época una vez en la historia* (§ 346). Frente a ese absoluto derecho suyo que le otorga el ser el representante del estadio actual del desarrollo del espíritu universal, los espíritus de los otros pueblos

86 "Conócete a ti mismo."

carecen de derecho, y, al igual que aquellos cuya época ya pasó, no cuentan más en la historia universal.

Obs. La historia particular de un pueblo histórico contiene en primer lugar el desarrollo de su principio, desde su primitiva situación infantil hasta su florecimiento, en el que alcanza una libre autoconciencia ética e ingresa en la historia universal. En segundo lugar está el período de su decadencia y corrupción, pues allí se señala en él el surgimiento de un nuevo principio como lo meramente negativo del suyo propio. Con esto se indica el tránsito del espíritu al nuevo principio y de la historia universal a otro pueblo. En este período aquel pueblo ha perdido el interés absoluto, y si bien puede asimilar positivamente el principio superior y formarse de acuerdo con él, se comportará como en un terreno ajeno, sin vitalidad ni frescura. Puede incluso perder su independencia, o bien mantenerse o sobrevivir como estado particular o en un círculo de estados, debatiéndose azarosamente en múltiples intentos interiores y guerras exteriores.

§ 348. En la cumbre de todas las acciones, y por lo tanto también de las histórico-mundiales, se hallan *individuos,* subjetividades que realizan lo sustancial (§ 279). En cuanto formas vivientes de la acción sustancial del espíritu universal y por consiguiente inmediatamente idénticos con ella, esta acción se les oculta a tales individuos y no es su objeto ni su fin (§ 344). El *honor y* el reconocimiento por su realización no los reciben por lo tanto de sus contemporáneos *(id.),* ni de la opinión pública de la posteridad. Solo reciben de esta la parte que les corresponde en cuanto subjetividades formales en la forma de *gloria inmortal.*

§ 349. Un pueblo no es inmediatamente un estado. El tránsito de una familia, una horda, una tribu o una multitud a la condición de estado constituye la realización *formal* de la idea en ese pueblo. Sin esta forma no será reconocido, porque la sustancia ética que él es en sí carece de la objetividad que consiste en darse para sí y para los demás en las leyes, en cuanto determinaciones pensadas, una existencia universal y generalmente válida. Su independencia, si es solo formal y no posee una legalidad objetiva y una racionalidad por sí firme, no es soberanía.

Obs. Incluso en la representación corriente no se denomina constitución a un régimen patriarcal, ni estado a un pueblo que se halle en esa situación, ni soberanía a su independencia. Antes del comienzo de la historia real hay, por una parte, una apática inocencia, que carece de un interés que la guíe, y por otra, el valor de la lucha formal por el reconocimiento y la venganza (cf. § 331 y § 57).

§ 350. Surgir en determinaciones legales e instituciones objetivas, que tienen su punto de partida en el matrimonio y en la agricultura (v. § 203), constituye el derecho absoluto de la idea, la forma de cuya realización puede aparecer como un favor y una legislación divinos o como violencia e injusticia. Este derecho es el *derecho de los héroes* para la fundación de estados.

§ 351. De esta misma determinación surge que naciones civilizadas consideren y traten como bárbaras a otras que no han alcanzado aún el mismo momento sustancial del estado (los pueblos que se dedican a la ganadería a los pueblos cazadores, los agricultores a ambos, etcétera), que tengan conciencia de la desigualdad de sus derechos, y que contemplen su independencia como algo formal.

Obs. En las guerras y rivalidades que surgen en estas circunstancias, el momento de la lucha por el reconocimiento en referencia a un determinado contenido constituye el rasgo por el que adquieren una significación para la historia universal.

§ 352. Las ideas concretas, los espíritus de los pueblos, tienen su verdad y su destino en la idea concreta en su *absoluta universalidad,* en el espíritu del mundo, alrededor de cuyo trono se mueven como agentes de su realización y como testimonios y ornamentos de su magnificencia. En cuanto espíritu, no es otra cosa que el movimiento de su actividad de saberse absolutamente, o sea, de liberar su conciencia de la forma de la inmediatez natural y llegar a sí. Los principios de las configuraciones de esta autoconciencia en el proceso de su liberación, los principios de los diversos *mundos histérico-universales,* son *cuatro.*

§ 353. En el *primero,* en cuanto revelación inmediata, el espíritu tiene como principio la forma del espíritu sustancial, que es la identidad en la que la individualidad queda inmersa en su esencia y no tiene por sí ningún derecho.

El *segundo* principio es el saber de este espíritu sustancial, que es entonces el contenido positivo y su cumplimiento, y el *ser por sí* como *forma* viviente suya: la *bella* individualidad ética.

El *tercero* es el profundizarse del ser por sí que se sabe, que desemboca así en la *universalidad abstracta* y por lo tanto en la *oposición* infinita contra la objetividad que ha sido abandonada por el espíritu.

El principio de la *cuarta* configuración es la conversión de la anterior oposición del espíritu, por la cual este recibe en su interioridad su verdad y su esencia, se reconcilia con la objetividad y está en ella como en su propio terreno. Además, puesto que este espíritu que ha regresado a la sustancialidad primera ha *retornado* de la *oposición infinita,* produce y sabe esa verdad suya como pensamiento y como mundo de una realidad legal.

§ 354. De acuerdo con estos cuatro principios, los mundos histórico-universales son *cuatro:* 1) el *oriental,* 2) el *griego,* 3) el *romano,* 4) el *germánico.*

§ 355. 1) *El mundo oriental*

Este primer mundo está constituido por la visión del mundo sustancial, en sí indivisa, que surge de la totalidad patriarcal natural, en la que el gobierno mundano es una teocracia, el jefe también sumo sacerdote o Dios, la constitución del estado y la legislación al mismo tiempo religión, y los preceptos —o mejor los usos— religiosos y morales, leyes jurídicas y del estado. En el esplendor de esta totalidad sucumbe sin derechos la personalidad individual, la naturaleza exterior es inmediatamente divina o un adorno de Dios, y la historia de la realidad es poesía. Las diferencias que se desarrollan en los diversos aspectos de las costumbres, el gobierno y el estado se transforman, a falta de leyes y ante la existencia de sencillas costumbres, en ceremonias pesadas, complicadas y supersticiosas, y en situaciones azarosas que dependen del poder personal y del dominio arbitrario, mientras que la división de las clases adopta con las castas una solidez natural. Puesto que en él mismo nada es constante y lo que es fijo está petrificado, la única vitalidad del estado oriental se encuentra en su movimiento hacia el exterior, que se convierte en furia elemental y devastación. La tranquilidad interna no es más que vida privada y una caída en la debilidad y la languidez.

Obs. El momento de la espiritualidad todavía *sustancial* y natural en la formación del estado, que como forma constituye el punto de partida absoluto en la historia de todo estado, ha sido señalado y puesto de relieve en determinados estados históricos con gran profundidad y erudición por la obra del doctor Stuhr, *De la decadencia de los estados naturales* (Berlín, 1812), que despeja así el camino para una consideración racional de la historia constitucional y de la historia en general. En ella también se señala en la nación germánica el principio de la subjetividad y de la libertad autoconsciente; pero puesto que la obra abarca solo hasta la decadencia de los estados naturales, este principio es desarrollado únicamente hasta el punto en que aparece como inquietud, arbitrariedad humana y corrupción, y es presentado en la figura particular de un sentimiento, sin desplegar hasta llegar a la objetividad de la sustancialidad *autoconsciente* y a la *legalidad* orgánica.

§ 356. 2) ***El mundo griego***

El mundo griego tiene aún esa unidad sustancial de lo finito y lo infinito, pero solo como un fundamento misterioso, relegado en un apagado recuerdo a los antros e imágenes de la tradición; este fundamento, que a partir del espíritu que se diferencia a sí mismo surge a la espiritualidad individual y a la luz del saber, alcanza la templanza y te claridad en la belleza y en una eticidad libre y alegre. En esta determinación se manifiesta el principio de la personalidad individual, pero todavía no contenido en sí mismo, sino mantenido en su unidad ideal. Por eso el todo se descompone en una serie de espíritus de pueblos particulares, y también por eso la decisión última de la voluntad no corresponde a la subjetividad de la autoconciencia por sí, sino que está depositada más alto y fuera de ella (cf. § 279), y, por otra parte, no se admite en su libertad la particularidad propia de la necesidad, sino que se la relega a una clase de esclavos.

§ 357. 3) ***El mundo romano***

En este mundo la diferenciación se consuma y se transforma en una escisión infinita de la vida ética en los extremos de una autoconciencia personal *privada* y la *universalidad abstracta.* La contraposición, que parte de la intuición sustancial de una aristocracia que se opone al principio de la libre personalidad en la forma democrática, evoluciona del lado aristocrático hacia la superstición y la afirmación de una violencia fría y codiciosa, y del lado democrático hacia la corrupción de la plebe. La disolución del todo acaba en la desgracia general y en la muerte de la vida ética, en la que la individualidad de los pueblos se extingue en la unidad de un Panteón. Todos los individuos son degradados al nivel de personas privadas, de *iguales* con derechos formales, a los que únicamente mantiene unidos un arbitrio abstracto llevado a lo monstruoso.

§ 358. 4) ***El mundo germánico***

A partir de esta pérdida de sí y de su mundo y del infinito dolor causado por ella —para el que fuera preparado el pueblo *israelita*—, el espíritu replegado sobre sí aprehende en el extremo de su absoluta *negatividad,* en *el momento crítico* en y por sí, la *infinita positividad* de esa interioridad suya, el principio de la unidad de la naturaleza divina y humana, la reconciliación como la libertad y verdad objetivas que aparecen en el interior de la autoconciencia y de la subjetividad. La realización de todo esto queda confiada al principio nórdico de los *pueblos germánicos.*

§ 359. La interioridad del principio, en cuanto reconciliación y solución de toda oposición que se realiza de un modo todavía abstracto en el sentimiento, como fe, amor y esperanza, despliega su contenido para elevarse a la realidad efectiva y a la racionalidad autoconsciente, a un reino *mundano* que se basa en el sentimiento, la fidelidad y la camaradería de hombres libres, que, en esta subjetividad, es al mismo tiempo el reino de la arbitrariedad primitiva y de la barbarie de las costumbres. Frente a él se erige un mundo del más allá, un reino *intelectual,* cuyo contenido es esa verdad de su espíritu, pero que, en cuanto aún *no pensada,* está oculta en la barbarie de la representación, y que, en cuanto poder espiritual por encima del sentimiento real, se comporta frente a él como una potencia no libre y aterradora.

§ 360. En la dura lucha de estos diferentes reinos que alcanzan aquí una contraposición absoluta y al mismo tiempo tienen su raíz en *una* unidad y en la idea, el elemento espiritual degrada la existencia de su cielo en la realidad y en la representación a un más acá terrestre y a un mundo común, mientras que el elemento mundano eleva por el contrario su ser por sí abstracto al pensamiento y al principio racional del ser y del saber, a la racionalidad del derecho y de la ley. De esta manera la oposición ha desaparecido sin dejar huellas. El presente ha abandonado su barbarie y su injusta arbitrariedad, y la verdad su más allá y su poder contingente. Así ha devenido objetiva la verdadera reconciliación, que despliega al *estado* como imagen y efectiva realidad de la razón; allí la autoconciencia encuentra la realidad de su saber y querer sustancial en un desarrollo orgánico, así como en la *religión* encuentra el sentimiento y la representación de su verdad como esencialidad ideal, y en la *ciencia* el conocimiento conceptual libre de esa verdad como una y la misma en sus manifestaciones complementarias: el *estado,* la *naturaleza* y el *mundo ideal.*

Principios de la filosofía del derecho
de
GEORG W. F. HEGEL
se imprimió en la República Argentina en
marzo de 2022.

www.ingramcontent.com/pod-product-compliance
Ingram Content Group UK Ltd.
Pitfield, Milton Keynes, MK11 3LW, UK
UKHW051914031026
15588UKWH00008B/1468

9 789564 071473